Schwarzwald-Baar

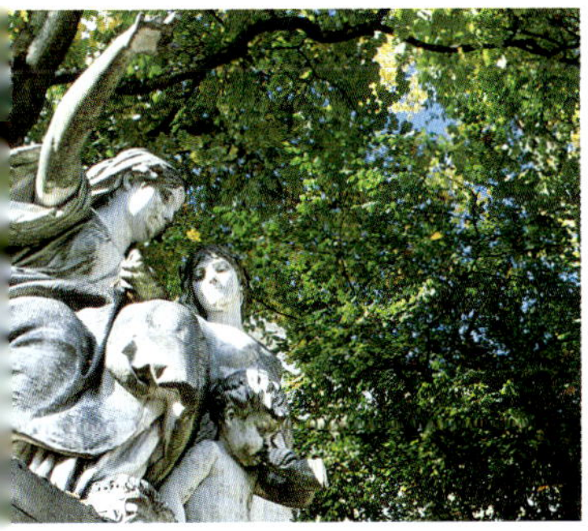
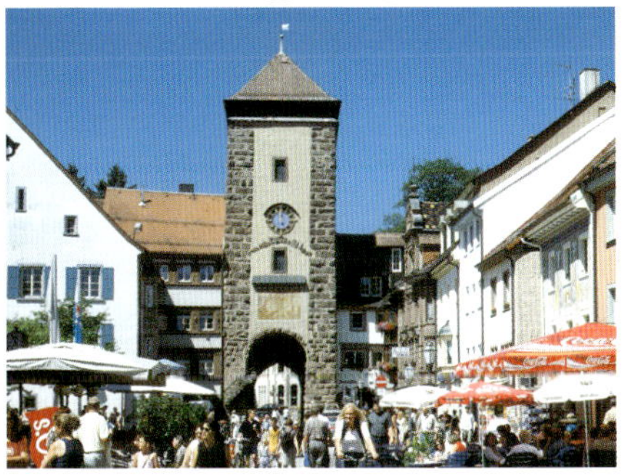
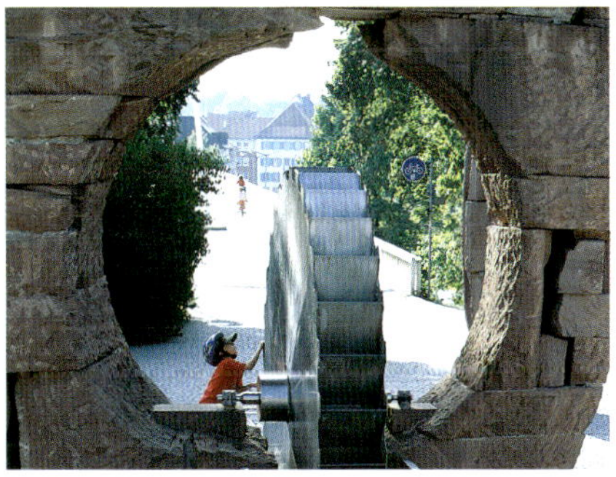
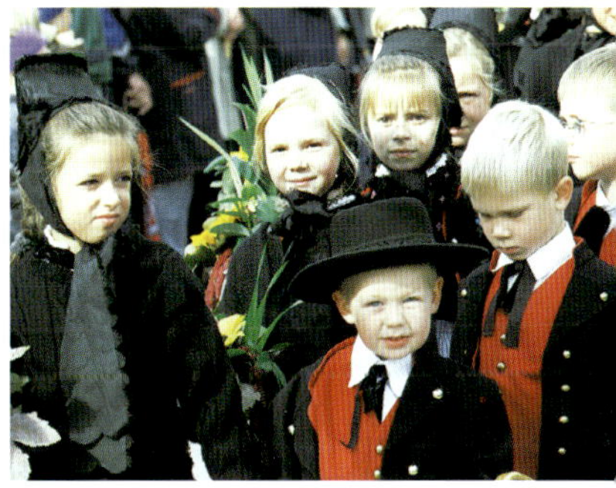
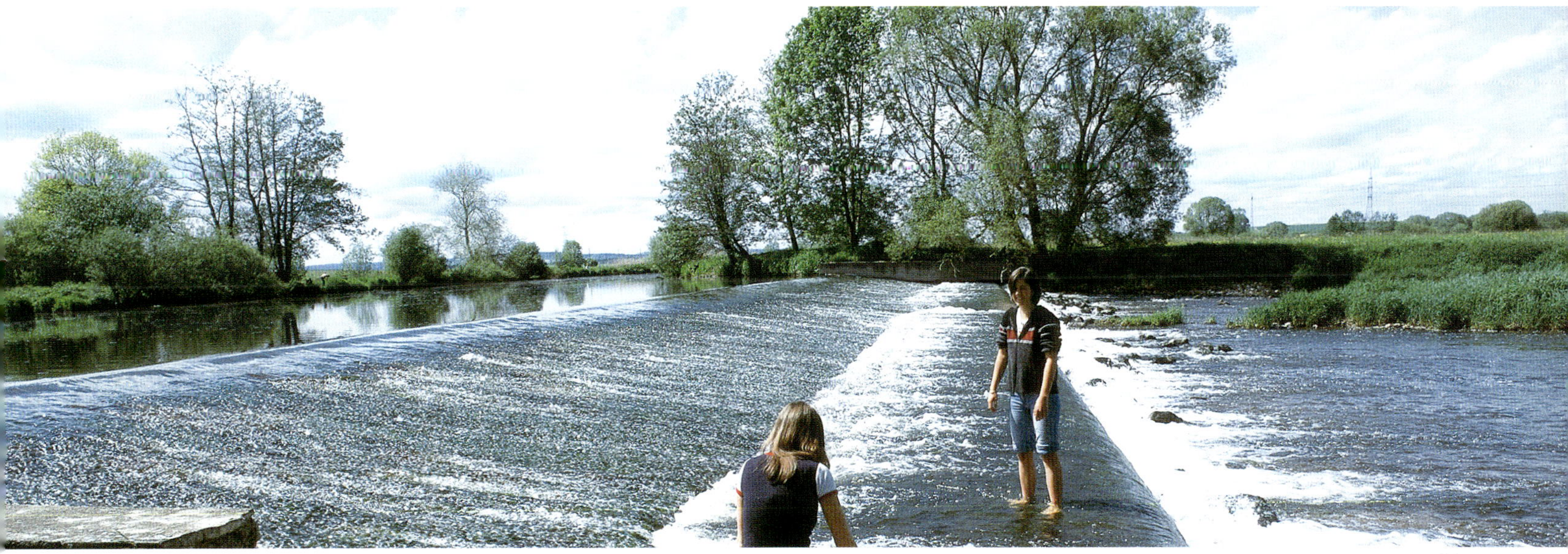

Begegnungen mit einem Landkreis

Impressum

doldverlag
Vöhrenbach, 2003

Vertrieb der
Buchhandelsausgabe:
doldverlag
78147 Vöhrenbach
Unteranger 3
www.doldverlag.de

Redaktion: Wilfried Dold, Julia Weiss

Gestaltung: Wilfried Dold

Digitale Bildbearbeitung:
doldverlag

ISBN 3-927677-45-0

Druck: Druckerei Uhl, Radolfzell

Der Bildband ist direkt beim Verlag auch in
englischer Sprache erhältlich.

Titelbild:
Zusammenfluss von Brigach und Breg in Donaueschingen

Kleine Abbildungen, von rechts: der Reinertonishof in Schönwald, Kinder beim Mundelfinger Dorffest, Blick vom Kesselberg nach Villingen-Schwenningen

Bildleiste Aufschlagseite, obere und mittlere Reihe von links:
Heuernte in Nußbach, Museumsbahn Blumberg, auf der Loipe bei Schönwald, der „Fallerhof" in Neukirch, die Baar zeigt der jungen Donau den Weg, Donauquelle Donaueschingen, Villinger Innenstadt, der „Kuckuck", Kunst am Bau beim Landratsamt Schwarzwald-Baar-Kreis, Bräunlinger Kinder in Baaremer Tracht

Bildleiste unten: Detail des Triberger Wasserfalls, Villinger Morbili, Halfpipe in St. Georgen, an der Donau in Neudingen.

Bildnachweis:

Ist kein anderer Fotograf benannt, stammen die Fotografien von
Wilfried Dold, Vöhrenbach

mit Ausnahme von:

Dieter Reinhardt, VS-Villingen: Seite 25 oben links, 122 oben, 170 unten.
Jochen Hahne, VS-Villingen: Seite 35 oben rechts
Katrin Dold, Vöhrenbach: Seite 48 oben Mitte, 154 unten
Helmut Gehring, VS-Villingen: Seiten 80/81 Bildleiste unten, Doppelseite 128/129
Roland Sigwart, Hüfingen: Seite 69 oben links, 122 unten links
Erich Schwer, Schonach: Seite 69 großes Bild
Gerhard Krieger, VS-Pfaffenweiler: Seite 169 oben und unten links, 170 oben

herausgegeben vom Schwarzwald-Baar-Kreis

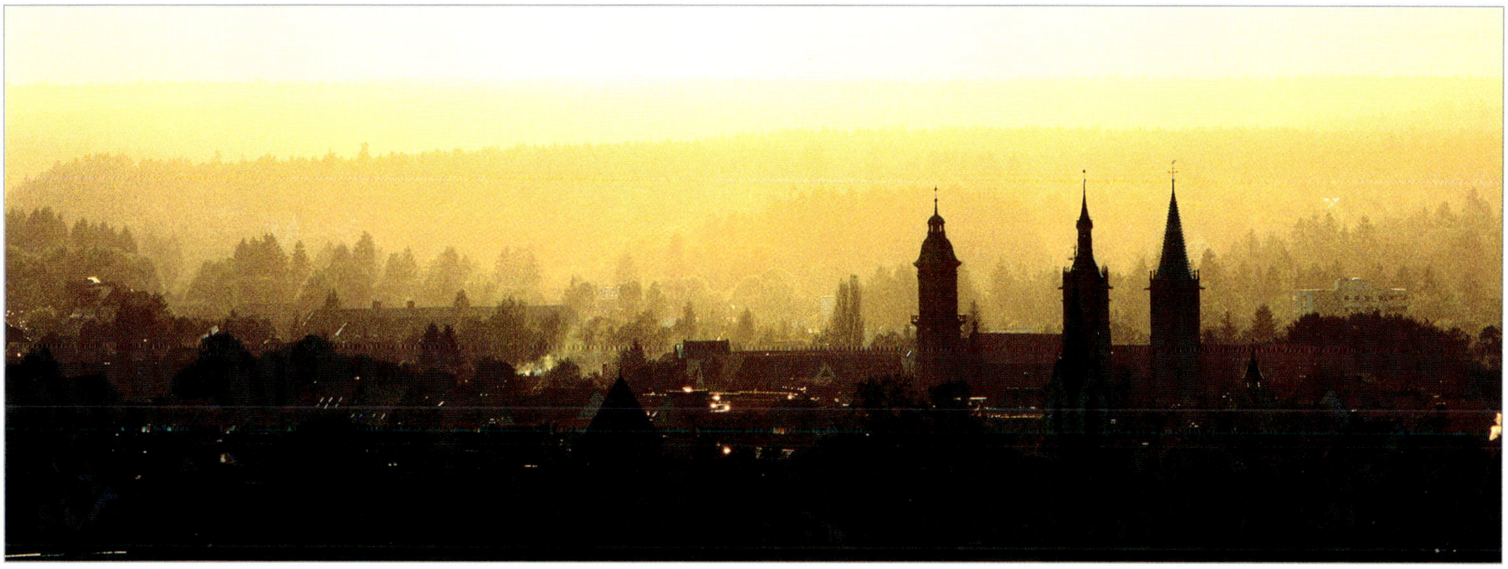

Fotografie: Wilfried Dold

unter Mitarbeit von Helmut Gehring, Gerhard Krieger,
Dieter Reinhardt, Roland Sigwart, Jochen Hahne, Katrin Dold und Erich Schwer

Text: Wilfried Dold, Christina Nack, Julia Weiss

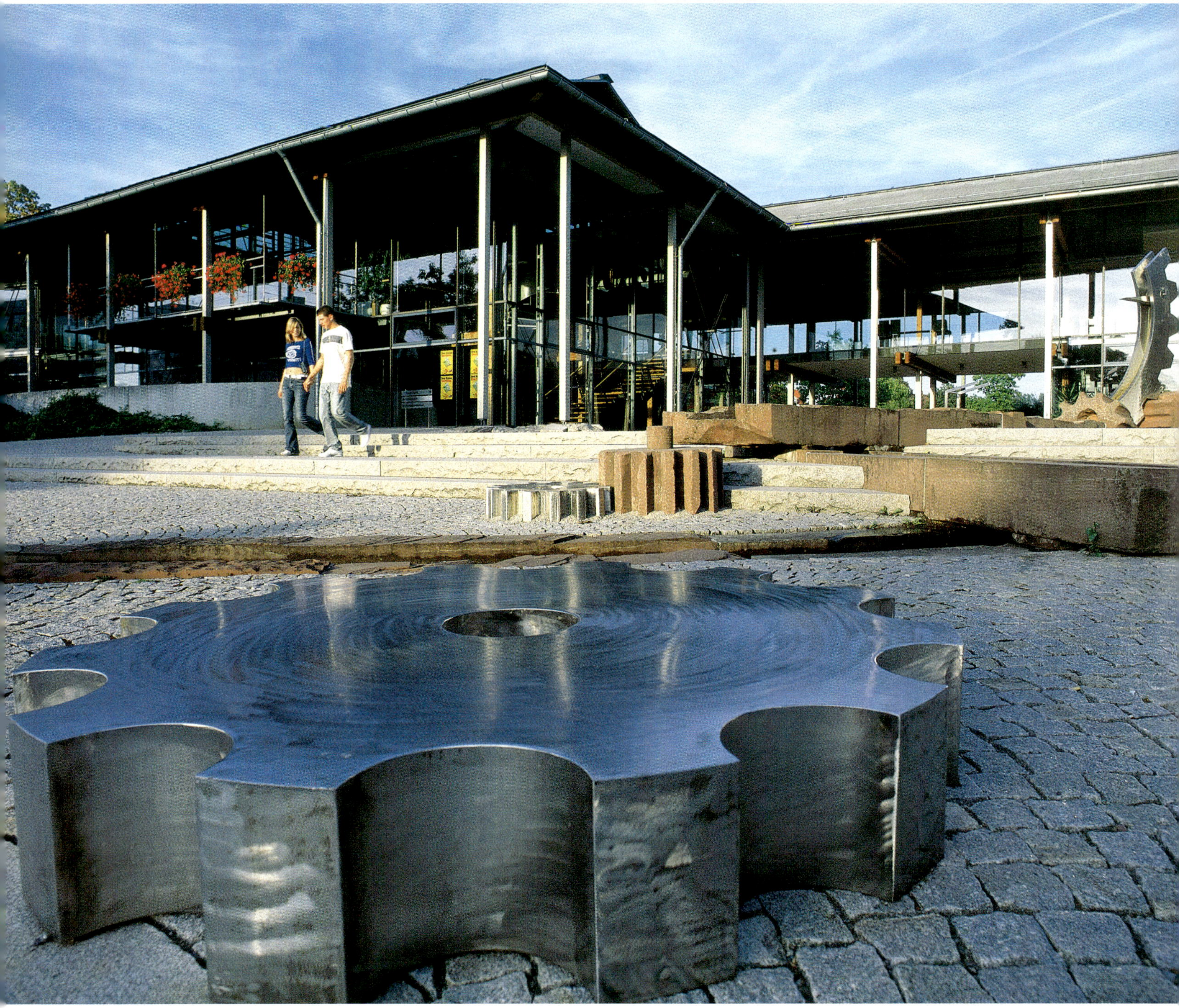

Zukunft gestalten – steuern, antreiben, bewegen. Die „Kunst am Bau“ des Landratsamtes, der „Kuckuck“, verweist auf die Wurzeln der Wirtschaft im Schwarzwald-Baar-Kreis: die Uhr. Kunstwerk von Albert Hien.

Vorwort

Liebe Leserin, lieber Leser,

Sie haben den neuen Bildband über den Schwarzwald-Baar-Kreis aufgeschlagen. Dieses Werk ist entstanden aus dem Wunsch, ein attraktives, modernes Buch über einen attraktiven und modernen Landkreis herauszugeben. Wer unseren Landkreis kennen lernen möchte, hat viele Möglichkeiten auf Entdeckungsreise zu gehen: Die Anreise mit dem Auto dürfte die nahe liegende sein, immer mehr Reisende jedoch fahren mit dem Zug hierher. Und auch auf dem Luftweg zieht es nicht nur Geschäftsreisende in den Kreis. Eine Wanderung, eine Fahrt mit dem Heißluftballon, vielleicht eine Paddeltour auf einem unserer Gewässer – dafür braucht es einfach Freude an der Natur und ein wenig Abenteuergeist. Und genauso geht der neue Bildband an die Aufgabe heran, den Schwarzwald-Baar-Kreis zu zeigen: Aus allen Richtungen, aus unterschiedlichen Perspektiven. Dieser Bildband will Begegnungen schaffen mit dem Landkreis, seinen Landschaften – Schwarzwald und Baar, mit den Menschen und mit seiner Geschichte.

Viele Fragen waren auf dem Weg zu diesem Buch zu beantworten – vor allem die nach der Identität des Schwarzwald-Baar-Kreises. Was macht diesen Kreis aus? Was sind seine ganz charakteristischen Eigenschaften, was unterscheidet ihn von anderen, ... Die ungeheure Vielfalt und Vielgestaltigkeit in diesem Kreis machte es nicht leicht, ein in sich geschlossenes Werk vorzulegen – und dennoch glaube ich, dass es gelungen ist, den Schwarzwald-Baar-Kreis als das zu zeigen, was er ist. Als einen Landkreis mit zahlreichen Facetten, die vielleicht auf den ersten Blick nicht recht zueinander passen, und dennoch harmonisch nebeneinander bestehen, als einen Kreis, in dem die Menschen gerne zuhause sind, in den gerne Gäste kommen, der wirtschaftlich hervorragende Ausgangsbedingungen bietet. Als einen Landkreis, in dem die Vielfalt Programm ist.

Der Schwarzwald-Baar-Kreis ist ein Kind der kommunalen Gebietsreform – Anfang der siebziger Jahre entstanden aus früher eigenständigen politischen Gebilden mit lange gewachsener Identität und starkem Selbstbewusstsein. Das Zusammenwachsen einer neuen Einheit braucht Zeit – und deutliche Zeichen für diese neue Zusammengehörigkeit. In diesem Jahr darf der Schwarzwald-Baar-Kreis sein 30-jähriges Bestehen feiern. Ich wünsche mir, dass der neue Bildband vor diesem Hintergrund ein weiteres Zeichen für das Zusammengehören setzt, er soll das Kreisbewusstsein weiter stärken, das weitere Zusammenwachsen unseres schönen Landkreises fördern.

Der Landkreis hat sich als Herausgeber bewusst für einen neuen Ansatz entschieden. Der neue Bildband will keine wissenschaftliche Kreisbeschreibung sein, aber auch kein reines „Bilderbuch". Vielmehr möchte der Band durch das enge Miteinander von Bild und Text sprechen, die sich gegenseitig erklären und ergänzen, über die überwiegend großformatigen, zumeist eigens für dieses Buch entstandenen Fotografien – und wagt damit den Versuch, Ähnliches und Grundverschiedenes eines Landkreises mit unglaublich vielen Details zusammenzuführen zu einem Gesamtbild – dem Bild des modernen Schwarzwald-Baar-Kreises.

Der Schwarzwald-Baar-Kreis steht, gemessen an seiner Bevölkerungszahl, an 18. Stelle in Baden-Württemberg, gemessen an seiner Fläche nimmt er den 16. Platz ein, und liegt damit in beiden Fällen im guten Mittelfeld. Dennoch ist unser Kreis alles andere als Durchschnitt! 20 Städte und Gemeinden sind Teil dieses Kreises – deshalb zeigt der vorliegende Band auch das Charakteristische seiner Städte und Gemeinden, und verbindet die einzelnen Eindrücke zu einem übergreifenden Muster. Obwohl der Schwarzwald-Baar-Kreis ein bedeutender Wirtschaftsstandort ist, widmet sich das neue Werk bewusst überwiegend den landschaftlichen, architektonischen und kulturellen Aspekten: Vor allem sie sind es, die die starke Identifikation mit dem Kreis bewirken, das Gefühl auslösen, im Schwarzwald-Baar-Kreis zuhause zu sein.

Hilfreich für alle Interessierten wird der Anhang sein, der nicht nur Basisinformationen zu Städten und Gemeinden und zu touristischen Highlights liefert, sondern mit seiner übersichtlich gestalteten „sprechenden Landkarte" auch räumliche Orientierung anbietet. Inhaltsverzeichnis und Index erschließen das Buch und erleichtern das Nachschlagen.

Nach beinahe zwei Jahren intensiver Vorbereitung liegt das neue Portrait des Schwarzwald-Baar-Kreises nun vor. Den Hauptteil der Arbeit leistete der Vöhrenbacher DoldVerlag, in dem der Landkreis einen nicht nur sehr erfahrenen, sondern auch überaus engagierten Partner hatte. Ihm und allen anderen, die an diesem Buch mitgewirkt haben, danke ich ausdrücklich.

im November 2003

Karl Heim
Landrat

Schwarzwald-Baar

Begegnungen mit einem Landkreis

Die oberste Plattform des Aussichtsturmes schwankt spürbar – Schritte auf der metallenen Treppe kündigen klappernd Besuch an. Ein Mann schaut herauf, grüßt freundlich, nimmt mit Elan die letzten Stufen. Er tritt ans Geländer vor und genießt den Blick über Villingen. Freunde hätten davon geschwärmt, wie eindrucksvoll es sei, von der Wannenhöhe aus den Tagesanbruch zu erleben – und der Gast aus der Schweiz ist begeistert. In weiches Morgenlicht gehüllt liegt die mittelalterliche Stadt still da. Der Mittfünfziger zückt eine Kamera, löst aus: zwei-, drei-, fünfmal. Unten in Villingen wird es lebhafter: Nahezu zeitgleich rollen am Bahnhof zwei Züge ein, durch die Straßen flackert Scheinwerferlicht von immer mehr Fahrzeugen. Ihr Ziel sind die Gewerbegebiete im Umfeld der Doppelstadt.

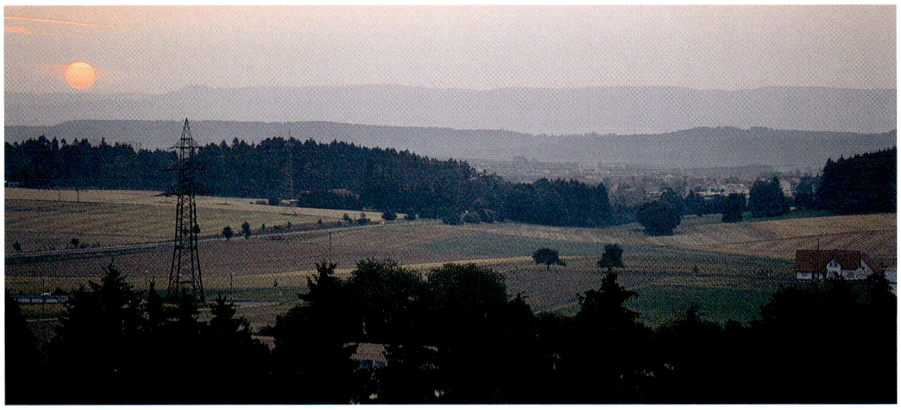

Sonnenaufgang bei Schwenningen.

Um sich mit der Vielgestaltigkeit des Schwarzwald-Baar-Kreises vertraut zu machen, ist der Aussichtsturm auf der Villinger Wannenhöhe ein idealer Platz. Hier bietet sich ein Rundblick über die Doppelstadt Villingen-Schwenningen, aber auch über Schwarzwald und Baar. Hier spiegelt sich das eine im anderen: der Schwarzwald-Baar-Kreis in der Kreisstadt Villingen-Schwenningen, die mit einem Bein im Schwarzwald und mit dem anderen in der Baar steht, der Landkreis im Kleinen also. Villingen und Schwenningen sind 1972 zur gemeinsamen Stadt verschmolzen, Schwarzwald und Baar 1973 zu einem Landkreis. Eine Duplizität der Ereignisse im Gefolge der Gemeindereform.

In diesem Landkreis berühren sich nicht nur Schwarzwald und Baar, sondern auch Schwäbische Alb und Wutachtal. Die Konturen der Schwäbischen Alb werden vom ersten Tageslicht grandios modelliert. Wie ein Feuerball steigt über Schwenningen die Sonne auf. Der Blick löst sich von diesem Farbenspiel, geht nach Südosten und Süden. Hin zur Baar, die vom Nebel umfangen ist, aus dem als Fixpunkte der Kirchturm von Bad Dürrheim und in der Ferne schemenhaft der Fürstenberg herausragen. Über Bad Dürrheim fährt ein gelbfarbener Ballon in Richtung Wartenberg, hinüber in den Landkreis Tuttlingen. Weiter südlich, außerhalb des Blickfeldes, liegt Blumberg, nur „einen Steinwurf" von der Schweizer Grenze entfernt – das nahe Schaffhausen mit seinem weltberühmten Rheinfall ist ein beliebtes Ausflugsziel.

Zum Greifen nah erscheinen Marbach und Brigachtal mit der gemächlich dahinfließenden Brigach. Überhaupt sind im Schwarzwald-Baar-Kreis die Flüsse das Verbindende: Wo in Deutschland gibt es das sonst? Gleich zwei große Flüsse entspringen in einem Landkreis, bedeutende Flüsse, die seit Jahrhunderten die Fantasie der Menschen beflügeln, um die sich Sagen, Gedichte und Geschichten ranken: Donau und Neckar. Durch den Landkreis zieht sich auch die europäische Wasserscheide. Sie berührt das Schwenninger Moos mit Neckarursprung, das sich in der Ferne beim Messegelände abzeichnet. Der eine Teil des Wassers dort lässt den Neckar entstehen, der andere fließt der Brigach und damit der Donau zu. Ein anschauliches Beispiel liefert das Gasthaus „Kalte Herberge" in Urach und ist viel zitiert: Regen, der auf die östliche Dachseite fällt, gelangt über Urach und Breg in die Donau und schließlich ins Schwarze Meer. Der Regen aber, der die westliche Dachseite trifft, fließt in den Rhein und erreicht so die Nordsee.

Rasch verändert sich die Farbe des Lichts – selbst gut Bekanntes erscheint unwirklich. Im Vordergrund, zu Füßen des Aussichtsturmes, liegt der Hoptbühl, wo sich das Landratsamt befindet, der Kreissitz. Eine mächtige Fußgängerbrücke spannt von dort aus den Bogen nach Villingen hinein, dessen vielgestaltige Dachlandschaft rotfarben glitzert. Diffuses Licht spielt mit den vertrauten Konturen der Zähringerstadt. Ihr ovaler Kern, darin das Kreuz der Zähringer, ist deutlich zu erkennen. Stadttore, Münster, Benediktinerkirche, Romäusturm und Franziskaner – Villingen hat immer seinen Reiz, die 1000-jährige Stadt ist nicht nur nach Überzeugung der Einheimischen eine der schönsten in Süddeutschland.

„Hinter" Villingen reiht sich Waldgebiet an Waldgebiet: Im Schwarzwald mit Gütenbach als westlicher Begrenzung

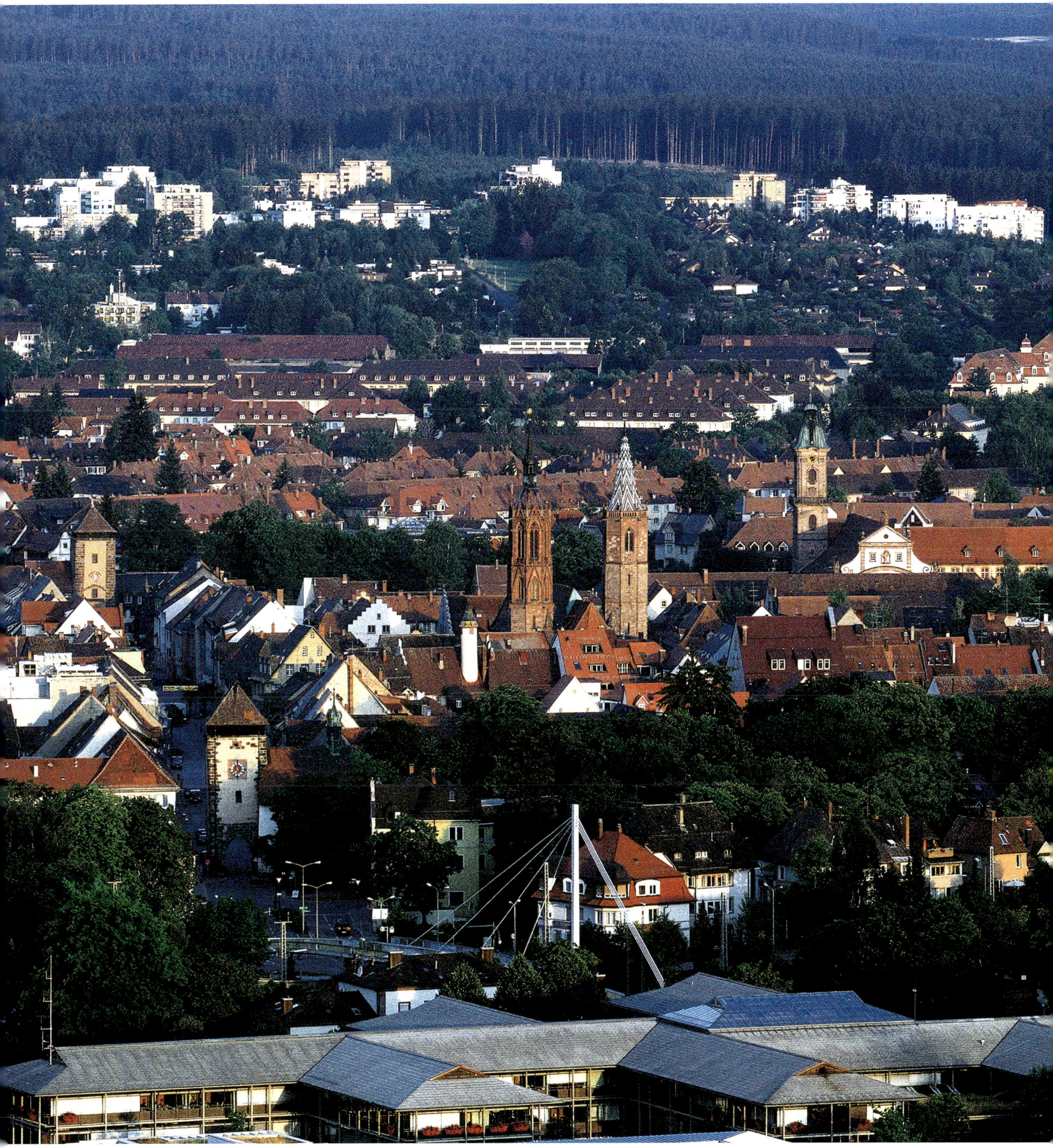

Villingen im ersten Tageslicht: Landratsamt, Bickentor und Riettor, das Münster und die Benediktinerkirche von der Wannenhöhe aus.

des Landkreises sind dicht bewaldete Bergrücken und Täler auszumachen, in die sich – teils weit verstreut – Bauernhöfe hineinducken. Die Landschaft ist ursprünglich und voller Charme, ein weltweit bekanntes Ferienland: „Black Forest" halt. Irgendwo im Nordwesten muss der Rohrhardsberg sein, den man von hier aus nur erahnen, jedoch nicht sehen kann. 1163 Meter ragt er auf und ist damit der höchste Punkt im Landkreis. Rund neun Kilometer Luftlinie vom Rohrhardsberg entfernt liegt der mit 472 Meter tiefste Punkt: im Tal zwischen Triberg und Hornberg, wo die Gutach den Landkreis verlässt. Dieser niedrigste Punkt befindet sich nahe der Bundesstraße 33 an der Himmelreich-Kurve.

Zu den Gewerbegebieten im Umfeld des Oberzentrums schlängelt sich Lichtpunkt an Lichtpunkt, der Berufsverkehr fließt. Aufgrund seiner innovationsfreudigen mittelständischen Industrie, des breit gefächerten Bildungswesens und seiner geographisch günstigen Lage mitten in Europa ist der Schwarzwald-Baar-Kreis ein idealer Wirtschaftsraum. Entlang der Autobahn A 81 im Raum Donaueschingen/Bad Dürrheim/Villingen-Schwenningen, in Blumberg oder rund um das Obere Bregtal, um Schonach und St. Georgen, sind viele Zulieferbetriebe der Automobilindustrie angesiedelt. Die meisten Firmen haben sich aus der früheren Uhrenindustrie heraus entwickelt, die hier einst ihr weltweites Zentrum hatte. Dass im Schwarzwald-Baar-Kreis in 20 Städten und Gemeinden auf rund 1025 Quadratkilometer Fläche zirka 210 000 Menschen zu Hause sind, ist maßgeblich seiner Wirtschaftskraft zu verdanken: mittelständischen und handwerklichen Betrieben, Freiberuflern, den Betrieben aus Tourismus- und Dienstleistungsbranche und denen aus dem Gesundheitswesen wie Kur- oder Nachsorgekliniken – aber auch Tüftlern, die mit ihren Ideen der Wirtschaft neue Impulse geben.

Eine letzte Impression dieser Kreisrundschau ergibt sich beim Abstieg vom Aussichtsturm, wenn wechselweise das „badische Villingen" und dann wieder das „württembergische Schwenningen" ins Blickfeld rückt, da es im „Kreis herum" nach unten geht: Landschaftlich, klimatisch und geologisch zeichnet sich der Schwarzwald-Baar-Kreis durch Vielfalt aus. Aber bei aller Vielgestaltigkeit, es gibt eine gemeinsame Wurzel: Badener und Schwaben stammen von den Alemannen ab.

Unterwegs auf der Baar

Viele Wege führen zum Landkreis, der auf halber Strecke zwischen Stuttgart und Bodensee und in unmittelbarer Nähe zur Schweiz und Frankreich attraktiv gelegen ist: Von Villingen-Schwenningen aus, als Oberzentrum „Hauptstadt" des Schwarzwald-Baar-Kreises, beträgt die Entfernung zu den Zentren Stuttgart, Freiburg oder Konstanz, nach Straßburg im Elsass oder Zürich in der Schweiz maximal 100 Kilometer. In die Landeshauptstadt oder zum Bodensee gelangt man schnell über die Autobahn A 81. Eine Fahrt auf der Autobahn A 81 – vom Bodensee in den Schwarzwald-Baar-Kreis – bietet charakteristische Einblicke: Wer schon einmal im Herbst von Konstanz aus in Richtung Donaueschingen gefahren ist (als Verkehrsknotenpunkt im Übrigen häufiger auf Straßenschildern zu finden als Villingen-Schwenningen) kennt das Gefühl: Noch beherrscht die neblige Melancholie des Bodensees die Stimmung – bis Engen ist die Sicht selten klar. Dann aber, auf der Engener Höhe, reißt der Himmel auf und gibt den Blick frei auf die Baar, jene weit gestreckte Hochmulde zwischen Schwarzwald und Schwäbischer Alb, die in den Wetterberichten als Inbegriff für raue Winde und lange Winter zu gelten scheint. Aber nicht nur: denn an den Himmelberg schmiegt sich das schmucke Dörfchen Öfingen, ein Stadtteil von Bad Dürrheim. Und hier scheint die Sonne im Jahresschnitt 1850 Stunden – das ist mehr als in Meran und wahrlich eine Entschädigung für eisige Zeiten. Öfingen ist somit das Sonnendorf von Schwarzwald und Baar.

Der Öfinger Himmelberg ist der östlichste Punkt des Landkreises, 941 Meter hoch und ein Vorposten der Schwäbischen Alb. Von ihm aus liegt die Baar als felderreiches, wie ein Mosaik in den gedämpften Farben der Natur wirkendes, ertragreiches Kulturland vor dem Betrachter. Faszinierend ist die Weite: An klaren Tagen reicht der Blick bis zum Feldberg, im Süden sind die Gipfel von Mönch, Eiger und Jungfrau in den Berner Alpen erkennbar. Westlich vor dem Himmelberg liegen Unter- und Oberbaldingen, Heidenhofen, Biesingen und Hochemmingen, in der Ferne folgt der Übergang der Baar in den Schwarzwald – der Himmelberg macht Weite erlebbar. Beeindruckend sind die Kontraste: Im Mai ist der Feldberggipfel noch mit Schneeresten bedeckt, am Fuß des Himmelberges hingegen blüht bereits goldgelb der Raps.

Was Raps- und Getreidefelder an Ertrag einbringen, bildet am Beginn des 21. Jahrhunderts für immer weniger Menschen im Landkreis die Lebensgrundlage. Ob Schwarzwald oder Baar: Viele Landwirte sind dazu gezwungen, ihren einstigen Haupterwerb zum Nebenerwerb zu machen, sich den Lebensunterhalt in der Industrie zu verdienen, weil in der Landwirtschaft nur überleben kann, wer immer größere Flächen bewirtschaftet oder existenzielle Nischen findet. Ein Strukturwandel, der in vollem Gang ist, der auch einen Wandel im Landschaftsbild auslöst – wer wird künftig unsere gewachsene Kulturlandschaft pflegen?

Spektakuläre Seherlebnisse bietet die Baar von der Nordseite des Fürstenbergs aus: Hausen vor Wald, Behla, Sumpfohren, Pfohren, Neudingen, Hüfingen und Donaueschingen, in der Ferne das Oberzentrum Villingen-Schwenningen, im Westen der Schwarzwald und natürlich nach Osten hin der Wartenberg sind vertraute Fixpunkte in der Landschaft. Faszinierend ist das Wechselspiel von Sträuchern und Bäumen zwischen Pfohren und Neudingen, das sich einer unsichtbaren Kontur folgend durch die Landschaft zieht – mal dicht aneinander stehend, mal Freiflächen lassend. Es sind

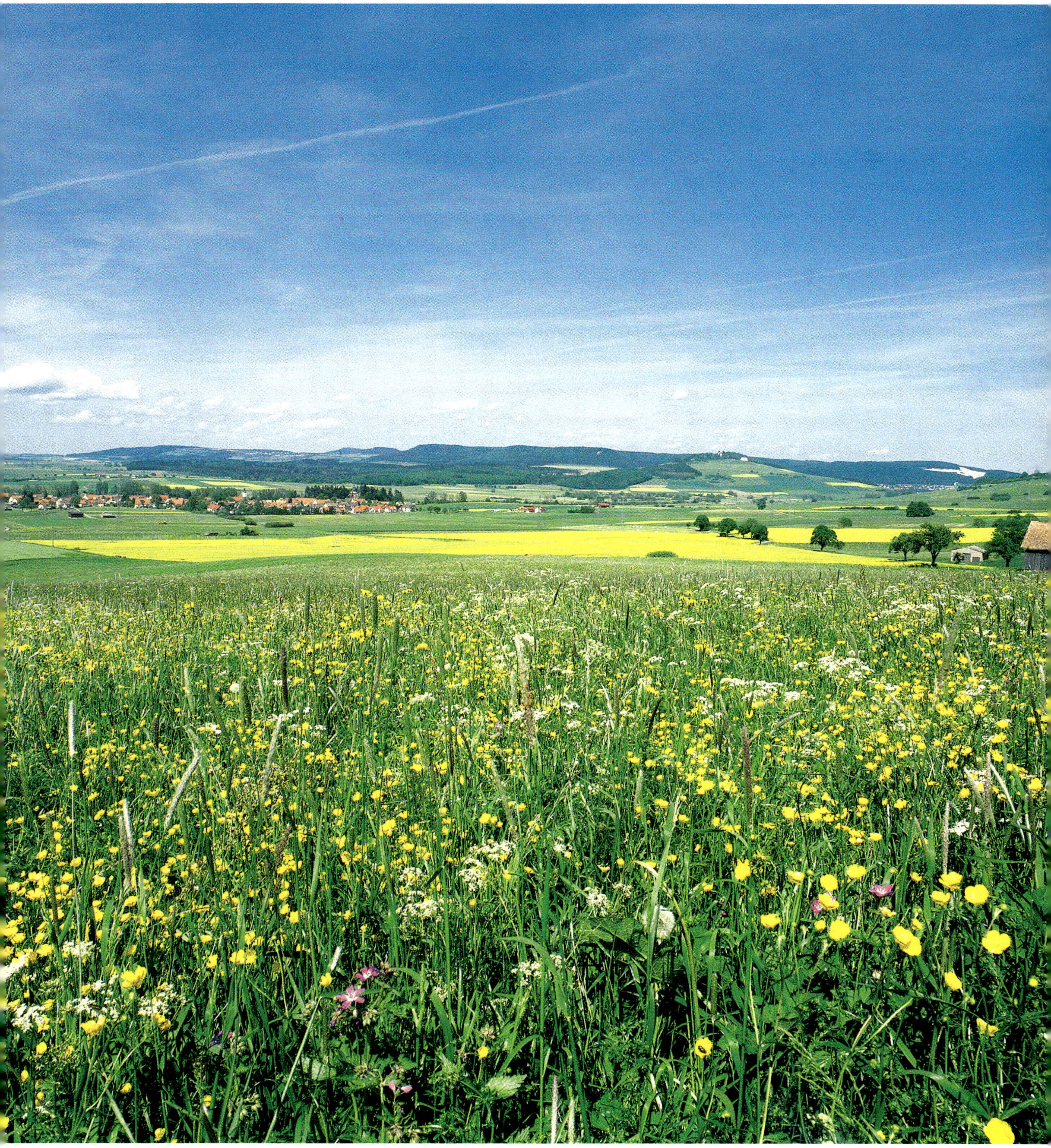

Frühlingsimpression – felderreiche, weite Baar. Blick von der Nordseite des Fürstenbergs in Richtung Neudingen.

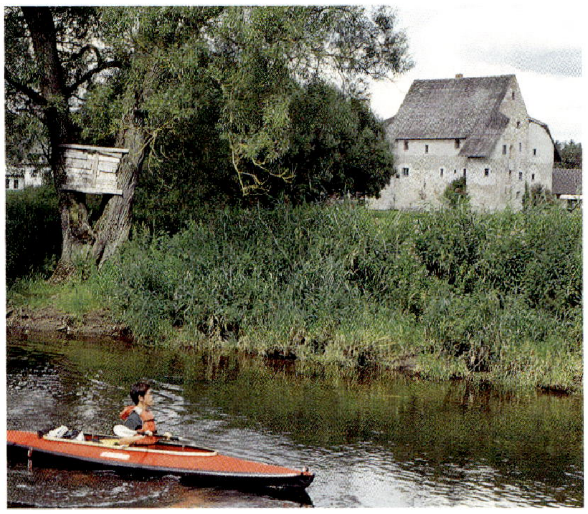

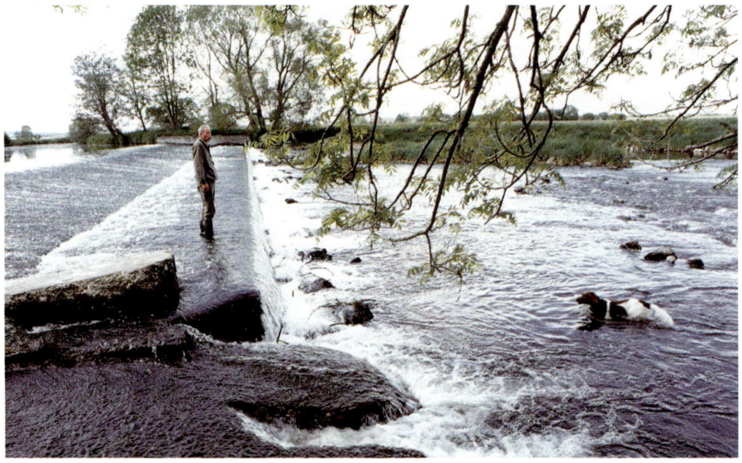

Bei der Entenburg in Pfohren.

Am Donauwehr in Neudingen.

Bäume und Sträucher, die das Ufer der Donau markieren, es ist an der Zeit, sich einem Fluss zu nähern, der ein Herzstück Europas darstellt.

Die Donau – Beginn einer europäischen Reise

Es geschieht einfach und wirkt weder pathetisch noch kitschig: Der Mann kniet nieder, reicht der Frau einen Ring – sie legt ihre Hand in die seinige. Still betrachten sie das Quellbecken – die historische Donauquelle im Donaueschinger Schlosspark. Über ihren Köpfen weist eine Skulptur des Vöhrenbacher Bildhauers Adolf Heer der jungen Donau den Weg nach Osten, an diesem symbolträchtigen Ort haben sich auch die beiden Liebenden für einen Weg entschieden.

Vielleicht just an dieser Stelle, weil sie in einer Donaustadt wie Passau, Wien, Bratislava, Budapest, Belgrad oder Nikopol zu Hause sind? Oder weil sie auf ihrem Weg in die Stadt tagtäglich eine Brücke über die Donau beschreiten und nun wissen wollen, wo dieser Fluss seinen Ursprung hat? Oder vielleicht, weil sich der Fluss vom Fenster der Wohnung aus abends im letzten Sonnenlicht wie ein blinkender Spiegel in die Nacht verabschiedet, unaufhaltsam in Richtung Schwarzes Meer unterwegs und er ihnen stets rätselhaft in seiner Herkunft war? Oder ist es einfach so, dass sich das Paar irgendwo entlang der Donau kennen und lieben lernte?

Die beiden erheben sich von der Steinbank und werfen eine Münze ins Quellbecken. Auf dessen Grund funkelt im Sonnenlicht Geldstück an Geldstück – ein Paradies der Wünsche. Erfüllt?

Hand in Hand verlassen sie den Ort, schauen einem jungen Japaner zu, der auf Zeichenpapier mit Bleistift die Umrisse der Quellenanlage skizziert. Der Weg führt durch den Schlosspark zum nur wenige hundert Meter entfernt liegenden Zusammenfluss von Brigach und Breg, dem Beginn der Donau. Es ist eine schlichte Stelle. Ob es dieser Ort war – der Zusammenfluss – an dem sich im Jahr 15 v. Chr. Tiberius, der spätere römische Kaiser, „nach einer Tagesreise“ vom Bodensee aus gegen Norden „die Quellen der Donau“ besah, wie es der Geograph Strabon im Zusammenhang mit dem Feldzug der beiden Stiefsöhne des römischen Kaisers Augustus in das Bodenseegebiet berichtet?

Wo sich Brigach und Breg zur Donau vereinen, beginnt die amtliche Längenmessung. Vom Zusammenfluss aus bis zur Mündung ins Schwarze Meer sind es 2780 km – auch wenn bekannte Lexika und andere Publikationen eine Flusslänge von 2840 Kilometer angeben. Woher diese Differenz in den Messungen stammt ist ungewiss. Vielleicht ist sie in Flussbegradigungen begründet, die im Lauf der Zeit erfolgten, oder in der Bestimmung des Mündungspunktes im Donaudelta, einem einzigartigen, riesigen Sumpfgebiet.

Am Donaukilometer 2780 – dem Zusammenfluss von Brigach und Breg – wo sich Menschen aus aller Welt einfinden, um die junge Donau zu sehen, beginnt eine Reise durch zehn Länder: Deutschland, Österreich, Slowakei, Ungarn, Kroatien, Serbien, Rumänien, Bulgarien, Moldawien und Ukraine. Ein riesiges Naturreservat ist der Endpunkt. Im rumänischen Sulina findet sich ein Schild mit der Aufschrift: „Sulina, Kilometer 0“. Nur per Schiff über den mittleren Donauarm erreichbar, markiert der Ort Sulina den Übergang der Donau ins Schwarze Meer.

Die Geschichte der Donau ist ein riesiges Mosaik, eine schicksalhafte Zeitreise, die unzählige Dichter und Künstler inspiriert hat. Es ist die Geschichte von Staatsgründungen, von Herrscherhäusern, von Haupt- und unbedeutenden Nebenorten, von Kriegen und Machtkämpfen – auch die von Europa. Vor allem aber eine Geschichte von Menschen. Wie die unseres unbekannten Liebespaares oder die des jungen Japaners, der eben noch die Quelle gezeichnet hat und der eineinhalb Stunden später in Pfohren anzutreffen ist, wo er im Kanu an der Entenburg vorbei in Richtung Neudingen paddelt. Die Entenburg, Pfohrens Wahrzeichen, wurde 1471 durch Graf Heinrich VI. von Fürstenberg im Stil des für die Region bisher kaum bekannten und deshalb sehenswerten burgundischen Vierturmdonjons erbaut. Der Gast aus Japan hat damit den faszinierendsten Abschnitt der jungen Donau erreicht, der sich in Pfohren und Neudingen befindet: die Riedbaar. Dieses kostbare Natur- und Landschaftsschutzgebiet ist die Heimat des Weißstorches sowie anderer seltener Tier- und

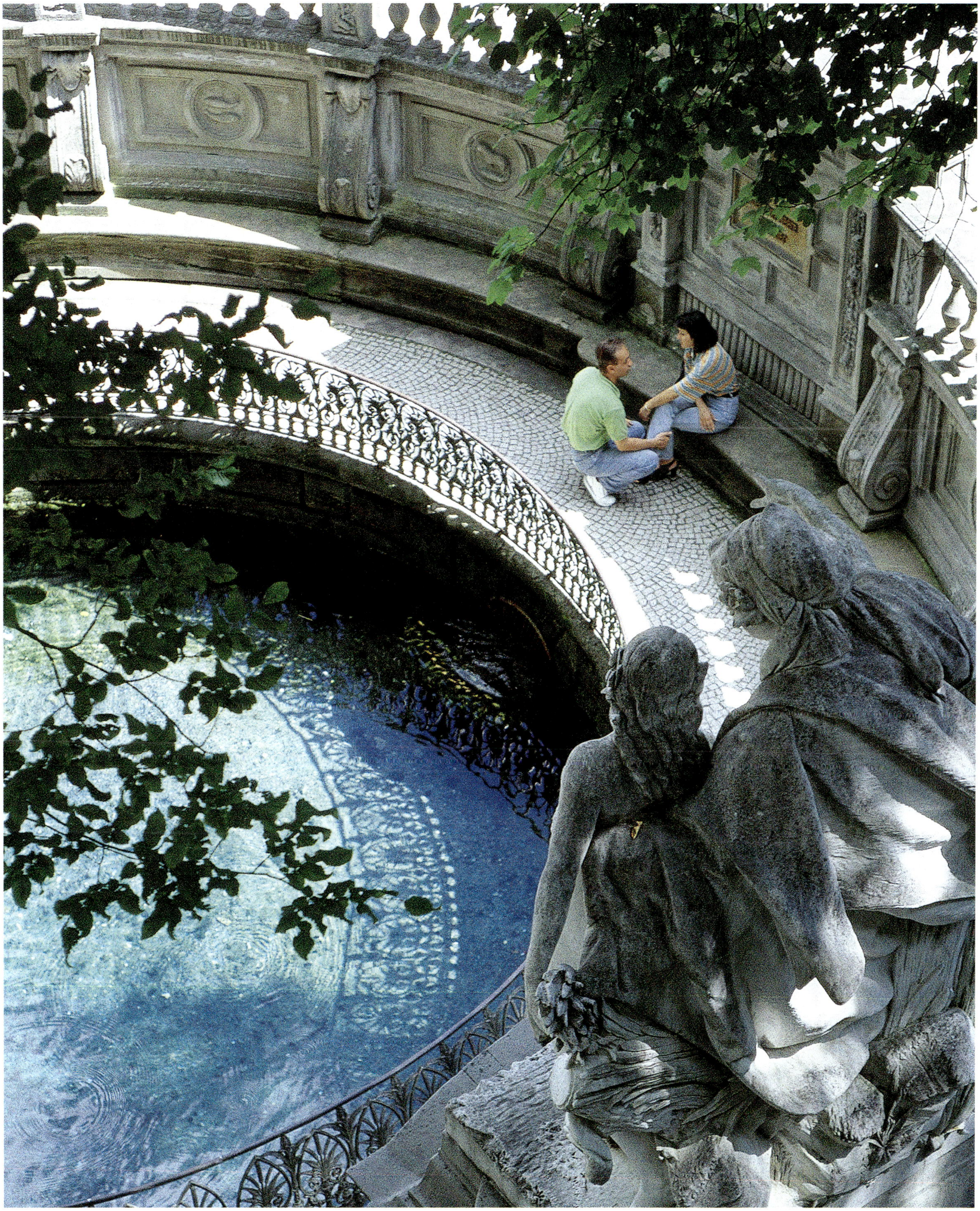

Die Donauquelle in Donaueschingen – Mutter Baar weist der Donau den Weg.

Pflanzenarten. Aber es dient auch der Freizeit und Erholung: Ein großzügiges Radwanderwegenetz lädt zur Donauerkundung ein.

In Neudingen am Wehr hat sich die Dorfjugend versammelt. Barfuß durchqueren zwei Mädchen den Fluss, die Jungen sehen vom Ufer aus zu. Angler, Sonnenbadende, Radfahrer und ein Jäger, der seinen Hund für die Entenjagd abrichtet: dieser Junitag ist wie geschaffen für Freizeit an der Donau. Kadir, ein Fotograf aus den Niederlanden, versucht diese Szene im Bild festzuhalten – im Schwarzweißbild wie er lächelnd hinzufügt. Es verwundere ihn immer wieder, weshalb er seinen Bildband über die Flüsse dieser Welt in Schwarzweiß und nicht in Farbe fotografiere. Kadir schüttelt den Kopf. Er erzählt, dass er von Afghanistan kommend gestern in Zürich gelandet ist und erst vor wenigen Stunden mit dem Zug in Donaueschingen ankam. Nun will er auf einer Donaureise „die Seele baumeln lassen". Monate später veröffentlichen international bekannte Zeitschriften teils auf mehr als 75 Seiten eine Fotostrecke in Schwarzweiß. Thema sind die bedeutenden Flüsse dieser Welt – fotografiert von Kadir. Darunter die Donaubilder dieses Sonntags im Juni: Die junge Donau macht den Schwarzwald-Baar-Kreis weltweit bekannt, europaweit bedeutsam. Der Ort des Zusammenflusses, der amtliche Donaubeginn in Donaueschingen, ist der bedeutendste Punkt des Landkreises.

Doch ist der zweitlängste Strom Europas „ein heftig umworbenes Flusskind", was im Quellenstreit zwischen Donaueschingen und Furtwangen zum Ausdruck kommt. In Furtwangen nämlich wird in Sachen Donauquelle auf die Breg verwiesen, die bei der Martinskapelle im Katzensteig entspringt, wenige Meter von der europäischen Wasserscheide entfernt. Mit einer Länge von 47,6 Kilometern ist die Breg um ca. 6,3 Kilometer länger als der zweite Donau-Quellfluss, die Brigach. Die Furtwanger Sicht der Dinge, dass der längste Quellfluss der Donau zugleich als die eigentliche Quelle anzusehen sei, hat gleichfalls Fürsprecher, auch über die Grenzen der Stadt hinaus. Der Streit zwischen den Donaueschingern und Furtwangern um die Donauquelle erhitzt seit Jahrzehnten die Gemüter, ein Ende scheint nicht absehbar. Selbst das Stockacher Narrengericht wurde in dieser Angelegenheit dereinst um Aufklärung bemüht. Das Urteil indes geriet salomonisch: „Dieser Streit ist zu schön, als dass er durch ein Gerichtsurteil beendet werden sollte."

„Brigach und Breg bringen die Donau zuweg'". Jedes Kind im Landkreis kennt diesen Spruch aus seinem Erd- oder Heimatkundeunterricht. Dort allerdings, wo die beiden Flüsse aus dem Erdreich treten, mag man die Richtigkeit dieser Feststellung kaum glauben, denn Brigach und Breg sind an ihrer Quelle unscheinbar. Beginnt der Lauf der Breg bei der Martinskapelle in Furtwangen in einem schlicht gefassten Quellbecken aus Granit, ist die eigentliche Brigachquelle „unsichtbar": Die Brigach entspringt als wahrscheinlich einziger Fluss der Welt im Keller eines Bauernhofes, genauer im 450 Jahre alten Hirzbauernhof in Brigach bei St. Georgen. Von dort aus wird das Brigachwasser ins Freie geleitet. Der kleine Teich mit Findling und Hinweistafeln vor dem Bauernhof wird wie die Bregquelle im Furtwanger Katzensteig viel besucht. Die Quellen von bedeutenden Flüssen haben die Menschen seit jeher fasziniert.

Zurück zur Donau, die dem Schwarzwald-Baar-Kreis nur wenige Flusskilometer erhalten bleibt. Von Donaueschingen aus fließt sie nach Pfohren und Neudingen, zwischen dem längst erloschenen Vulkankegel des Wartenberges und dem Gebirgszug der Länge verlässt sie an der Gemarkungsgrenze von Neudingen/Gutmadingen, am Übergang von der Baar zur Schwäbischen Alb, den Landkreis – sie macht sich auf ihren Weg durch Europa.

Bregquelle bei der Martinskapelle in Furtwangen (Furtwanger Donauquelle).

▪ Eine Fahrt mit der Schwarzwaldbahn

„Nächster Halt: Triberg" – wenn diese Ansage aus den Lautsprechern hallt, lehnen sich die Kenner der Schwarzwaldbahn in wohliger Erwartung in ihre Sitze, denn gleich beginnt der schönste Teil dieser Reise: die Fahrt von Hornberg hinauf in den Schwarzwald-Baar-Kreis, die nach Triberg und St. Georgen, Villingen und schließlich Donaueschingen geht. Auf diesen Abschnitt hat sich bereits Ernest Hemingway auf seinem Weg nach Triberg gefreut oder Albert Schweitzer, wenn er die Eisenbahn dazu nutzte, um vom Elsass in seine Wahlheimat Königsfeld zu gelangen. Die Überquerung des Schwarzwaldes auf der Schiene war für den bekannten badischen Ingenieur Robert Gerwig (1820 bis 1885), Erbauer der Schwarzwaldbahn, eine Herausforderung, denn beim Bau der Bergbahn war die Überwindung des Höhenunterschieds von 670 Metern – dies bei maximaler Steigung von 20 Promille, eine komplexe Aufgabe. Genial war Gerwigs Strategie, die Dampfloks auf Doppelschleifen in die Höhe schnaufen zu lassen, der mutigste Entschluss war der weitgehende Verzicht auf Brücken, dafür allerdings mussten verstärkt Tunnel gebaut werden. „Tunnel zählen" ist bis heute ein beliebtes Spiel bei Kindern zur Verkürzung der Reisezeit – es sind 39. Zum Fürchten lang ist der längste, der Sommerau-Tunnel, für den Gerwig in spektakulären Sprengungen ein 1700 Meter langes Loch durch den widerspenstigen Granit bohren ließ. 1867 wurde mit dem Bau begonnen, sechs Jahre später war das Werk vollbracht, zeitweilig waren 750 Arbeiter gleichzeitig im Einsatz, darunter zahlreiche italienische Gastarbeiter.

Die Lautsprecherstimme kündigt die Einfahrt in den Bahnhof Triberg an und ruft die Reisenden in die Gegenwart zurück. Wer in Triberg aussteigt, weiß sofort, woher das weltbekannte Touristenstädtchen seinen Namen hat – Triberg wird von Bergen fast erdrückt. Schon die Höhenangabe verrät, dass Spaziergänge hier immer ein kleines Extra-Training für Herz, Lunge und Kreislauf sind. Ebene Wege gibt es so gut

Brigachquelle beim Hirzbauernhof in Brigach bei St. Georgen.

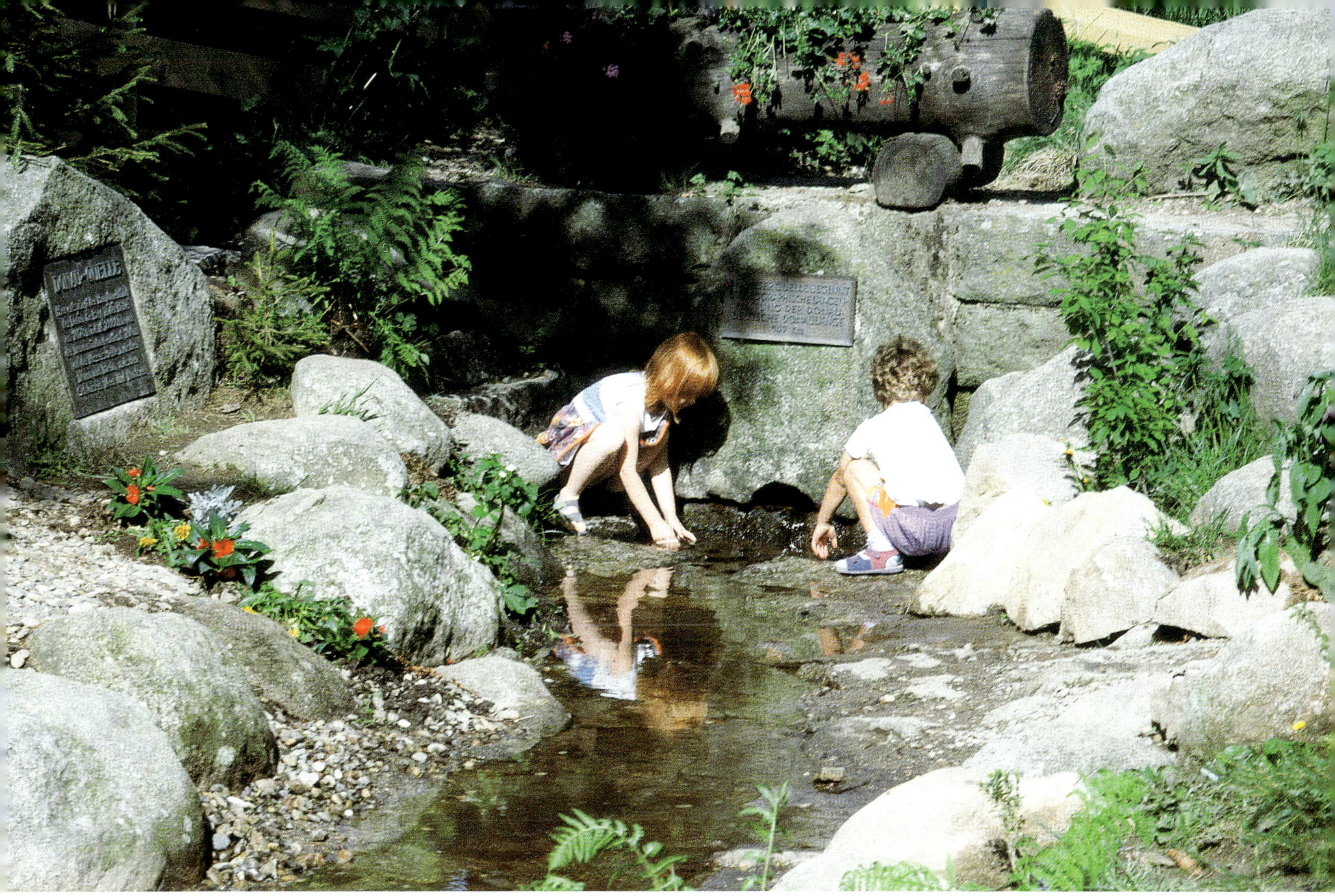

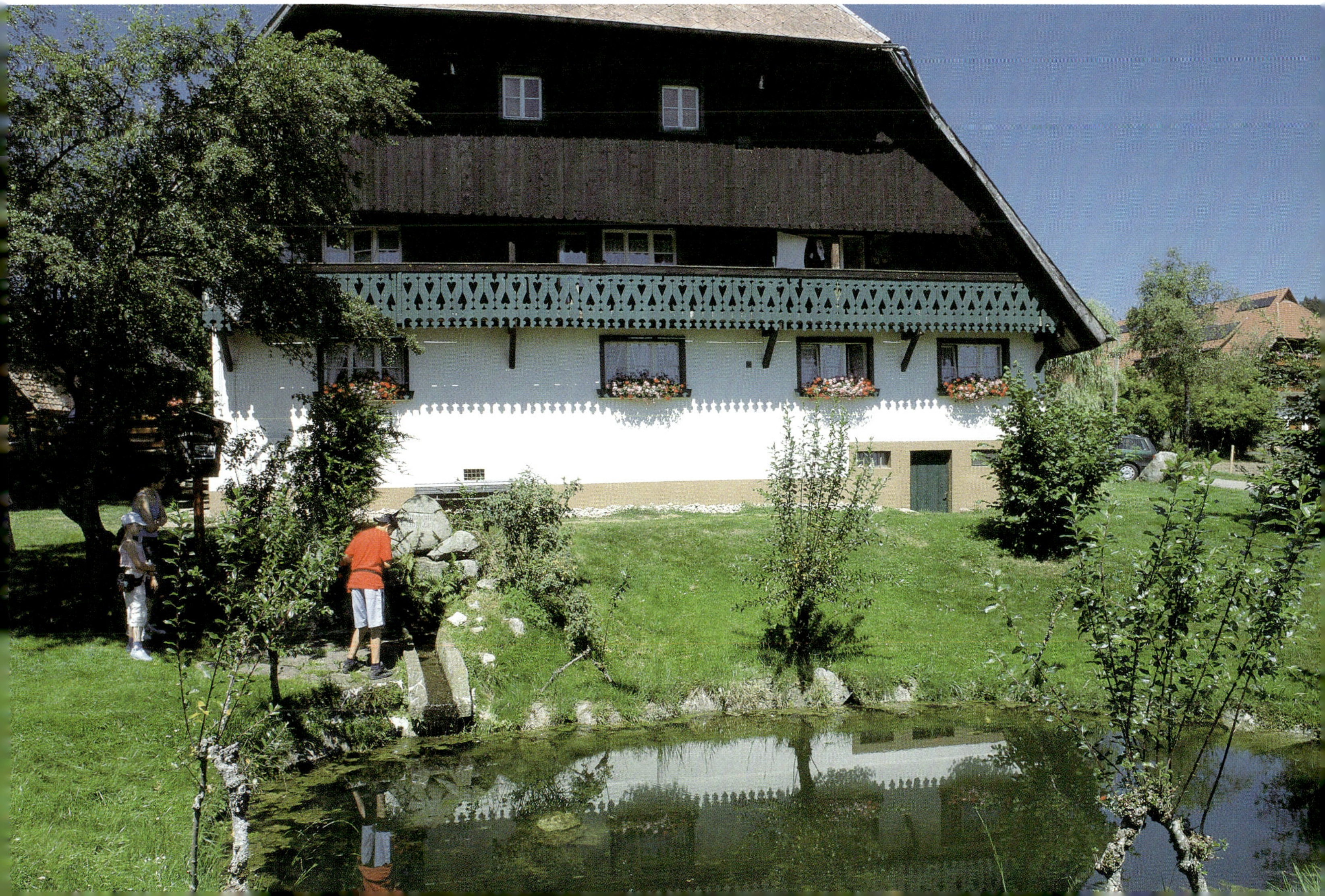

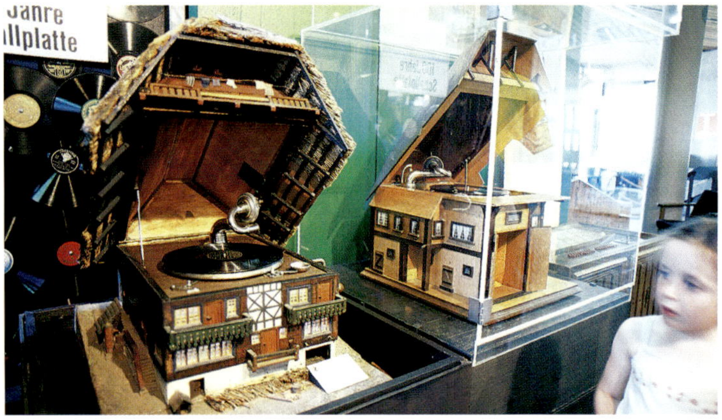

Deutsches Phono Museum St. Georgen.

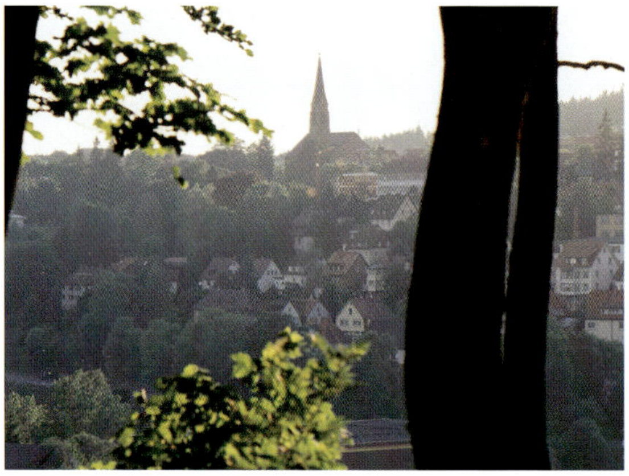

Blick auf die Bergstadt St. Georgen.

wie nicht, Triberg breitet sich auf 472 bis 1038 Meter über dem Meeresspiegel aus. Die Natur-Sensation in Triberg ist Deutschlands höchster Wasserfall, in sieben Stufen fallen die Wasser der Gutach 163 Meter tief herab – ein Muss für Japaner und Amerikaner auf Europareise. In Triberg finden sie, und in jüngerer Zeit auch immer mehr Spanier und Italiener, eindeutig den „Black Forest“. Unzählige Souvenir- und Uhrenläden halten Erinnerungen für jeden Geldbeutel bereit, nirgendwo sonst im Landkreis finden sich mehr Touristen.

Wer Triberg besucht will die weltberühmten Wasserfälle sehen, aber auch das Schwarzwaldmuseum mitten in der Stadt. In diesem Museum mit besonderem Flair findet sich neben vielen Trachten, Schnitzereien oder einer Miniatur der Schwarzwaldbahn eine Werkstatt aus den Anfängen der Uhrmacherei. Die spielbereiten Orchestrien, mechanische Musikwerke, sind ein Höhepunkt beim Museumsrundgang.

Die Schwarzwaldbahn fährt wieder an, der zweite Teil der Tunnelstrecke, der interessanteste, steht nun bevor: 18 Tunnel sind zu durchfahren, darunter der 835 Meter lange große Triberger Kehrtunnel und kurz vor St. Georgen der Sommerau-Tunnel. Ist er durchquert, nähert man sich rasch der Bergstadt St. Georgen, die sich als munteres Industriestädtchen mit ca. 14 000 Einwohnern präsentiert.

Seine jüngere Geschichte ist untrennbar mit einem Namen verbunden: Dual. Die Ursprünge der Firma Dual reichen in die Zeit der Uhrenfabrikation zurück. Mit 15 Angestellten gründeten die Gebrüder Steidinger im Jahr 1900 eine Firma, die Uhrenteile und Werkzeug herstellte und mit der Erfindung der Spindelbohrmaschine weltberühmt wurde. 1907 begannen die Brüder die ersten Federwerke für Grammophone zu bauen. Als Sensation erwies sich später die Entwicklung eines neuen Grammophonantriebs, bei dem der Elektromotor mit dem Federwerk kombiniert wurde. Von diesem „dualen System“ leitete sich der Name der späteren Weltfirma her. Das Unternehmen wuchs in schwindelerregendem Tempo und mit ihm die kleine Bergstadt. 1950 lebten knapp 7000 Menschen hier, 1970 waren es doppelt so viele. 1700 Männer und Frauen standen zu der Zeit bei Dual in Lohn und Brot, aus dem einstigen Familienunternehmen war Deutschlands führender Plattenspielerhersteller geworden mit 3500 Beschäftigten zur Blütezeit. Das Deutsche Phono Museum im Rathaus zeigt diese Geschichte sehr anschaulich.

Beinahe jede Familie in St. Georgen war wirtschaftlich abhängig von der Firma Dual, in deren Umfeld (ähnlich wie bei Kienzle-Uhren in Schwenningen und dem Fernsehgerätehersteller SABA in Villingen) kleinere Zulieferbetriebe entstanden, die beim Konkurs mit in den Abgrund gerissen wurden. Damit begann Anfang der 1980er Jahre eine Strukturkrise, die den gesamten Landkreis wirtschaftlich lähmte, ein großes Firmensterben setzte ein. Uhrenindustrie und Unterhaltungselektronik hielten dem Druck von Billiganbietern (vor allem aus Fernost) nicht mehr stand, beide Branchen hatten den Anschluss an die neuen digitalen Technologien verpasst.

Es spricht für die Schwarzwälder Mentalität, dass die Menschen aus dem Scherbenhaufen Neues aufbauten. Die Dual-Gebäude wurden in St. Georgen zum neuen Domizil für kleine, feine Softwarehäuser, die ersten Technologie- und Transferzentren in Baden-Württemberg entstanden. St. Georgen galt schon bald als „Silicon-Valley“ des Schwarzwaldes.

Viele Umlandgemeinden waren jahrhundertelang eng mit St. Georgen verbunden, denn die Mönche des im 11. Jahrhundert gegründeten Klosters waren maßgeblich an der Erschließung des Schwarzwaldes beteiligt. Sie rodeten Land und gründeten zusammen mit den Bauern Siedlungen. Das Kloster wurde 1633 als Folge des 30-jährigen Krieges (wie das ganze Dorf) niedergebrannt, danach nicht mehr aufgebaut, sondern nach Villingen verlegt und 1806 aufgelöst. Klosterspuren sind in St. Georgen noch heute zu finden, so die Klosterlinde oder Steine aus den Klostergebäuden und -anlagen.

St. Georgen hat auch literarisch-filmerisch Akzente gesetzt, denn hier ist Thomas Strittmatter (18.12.1961 - 29.8.1995) aufgewachsen, der bekannte Schriftsteller, der im Alter von erst 34 Jahren verstorben ist. Der bildende Künstler, Literat, Theaterschriftsteller und Filmemacher ist mit Stücken wie „Polenweiher“ und „Viehjud Levi“, die beide mit Erfolg auch verfilmt wurden, einem großen Publikum bekannt geworden.

▪ Königsfeld – wo sich Albert Schweitzer zu Hause fühlte

Wer im Herbst über den mit altem Baumbestand bewachsenen Zinzendorfplatz geht, zielsicher auf den Kirchensaal der Herrnhuter Brüdergemeine zusteuernd, scheint mit dem Wind auch den Geist Albert Schweitzers zu spüren. Hier ist der berühmte Urwalddoktor oft entlang gegangen, an der

Die Schwarzwaldbahn hat von Hornberg kommend den Triberger Ortsteil Gremmelsbach erreicht, eben den 265 Meter langen Hippensbach-Tunnel durchquert.

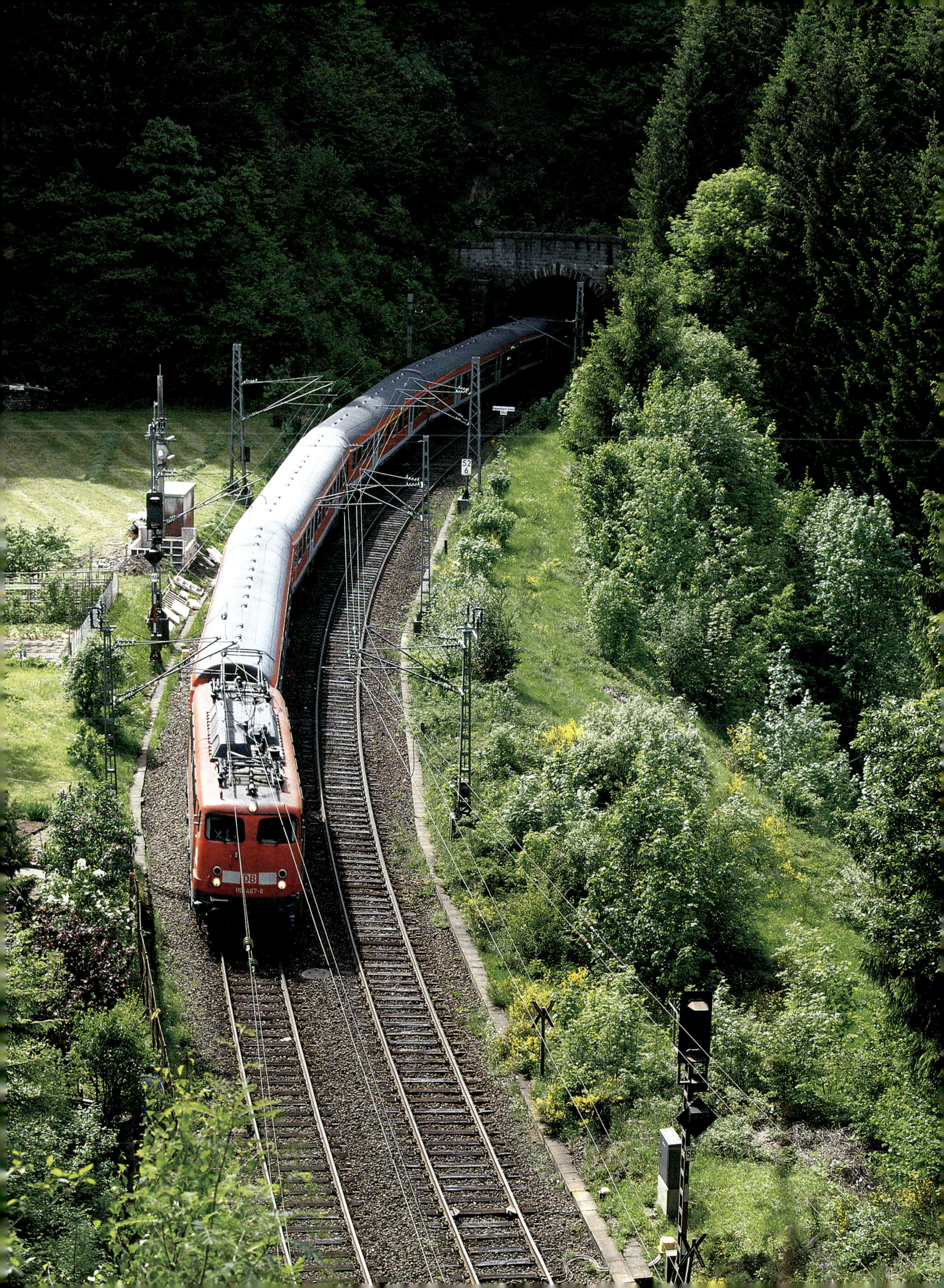
DB

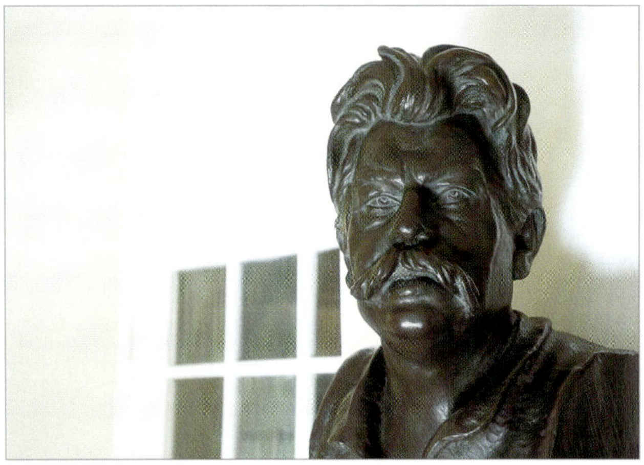

Weltbekannt: Urwalddoktor Albert Schweitzer. Sein Haus in Königsfeld ist Museum und multikulturelle Begegnungsstätte.

Orgel im Kirchensaal hat er gespielt. Sein Wohnhaus, Albert Schweitzer ließ es im Jahr 1923 bauen, beherbergt heute ein Museum und eine multikulturelle Begegnungsstätte. In einem Nebenraum steht dort ein Wägelchen mit schlichtem Koffer. Unter anderem damit ist Doktor Schweitzer früher zum Bahnhof gegangen, wenn er sich zunächst mit der Schwarzwaldbahn auf den Rückweg nach Afrika machte. Das Wägelchen steht da, als würde es jeden Augenblick gebraucht. Auch der Schreibtisch, ein Stuhl in der Ecke des Wohnzimmers, die Büste an der Tür und persönliche Gegenstände Schweitzers vermitteln Nähe zu einem „Königsfelder" mit Weltruf.

Königsfelds städtische Ländlichkeit in Kombination mit gesundem Klima und lebendigem Kultur- und Kirchenleben hatte es dem Urwalddoktor angetan, der seiner lungenkranken Frau Helene zuliebe seinen europäischen Wohnsitz hierher verlegte. Von 1923 bis 1933 und dann wieder ab 1947 lebten die Schweitzers in Königsfeld, vor allem Frau und Tochter. Albert Schweitzer hat sich in Königsfeld wohl gefühlt, das ihn 1949 aus Anlass des 65. Geburtstages zum Ehrenbürger machte. In einem Brief heißt es: „In Königsfeld konnte ich ruhig arbeiten, hatte eine Orgel, konnte im Wald gehen, hatte viele Freunde und diese Freunde denken an mich. ... Die Zeit in Königsfeld war die schönste meines Lebens."

In Königsfeld spricht man hochdeutsch und nicht alemannisch, gibt es außer dem Abendmahl ein „Liebesmahl", der Friedhof heißt „Gottesacker" und die Kirchengemeinde „Gemeine". Tatsächlich ist hier vieles anders als anderswo, denn Königsfeld ist keine allmählich gewachsene Siedlung, sondern eine „Kolonie", 1806 von der Herrnhuter Brüdergemeine als Glaubens- und Lebensgemeinschaft gegründet. Markante architektonische Akzente setzen die Gemeinschaftshäuser rund um den Zinzendorfplatz, mit dem Kirchensaal in der Mitte als ältestem Gebäude. Eine Siedlung, die in ihrer Anlage mit amerikanischen Stadtgründungen jener Zeit vergleichbar ist. Bekannt und geschätzt sind die privaten Zinzendorf-Schulen, die ihre Schüler nach christlicher und humanistischer Weltanschauung erziehen. Jugendliche, die aus ganz Deutschland und allen Schichten stammen.

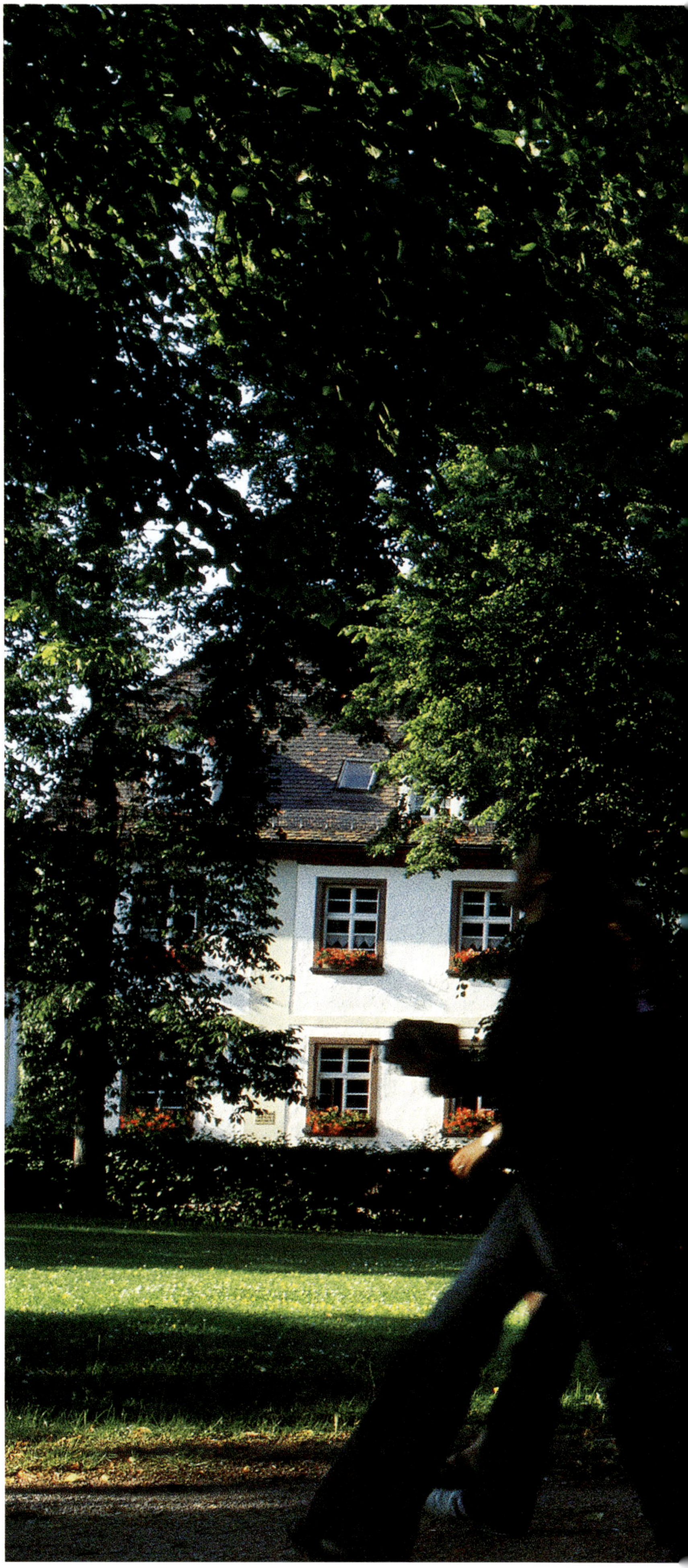

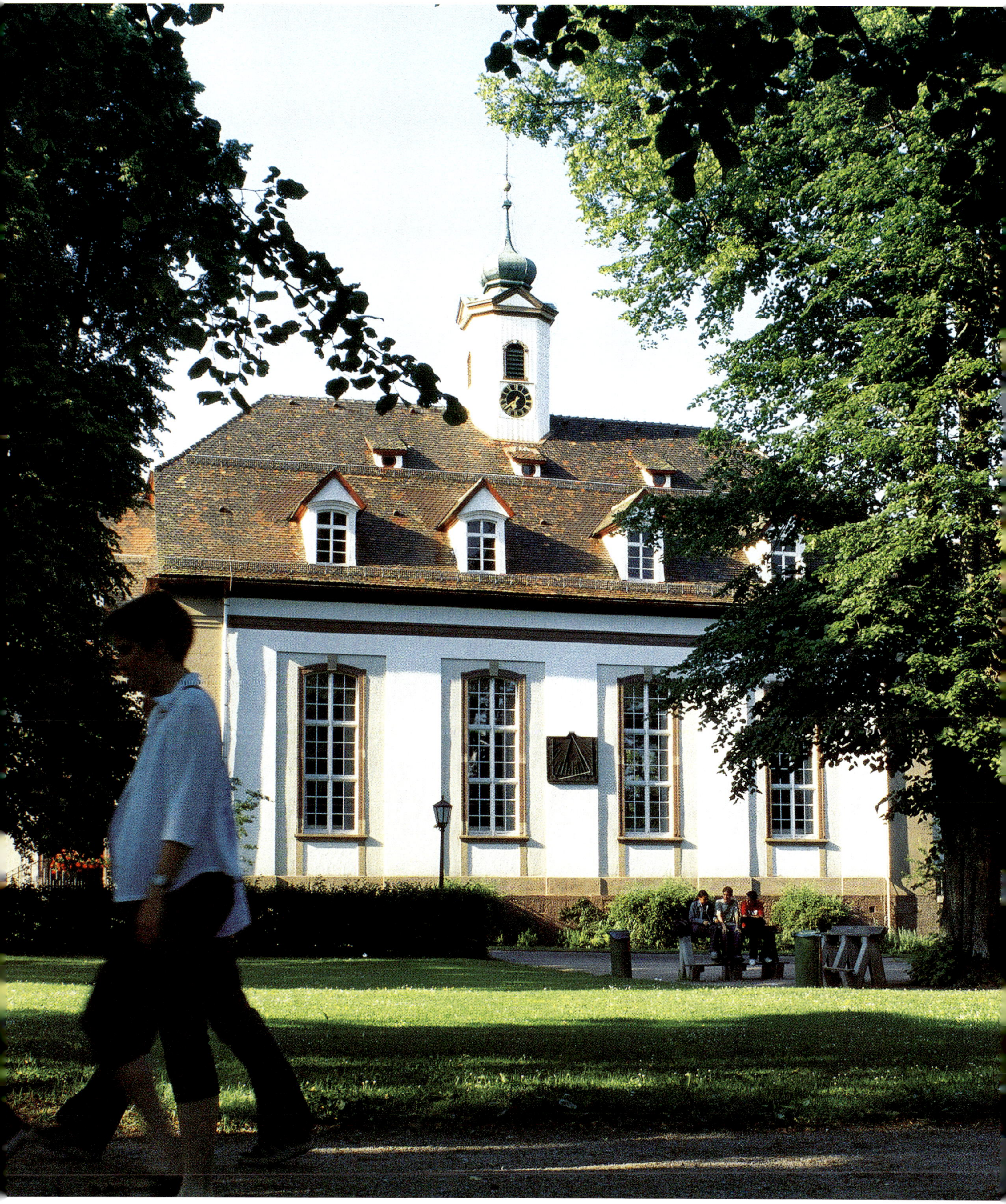

Der Zinzendorfplatz mit Kirchensaal der Herrnhuter Brüdergemeine – Treffpunkt der Zinzendorfschüler.

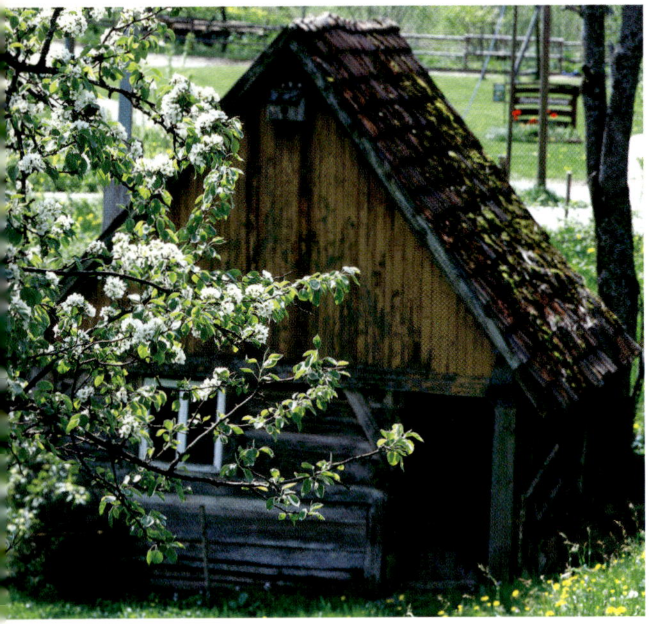

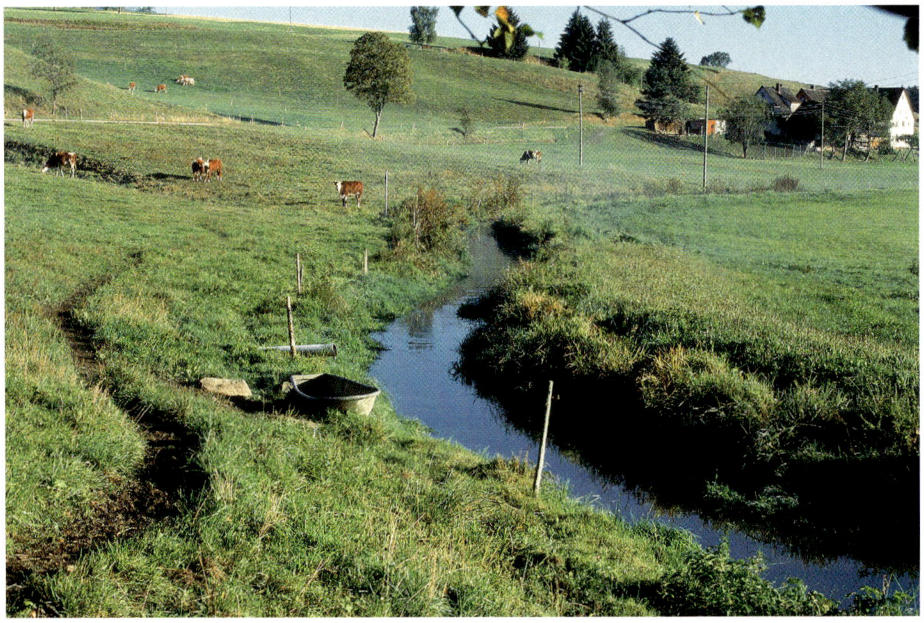

Beim Flanieren begegnen dem Besucher nicht nur auffallend viele junge, sondern auch auffallend viele alte Menschen. Sie leben in ebenfalls brüderisch geführten Altenheimen und genießen in Königsfeld wie die vielen Touristen den Kurpark, nutzen die medizinischen Einrichtungen. Schließlich ist die Naturwald-Gemeinde Königsfeld, dazu wurde sie 1997 als erste Gemeinde in Baden-Württemberg ernannt, nicht nur heilklimatischer Kurort, sondern auch Kneippkurort mit Kur- und Therapiezentrum.

Mehr als nur eine Wanderung wert sind die Dörfer Neuhausen, Erdmannsweiler, Burgberg mit gleich zwei Burgruinen, Weiler und Buchenberg, die Königsfelder Ortsteile. Sie sind zwar noch bäuerlich geprägt, doch haben auch hier die Landwirte notgedrungen auf Nebenerwerb umgestellt, teils das arbeitsintensive Milchvieh abgeschafft, wie etwa die Bauern zwischen Königsfeld und Martinsweiler, auf deren Gemarkung sich ein 60 Hektar großer Golfplatz ausbreiten konnte. Die Königsfelder 18-Loch-Anlage darf von Spaziergängern und Radlern durchquert werden. Zum Beispiel auf dem Weg ins Glasbachtal mit erster Rast an der Burgruine Waldau, die im Mittelalter als Herrschaftslehen der Grafen von Fürstenberg strategisch günstig gelegen in einer Talmulde am Rande der alten Heerstraße nach Hardt angelegt wurde. Von einem 25 Meter hohen Turm aus können Burgeroberer von heute den weiten Blick auf die Schwäbische Alb und ins Glasbachtal genießen. Der Rundweg um das naturbelassene, zauberhafte Glasbachtal führt hinauf zum Buchenberger St. Nikolaus-Kirchlein mit seiner mehr als 1000-jährigen Geschichte. Das Kirchlein ist eines der ältesten sakralen Bauwerke im Landkreis. Roh behauene Holzbänke, Fresken, die Kanzel und das Buchenberger Herrgöttle verbreiten eine einzigartige, andachtsvolle Stimmung.

Zu Fuß, mit Inlinern oder auf dem Rad, das Umfeld von Königsfeld ist von vielen Villingern hoch geschätzt. Sie gelangen unter anderem durch das Groppertal dorthin, die „Villinger Riviera". Das Landschaftsschutzgebiet Groppertal ist zusammen mit dem Magdalenenbergle das beliebteste Naherholungsgebiet der Villinger, wo man am Uhu-Felsen sogar ein alpines Klettertraining absolvieren kann.

Das Groppertal gehört zu Unterkirnach, einem familienfreundlichen Ferienort, dessen Ortskern mustergültig saniert ist, mit dem Mühlenplatz als Mittelpunkt. Die Kirnachmühle mit historischem Mahlwerk steht hier, auch ein Kräutergarten ist angelegt. Im Kinderland Schlossberg fordert nah der Ortsmitte ein Teich dazu auf, ihn mit einem Floß zu überqueren – auf Kinder wartet eine Spiellandschaft, wie sie in kaum einem zweiten Ferienort im Landkreis anzutreffen ist. Das Kirnachtal lädt zu Wanderungen geradezu ein, hier gibt es nicht nur Bauernhöfe, sondern auch deren altangestammte Nebengebäude zu entdecken.

Erinnert sei an dieser Stelle an die Spieluhren und Musikwerke von Martin Blessing. Er hat in Unterkirnach ein Orchestrion mit 169 Pfeifen geschaffen, das für 50 000 Euro nach London veräußert wurde. Das Noten-Arrangement schrieb der Komponist Konradin Kreutzer.

Frühling im Kirnachtal (links) und die Vordere Stockburg mit der jungen Brigach, nah beim Unterkirnacher Groppertal gelegen.

▪ Villingen, eine 1000-jährige Stadt

Wenn am Samstag auf dem Münsterplatz Markt ist, reiht sich rund um das Münster mit seinem romanischen und gotischen Turm ein Stand an den anderen. Hier gibt es alles, was die Landwirtschaft an Produkten hervorbringt. Und selbst vor den ehrwürdigen Münsterportalen macht das samstägliche Markttreiben gelegentlich nicht Halt; in Verkaufsregalen sind dort Blumen- und Gemüsesetzlinge aufgereiht. Die von Klaus Ringwald gestalteten Portale sind künstlerisch von hohem Wert, haben im Ländle aber einst einen Aufschrei provoziert. Der Schonacher Bildhauer hat Persönlichkeiten des öffentlichen Lebens zu biblischen Figuren werden lassen. Auch Ringwalds Münsterbrunnen, der als heitere Stadtgeschichte ausgestaltet wurde, ist an diesem Morgen in der Hauptsache vom

Auf der Brigachbrücke im Groppertal.

Familienfreundlich, kindgerecht: das Feriendorf Unterkirnach. Mittelpunkt ist der Mühlenplatz.

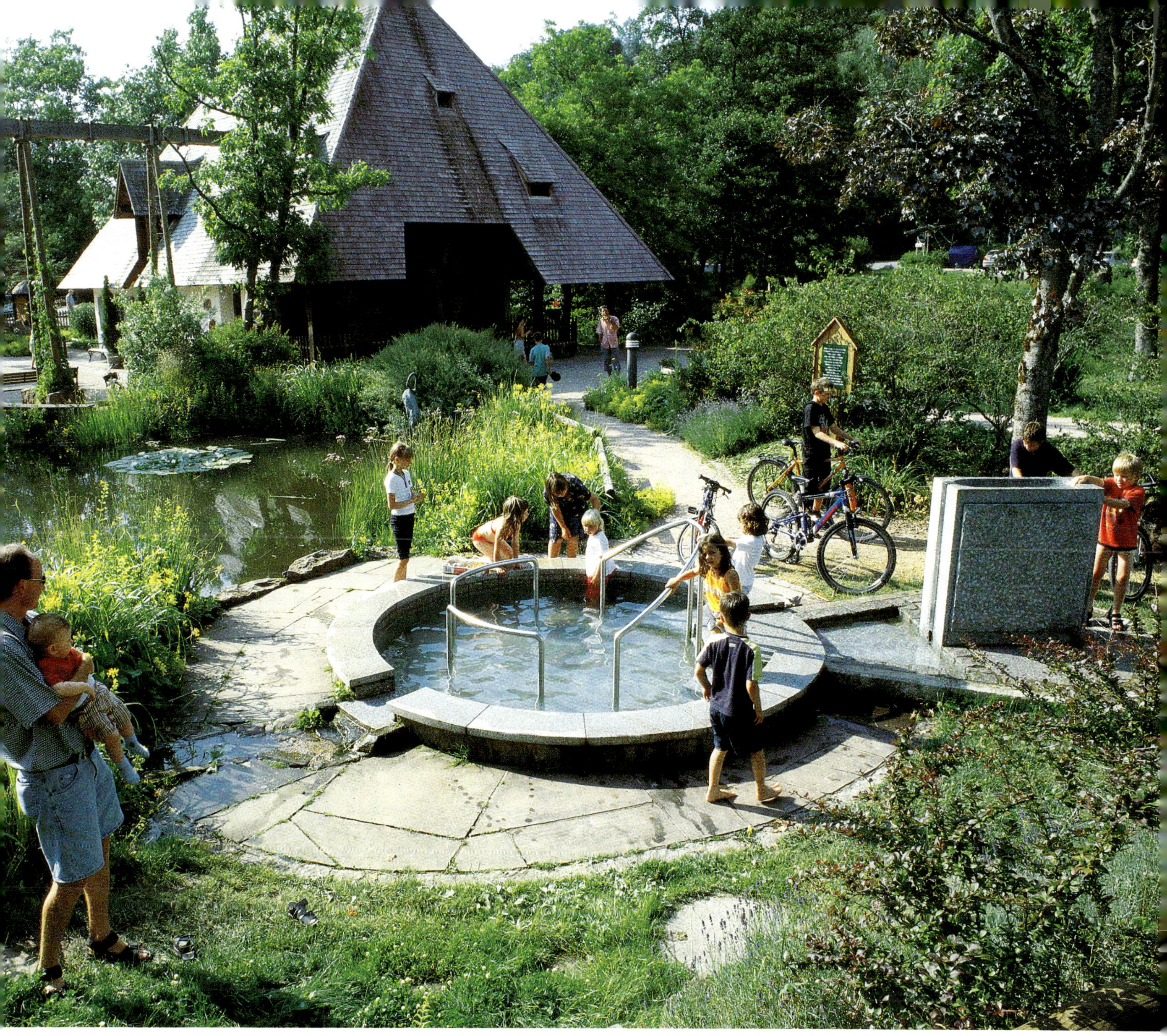

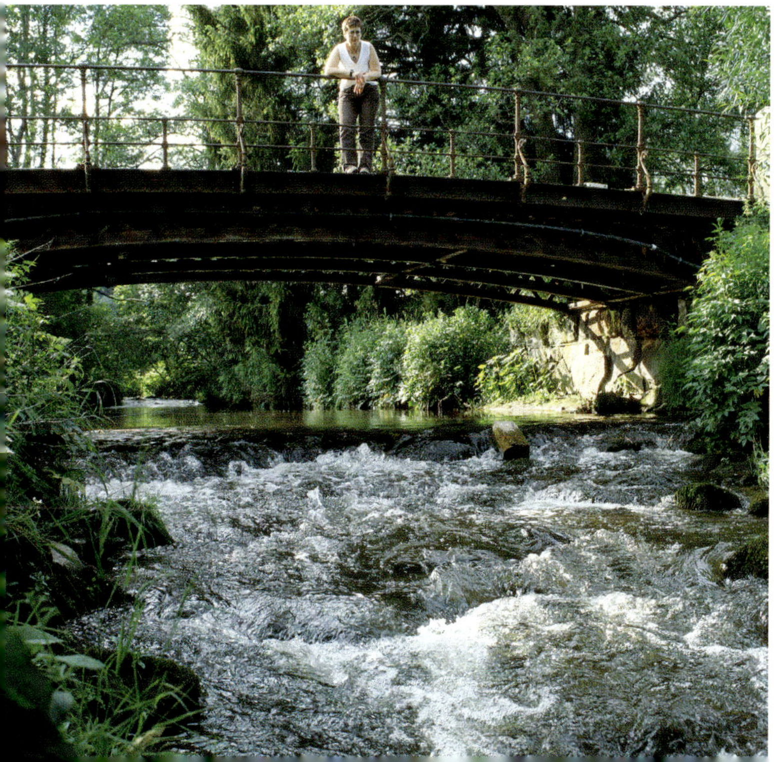

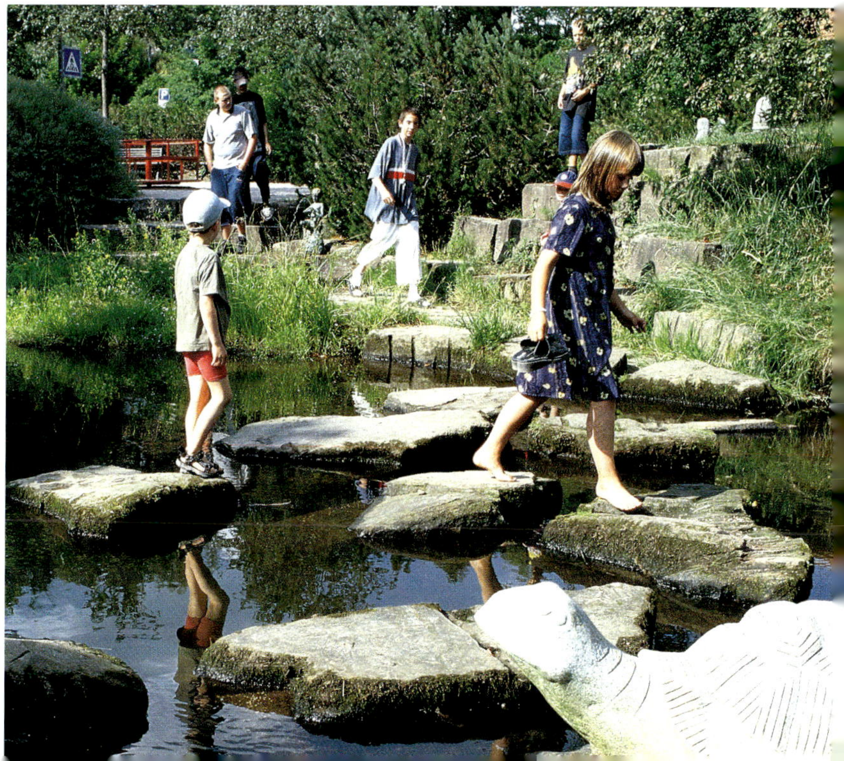

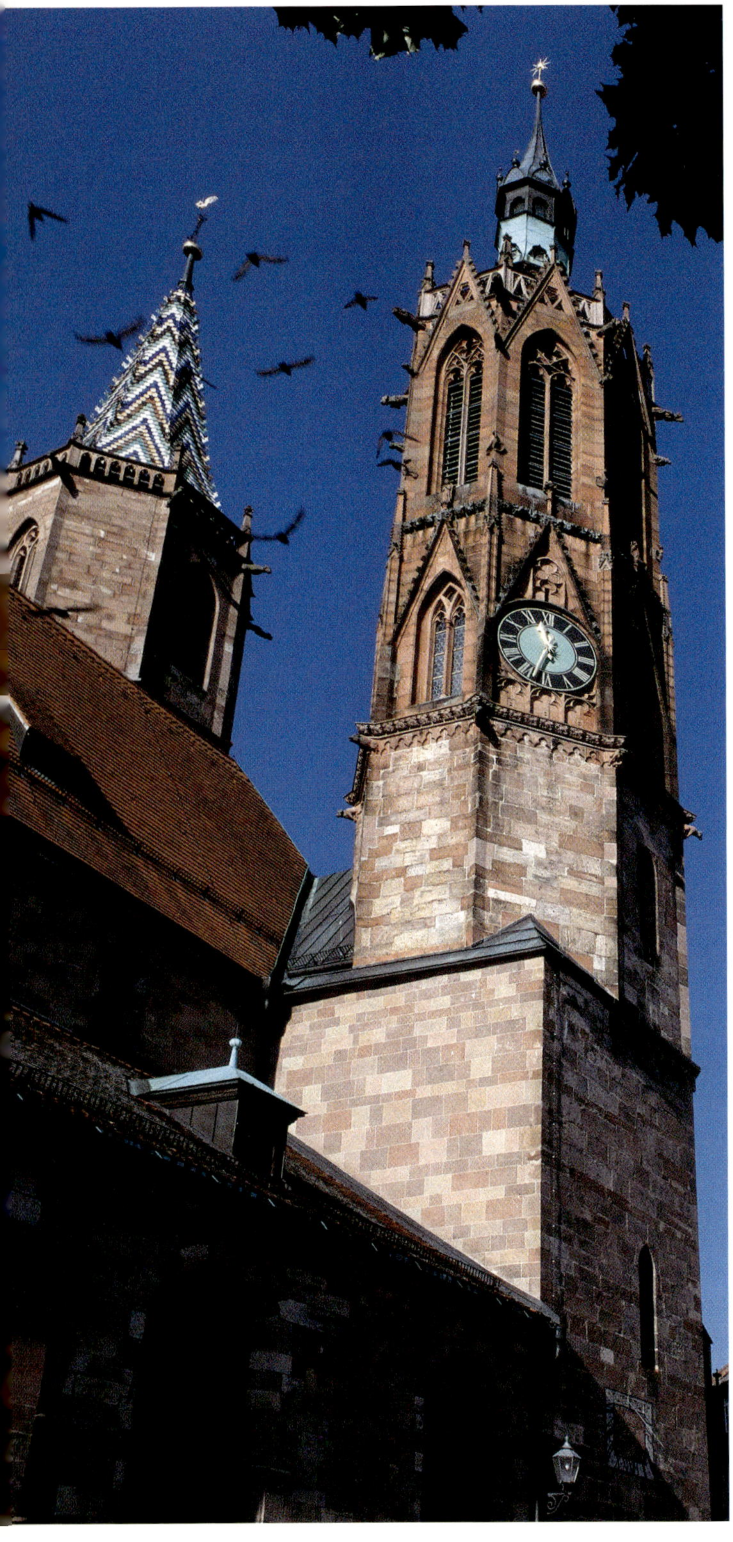

Marktgeschehen umringt, schließlich gilt: Ein Münsterplatz ist auch ein Marktplatz, schon immer war das so. Ein Ort, wo das Leben spielt, eine lebendige Mitte. „Guten Morgen – wie goht´s?" Diese Frage wird oft gestellt, denn wenn Markt ist, trifft sich Villingen. Auch das macht diese liebenswerte Stadt besonders: Man kennt sich noch.

Villingen, der badische Teil der Doppelstadt Villingen-Schwenningen, verkörpert reiche Geschichte. Im Jahr 1999 feierten die Villinger das 1000-jährige Bestehen ihrer Stadt. Als „Filingun" ist die alemannische Siedlung bereits im Jahr 817 erstmals urkundlich benannt; Kaiser Ludwig der Fromme hatte sie dem Kloster St. Gallen vermacht, das im Mittelalter (ebenso wie St. Georgen) als geistlicher Grundherr eine bedeutende Rolle bei der Besiedelung des heutigen Schwarzwald-Baar-Kreises spielte. Die Besiedlungsspuren führen bis ins Jahr 616 vor Christus: Um diese Zeit starb ein keltischer Fürst und wurde im Villinger Magdalenenberg begraben, dem größten Grabhügel der westeuropäischen Hallstattkultur. Das Magdalenenbergle ist einzigartig, vor allem die dort stehende Eiche „Villinger Kult": Hier joggen und walken die Villinger, unter den mächtig ausholenden Ästen des Baumes werden sogar Gitarrenkonzerte gegeben.

Anno 999 übertrug Kaiser Otto III. seinem Gefolgsmann Graf Berthold mit der Gerichtsbarkeit auch das Markt-, Münz- und Zollrecht. Dieses war bis dahin ein Privileg der Geistlichkeit gewesen und wurde nun erstmals einem weltlichen Herrn eingeräumt. Rund 100 Jahre später wurde Villingen vom östlichen ans westliche Brigachufer verlegt: Es begann die Stadtgründung durch die Zähringer, die mit Freiburg und Offenburg weitere strategische Eckpfeiler zur Sicherung ihrer Herrschaft im Schwarzwald besaßen. Villingen war eine aufblühende Stadt, und so wurde um 1120 mit dem ersten Münsterbau begonnen. Aus dieser Zeit stammt auch die gewaltige Stadtmauer um das Achsenkreuz zweier gleichberechtigter Marktstraßen, die mit drei Stadttoren fast vollständig erhalten ist, nur das „Niedere Tor" fehlt, es wurde 1847 abgerissen.

Wer ein rechter Villinger ist, der verspürt gehörig Bürgerstolz in sich. Ein wenig hat das auch mit dem Lokalhelden Remigius Mans zu tun, der als französischer Söldner in der Schlacht bei Novara/Italien fiel und seither Romäus genannt wird. Die historischen Fakten sind dürftig, umso reicher ranken sich die Legenden um Romäus. Der Sage nach hatte Romäus übermenschliche Kräfte und ein loses Mundwerk, für seine Aufmüpfigkeit bei den Ratssitzungen soll er in den Michaelsturm gesperrt worden sein, der von da an Romäusturm genannt wurde.

Bis heute ist die trotzige Wehrhaftigkeit der Villinger Bürgerschaft sprichwörtlich, die Stadt galt – dank ihrer Befestigungsanlagen und des Mutes ihrer Einwohner – als quasi uneinnehmbar. Villingen überstand drei Belagerungen im 30-jährigen Krieg und sieben Belagerungen im Verlauf der neuzeitlichen Religionskriege. Als Prinz Eugen, kaiserlicher Feldherr im Spanischen Erbfolgekrieg, Villingen 1704 nach einer besonders schweren Belagerung besichtigte und den Herren der Stadt für ihre Tapferkeit einen Wunsch gewährte, begehrte man in der Festung nichts weiter als „Brot, Bulver und Blei". Auch in Zukunft blieb Villingen von Zerstörungen weitgehend verschont, auch – anders als seine Schwesterstadt Freiburg – von Bombardements im Zweiten Weltkrieg, so dass von den 670 Häusern in der Altstadt rund 500 einen mittelalterlichen Kern aufweisen.

Innig ist die Villinger Bevölkerung mit der prachtvoll ausgeschmückten, barocken Benediktinerkirche verbunden, die

Das Villinger Münster „Unserer Lieben Frau" mit gotischem und romanischem Turm. Im 12. Jahrhundert war der Baubeginn in romanischem Stil erfolgt, nach dem Stadtbrand von 1271 erhielt unter anderem der Chor eine hochgotische Form.

Impressionen vom Wochenmarkt auf dem Münsterplatz.

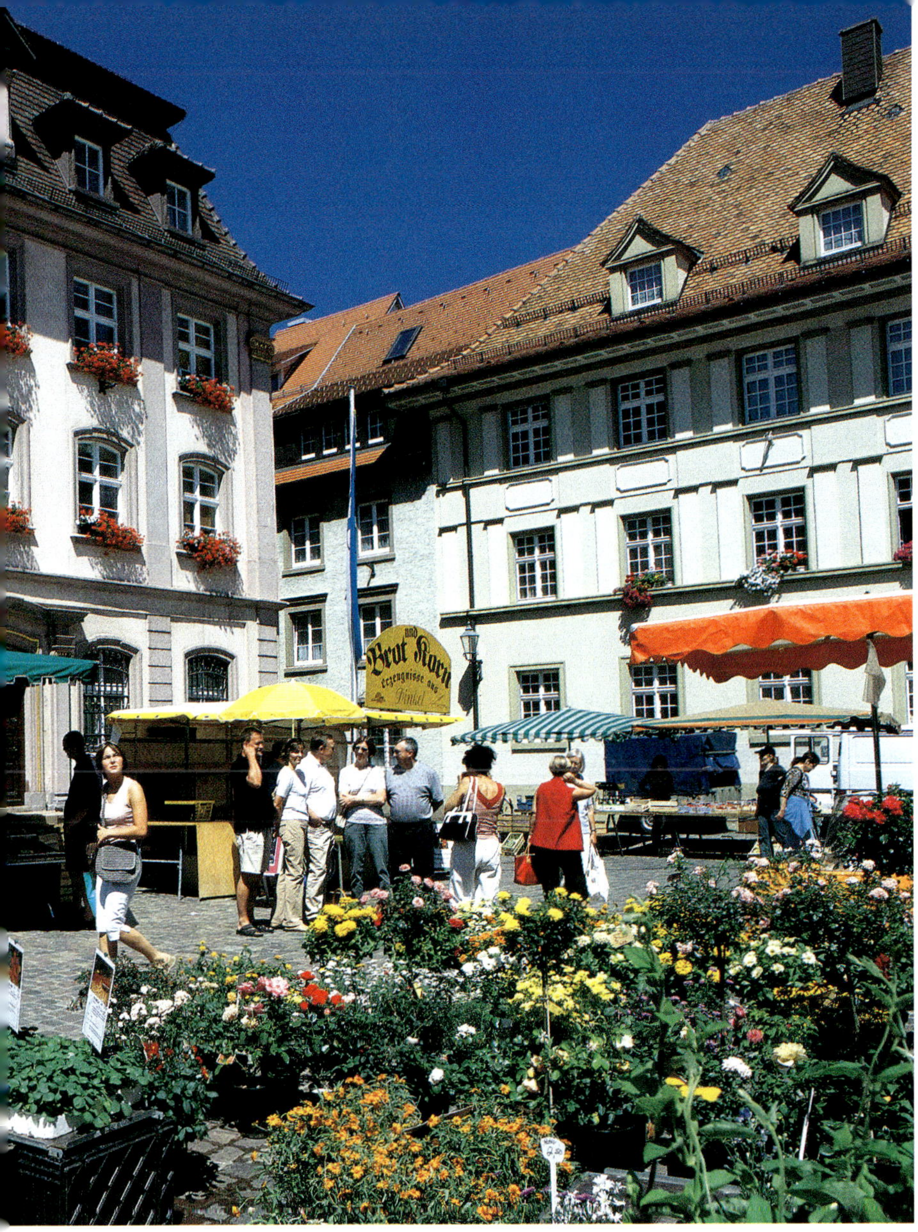
Brot Korn

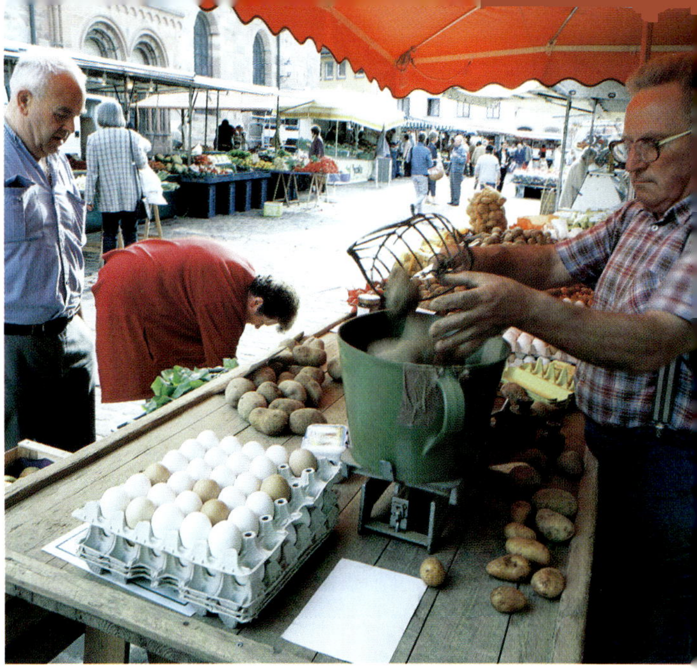

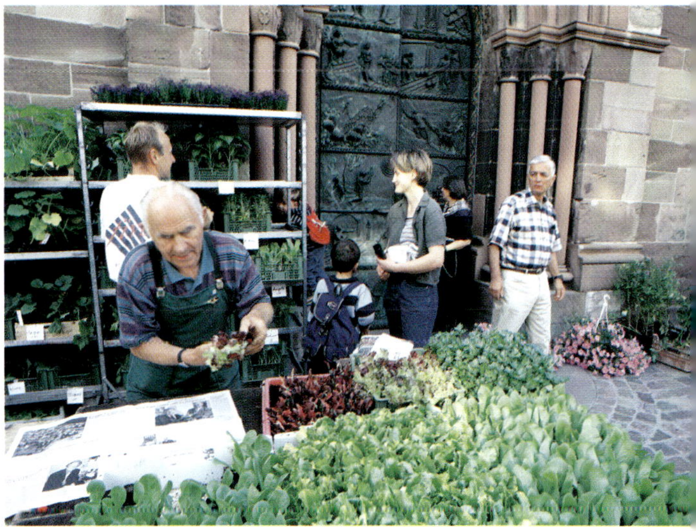

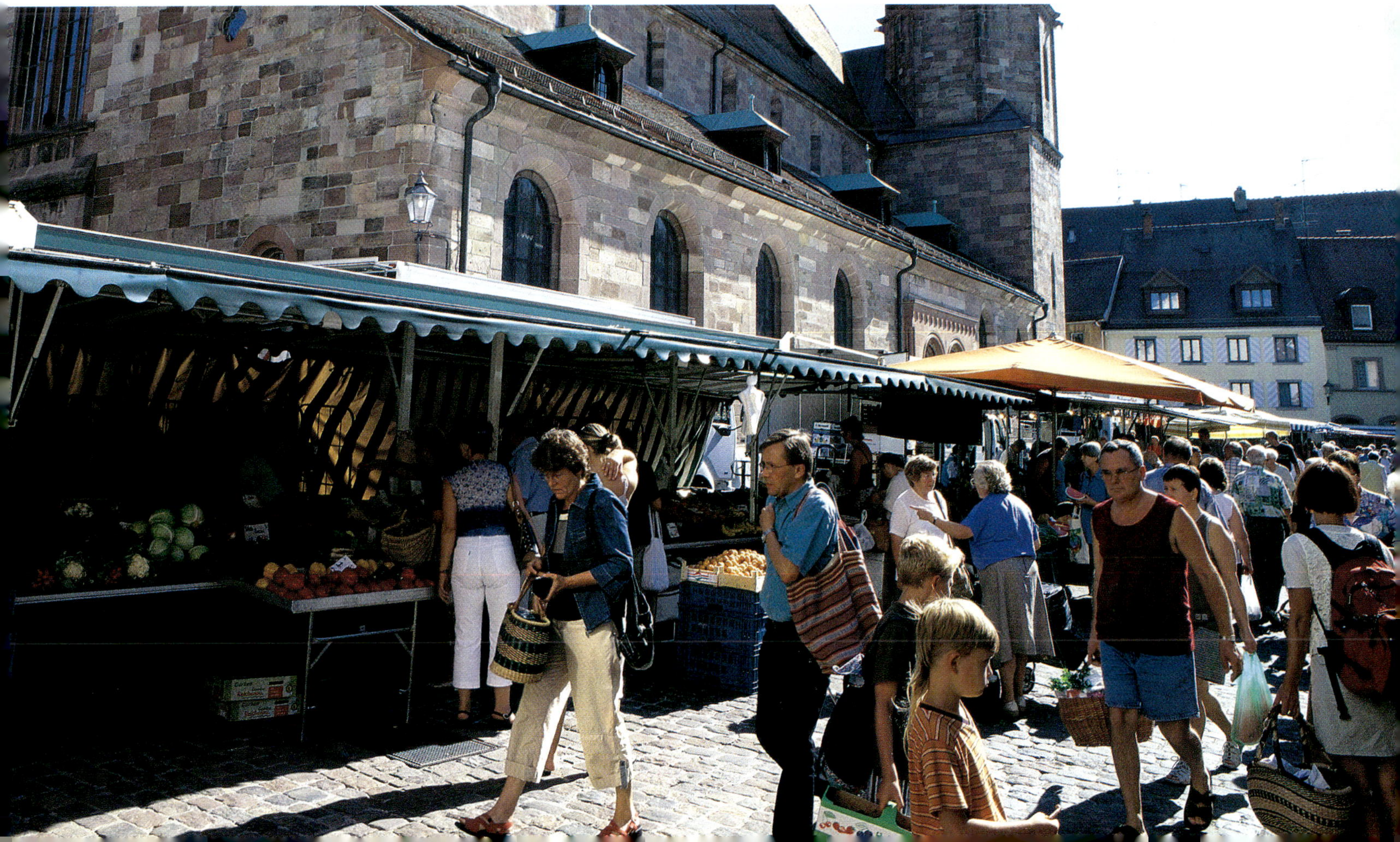

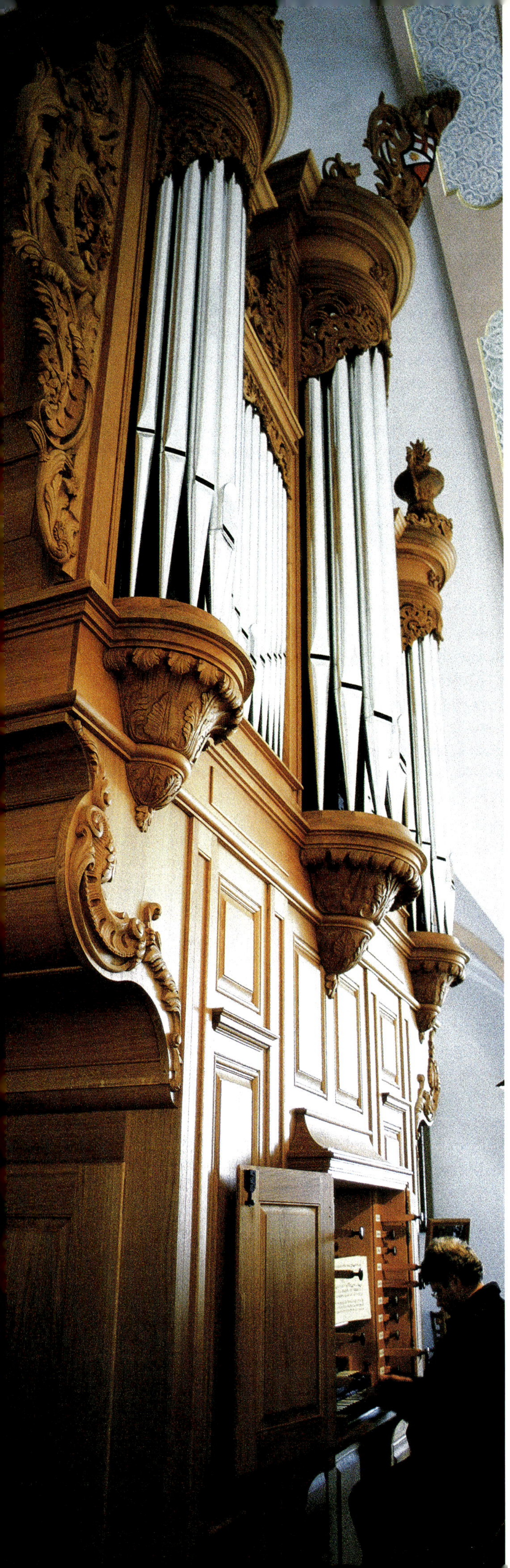

nur zweihundert Meter vom Münster entfernt steht und deren aufwändige Renovierung mit der spektakulären „Wiederauferstehung“ der Silbermann-Orgel gekrönt wurde. Die rekonstruierte Silbermann-Orgel gilt als „achtes Weltwunder“ der Kirchenmusik, die Benediktinerkirche als eine der schönsten Kirchen im südwestdeutschen Raum. Erbaut hat sie Michael Thumb.

Die rekonstruierte Silbermann-Orgel in der Villinger Benediktinerkirche.

Villingen-Schwenningen ist auch in Sachen Kultur das Oberzentrum der Region Schwarzwald-Baar-Heuberg. Villingen ist „Theaterstadt“, hat sein „Theater am Ring“, hier ist Raum für Schauspiel, Tanzabende und Ballett. Und Villingen kann das Konzerthaus Franziskaner mit seiner außergewöhnlichen Akustik vorweisen: wo das eigene Sinfonieorchester zu hören ist, wo Meisterkonzerte gegeben werden. Und es findet „VS swingt“ statt, das alljährliche, international besetzte Jazzfestival. Villingen ist in der Tat auch „Jazzstadt“, in der Webergasse befindet sich einer der ältesten Jazzclubs Deutschlands. Auch Kinos gibt es hier, den Familienpark, große Sport- und Freizeitstätten, ein temperamentvolles Nachtleben – vor allem entlang der Villinger Kneipenmeile, der Färberstraße.

Und natürlich darf die Villinger Fastnacht nicht vergessen sein, doch von ihr ist in diesem Buch an anderer Stelle die Rede (siehe Seite 72).

▪ Schwenningen – wo der Neckar entspringt

Wer durch Schwenningen schlendert, erlebt ein stadtgeschichtliches Kontrastprogramm. Da ein moderner Bau, dort eine prächtige Gründerzeitvilla, hier Gegenwart, dort Geschichte: Schwenningen überrascht. Der „württembergische Teil“ der Doppelstadt hat sich mehr und mehr auch zur Einkaufsstadt entwickelt, was die belebte Stadtmitte mit ihren zahlreichen Geschäften, den Einkaufszentren und Cafés dokumentiert. Hier fallen moderne Bauten auf oder citynahe Wohngebiete – neuerdings mit eigener Parklandschaft samt künstlichem Teich. Schwenningen macht mitten in der Stadt modernes Wohnen möglich – um einen Straßenzug weiter Spuren seiner einzigartigen uhrenindustriegeschichtlichen Vergangenheit zu präsentieren. Immerhin konnte sich Schwenningen einst als größte Uhrenstadt der Welt bezeichnen und nannte sich „Uhrenstadt Schwenningen am Neckar“.

Kreuzgang des Franziskanerklosters aus dem 13. Jahrhundert. Das Franziskanerkloster ist Museum und Konzertsaal zugleich – ein Veranstaltungsort mit besonderer Atmosphäre (oben rechts).

Neben Donau, Elz und Gutach hat im Schwarzwald-Baar-Kreis auch der Neckar, ein Schwabenkind, seine Quelle: Von Schwenningen aus schlängelt er sich auf seinem 367 Kilometer langen Weg zum Rhein durch fast ganz Baden-Württemberg. Ihm ordnet man gemeinhin romantische Städte wie Heidelberg und Tübingen zu, wo er die Poetenseele schwäbischer Heimatdichter wie Hölderlin inspiriert hat. Der Neckar entspringt zwar in Schwenningen, zu sehen ist er aber so gut wie nicht. Der Fluss wurde vor dem Ersten Weltkrieg verdolt

„VS swingt“ versammelt in Villingen-Schwenningen Weltstars des Jazz (oben links).

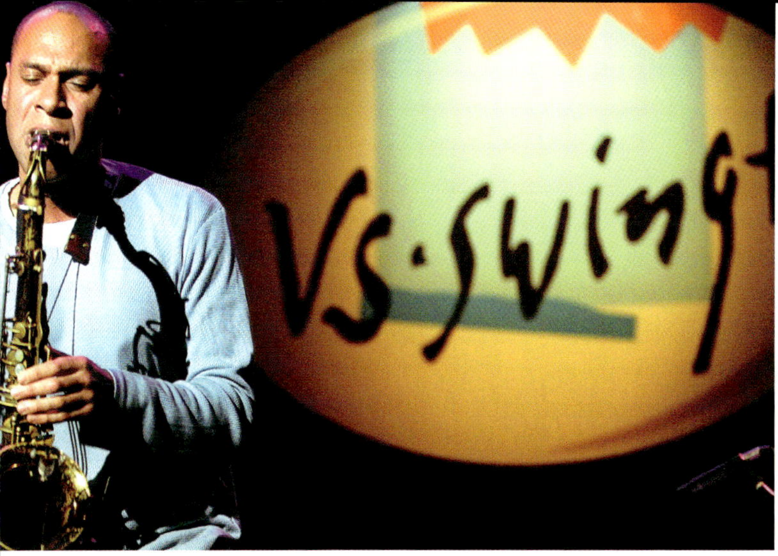
VS·swing
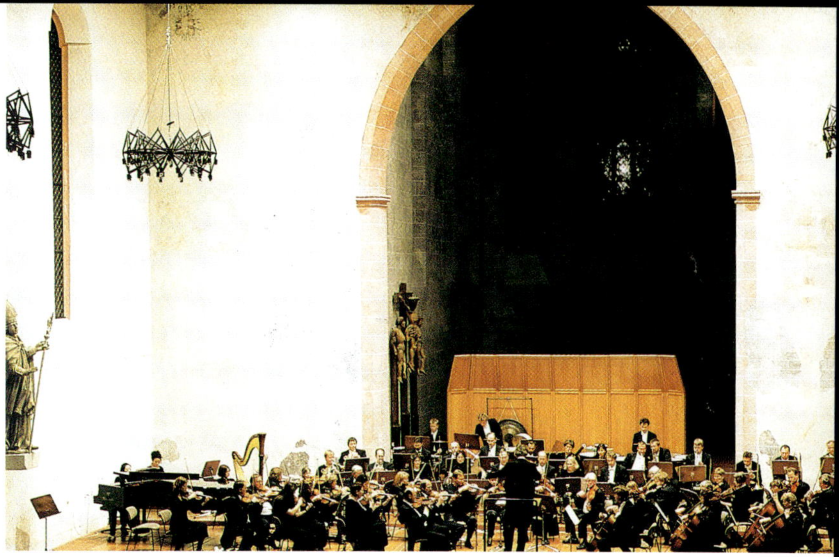
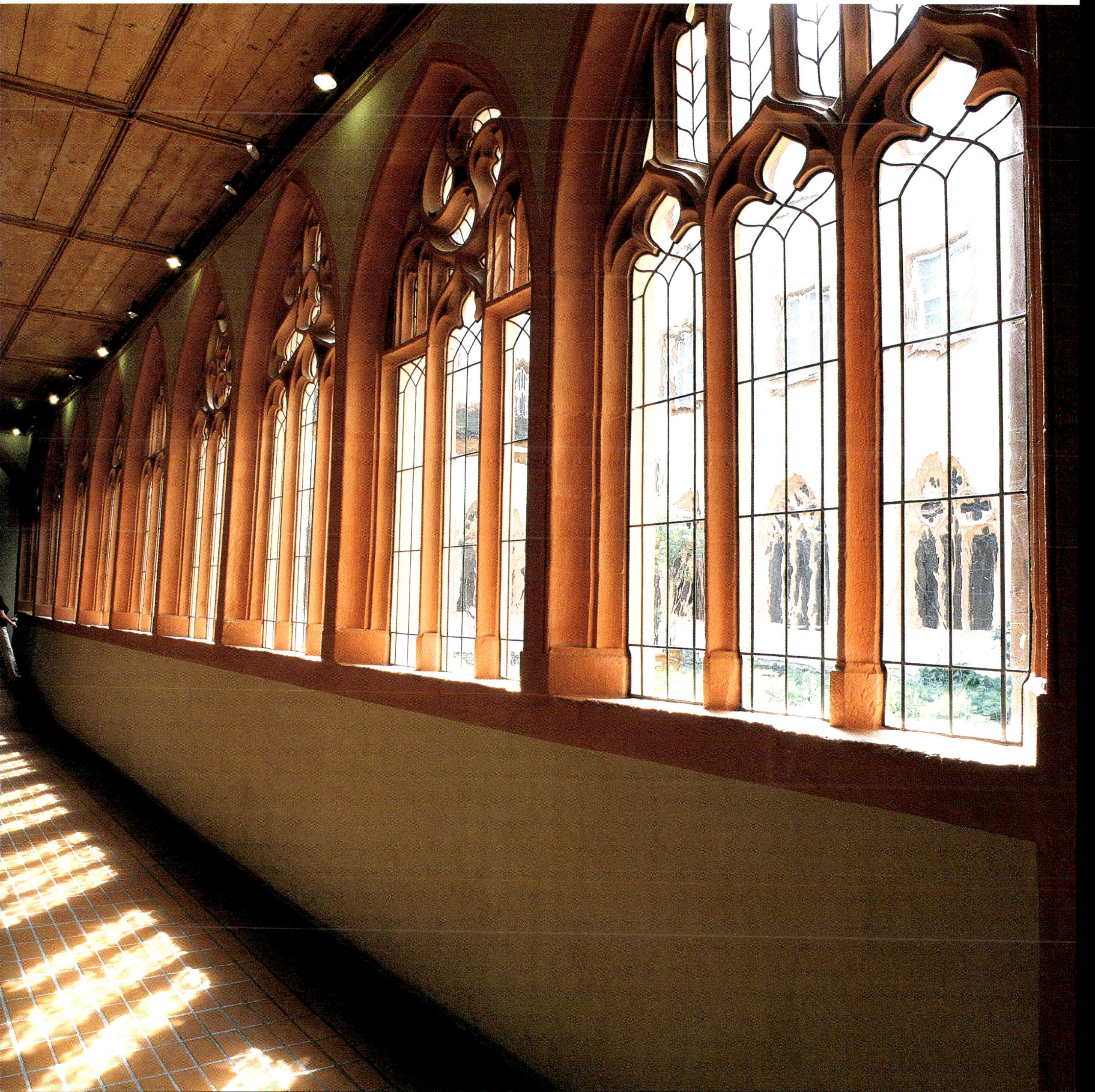

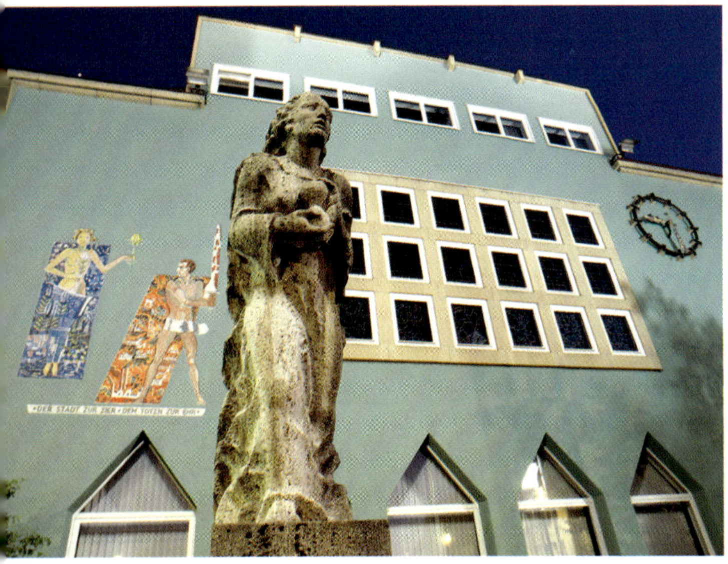

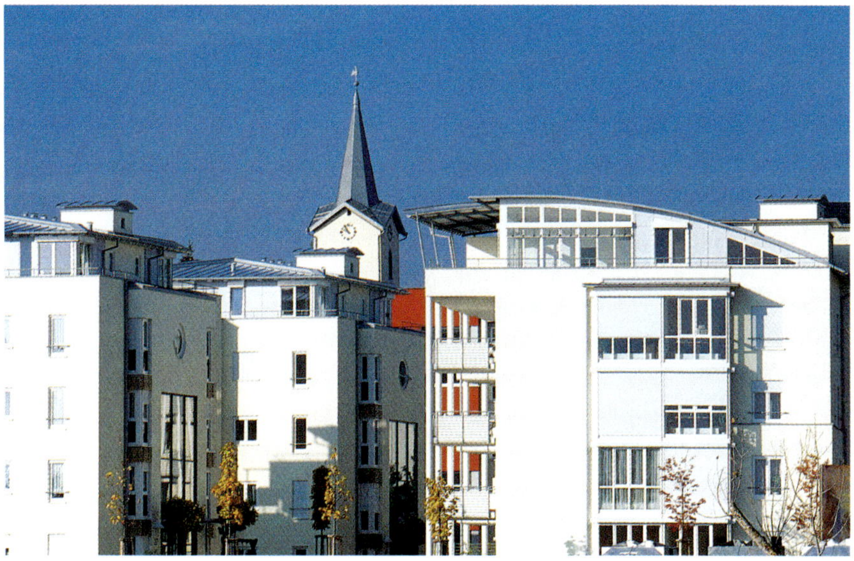

Schwenningen hat interessante städtebauliche Kontraste zu bieten: Links das Rathaus im Werkbundstil, rechts modernes Wohnen in der Stadt.

und durchquert die Stadt weitgehend unsichtbar. Im Rahmen eines groß angelegten Renaturierungsprogramms wird er nun Stück für Stück an die Oberfläche zurückgeholt.

Der Neckar wird von diversen Quellbächen gespeist, eine Sachlage, mit der die Schwenninger in der Vergangenheit recht pragmatisch umgingen. Als die historische Neckarquelle auf der Möglingshöhe 1868 in Zusammenhang mit dem Eisenbahnbau versiegte, verlegte man den Neckarursprung kurzerhand ins Schwenninger Moos, ein 130 Hektar großes Feuchtgebiet, das unter Naturschutz steht und eines der beliebtesten Schwenninger Naherholungsgebiete darstellt. Erst in den 1980er Jahren wurde die historische Quelle auf der Möglingshöhe wieder rekonstruiert. Im Schwenninger Moos kann man zu jeder Jahreszeit interessante Eindrücke sammeln. Hier haben Torfstecher im 19. Jahrhundert einen römischen Münzschatz entdeckt, wie die Tafeln entlang des 3,5 Kilometer langen Rundweges informieren. Ein Moor ist ein lebendiges Naturkunde- und Geschichtsbuch, und so wurde dieser Lehrpfad rund ums Schwenninger Moos auch gestaltet.

Schwenningen wurde früh besiedelt: Müllgruben der jungsteinzeitlichen Bandkeramiker bezeugen, dass hier schon im 4. Jahrhundert v. Chr. Menschen lebten, es handelt sich dabei zugleich um die südlichste Fundstelle der bandkeramischen Kultur östlich des Schwarzwaldes. Durch Schwenningen führte die Römerstraße und hier siedelten Alemannen. Die erste urkundliche Erwähnung fällt wie bei Villingen ins Jahr 817.

Schwenningen musste in seiner Geschichte schwere Schicksalsschläge hinnehmen: 1525, im Bauernkrieg, brannten die Villinger den Ort bis auf drei Häuser nieder, weil die Schwenninger gegen die großen Lasten aufbegehrt hatten. Im 30-jährigen Krieg, am 23. und 24. Februar 1633, plünderten und verbrannten Soldaten den Ort. 1650 hatte das evangelische Schwenningen gerade noch 500 Einwohner.

Als 1850 der inzwischen vierte Großbrand rund 100 Wohnhäuser vernichtete, suchten viele Kleinbauern und Tagelöhner, zumal vor dem Hintergrund einer schweren Wirtschaftskrise, in einer regelrechten Auswanderungswelle ihr Glück im fernen Amerika. Wenige Jahre später, 1858, gründete Johannes Bürk die erste Uhrenfabrik in Schwenningen und legte damit den Grundstein für eine nachhaltige Aufwärtsentwicklung der Stadt. Die Zeiten besserten sich gleichsam über Nacht, vor allem mit Beginn des 20. Jahrhunderts, durch den raschen Aufstieg zu einem Zentrum der Uhrenindustrie. Eine Entwicklung, die von überall her Arbeiterfamilien nach Schwenningen lockte, das 1907 zur Stadt erhoben wurde und mit damals 13 700 Einwohnern auf einmal größer als Villingen war.

In der Nachkriegszeit ist das Jahr 1950 bedeutsam: Mit „Südwest stellt aus“ findet die erste „Südwest-Messe“ statt. Heute zählt die Veranstaltung auf dem Messegelände zu den großen Verbrauchermessen in Baden-Württemberg.

Die weitere wirtschaftliche Entwicklung Schwenningens ist zunächst von den Boom-Jahren der Uhrenindustrie, dann aber wie in St. Georgen oder Villingen von den Folgen der Strukturkrise geprägt: Das Quarzuhrwerk löste den schleichenden Niedergang der feinmechanischen Industrie aus, glanzvolle Namen wie Kienzle oder die Friedrich Mauthe GmbH waren alsbald Geschichte. Die einst glanzvolle Schwenninger Uhrenindustrie ist heute nur noch an einem Ort „lebendig“, im Uhrenindustriemuseum. Die älteste Uhrenfabrik Württembergs, die „Württembergische Uhrenfabrik“ von Johannes Bürk, macht es möglich, Schwenninger Industriegeschichte authentisch zu erleben. Hier fertigen „Uhrenrentner“ bis heute mechanische Wecker mit dem nostalgischen „Schulglockensound“.

Heterogene Industrielandschaft

Nach dem Zusammenbruch von Großunternehmen wie SABA, Kienzle-Uhren und Mannesmann-Kienzle ist in der Doppelstadt eine heterogene Industrielandschaft entstanden, deren Basis der solide Mittelstand ist. Im Umfeld hat

Am Flugplatz verlässt der junge Neckar Schwenningen in Richtung Dauchingen.

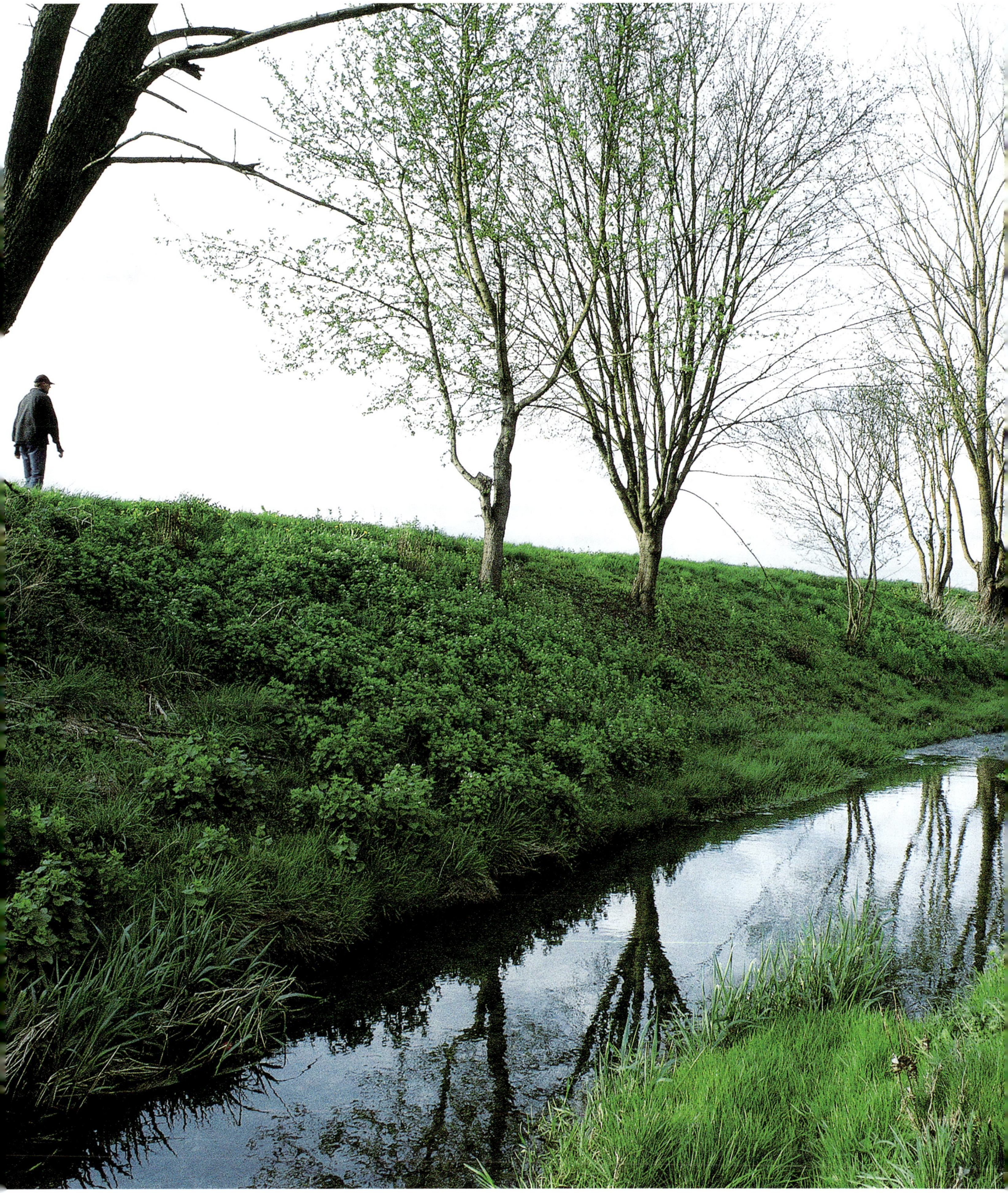

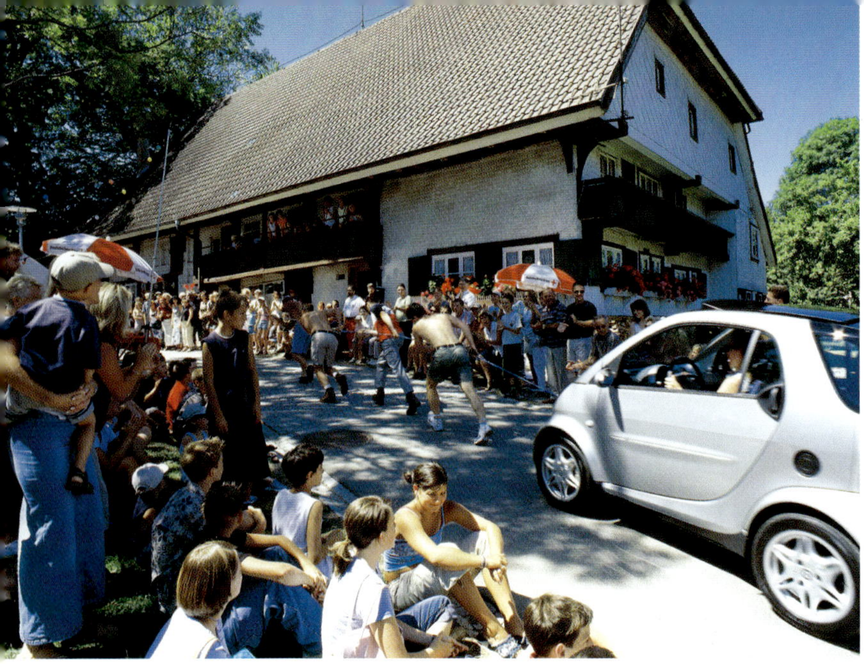

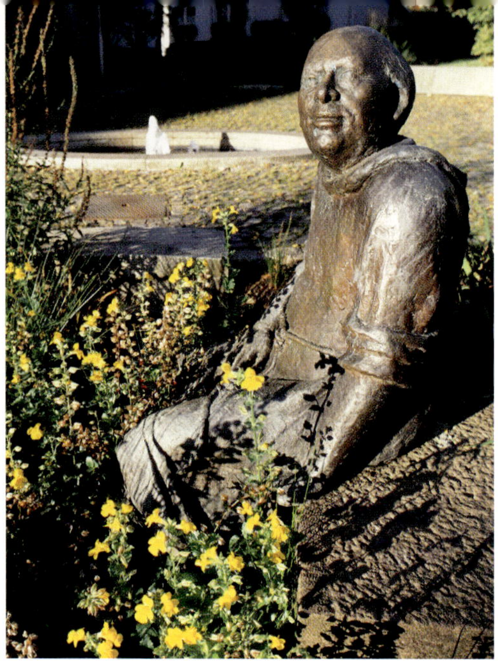

Wettstreit der Vereine im Autoziehen beim Mönchsbrunnenfest in Mönchweiler.

Eine von fünf Skulpturen im Ort: Mönchsskulptur in Mönchweiler.

sich eine lebendige und quasi maßgeschneiderte Hochschul- und Forschungslandschaft entwickelt mit Steinbeiszentren und Mikroinstitut als Nahtstelle zwischen Praxis und Theorie, mit Berufsakademie, einer Außenstelle der Fachhochschule Furtwangen, der Fachhochschule für Polizei, der einzigen im Land, und einem Fernstudienzentrum.

Die Doppelstadt ist das wirtschaftliche Zentrum des Großraumes Schwarzwald-Baar-Heuberg, was Zahlen untermauern: 2400 Betriebe und Unternehmen gab es im Herbst 2003, die rund 36 000 Menschen beschäftigten, ca. 16 000 Menschen pendeln hier täglich zur Arbeit ein.

Schwenningen hat viel zu bieten: Auffallend sind die zahlreichen Parkanlagen, die es möglich machen, mitten in der Stadt Natur zu erleben. Und wer sich für Kunst interessiert, kann die Städtische Galerie, das „Lovis-Kabinett" besuchen, eine erste Adresse für hochrangige Ausstellungen. Und es gehört zur Schwenninger Vielfalt, zum „Kontrastprogramm" in diesem Teil der Doppelstadt, dass im Internationalen Luftfahrtmuseum eine Technikgeschichte präsent ist, die absolut gar nichts mit der Uhrenindustrie zu tun hat: Auf einer Ausstellungsfläche von 13 000 Quadratmetern sind Oldtimer-Flugzeuge, Düsenjets oder Helikopter zu sehen.

„Last but not least" sei das Eisstadion beim Messegelände erwähnt, wo die „Wild Wings" eine großartige Eishockey-Atmosphäre aufkommen lassen und jeder seine Schlittschuhe überstreifen und Eissport ausüben kann.

▪ Das attraktive Umland des Oberzentrums

Wo es Arbeit gibt, da siedeln sich Menschen an: Um Villingen-Schwenningen herum sind deshalb in den letzten Jahrzehnten in schmucken Wohngemeinden viele Neubaugebiete entstanden. In Gemeinden, die teils selbst über Gewerbegebiete verfügen, sich aber zugleich ihren gemütlich-ländlichen Charakter bewahren konnten, einen hohen Freizeitwert und manche Sehenswürdigkeit bieten. Eine dieser Sehenswürdigkeiten rückt sich im Umfeld von Schwenningen immer wieder selbst ins Bild: ein Kirchturm. Dieses auffällige Wahrzeichen der Region ist die Kirche von Dauchingen, die weithin sichtbar auf einer Hügelkuppe steht und den Ortsmittelpunkt markiert. In ihrem Innern findet sich mit der Dauchinger Madonna eine lebensgroße, gotische Steinmadonna von hohem künstlerischem Rang, das Werk eines Straßburger Meisters um 1300.

Und wie die Dauchinger Kirche fällt auch Tuningen auf, an Tagen mit guter Sicht sogar im ganzen Landkreis: Tuningen besitzt ein weithin erkennbares Wahrzeichen: die moderne Rauchgasreinigungsanlage eines Betriebes, der am östlichen Ortsrand den Liapor-Ton abbaut, ein 180 Millionen Jahre altes Geschenk der Natur – heute als umweltverträglicher Baustoff beliebt. Tuningen darf sich zu den alten Siedlungen im Landkreis zählen, schon vor 10 000 Jahren lebten hier Menschen, wie der geschichtliche Wanderpfad der Gemeinde vermittelt. Als Ort ist Tuningen erstmals im Jahre 797 n. Chr. in einer Urkunde des Klosters St. Gallen erwähnt.

Das Umfeld der Doppelstadt hat viele Nachbarorte zu bieten: Da ist zum Beispiel Mönchweiler, das nicht nur als modernes Gemeinwesen, sondern auch in Sachen Kunst auffällt. Fünf Skulpturen begleiten den Weg durch den Ort: Ein Mönch weilt neben der Kirche an der Stätte, die seinen Namen trägt, eine Nachbarin lehnt übers Geländer, ein Sprayer steht neben dem Gehweg vor einer Hauswand, es gibt den Schäfer mit Schafen und die Mutter mit Kind. Und es kann einem im Mönchweiler Innerdorf auch schon einmal ein Auto „entgegenkommen", das in einem Wettbewerb der örtlichen Vereine von Menschen an einem Seil gezogen wird: Dann nämlich, wenn „Mönchsbrunnenfest" ist.

Zu „festeln", sich bei Veranstaltungen zu treffen, Musik und Kultur zu genießen, ist sicher keine Mönchweiler Besonderheit, sondern überall im Landkreis gern erlebter Alltag: In Schonach ist es das Feuerwehrfest, in Furtwangen der Trödlermarkt, in Vöhrenbach und St. Georgen das Stadtfest, in Brigachtal der „Kulturelle Herbst", Hüfingen hat Töpfermarkt und Römerfest zu bieten, die Bräunlinger feiern ihre Kilbig. Neuhausen hingegen trifft sich zur Schlachtplatte im

Rechte Seite, oben links: Die Dauchinger Madonna, um 1300, das Werk eines Straßburger Meisters.

Rechte Seite, oben rechts: Kruzifix (Armakreuz) von 1740 auf dem Altar der evangelischen Kirche in Tuningen.

Mariengrotte „Elsenau" in Kappel.

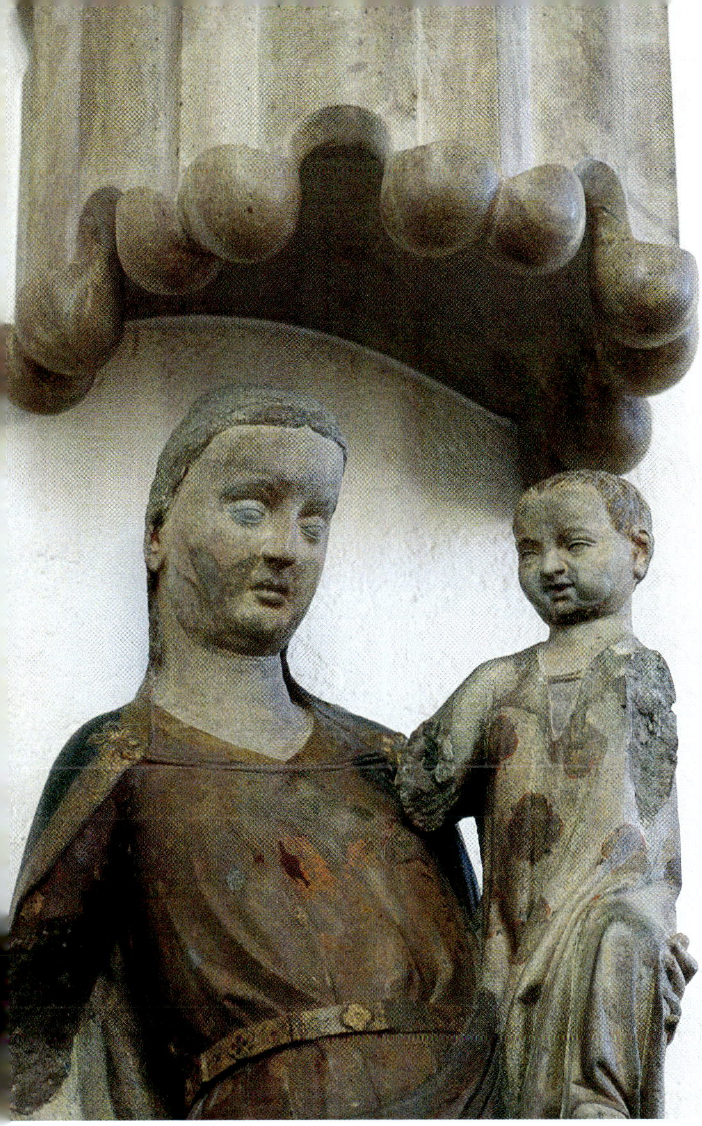

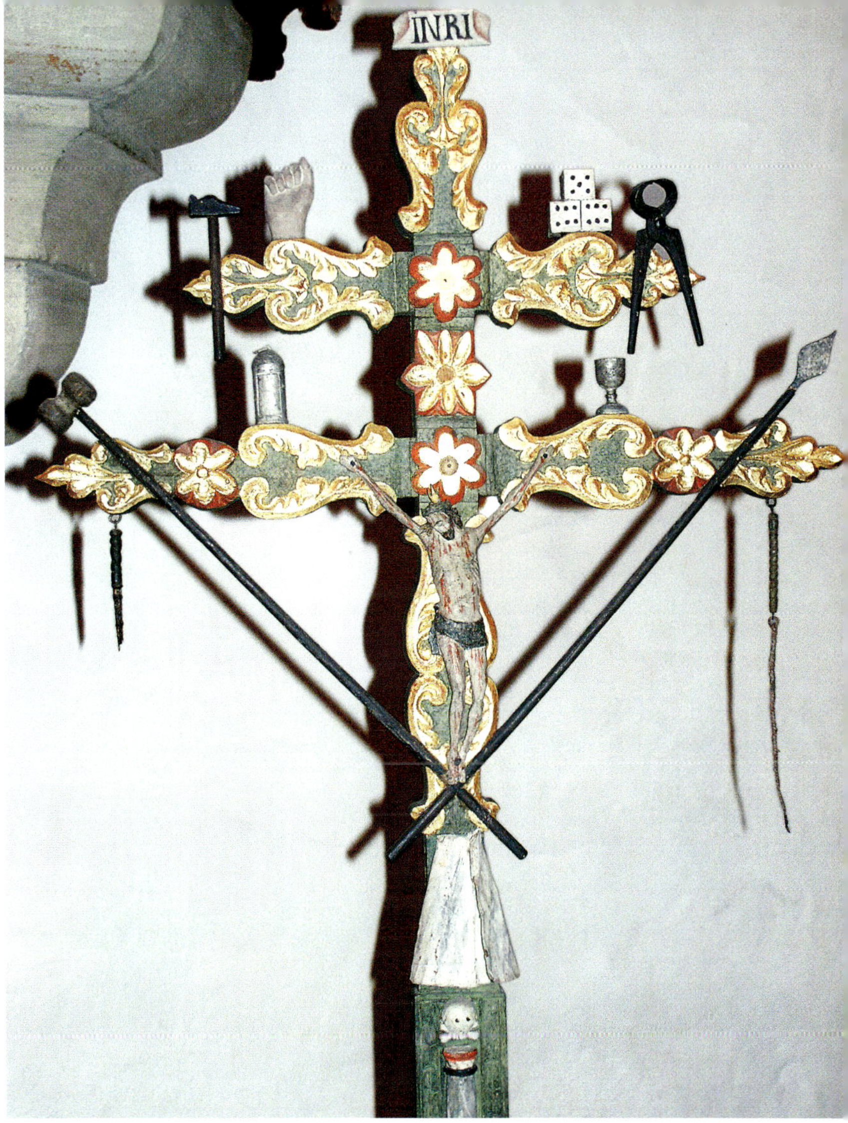
INRI

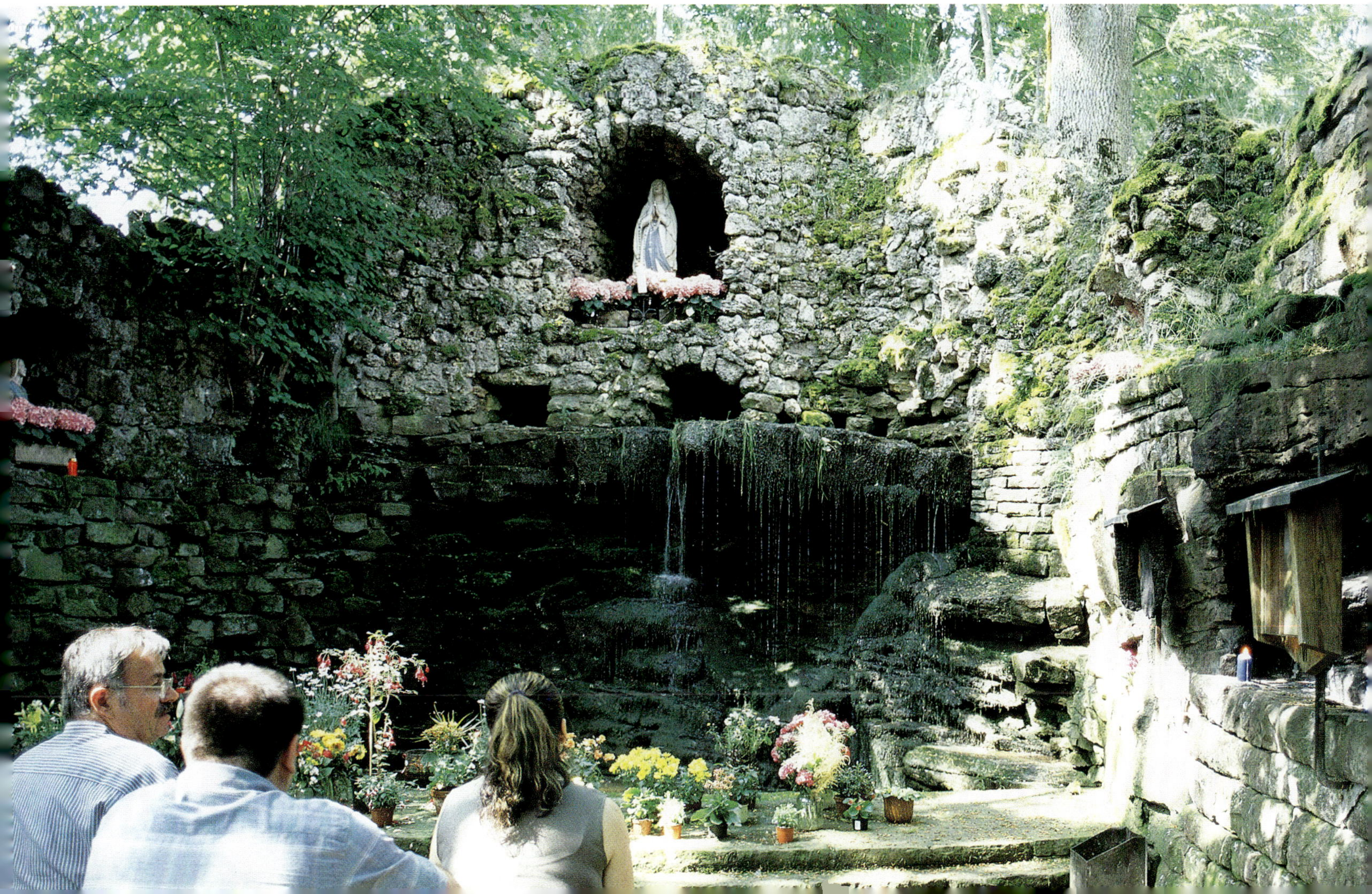

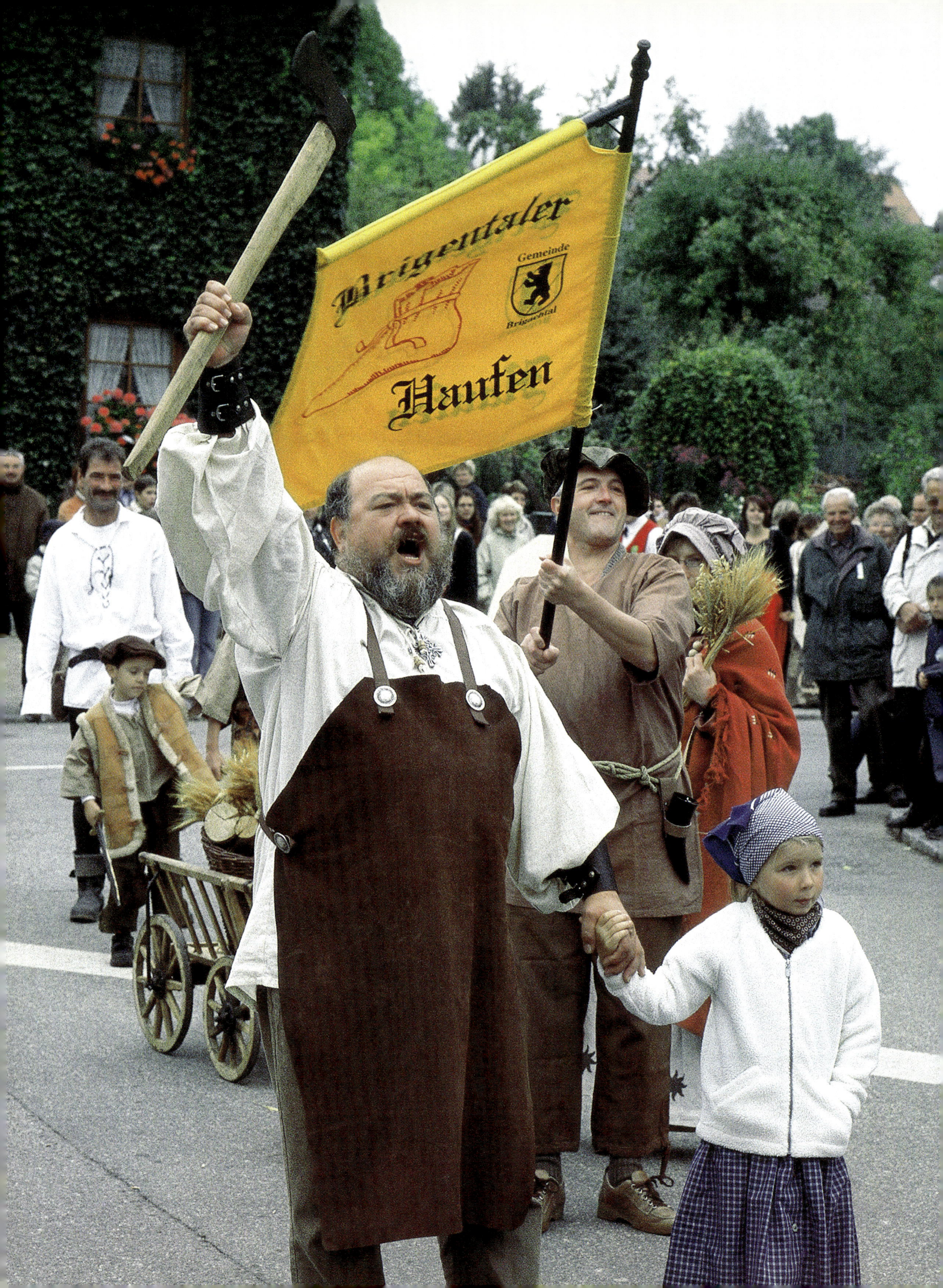
Brigentaler
Gemeinde
Brigachtal
Haufen

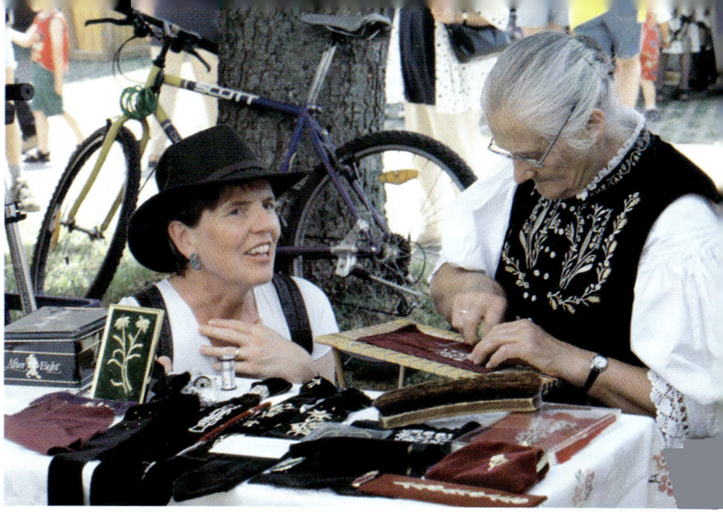

Im Gespräch: Die Unterhaltung mit der Trachtenstickerin wurde beim Dorffest in Hubertshofen fotografiert.

Dorfgemeinschaftshaus, als Zugabe gibt es den „Brettlewettbewerb“: Mit riesigen Dielen an den Füßen schleppen sich Vereinsmannschaften über einen Parcours ins Ziel. Derlei Frühjahrs-, Sommer- und Herbstfeste werden meist von Vereinen veranstaltet, die überall im Landkreis eine lebendige Gemeinschaft, die Pflege von Musik, Gesang, Laientheater, Sport oder die Wahrung von Tradition möglich machen. Die sich zudem sozial engagieren, sich um ältere Menschen, Jugendliche oder Menschen in Not bemühen, wie auch die Kirchengemeinden und karitative Einrichtungen.

Der Blick auf das Umland der Doppelstadt führt von Mönchweiler weiter nach Obereschach. Dieser nördlichste Stadtbezirk des Oberzentrums war über 400 Jahre lang Dependenzort der Johanniterkommende von Villingen. Auf dem Weg von Obereschach ins benachbarte Kappel kommt man an der Elsenau vorbei, einer viel besuchten Stätte der Marienverehrung. Kappel, bekannt durch seinen Streichelzoo, ist ein Ortsteil von Niedereschach.

Römische und alemannische Funde bezeugen die reiche Geschichte von Niedereschach, das wegen seiner Kirche auffällt. Der Turm der alten katholischen Kirche steht alleine da, das Kirchenschiff ist abgerissen, machte einem Neubau Platz. Von einem landwirtschaftlich geprägten Dorf hatte sich Niedereschach zu Beginn des 20. Jahrhunderts zu einem Industrieort entwickelt.

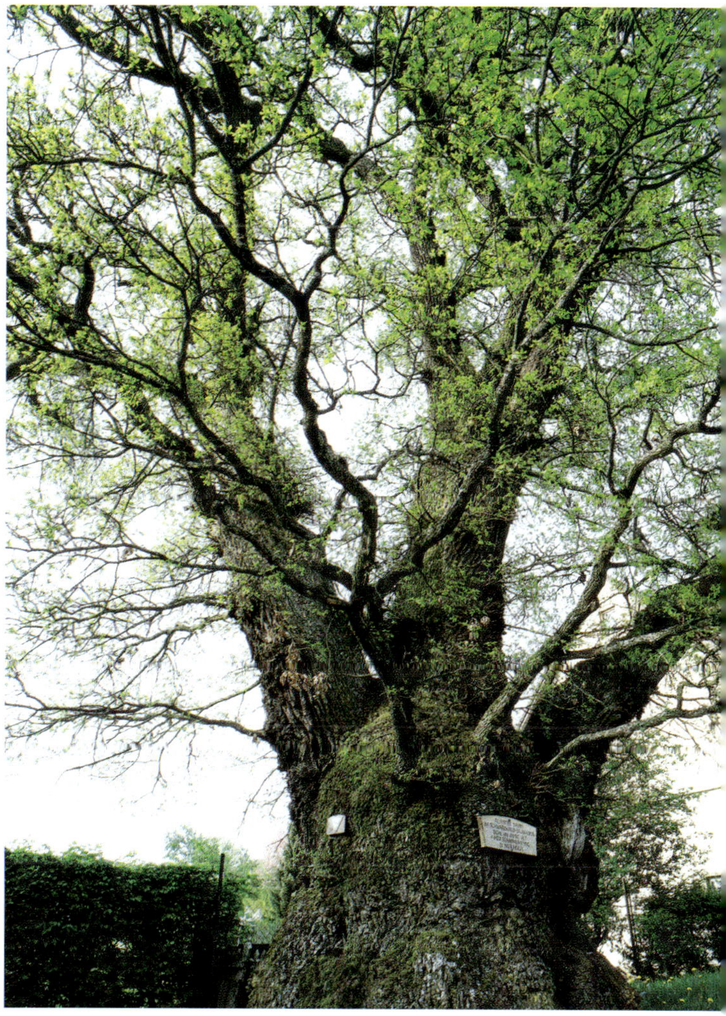

Über 800 Jahre alt, die Tannheimer Eiche.

Auf dem Weg nach Donaueschingen

Über die Brigachbrücke geht es vom Villinger Stadtbummel zum sanierten Bahnhof zurück, von dort aus mit der Schwarzwaldbahn nach Donaueschingen. Der Zug nimmt Fahrt auf: Links zeigt sich Marbach mit seinen Pyramidenhäusern, rechts der Gleise liegt Rietheim, wie Tannheim und Pfaffenweiler ist dieser Teilort ein bevorzugtes Wohngebiet der Villinger. In Tannheim lebt mit „Schwarzwald-Adler“ Martin Schmitt der momentan bekannteste und erfolgreichste Sportler im Schwarzwald-Baar-Kreis. Er war Mannschafts-Olympiasieger und Weltmeister im Skispringen. In Tannheim wächst auch eine über 800 Jahre alte Eiche, der älteste Baum weit und breit mit einem Stammumfang von 9 Metern. Und es befindet sich hier die Nachsorgeklinik Tannheim, die sich, wie die Nachsorgeklinik Katharinenhöhe in Furtwangen, um krebs- und herzkranke Kinder sowie deren Familien bemüht, sich darüber hinaus mukoviszidosekranker Kinder und Jugendlicher annimmt. Beide Nachsorgekliniken sind im gesamten deutschsprachigen Raum bekannt.

„Nieder mit den Villingern“ – überall bekannt, viel belacht, macht der „Brigentaler Haufen“ mittelalterliche Geschichte aus der Zeit des Bauernkrieges lebendig (Festzug in Brigachtal).

Die Gemeindereform hatte in den 1970er Jahren vielfältige kommunalpolitische Folgen. Eine davon ist die Entstehung von Brigachtal, einer völlig neuen Gemeinde, die sich aus den einstmals selbständigen Orten Klengen, Kirchdorf, Überauchen und dem Weiler Beckhofen zusammenfügt. Klengen wurde im Jahr 1893 bei einem Großbrand fast völlig zerstört. Die Kirche, das Schulhaus, letztlich so gut wie alle Gebäude des Ortskerns stammen aus der Zeit des Wiederaufbaus. Kirchdorf, das sich zu den ältesten Dörfern auf der Baar zählt, ist mit Klengen heute nahezu zusammengewachsen. Überauchen schließlich nimmt für sich in Anspruch, der schönste der drei Ortsteile zu sein und hat wie Klengen frühgeschichtliche Funde vorzuweisen: Aus dem 2./3. Jahrhundert n. Chr. stammt ein römischer Gutshof, ein Grabhügelfeld geht bis in die Hallstattzeit zurück.

Die Schwarzwaldbahn fährt rasch an Grüningen und Aufen vorbei, hat eben den nördlichsten Ortsteil von Donaueschingen passiert, wo sich zugleich der Übergang vom Schwarzwald in die Baar befindet. Dann ist Donaueschingen erreicht, die Residenz: mit 21 000 Einwohnern die zweitgrößte Stadt im Schwarzwald-Baar-Kreis.

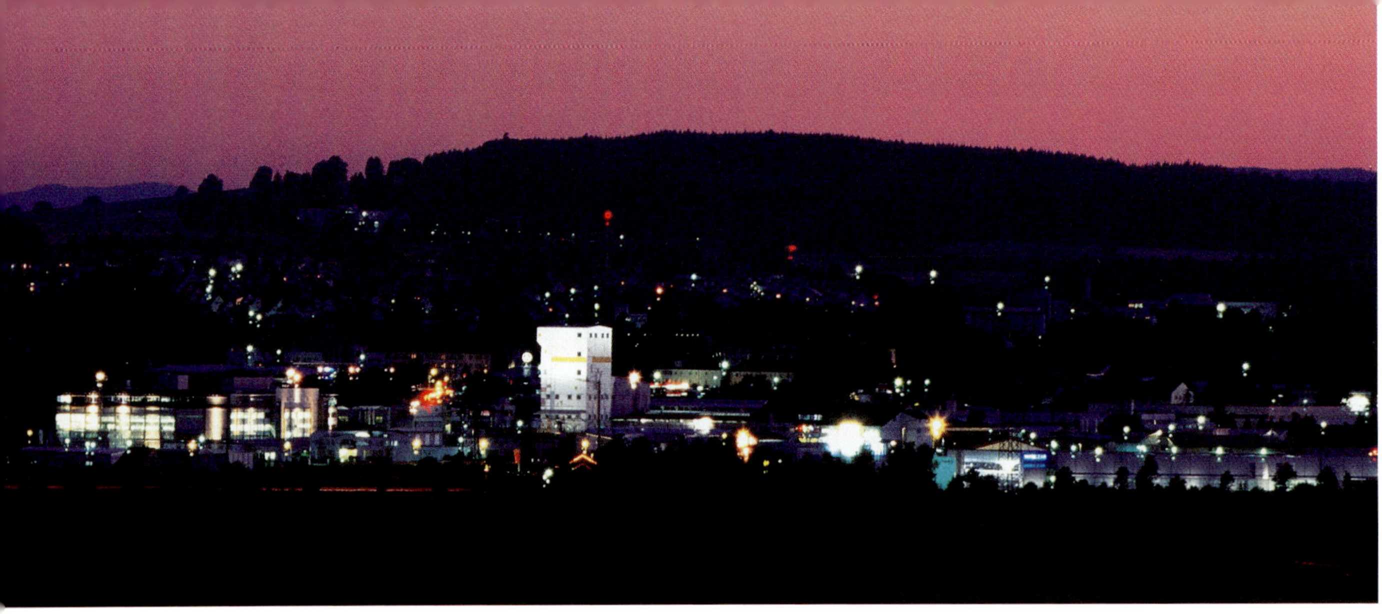

Donaueschinger Gewerbegebiet an der Pfohrener Straße, gesehen von Aasen aus.

Donaueschingen – Große Kreisstadt

Die Marke „Fürstenberg-Bier" ist in Donaueschingen vielfach präsent: Nah beim Diana-Brunnen, am Hauptsitz der Fürstenberg-Brauerei, klebt ein „Qowaz"-Plakat an einer Litfaßsäule: Eine Strandschönheit mit Strohhut macht Werbung für das neue Biermischgetränk. Das „Fürstenberg Pilsener" verhilft Donaueschingen zu einer Bekanntheit, von der andere Kommunen im Landkreis nur träumen können. Ob Nachrichtenmagazin oder Tageszeitung, ob Radio oder Kino: Fürstenberg und Donaueschingen sind als Farbanzeige oder Werbespot präsent, „eines der besten Biere der Welt" will verkauft sein. (Gleiches gilt für Bad Dürrheim mit den Bad Dürrheimer Mineralbrunnen. Auch dort verhilft eine Getränkemarke dem als Kur- und Bäderstadt bekannten Ort zu zusätzlicher Popularität.)

Als Fürst Joseph Wilhelm Ernst zu Fürstenberg 1723 den Stammsitz der fürstlichen Familie nach Donaueschingen verlegte, bescherte er dem bis dahin unbedeutenden Marktflecken einen wahren „Innovationsschub": Schloss und Park entstehen, die Bibliothek und die fürstlichen Sammlungen werden begründet, Beamtenhäuser, Dienergebäude und Stallungen gebaut. Der Schlosspark gilt noch heute als schönster Park im ganzen Kreis. Auch die einzige Kirche Deutschlands im böhmischen Barockstil wird errichtet, die katholische Stadtkirche St. Johann. Donaueschingen entwickelt sich in wenigen Jahrzehnten zur Residenz, zur Vorzeigestadt der Fürsten zu Fürstenberg.

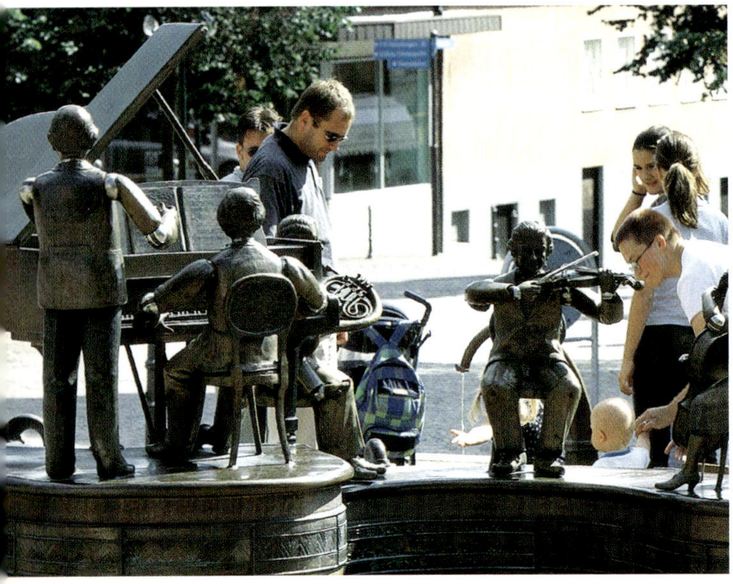

Musikantenbrunnen beim Donaueschinger Rathaus.

Schwere Schicksalsschläge musste die Stadt im 20. Jahrhundert verkraften. Der prachtvolle Stadtkern hat unter dem Großbrand von 1908 und den Folgen des Zweiten Weltkrieges enorm gelitten: Von den rund 1200 Häusern wurden bei Bombenangriffen 124 völlig zerstört, 276 waren schwer und 727 leichter beschädigt. Dass man das Donaueschinger Stadtbild heute dennoch als harmonisches Gefüge wahrnimmt, ist das Ergebnis einer weitsichtigen Planung im Gefolge dieser Ereignisse. Nach dem Großbrand von 1908 entstehen einmalig schöne Jugendstilbauten, darunter das Rathaus. Die Zerstörungen durch die Bombenangriffe werden aber wieder ausgeglichen. Umsichtige Stadtplaner der Nachkriegszeit sorgten dafür, dass sich in der Großen Kreisstadt Geschichte und Moderne als Synthese begegnen.

Diese Fortschrittlichkeit, die Fähigkeit Altes mit Neuem zu verbinden, hat sich die Stadt bis heute bewahrt: Von großer Dynamik ist die wirtschaftliche Entwicklung, die auch städtebaulich ihren Niederschlag gefunden hat: Nachts kann man von der Höhe bei Aasen aus die modernen Industriebauten im Gewerbegebiet entlang der Pfohrener Straße bewundern, die wie die Skyline einer Großstadt beleuchtet sind. Rund 1400 Firmen gibt es in Donaueschingen, die ca. 8800 Arbeitsplätze bieten. Wo Menschen Arbeit finden, wollen sie auch wohnen: So sind neue, moderne Wohngebiete entstanden. Vorbildlich ist man im Bereich ökologisches Bauen, europaweit bekannt sind die Erdhügelhäuser.

Eine Innenstadt mit Flair: Platz am Hanselebrunnen in Donaueschingen.

Geschichte, Arbeiten und Wohnen – Donaueschingen wäre unzureichend skizziert, würde die Kultur, vor allem die Musik, unerwähnt bleiben. Donaueschingen ist schon immer eine Stadt der Musik gewesen und hat sich diese Tradition bewahrt wie die Musiktage zeigen. „Wer nach Orten fragt, die für die Musikentwicklung des 20. Jahrhunderts bedeutsam waren und sind, wird rasch auf den Namen Donaueschingen stoßen – des Ortes, den schon Thomas Mann als Zentrum neuer Musik literarisch verewigt hat", heißt es auf der

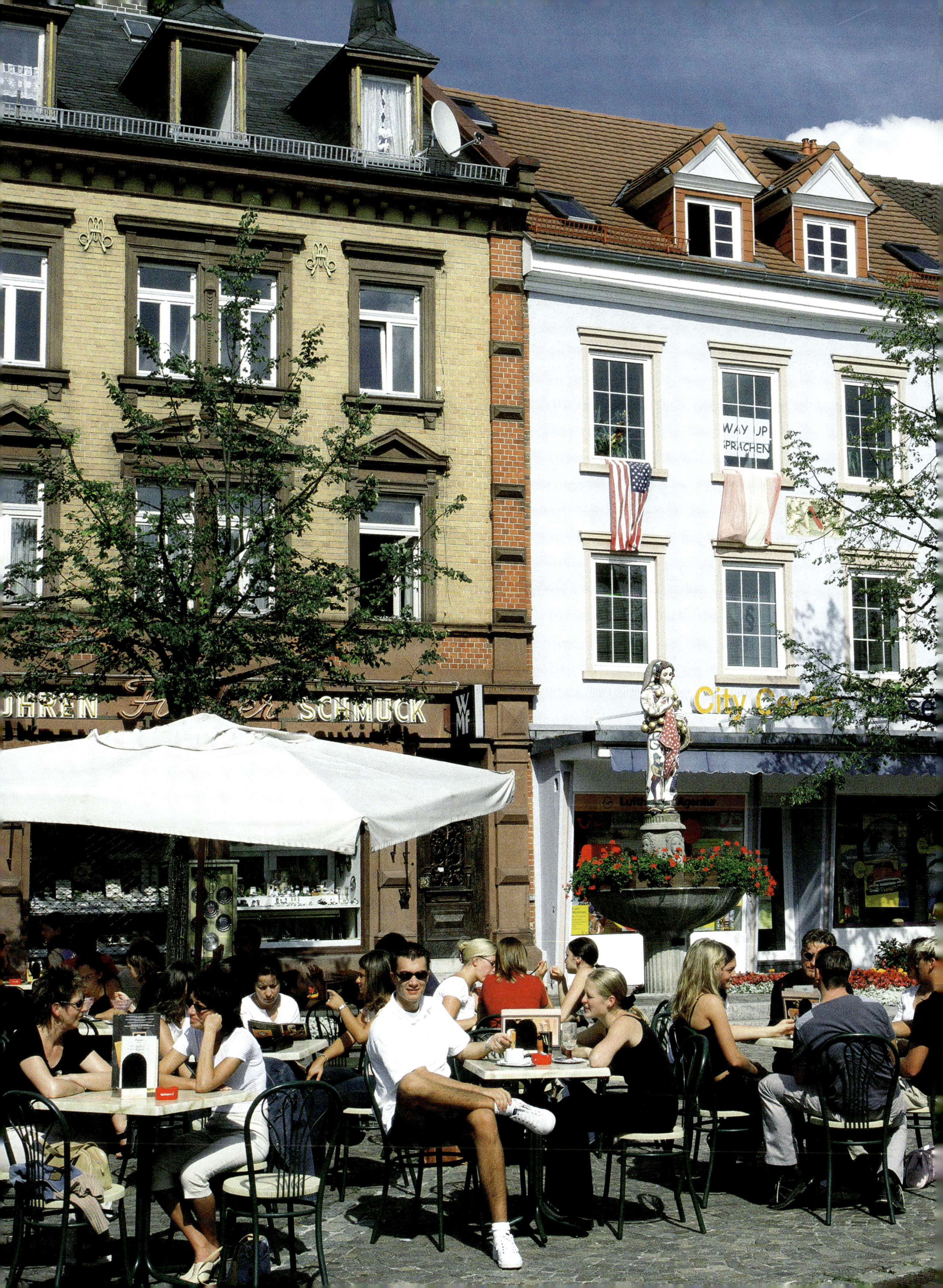
SCHMUCK
WMF
WAY UP
SPRACHEN

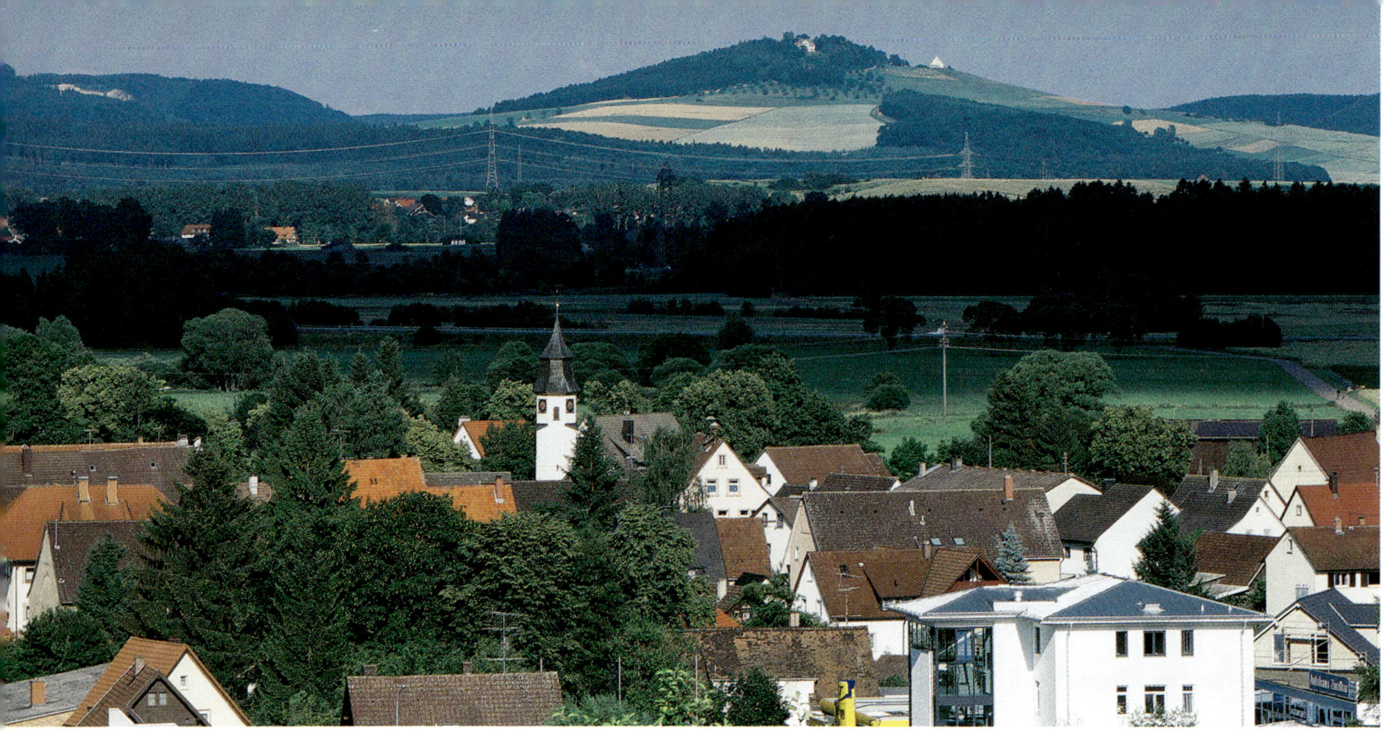

Blick auf den Donaueschinger Ortsteil Allmendshofen mit Wartenberg.

Homepage dieser renommierten Veranstaltung. Finden in Donaueschingen Musiktage statt, ist die neue Musik in der Stadt vielfach präsent: An Hörsäulen im Stadtgebiet, natürlich bei Konzerten in der Donauhalle sowie Installationen an 12 Spielorten, zu denen selbst das Sudhaus der Fürstenberg-Brauerei gehört. Seit den 1920er Jahren ist die Baarmetropole der jährliche Treffpunkt für die Avantgarde zeitgenössischer Tonkunst. Von Hindemith über Bartók und Ibert bis zu Stockhausen reicht die Liste der prominenten zeitgenössischen Komponisten, die bei den „Donaueschinger Musiktagen“ Furore gemacht haben. Besucher aus dem In- und Ausland erleben Jahr für Jahr musikalische Experimente und Uraufführungen bekannter und weniger bekannter Komponisten, eine Musik-Atmosphäre, die es so in Deutschland kein zweites Mal gibt.

Nicht minder illuster waren die kulturellen Höhepunkte früherer Jahrhunderte, so die traditionellen Konzerte im glanzvollen Spiegelsaal der Fürsten zu Fürstenberg. Auch Mozart machte einen Abstecher in die Residenzstadt und musizierte dort: 1766 gönnte Vater Leopold seinem zehnjährigen Sohn auf der Reise von Paris nach München im Donaueschinger Schloss eine zwölftägige Ruhepause. Wolfgang Amadeus war zu diesem Zeitpunkt längst als Wunderkind bekannt.

An diese große Donaueschinger Musiktradition erinnert der Musikantenbrunnen beim Rathaus, viel besucht und bei Kindern überaus beliebt. Die sympathischen Brunnenfiguren haben sogar bewegliche Arm- und Beingelenke.

Internationale Bekanntheit in der Welt des Sports beschert Donaueschingen das Reitturnier, im Jahr 2003 zugleich als Europameisterschaft der Springreiter ausgetragen. Das „Prinz Kari zu Fürstenberg Gedächtnisturnier“ ist ein viel beachtetes Treffen der internationalen Reitsportelite vor prachtvoller Kulisse. Ein Reitturnier im Schlosspark, das mit Prinzessin Anne 1991 sogar das englische Königshaus in die Stadt brachte. Neben Springen und Dressur sind die Hindernisfahrten der Viererzüge durch die Brigach populäre Elemente der bedeutendsten Sportveranstaltung im Landkreis. Dicht an dicht, links und rechts der Brigach, stehen die Zuschauer, wenn die Vierspänner durch das Wasser jagen.

Donaueschingen ist der letzte Halt der Schwarzwaldbahn im Landkreis, aber keinesfalls das Ende der Zugverbindungen, vielmehr ist Donaueschingen ein Eisenbahnknotenpunkt mit Anbindung an die Höllentalbahn nach Freiburg und Donautalbahn nach Ulm. Auch bei der internen Vernetzung spielt Donaueschingen eine wichtige Rolle: Der Ringzug ist das erste gemeinschaftliche Großprojekt im öffentlichen Personennahverkehr, das die Menschen der Nachbarlandkreise Schwarzwald-Baar-Kreis, Rottweil und Tuttlingen mit Bus und Bahn zueinander bringt.

Übrigens: Donaueschingen ist sogar aus der Luft zu erreichen, am nördlichen Rand der Stadt liegt der Verkehrslandeplatz, auf dem Flugzeuge mit bis zu 12 Tonnen Abfluggewicht starten und landen können. Hier findet zudem eine weitere Donaueschinger Großveranstaltung statt: die „Drachentage“.

Auf dem Golfplatz beim Öschberghof in Aasen.

■ Das Obere Bregtal – Im Uhren- und Ferienland

Furtwangen ist eine Wiege der Schwarzwälder Uhrmacherei, Standort des Deutschen Uhrenmuseums, Hochschulstadt und innovativer Wirtschaftsraum. Der längste Quellfluss der Donau entspringt hier, die Breg. Mit seiner Lage zwischen 850 und 1150 Metern über dem Meer ist Furtwangen die höchst gelegene Stadt Badens – wie die Nachbargemeinden Gütenbach, Schönwald und Schonach zudem ein Schwarzwälder Ferien- und Winterland.

Im 12. Jahrhundert durch das Kloster St. Georgen gegründet, sichert den Menschen am Flecken Furtwangen bis ca. 1600 einzig die Landwirtschaft den Lebensunterhalt. Dann kamen das Anfertigen von Holzwaren, Glasbläserei und Strohflechterei hinzu. Die „Hüslibuure“ waren es, die ab der Mitte des 17. Jahrhunderts die Uhrmacherei für sich entdeckten, die jedoch erst um ca. 1740 als mehr und mehr verbreitetes

Donaueschinger Drachentage auf dem Flugplatzgelände.

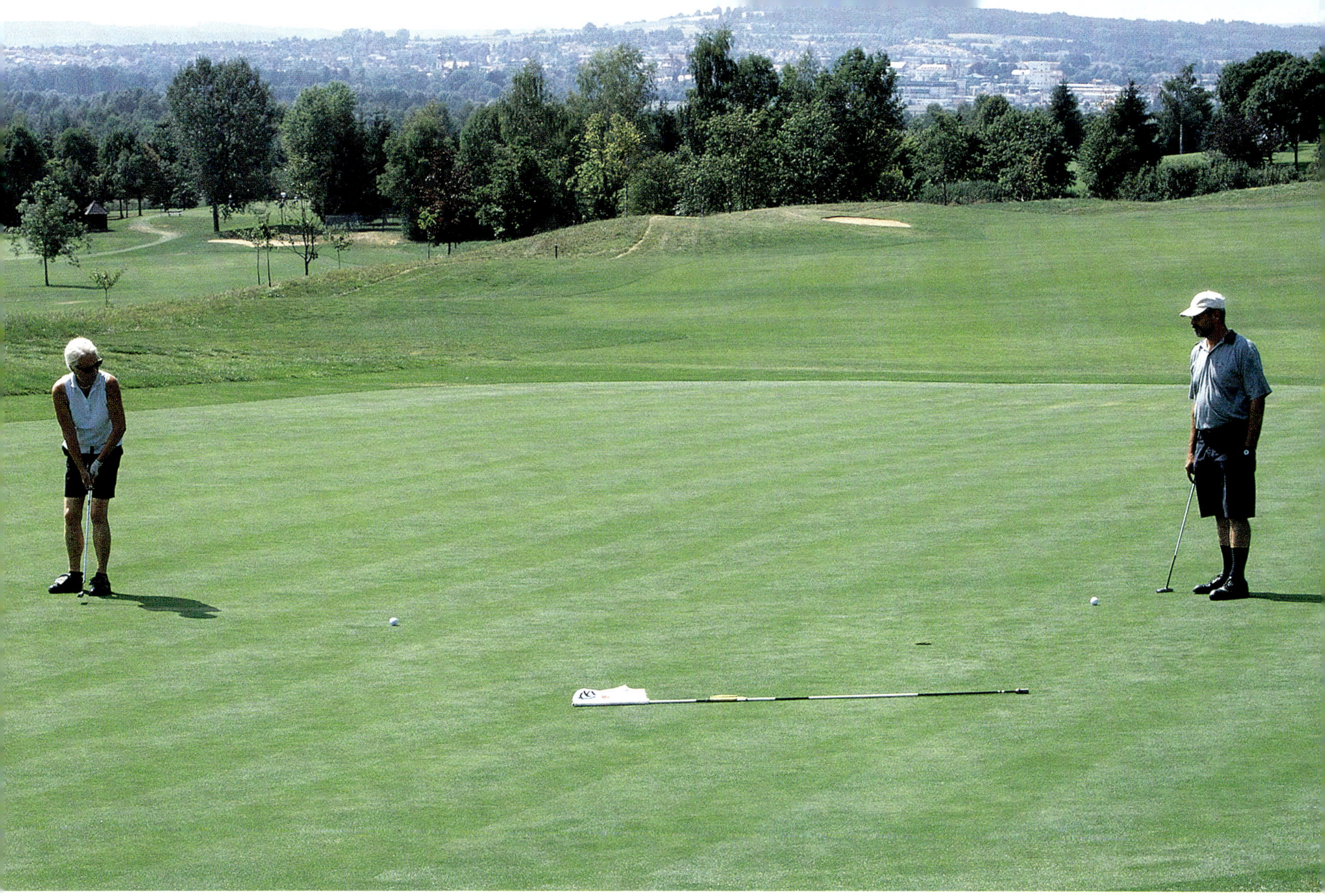

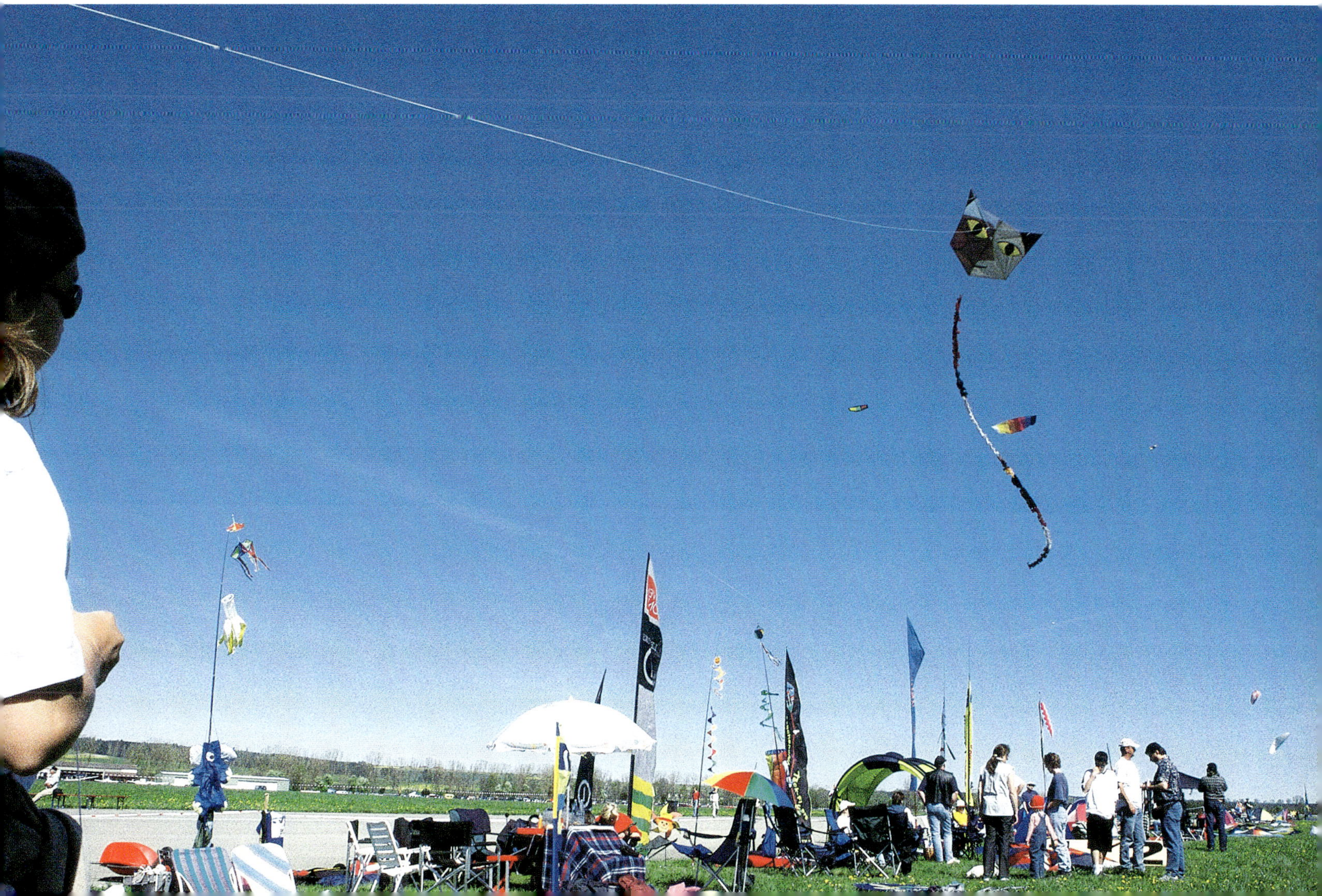

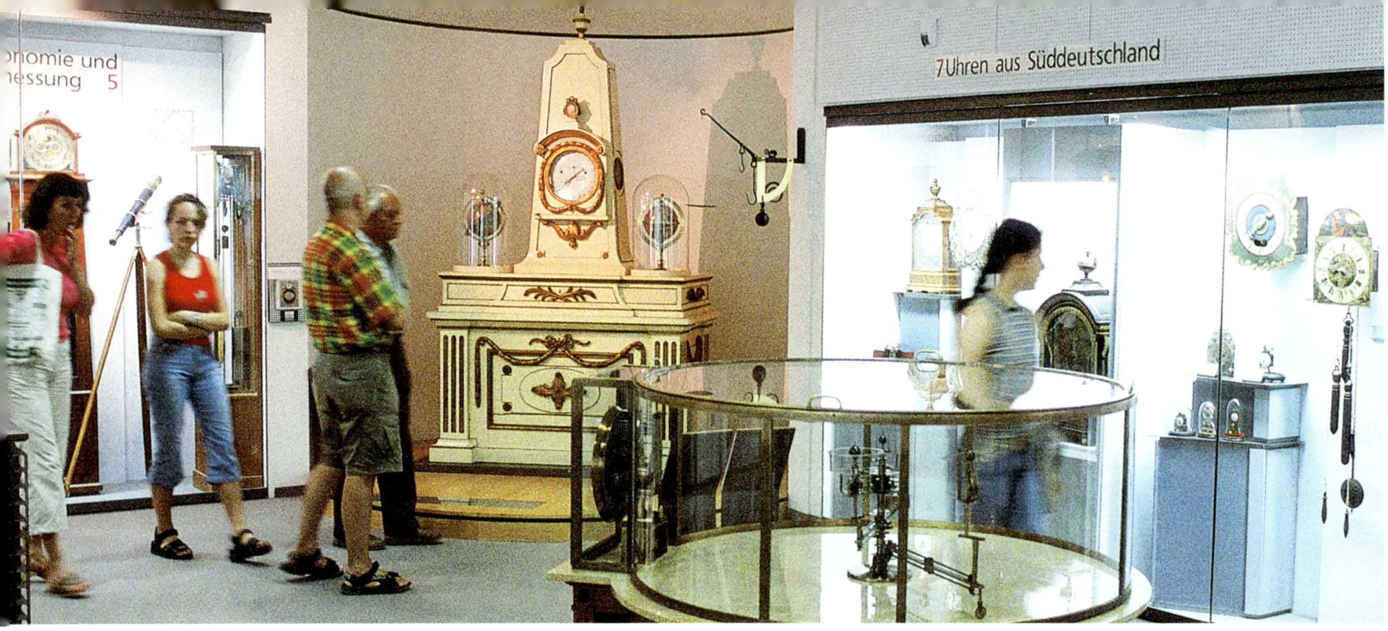

Im Deutschen Uhrenmuseum Furtwangen.

Schwarzwälder Hausgewerbe eine wirkliche Einnahmequelle darstellt. Erste Uhrmacher waren Simon Dilger aus Urach (1671-1750), Franz Ketterer aus Schönwald (1676-1753), der auch die Kuckucksuhr erfunden haben soll, oder Michael Dilger aus Neukirch und Matthias Löffler aus Gütenbach. Zwar entwickelt sich in der Folge Furtwangen rasch zum Zentrum der Uhrmacherei, die Uhrenherstellung indes war von Anfang an eine regionale Entwicklung, die Triberg ebenso berührte wie Schonach, Schönwald, Gütenbach, Neukirch oder Urach. Im Gegensatz zu Furtwangen konnten sich dank des Tourismus im Großraum Triberg sogar bis heute kleine Uhrenfabriken halten.

Im 19. Jahrhundert erfährt die Herstellung von Zeitmessern im Großraum Furtwangen einen ungeheuren Auftrieb: Immer mehr Menschen leben nicht mehr oder nicht mehr nur von den kargen Erträgen der Landwirtschaft, sondern es bietet sich ihnen mit der Uhrenfertigung eine wirtschaftliche Alternative. Es entsteht die Uhrenindustrie, die von den 1870er Jahren an in ihren Fabriken allein in Furtwangen tausende von Arbeitsplätzen schafft, den Menschen zu geregelten Einnahmen verhilft. Im ganzen Schwarzwald werden zu dieser Zeit bereits zwei Millionen Uhren jährlich produziert, ca. 350 000 davon stammen aus Furtwangen. Von nun an ist Furtwangen Industriestadt, schon bald ein Hauptort der Uhrenindustrie.

Wesentlichen Anteil an dieser Entwicklung hat auch die Gründung der Großherzoglich Badischen Uhrmacherschule im Jahr 1850: Die wegweisende Schule sicherte den Uhrmachern qualifizierten Nachwuchs, neue Fertigungsmöglichkeiten, ein „modernes Design" der Produkte – und damit ihre Konkurrenzfähigkeit. Der Uhrmacherschule und ihrem ersten Direktor Robert Gerwig haben die Furtwanger auch das Deutsche Uhrenmuseum zu verdanken. 1852 rief der Direktor der Großherzoglich Badischen Uhrmacherschule die Bevölkerung dazu auf, der Einrichtung alte Uhren als Anschauungsmaterial für die Schüler zur Verfügung zu stellen: Grundstock der heutigen Sammlung.

Von der Großherzoglich Badischen Uhrmacherschule hat Furtwangen auch in anderer Hinsicht profitiert: Aus der Uhrmacherschule entwickelte sich mit der Ingenieurschule und heutigen Fachhochschule Furtwangen, Hochschule für Technik und Wissenschaft, eine renommierte Ausbildungsstätte für Informatik, Maschinenbau- und Verfahrenstechnik, aber auch für Kommunikationswissenschaften oder Digitale Medien. So erfüllt die auf Initiative des „Gewerbsverein für den uhrenmachenden Schwarzwald" vor mehr als 150 Jahren gegründete Uhrmacherschule ihre grundlegende Aufgabe, die Wirtschaft zu fördern und qualifizierten Nachwuchs auszubilden, nach wie vor, wenn auch auf einem anderem Gebiet: aus Zahnrädern wurden Bits und Bytes.

Das Zentrum des Oberen Bregtales darf sich auch Ferienland nennen. Furtwangen kann im Katzensteig, auf dem Raben und Brend, in den Ortsteilen Neukirch, Schönenbach, Rohrbach oder Linach eine einzigartige, wildromantische Landschaft vorweisen. Die Uhrenstadt hat sich mit Triberg, Schonach, Schönwald und St. Georgen zu einer Urlaubsregion zusammengeschlossen. Gemeinsam wird mit dem Slogan: „... der Mensch, ... das Land, ... das Ferienland ... freu´ dich drauf!" um Urlaubsgäste geworben.

Viel besuchte Wanderziele in Furtwangen sind der Brendturm und die Martinskapelle im Katzensteig.

Schonach und Schönwald haben sich wie Triberg besonders auf die Anforderungen des Fremdenverkehrs eingestellt: Viele Ferienwohnungen, mehr als 2000 Gästebetten in Schonach und über 4000 in Schönwald, bezeugen, wie intensiv man sich der Touristiksparte angenommen hat. Ferienanlagen, ein Wegenetz für Wanderer, Radfahrer und Mountainbiker, Golfplätze, Sauna oder Schwimmen, Trendsportarten wie Nordic Walking: die Schwarzwald-Ferienwelt lässt kaum Wünsche offen.

Der Schwarzwald in seiner schönsten Form und Ursprünglichkeit begegnet Besuchern in dieser Region auf vielfache Weise. So auf dem autofreien Rohrhardsberg in Schonach, der mit ca. 1300 Hektar Größe ein Schutzgebiet für Pflanzen und Tiere ist und herrliche Rundblicke eröffnet: ins Elz- und Simonswäldertal, zum Feldberg oder in die Rheinebene und zu den Vogesen. Schönwald und Schonach haben den Blindensee zu bieten, einen sagenumwobenen Hochmoorsee mit Wollgras, Krüppelkiefer und vielen seltenen Pflanzen. Von hier aus führt ein Wanderweg zum 1619 erbauten Reinertonishof in Schönwald, einem als Museum betriebenen Bauernhof. Übers Schönwälder Weissenbachtal kann man zum

Das Zimberhäusle im Hexenloch bei Neukirch, ein typisches Schwarzwälder Uhrmacherhäusle.

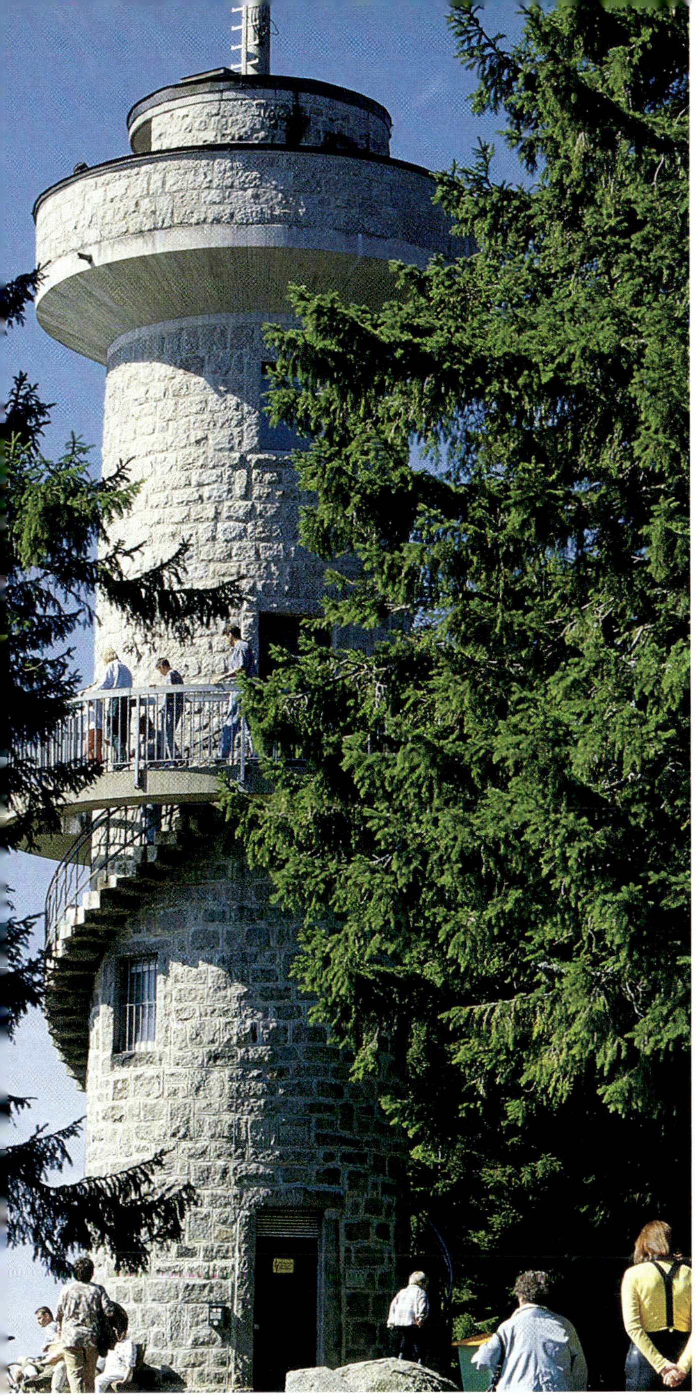

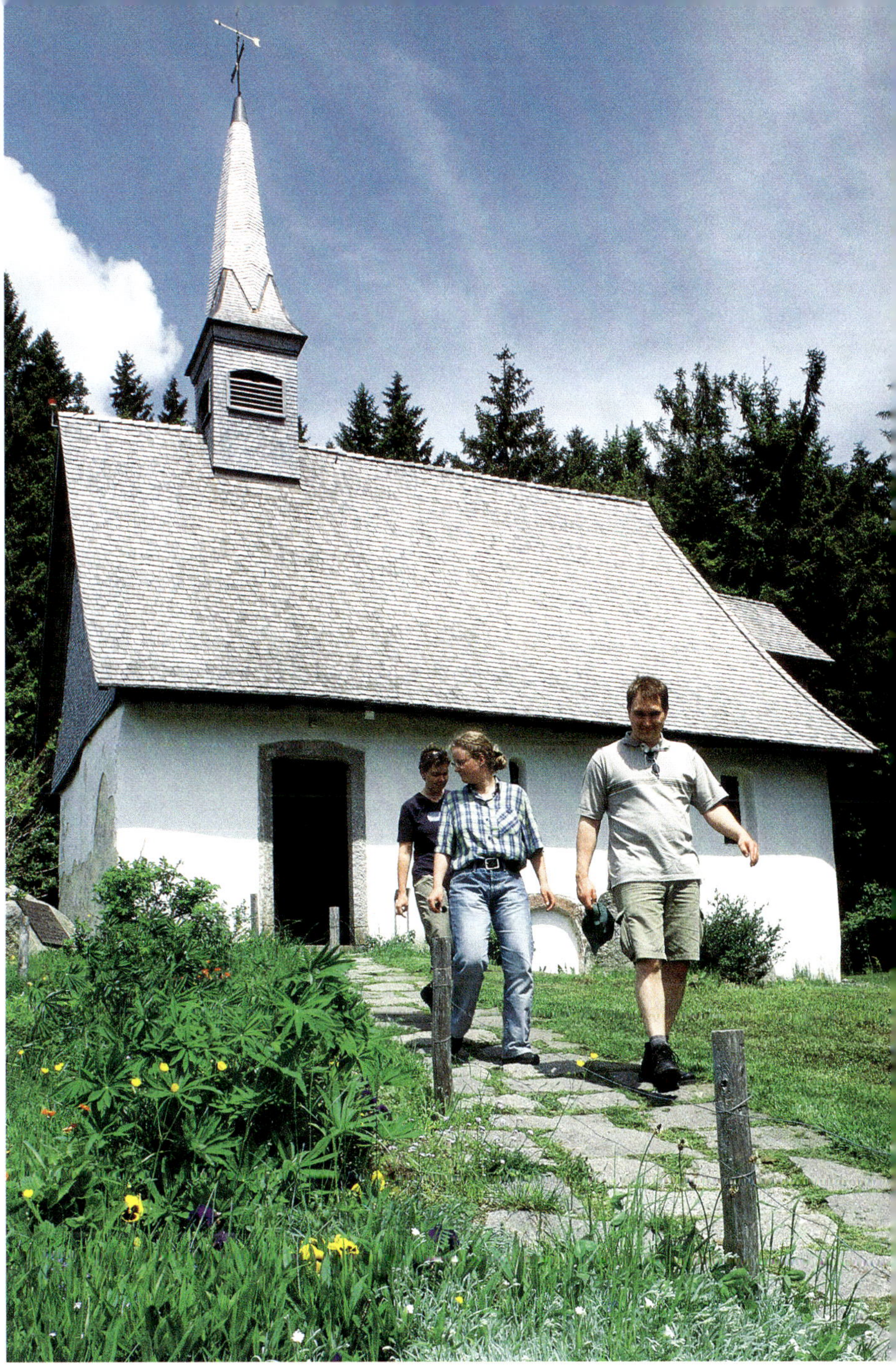

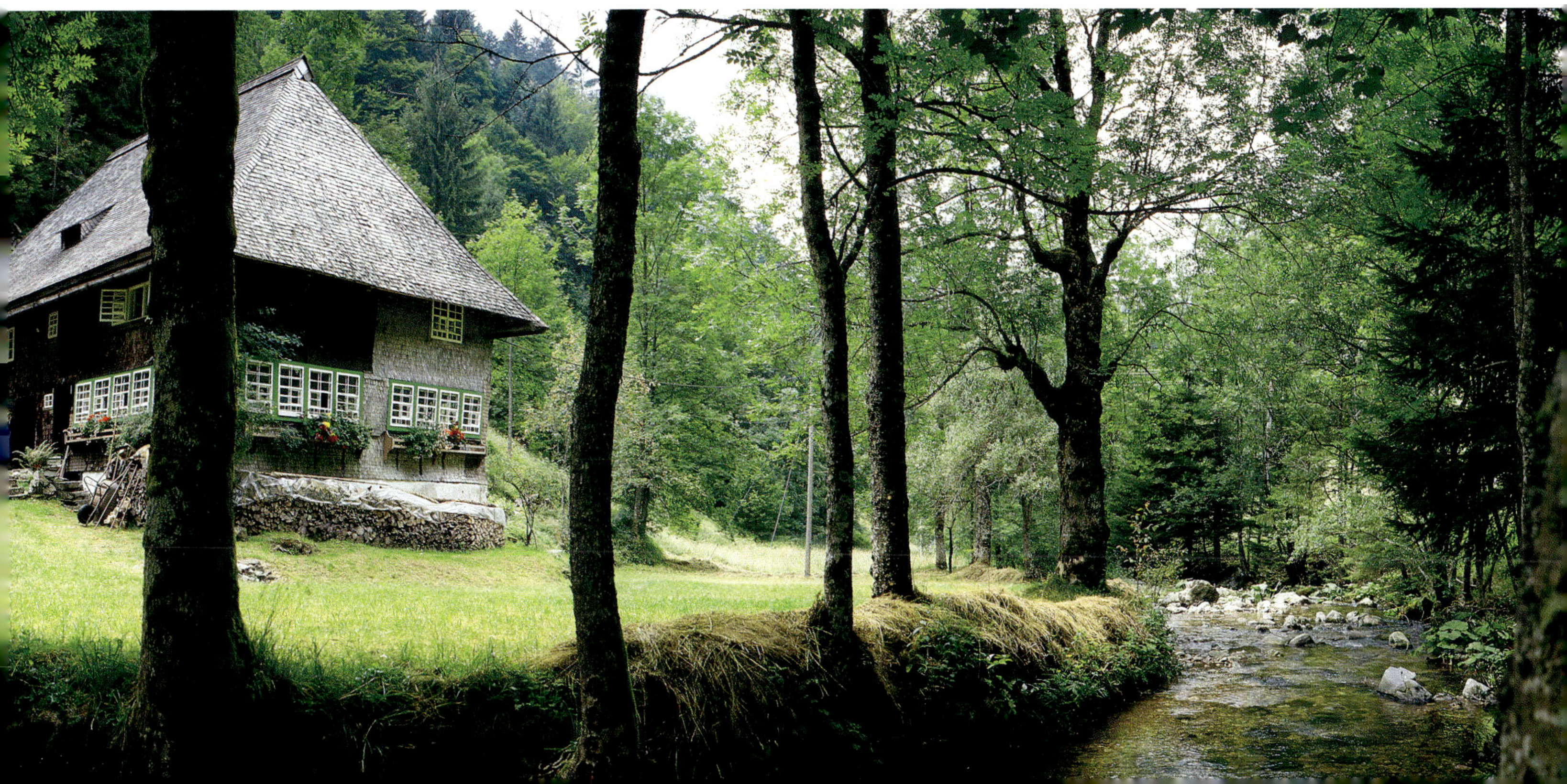

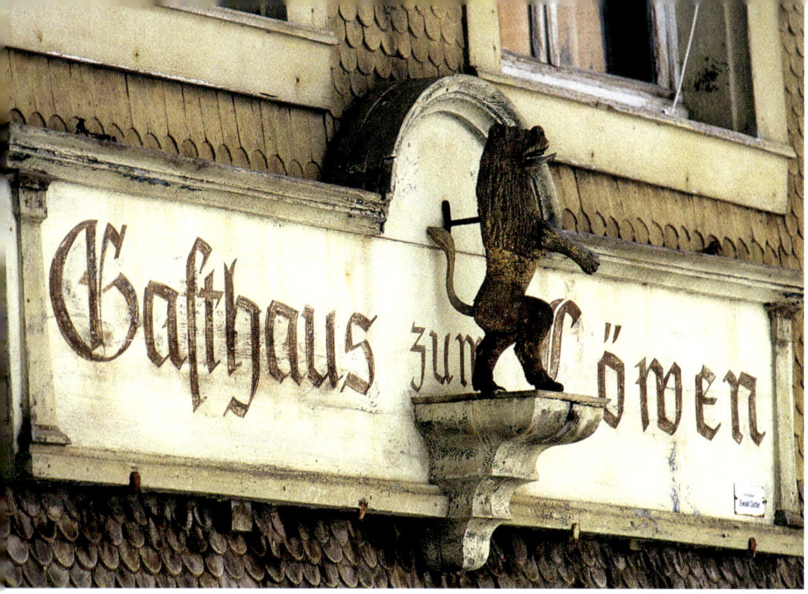

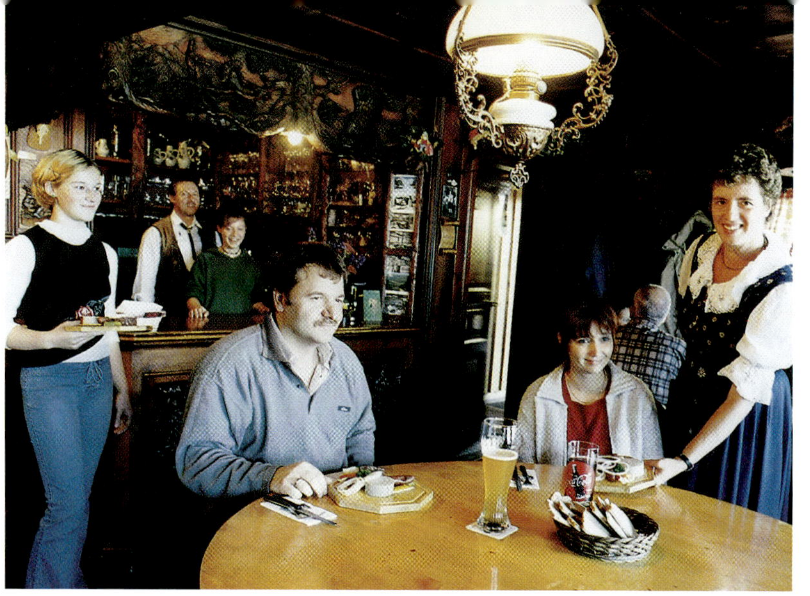

In urigen alten Dorfwirtschaften, oder in der unter Denkmalschutz stehenden „Schwedenschanze“ auf dem Rohrhardsberg bei Schonach: Gastlichkeit wird im Landkreis groß geschrieben. Beim Speck- oder Schinkenvesper kommen immer heimische Produkte auf den Tisch.

Furtwängle wandern, wo die Vorfahren des weltberühmten Dirigenten Wilhelm Furtwängler herstammen, und schließlich hinüber nach Furtwangen, zu Martinskapelle und Brend, wo der Brendturm eine Aussicht bis zu den Alpen ermöglicht. Ein ähnliches Panorama bietet der Stöcklewaldturm bei Rohrbach.

Das Obere Bregtal mit Schönwald/Schonach ist ein Wanderland „par excellence“ und zu großen Teilen in den Höhenwanderweg „Pforzheim-Basel“ integriert, nicht nur bei Mitgliedern des Schwarzwaldvereins unter dem Namen „Westweg“ ein Begriff. Der „Balzer Herrgott“ in Gütenbach, der „Fallerhof“ in Neukirch, der seit 1994 im Mittelpunkt einer SWR-Fernsehserie steht, aber auch die wohl bekannteste Mühle des Schwarzwaldes, die 1825 erbaute Neukircher Hexenlochmühle, locken das ganze Jahr über Touristen und Wanderfreunde an. Und wer wandert, muss übernachten, will einkehren, das breite Angebot der Gastronomie wahrnehmen, das vom Michelin-Stern bis zur Vesperstube reicht. Die Gäste haben die Wahl zwischen jahrhundertealten Schwarzwälder Dorfgasthäusern und modernen Hotelanlagen, wo sie überall mit herzlicher Schwarzwälder Gastlichkeit empfangen werden. Die ist auch im ca. 1360 Einwohner zählenden Gütenbach zu Hause, der kleinsten selbständigen Gemeinde im Landkreis, die neben dem erwähnten „Balzer Herrgott“ auch die Teichschlucht, das Dorfmuseum oder die Sägemühle im Hintertal als Sehenswürdigkeit vorzuweisen hat. Und noch etwas macht Gütenbach bekannt: die Modellhäusle und -anlagen der Spielwarenfabrik Faller, die europaweit ein Begriff sind.

Das Obere Bregtal mit Schönwald/Schonach und Oberkirnach bietet Freizeit- wie Spitzensportlern auch im Winter alle Möglichkeiten. Dutzende von gespurten Loipen stehen zur Verfügung, man kann das Loipenzentrum Martinskapelle bei Furtwangen nutzen oder sich in Schonach/Schönwald auf den 100 Kilometer langen Fernskiwanderweg Schonach-Belchen begeben. Wer einmal mit Langlaufskiern auf der Martinskapelle in Furtwangen oder im Weissenbachtal in Schönwald durch eine tief verschneite Winterzauberwelt geglitten ist, weiß, weshalb der Schwarzwaldwinter so viele Touristen ins Ferienland lockt. Auf die hier auch Skilifte und Pisten aller Schwierigkeitsgrade warten.

Seit Jahrzehnten finden im Schwarzwald-Baar-Kreis hochkarätige Wintersportveranstaltungen statt. Die Langenwaldschanze und das Skistadion in Schonach, die Adlerschanze in Schönwald, die Biathlonstrecke im Weissenbachtal in Schönwald oder das Loipenzentrum Martinskapelle sind viel genutzte, „fernseherprobte“ Wettkampfstätten. Sportveranstaltungen wie der „Schwarzwaldpokal“ oder „Rund um Neukirch“, Schwarzwälder Skimarathon mit Start im Schonacher Skistadion, Schwarzwälder Springertournee oder der Schönwälder „Ladies‘ Cup“ im Skispringen sind Highlights, die die besten Wintersportler und -sportlerinnen in die Region locken. Der Nachwuchs wird in zahlreichen Vereinen gefördert, vor allem aber im Skiinternat Furtwangen, einer Kaderschmiede, die Olympiasieger und Weltmeister im Skispringen wie Martin Schmitt oder Sven Hannawald hervorbrachte.

▪ Der Breg entlang – von Vöhrenbach nach Hüfingen

Nach Vöhrenbach mit seinen Stadtteilen Hammereisenbach, Urach und Langenbach geht es von Furtwangen aus der Breg entlang: Über Schönenbach ist die Stadt, der man nachsagt, ihr Name habe etwas mit der Menge der Forellen zu tun, die sich in ihren Gewässern befinden, rasch erreicht. Vöhrenbach wurde 1244 durch die Fürsten zu Fürstenberg als Stadt gegründet, war dazu ausersehen, ein neuer strategischer und wirtschaftlicher Mittelpunkt im Bregtal zu werden. Damals führten die Vöhrenbacher aus unklaren Gründen noch den Esel im Wappen, erst ab 1802 ist es die Forelle. Die Geschichte Vöhrenbachs ist im 19. Jahrhundert eng mit dem Musikwerkebau und hier mit dem Namen „Imhof und Muckle“ verbunden. Die Orchestrionfabrik lieferte die mechanischen Musikwerke in alle Welt, bis nach Asien. Im Eingangsbereich des Rathauses zeugt ein spielbereites Imhof-Orchestrion von dieser glanzvollen Epoche. Sogar für die „Titanic“ sollte „Imhof und Muckle“ ein Orchestrion liefern.

Bekannt ist Vöhrenbach auch wegen seines „Bruderkirchles“, einer sagenumwobenen Kapelle an der alten Straße nach Villingen: Das Kirchlein war bereits vor über 300 Jahren

Bauerngarten des Gummelehofes in Schonach.

Durch und durch ländlich geprägt: Urach bei Vöhrenbach, das durch seine Kirche mit ihrem Zwiebelturm auffällt.

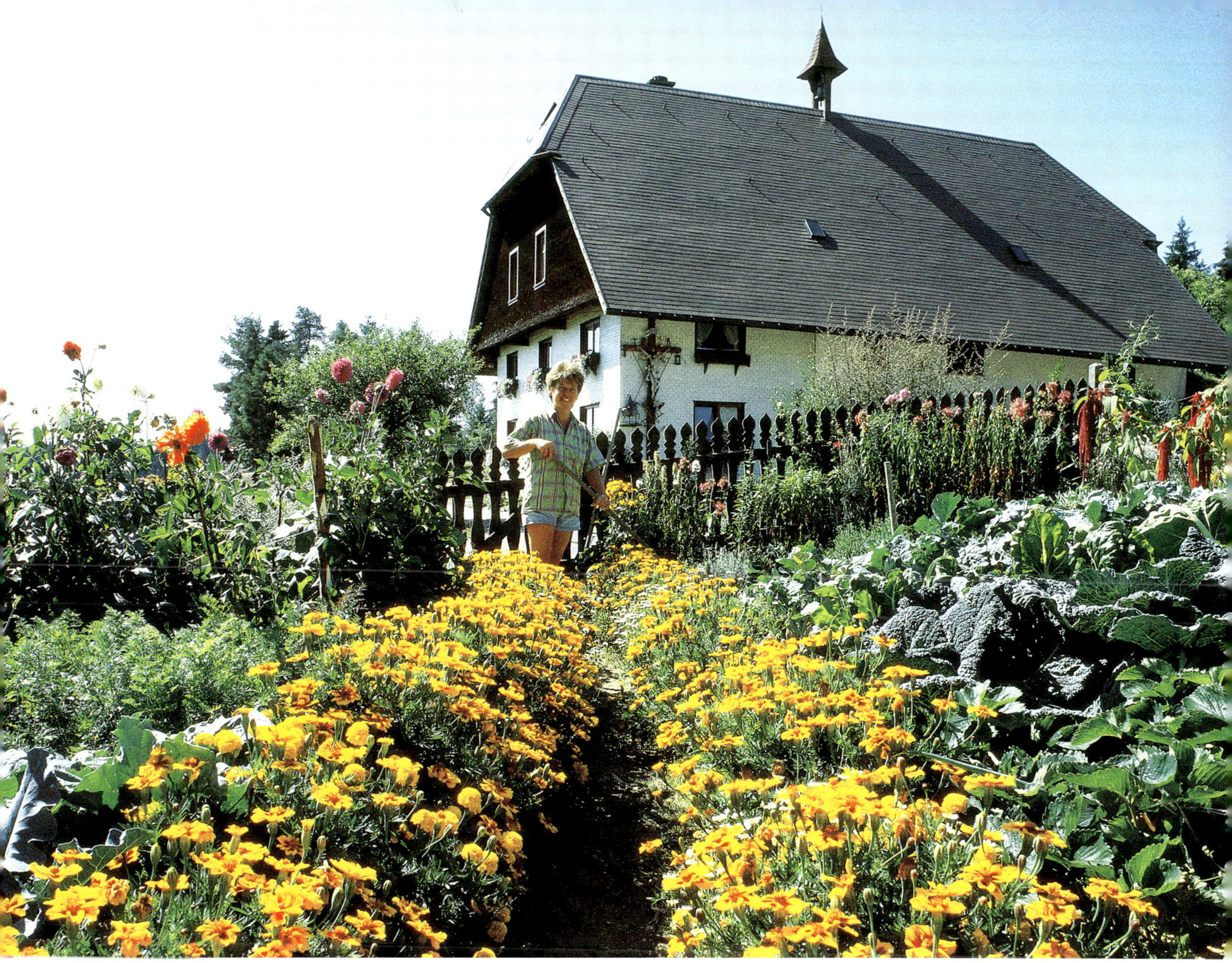

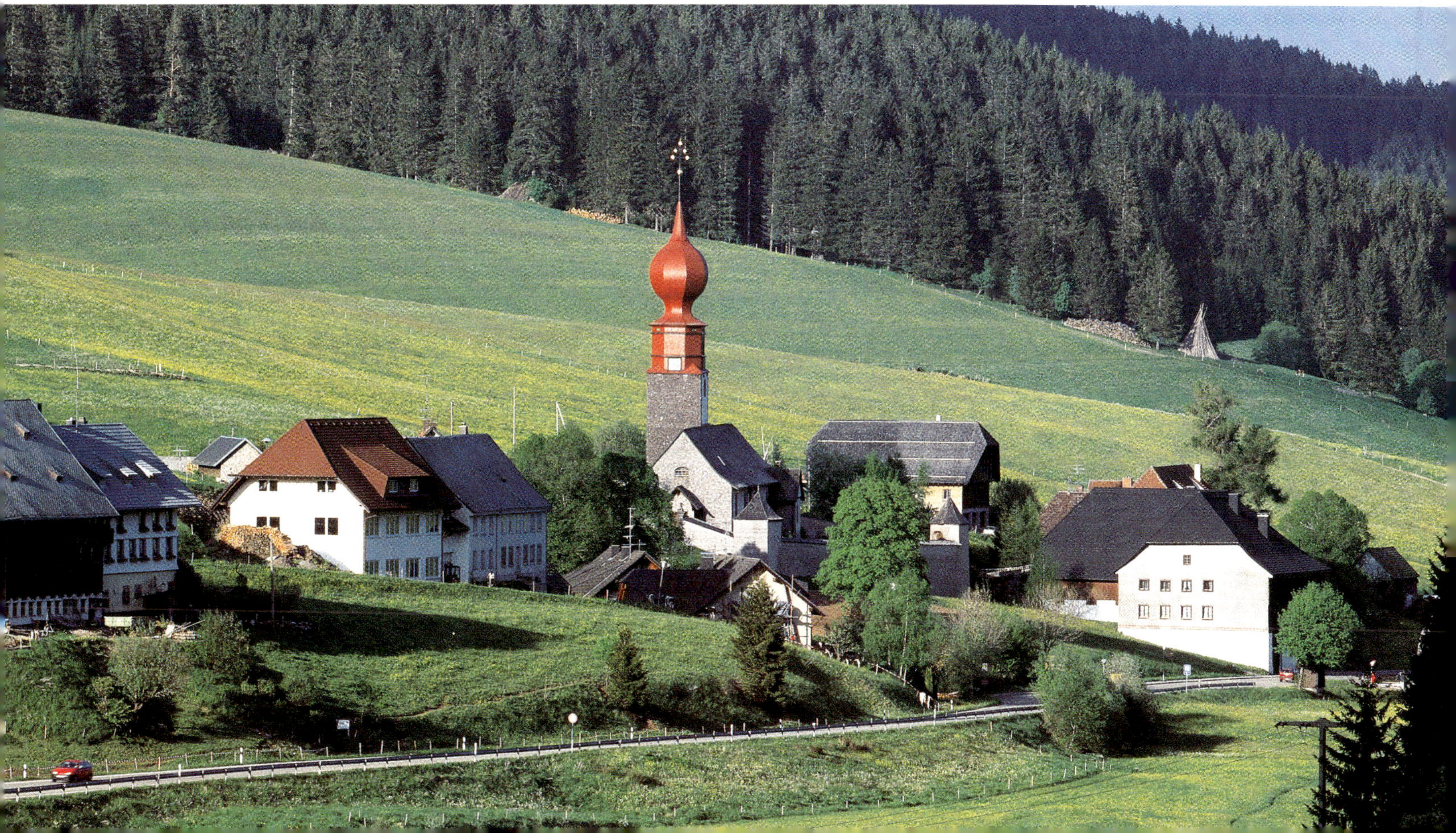

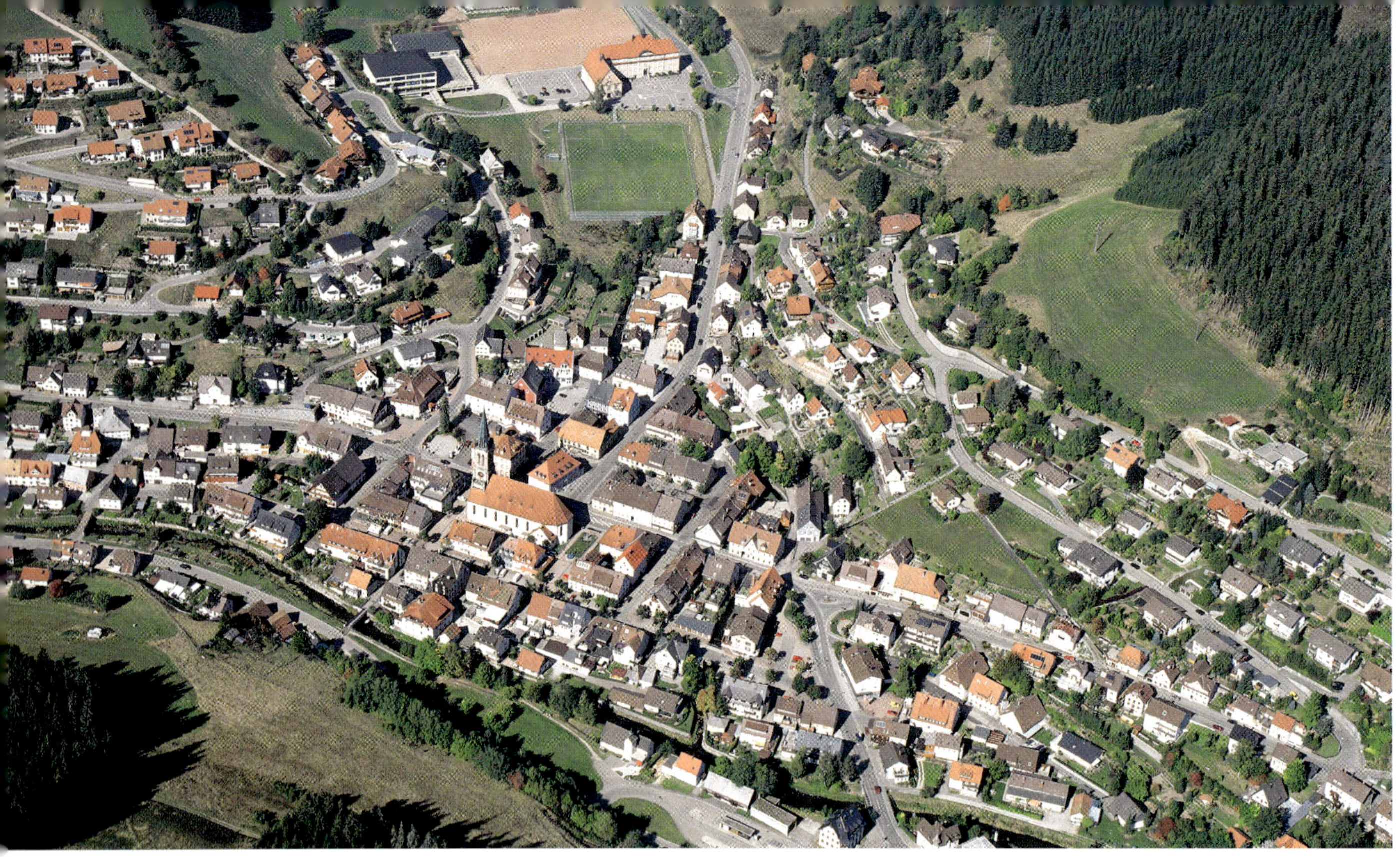

Großzügig angelegt ist der Stadtkern von Vöhrenbach, der nach dem Stadtbrand von 1819 durch Friedrich Weinbrenner neu geplant wurde.

ein Wallfahrtsort. Der Sage nach wurden dort im Mittelalter sieben Jungfrauen verbrannt, die vor ihrem Tod Weissagungen machten. Unter anderem sollen sie die vier Stadtbrände von 1413, 1544, 1639 und 1819 vorhergesagt haben, die Vöhrenbach stark veränderten. Der Großherzogliche Regierungsbaumeister Friedrich Weinbrenner war es, der Vöhrenbach nach dem Brand von 1819 das heutige Gefüge gab.

Mut zu Neuem und Fortschrittlichkeit haben die Vöhrenbacher in den Jahren 1922 bis 1925 mit dem Bau der Linachtalsperre bewiesen. Als deutschlandweit erste und einzige Eisenbetonmauer in aufgelöster Bauweise verhalf die Talsperre der kleinen Schwarzwaldstadt für fast 50 Jahre zur eigenen Stromversorgung. Im Jahr 1969 kam es zur Stilllegung des Kraftwerkes, es begann der schleichende Zerfall. Gegenwärtig ist der „Förderverein Linachtalsperre" in engem Zusammenspiel mit der Stadtverwaltung dabei, das einzigartige Kulturdenkmal zu reaktivieren, erneut jenen Vöhrenbacher Pioniergeist zu beweisen, der in den 1920er Jahren das Bauwerk zum Wohle der Stadt hervorgebracht hatte.

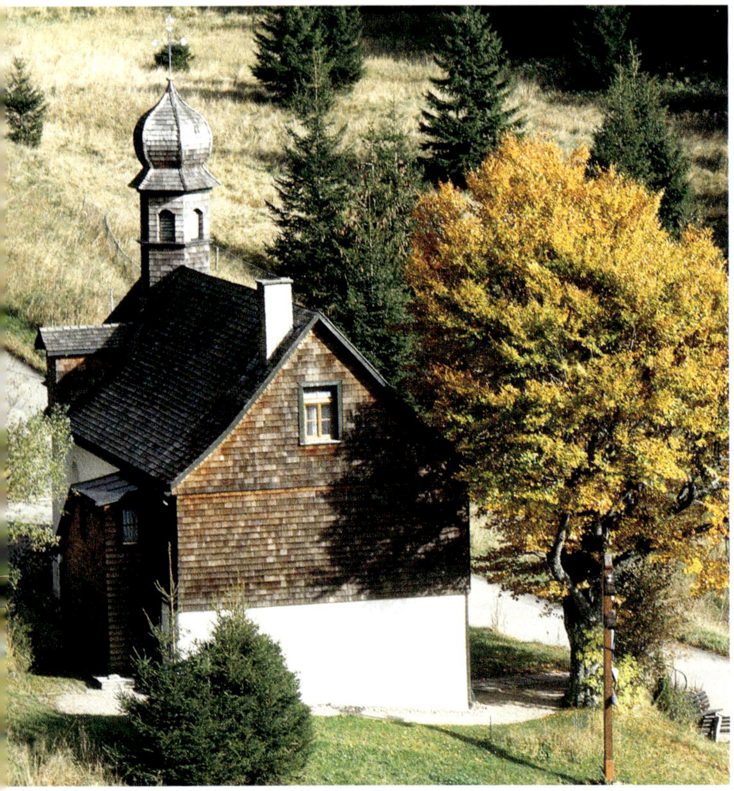

Am Wehr zwischen Hammereisenbach und Wolterdingen.

Vöhrenbach ist idealer Ausgangspunkt für eine Radwanderung auf dem Bregtalweg. Dort, wo noch vor wenigen Jahrzehnten die Bregtalbahn verkehrte, kann man heute gemütlich dahinradeln, so nach Hammereisenbach, vorbei an der Burgruine Neufürstenberg, dem Wahrzeichen des Ortes. Nur wenige Kilometer entfernt liegt das schöne Urachtal mit seiner einzigartigen Kirche. Ihr Zwiebelturm und das wehrhafte Aussehen haben schon zu vielerlei Spekulationen veranlasst, eine Wehrkirche allerdings, wie lang und oft behauptet, steht in Urach nicht.

Malerisch gelegen: das sagenumwobene Vöhrenbacher Bruderkirchle.

Gemütlich flussabwärts radelnd erreicht man von Hammereisenbach aus schon bald Wolterdingen. Der Donaueschinger Teilort liegt am Westrand der Baar und ist durch seine denkmalgeschützte, 1912 erbaute Betonbrücke über die Breg bekannt. Vorläufer der viel befahrenen, schmalen Verbindung nach Bräunlingen und Hüfingen war ein Bauwerk aus Holz.

Bräunlingen fällt schon aus der Ferne durch sein mittelalterlich anmutendes Stadtbild auf: Das Mühlentor von 1203, die Stadtmauer, typische Baaremer Stufengiebel, das 1590 erbaute Rathaus, das „Alte Schloss" und natürlich die von der 799 errichteten Pfarrei später erbaute St. Remigius-Kirche, die am Buchberg liegt, wetteifern in ihrer Schönheit um die Aufmerksamkeit des Betrachters. Aus der St. Remigius-

Auf der Bregbrücke in Wolterdingen.

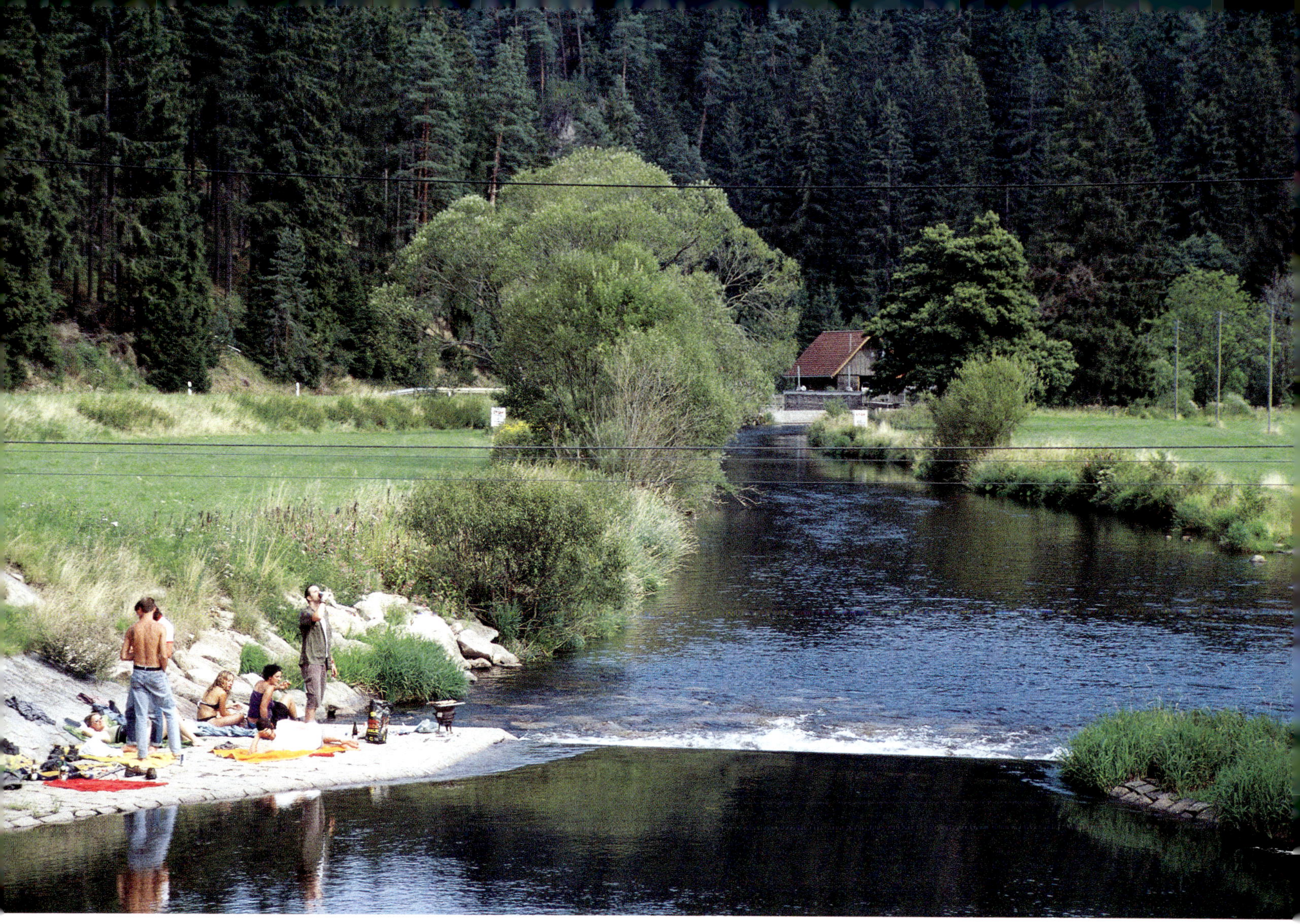

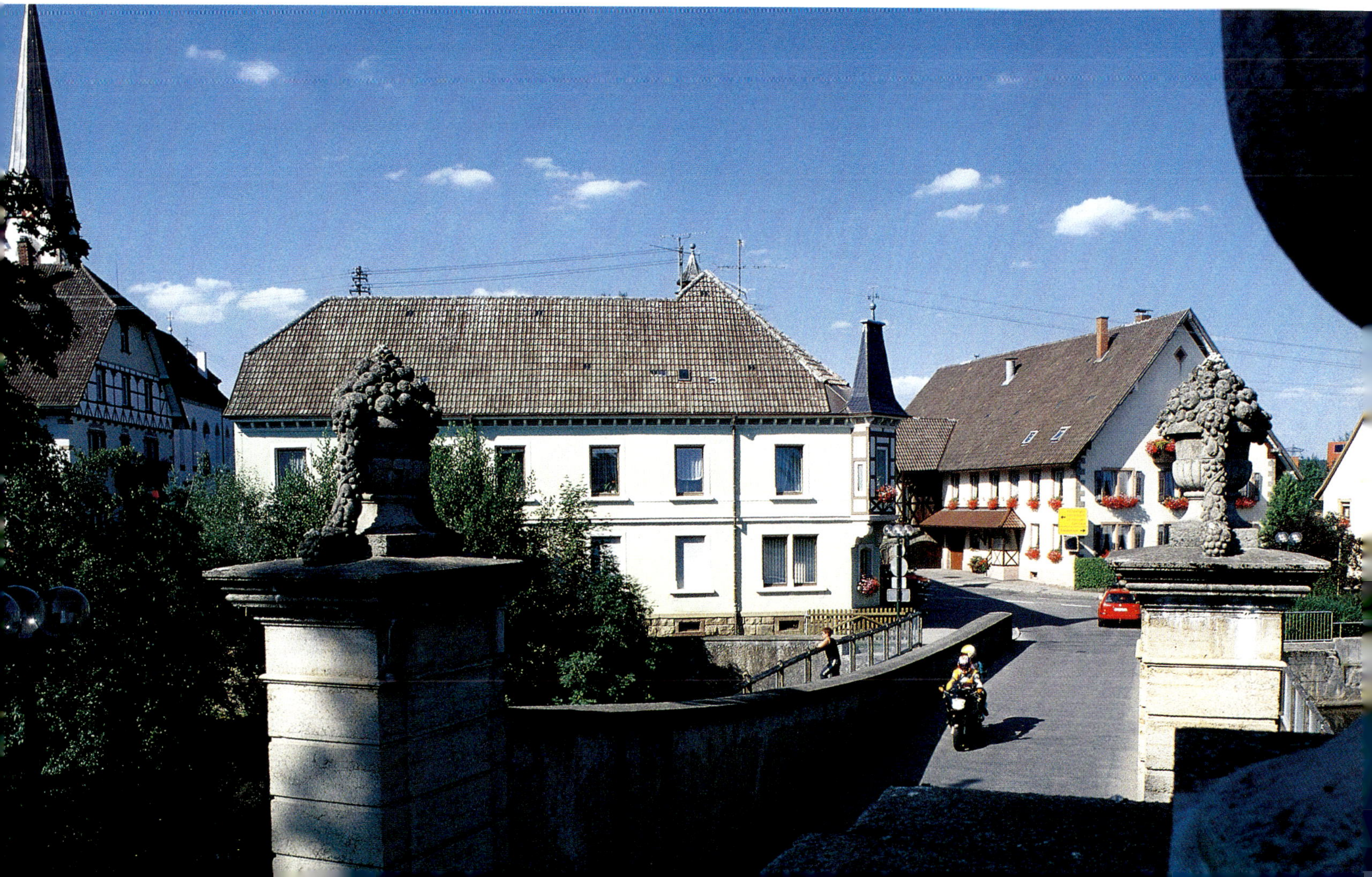

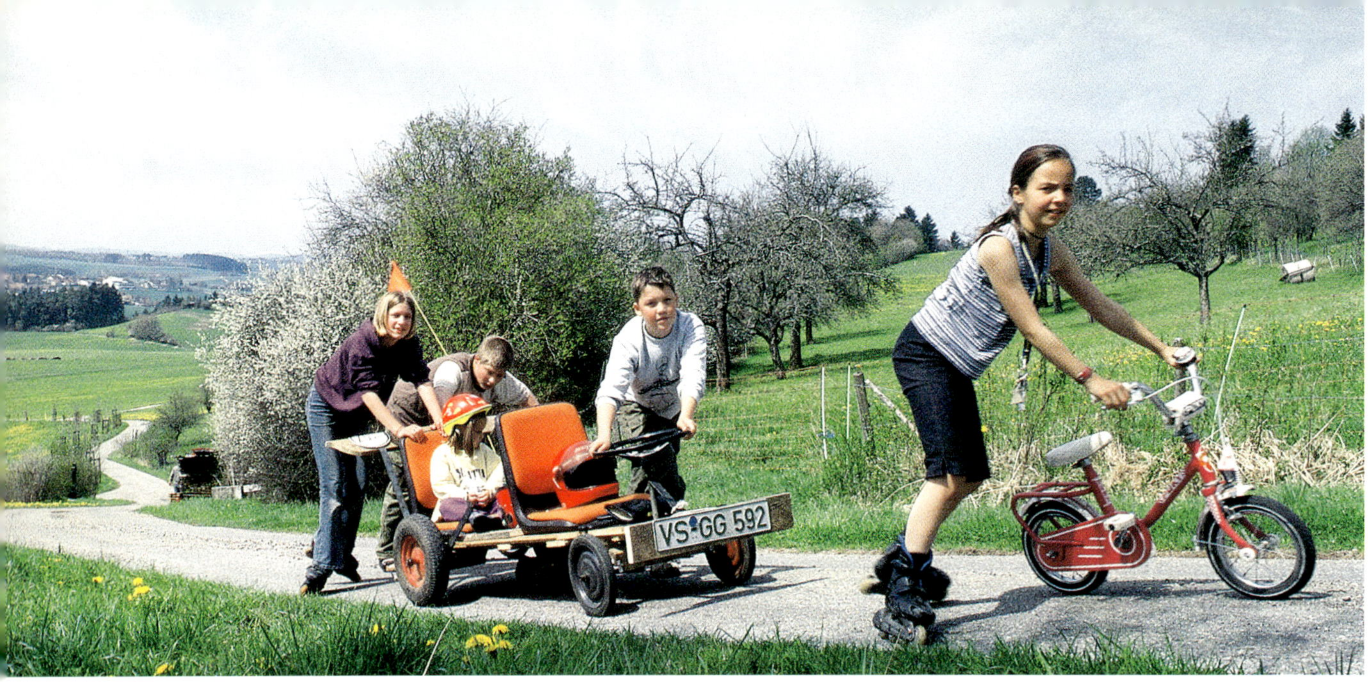

„VS-GG 592", Dögginger Kinder sind mit ihrer Seifenkiste unterwegs. Das Kennzeichen „VS" ist nicht nur für sie ein Stück Heimat. Überall auf der Welt zeigt einem ein Fahrzeug mit „VS", dass da noch jemand aus dem Schwarzwald-Baar-Kreis in der Nähe ist.

Kirche stammen die beiden kostbarsten Exponate des Bräunlinger Kelnhof-Museums: Maria und Johannes, zwei aus Lindenholz geschnitzte Skulpturen des frühen 13. Jahrhunderts.

Schon zur Jungsteinzeit war die Gegend um Bräunlingen besiedelt, was archäologische Ausgrabungen belegen. Bedeutend sind Funde im Gewann „Niederwiesen", wo man Gräber alemannischer Adeliger aus dem 5. und 6. nachchristlichen Jahrhundert entdeckte. Hier wurden eine Goldgriffspatha, eine Glasflasche sowie Gold- und Silberschmuck von hoher Qualität ausgegraben.

In Bräunlingen atmet im Karree um das Rathaus jeder Winkel Geschichte. Interessante Häuser, Giebel und Inschriften, Wappen, Brunnen oder Wirtshausschilder finden sich. Dass sich Bräunlingen eines der schönsten Stadtbilder im Schwarzwald-Baar-Kreis bewahren konnte, hat mit Beständigkeit über Jahrhunderte hinweg zu tun. Vor allem aber hatte die Kleinstadt das Glück, in der jüngeren Geschichte von Großbränden verschont zu bleiben.

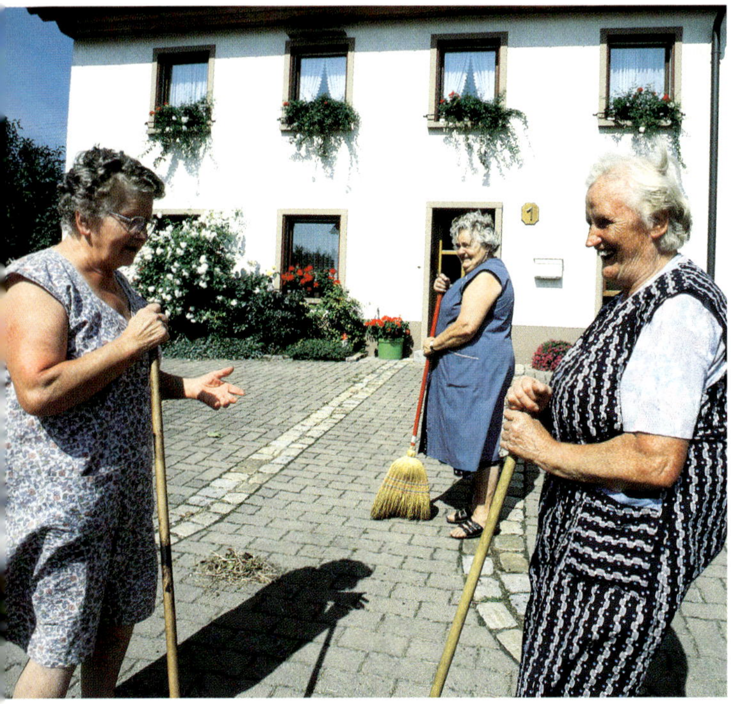

Und so ist diese Stadt die ideale Kulisse für den Bräunlinger Straßenmusiksonntag, der alle zwei Jahre Kleinkunst in die historischen Mauern bringt. Oder für Brauchtum wie die Bräunlinger Fastnacht: Der Bräunlinger Hansel gehört zu den traditionsreichsten und ältesten Figuren der schwäbisch-alemannischen Fastnacht.

Bräunlingen hat sich sein prächtiges Stadtbild bis heute bewahrt.

Wie die Donaueschinger brauen die Bräunlinger ihr eigenes Bier, und eines haben sie der großen Nachbarstadt sogar voraus: sie besitzen eine Talsperre, erzeugen eigenen Strom. Dass der Kirnbergsee im Bräunlinger Westen ein Ergebnis menschlicher Eingriffe ist, ahnt niemand, der es nicht weiß: 1922 wurde er künstlich zur Stromerzeugung angelegt und bettet sich so harmonisch in die Landschaft ein, als wäre er schon immer da gewesen. Der Kirnbergsee ist ein beliebtes Bade- und Naherholungsgebiet und gehört zu Unterbränd, einem Bräunlinger Ortsteil wie Mistelbrunn, Bruggen, Waldhausen und Döggingen. In Döggingen kann Bräunlingen eine weitere Natur-Attraktion bieten, die viel bewanderte Gauchachschlucht, die mindestens so romantisch ist wie ihre größere und bekanntere Schwester, die Wutachschlucht.

Wandern in der Gauchachschlucht, die sowohl Bräunlinger wie Hüfinger Gemarkung berührt.

Gleich von welcher Seite man sich der kunstsinnigen, alten Stadt an der Breg nähert: Immer ist es der Kirchturm von St. Verena und Gallus, der das Hüfinger Stadtbild dominiert. Ein durchaus modernes Stadtbild: Hüfingen ist gelungen, was andere Städte nicht selten vergeblich versuchten, es hat sein historisches Gefüge behutsam modernisiert, ohne das über Jahrhunderte gewachsene Flair zu verlieren.

Hüfingens Geschichte ist auch eine römische: Um 50 n. Chr. wird auf dem Galgenberg ein Kastell errichtet, es soll helfen, die Donaugrenze gegen die Germanen zu verteidigen. 70 n. Chr. entsteht das heutige Römerbad, das Bad der gallo-römischen Zivilsiedlung „Brigobannis" im Mühlöschle. Diese römischen Wurzeln pflegen die Hüfinger. So im Römerbadmuseum, das die Reste eines der ältesten Kastellbäder nördlich der Alpen zeigt. Aber nicht nur deshalb taucht im Hüfinger Stadtlogo der Begriff „Geschichte" auf. Überall begegnet einem beim Spaziergang durch die Stadt an der Breg liebevoll

Ein „Samschdig-Schwätz" muss sein, Dögginger Frauen bei der Kehrstunde.

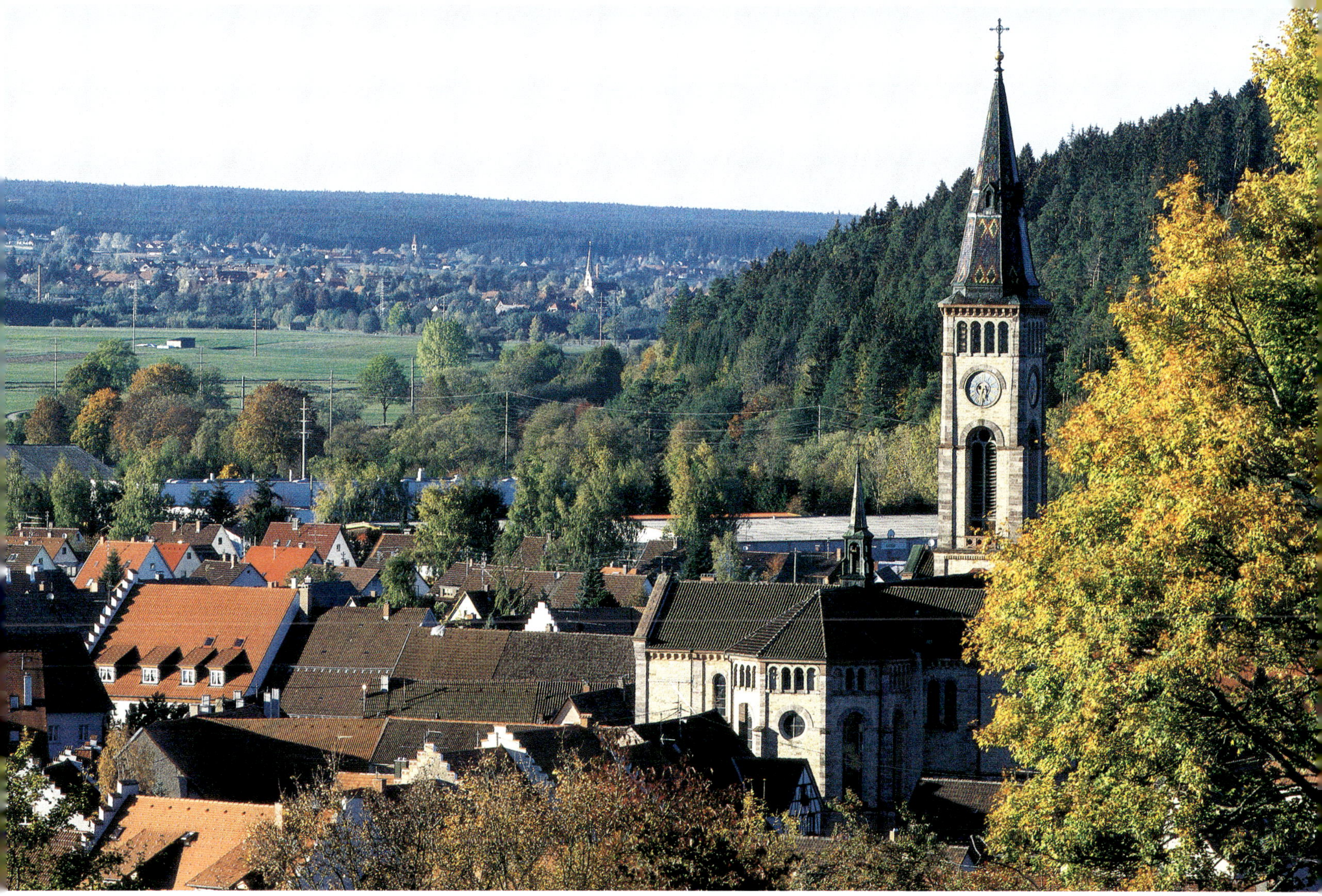

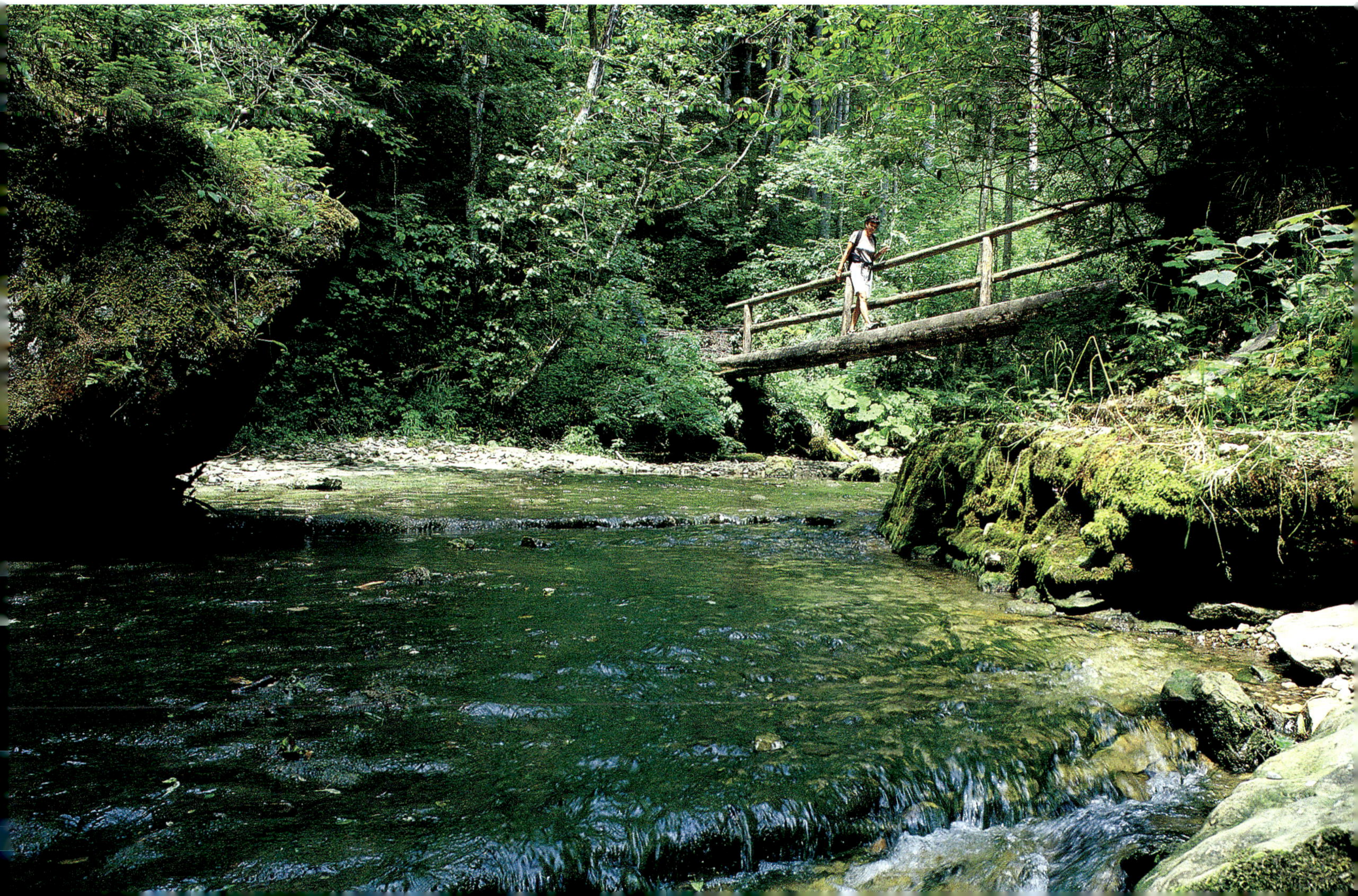

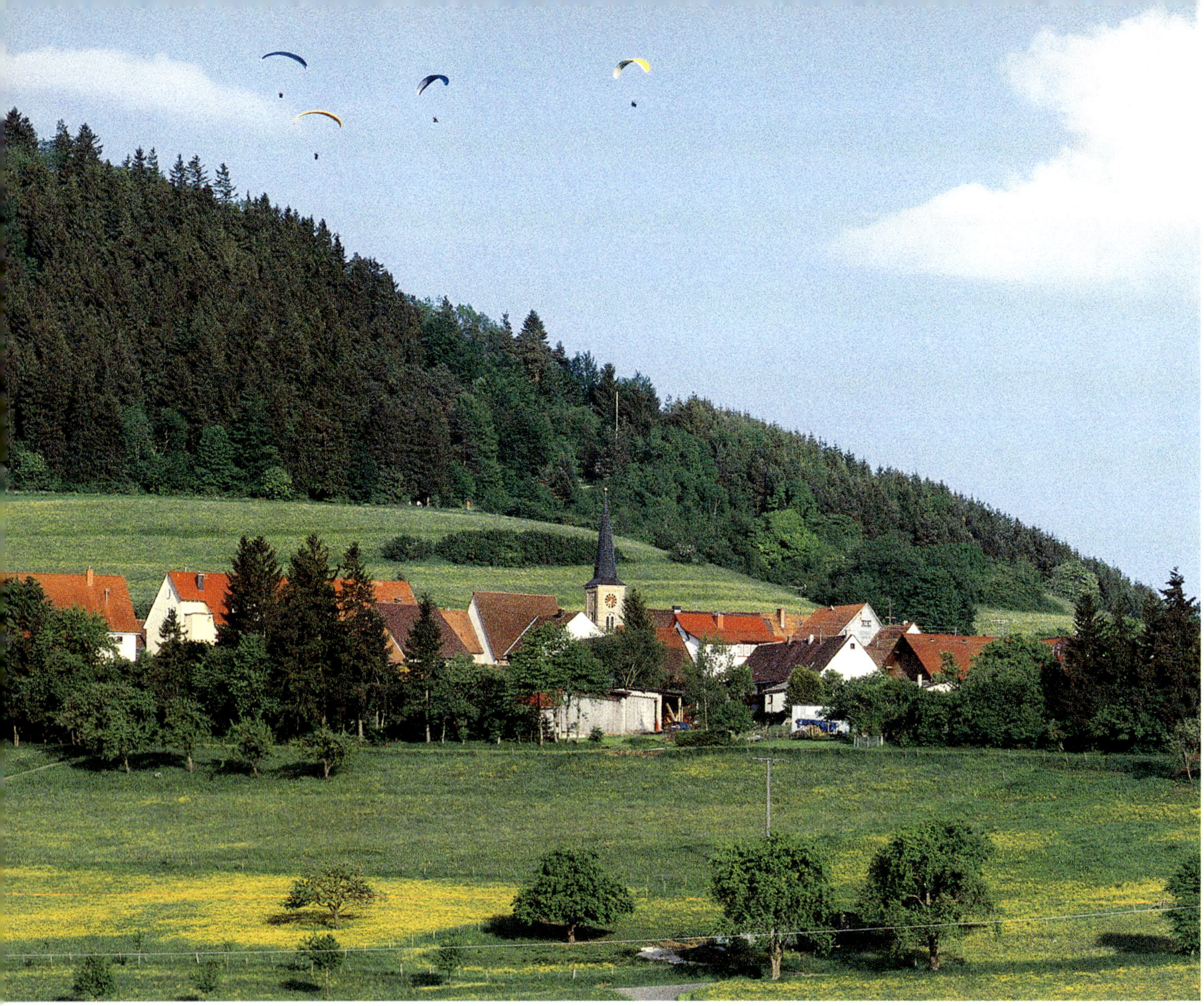

Blick auf Fürstenberg, Gleitschirmflieger nutzen die günstige Thermik.

herausgeputzte Vergangenheit. Natürlich auch im Stadtmuseum, das sich insbesondere der Aufarbeitung und Sammlung der Werke des biedermeierlichen Künstlerkreises um Lucian Reich und der reichen Ur- und Frühgeschichte Hüfingens verschrieben hat.

Die Kunst ist ein weiterer Begriff im Stadtlogo und prägt Hüfingen bis heute nachhaltig – auch die Theaterkunst. Wo gibt es das sonst im Landkreis, dass eine ganze Stadt mitten im Zentrum wochenlang Freilichttheater spielt und sich Zehntausende von Zuschauern einfinden? Und Hüfingen kann auf den viel besuchten Töpfermarkt im Rahmen der Internationalen Keramikwochen verweisen,wenn es darum geht, die vielfältigen Bemühungen um ein intaktes Gemeinwesen, eine lebendige Mitte darzustellen – sich als kunstsinnige Stadt mit Atmosphäre zu präsentieren.

Besonders bekannt ist Hüfingen durch Fronleichnam: 1842 wurde von Bildhauer Franz Xaver Reich erstmals ein Blumenteppich gelegt, er hatte den Brauch bei einer Studienreise in Italien kennen gelernt. Als in der Folge immer mehr kunstvolle Blumenteppiche entstanden, schließlich sogar ein großer Blumenteppich gelegt wurde, lockte das Besucher aus dem Umland an – heute sind es tausende aus dem gesamten südwestdeutschen Raum und der nahen Schweiz. Allerdings ist der 1,80 Meter breite und 600 Meter lange Hüfinger Blumenteppich nicht in jedem Jahr in dieser Größe zu sehen.

Beschaut man sich die Ortsteile von Hüfingen, entdeckt man im malerisch gelegenen Mundelfingen, typischer Baarort wie Hausen vor Wald oder Sumpfohren, eine barocke Kostbarkeit: die von Peter Thumb erbaute Kirche. Über Behla führt der Weg zum Fürstenberg, wo an vielen Tagen des Jahres Gleitschirmflieger den Berg entlang gleiten, auf der Suche nach Thermik, nach Aufwind, der sie sogar bis in die Schweiz trägt. Der Fürstenberg ist eine markante Erhebung der Baar und bietet grandiose Rundblicke. Auch ins Wutachtal, hinüber in den Raum Blumberg. Der Weg dorthin führt durch Hondingen und an Riedböhringen vorbei, dem Geburtsort von Kurienkardinal Augustin Bea (1881-1968). Augustin Bea war eine herausragende Figur der Ökumene und hat das 2. Vatikanische Konzil entscheidend mitgeprägt. Ein Museum im Elternhaus von Augustin Bea erinnert an den verdienstvollen Kirchenmann.

Christiane und ihre Ziege „Gigsi“ – auf der Streuobstwiese nahe der Sumpfohrener Kirche.

Hondinger Landjugend beim Erntedankfest.

Blumberg – Stadt zwischen Eichberg und Buchberg

Blumberg, zwischen Eichberg und Buchberg gelegen, besitzt die wohl vielschichtigste Bevölkerungsstruktur des Landkreises. In den Jahren 1937 bis 1942 wurden Erzgruben aus der Zeit nach dem Dreißigjährigen Krieg reaktiviert. Die Bevölkerung wuchs dadurch sprunghaft und hatte sich auf 7000 Einwohner verzehnfacht. 1942 wurden die Minen, da

Die zum Gedenken an Kardinal Augustin Bea auf dem Fürstenberg errichtete Augustinuskapelle.

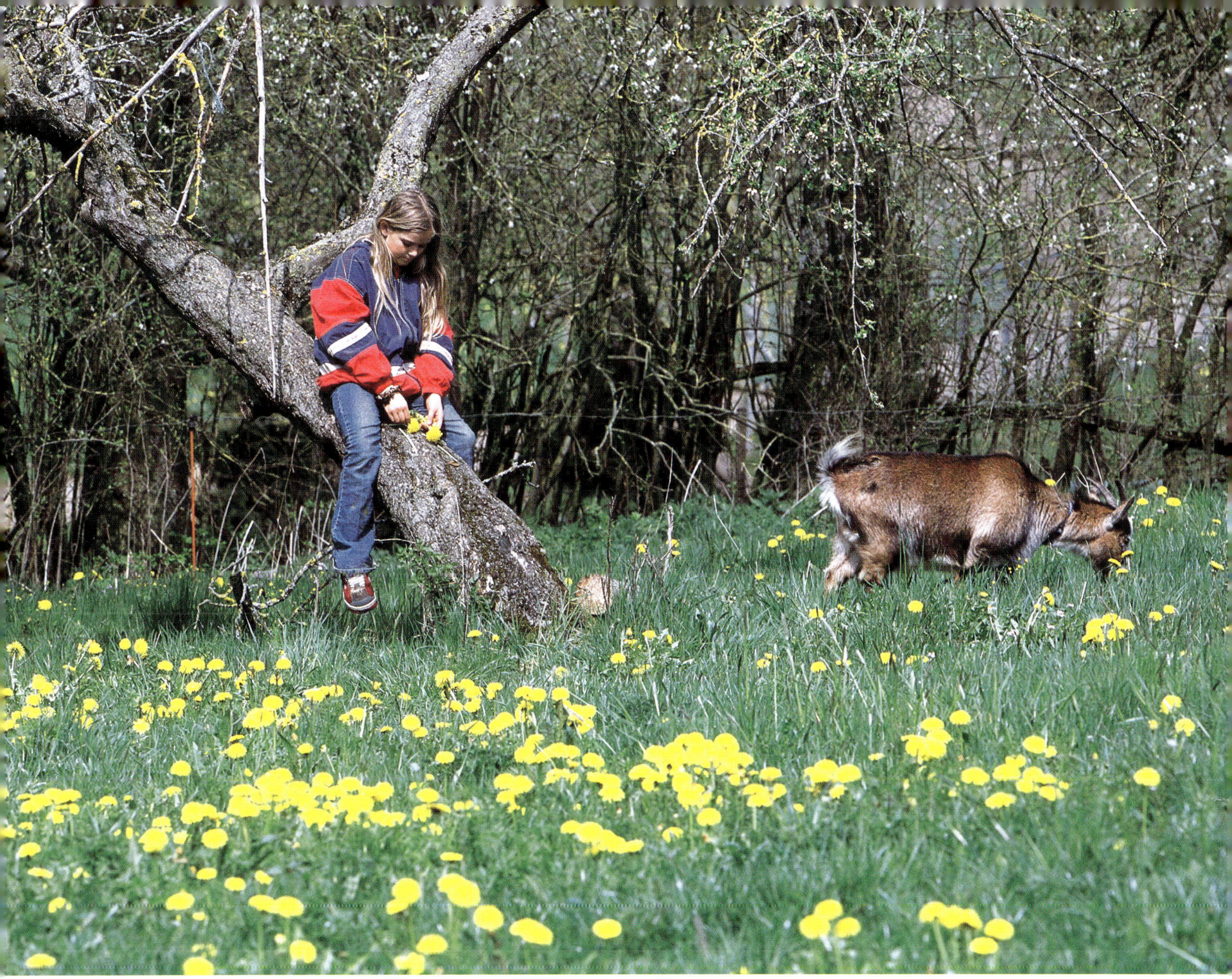

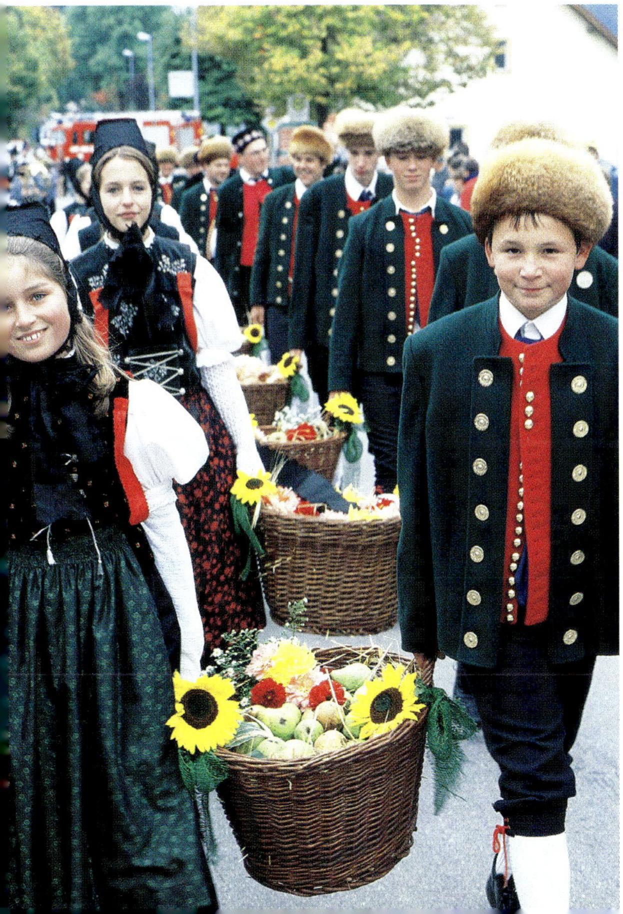

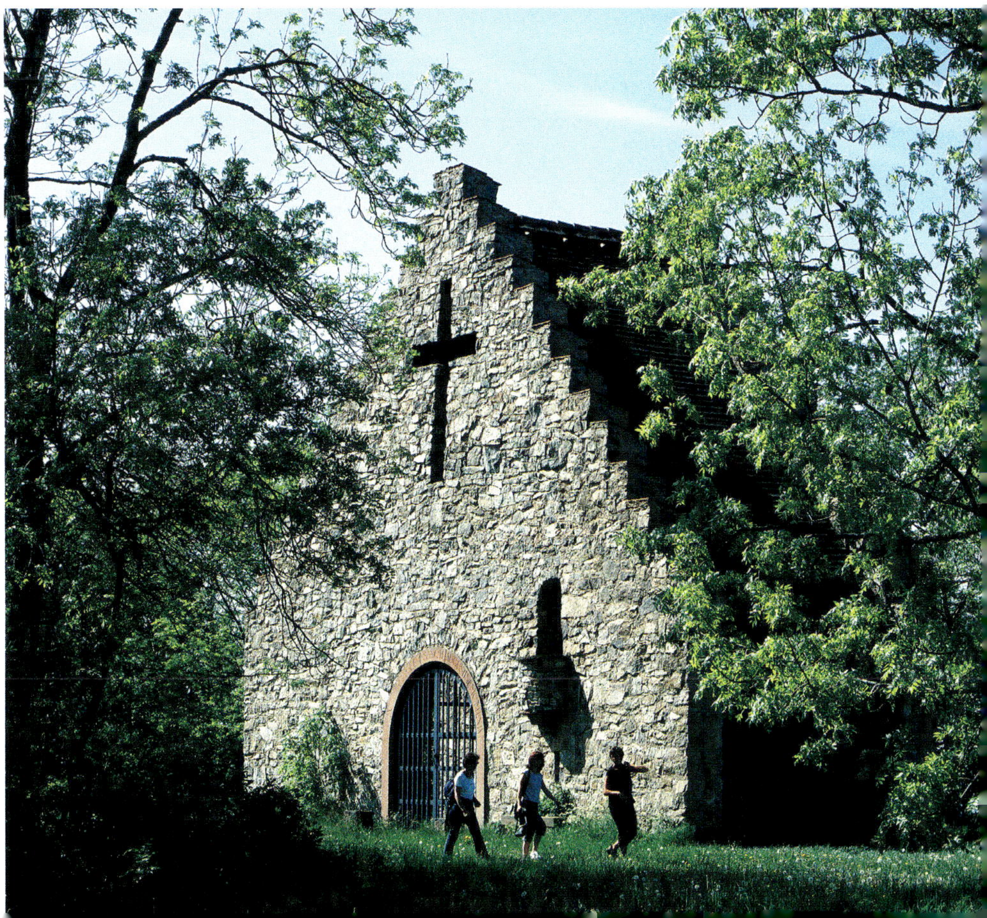

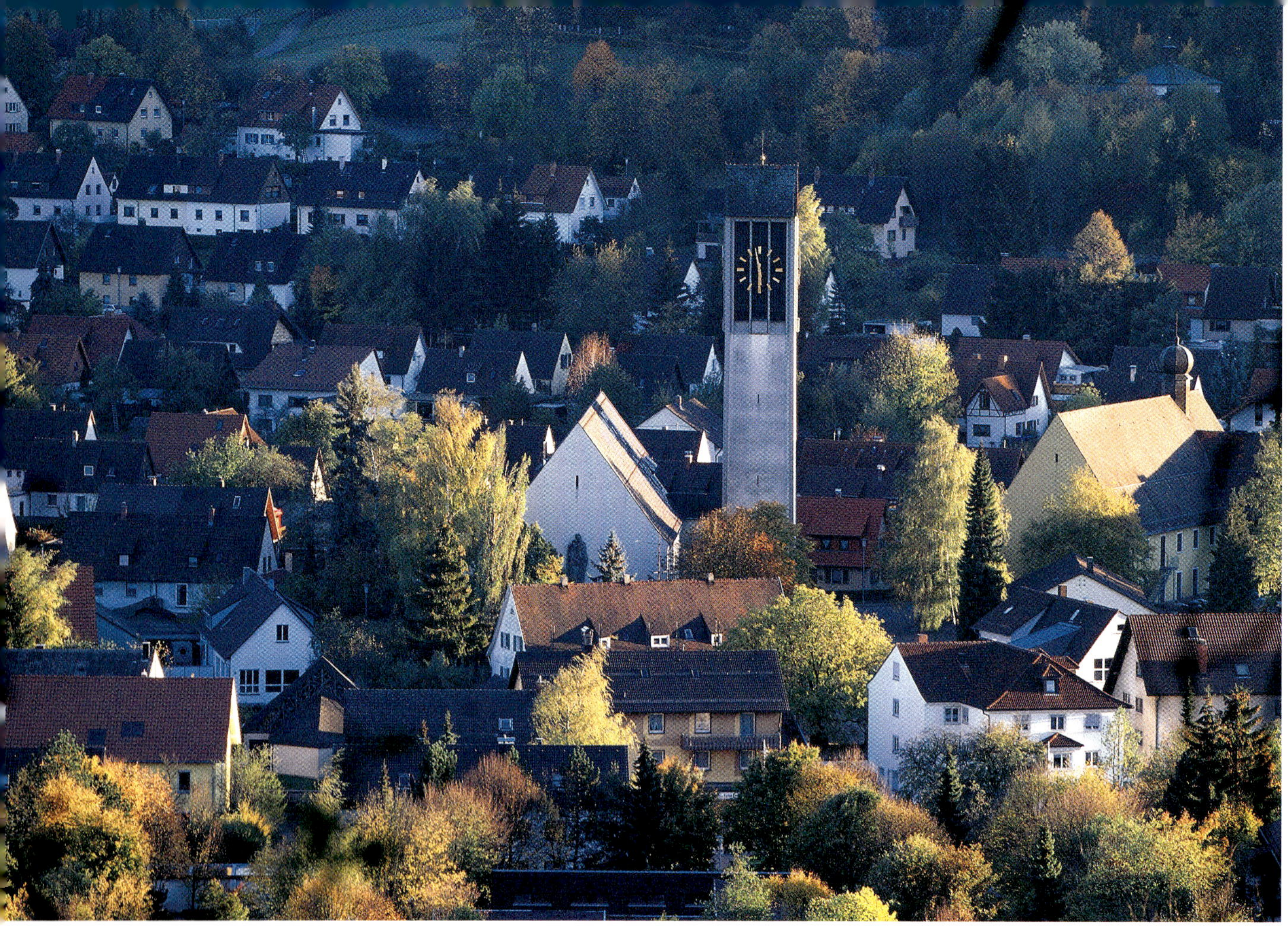

Blick auf Blumberg und die typischen Siedlungsbauten vom Fuß des Eichbergs aus.

unrentabel, stillgelegt. Die Menschen aber, die man im Dritten Reich als Bergleute nach Blumberg geholt hatte, die sind geblieben.

Schwierigste Zeiten für diese Stadt, in der 1941 Sophie Scholl, Mitbegründerin der Widerstandsbewegung „Weiße Rose", als Hortnerin im Kindergarten beschäftigt war. 1943 wurde Sophie Scholl durch die Nazis hingerichtet, gerade 22 Jahre jung. Heute erinnert in Blumberg der „Sophie-Scholl-Kindergarten" an die Widerstandskämpferin.

In Blumberg sind Menschen unterschiedlichster Nationalität und Herkunft zu einer Stadt, zu einer Gemeinschaft verschmolzen. Ein Prozess, der Jahrzehnte brauchte – aber mittlerweile geglückt ist. Diese Vielschichtigkeit Blumbergs ist auch am Stadtbild abzulesen. Straßenzüge aus den 1930er Jahren, typische Bergmannssiedlungen, wechseln sich ab mit den Siedlungsbauten der Nachkriegszeit. Sogar deutsche Architekturgeschichte wurde geschrieben: Die einstige Taschentuchweberei, 1949/50 im Stil des strengen Funktionalismus erbaut, ist das Werk des Bauhaus-Architekten Egon Eiermann. Das Zentrum Blumbergs hingegen fällt als moderner, erst in jüngerer Zeit ausgestalteter Stadtkern auf. Und entlang dem Eichberg ziehen sich die Neubaugebiete der Gegenwart, sie verdeutlichen, dass Blumberg weiter wächst, auch aufgrund seiner Nähe zur Schweiz ein attraktiver Wirtschaftsraum ist. Von Blumberg aus agieren weltweit tätige Firmen, die den ca. 11 000 Einwohnern rund 3500 Arbeitsplätze bieten.

Am waldreichen Eichberg können die Blumberger wandern, joggen und den Blick über das Achdorfer Tal genießen. Bis in die Schweiz hinein reicht die Sicht – auch zum Hochschwarzwald oder nach Mundelfingen. In südlicher Richtung ist die Wutachschlucht zu sehen, die auf die geologischen Besonderheiten dieser Gegend verweist: Blumberg und Umgebung sind seit langem ein Dorado für Geologen und Biologen. Hier finden sich Versteinerungen, aber auch über 1200 Pflanzen- und Tierarten: die am Rand des Schwarzwald-Baar-Kreises liegende Wutachschlucht ist einzigartig. Als Besonderheit gelten auch die Wutachflühen, das größte Naturschutzgebiet der Stadt. Die Schlucht mit Felswänden des Oberen Muschelkalks ist Ziel vieler Wanderer, zumal im Frühjahr, wenn der Märzenbecher blüht.

Und Blumberg besitzt eine eisenbahngeschichtliche Attraktion, die sich im Fützener Tal laut pfeifend und mächtig Rauch ablassend selbst in Erinnerung ruft: Die in den Jahren 1887 bis 1890 erbaute und heute als Museumsbahn betriebene „Sauschwänzlebahn". Sie hat auf ihrer 25 Kilometer langen Strecke vom Bahnhof Blumberg-Zollhaus nach Stühlingen-Weizen im Nachbarlandkreis Waldshut Deutschlands einzigen, 1700 Meter langen Kreiskehrtunnel, grandiose Brücken, Viadukte und Kehrschleifen zu bewältigen. Eisenbahnfreunde aus ganz Europa sind begeistert, wenn die Dampflok das 264 Meter lange und 34 Meter hohe Viadukt bei Epfenhofen überquert, der wohl eindrucksvollste Teil der Fahrt mit der Sauschwänzlebahn.

Das Eisenbahnmuseum im ehemaligen Güterschuppen des Bahnhofes Blumberg-Zollhaus, Start- und Endpunkt der Nostalgiefahrten, führt durch die Entstehungsgeschichte der Bahn, die von der Stadt Blumberg zusammen mit der EUROVAPOR, der „Europäischen Vereinigung zur Erhaltung von Dampflokomotiven", 1977 als Museumsbahn in Betrieb genommen wurde.

Der Stadtbrunnen in der neuen Blumberger Mitte erinnert an die wechselvolle Geschichte, vor allem an die Zeit des Erzabbaues.

Start eines Segelfliegers am Flugplatz von Blumberg.

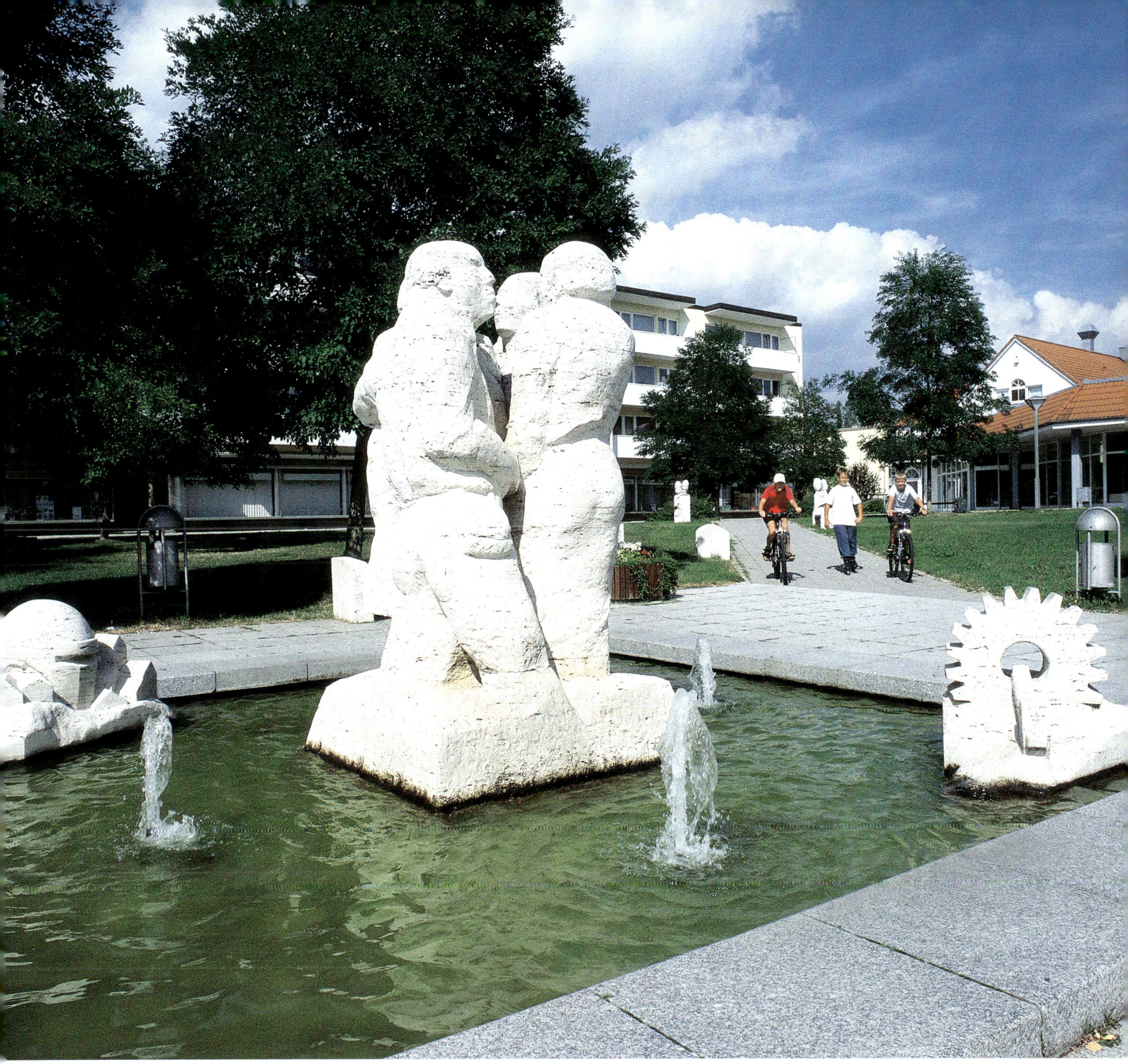

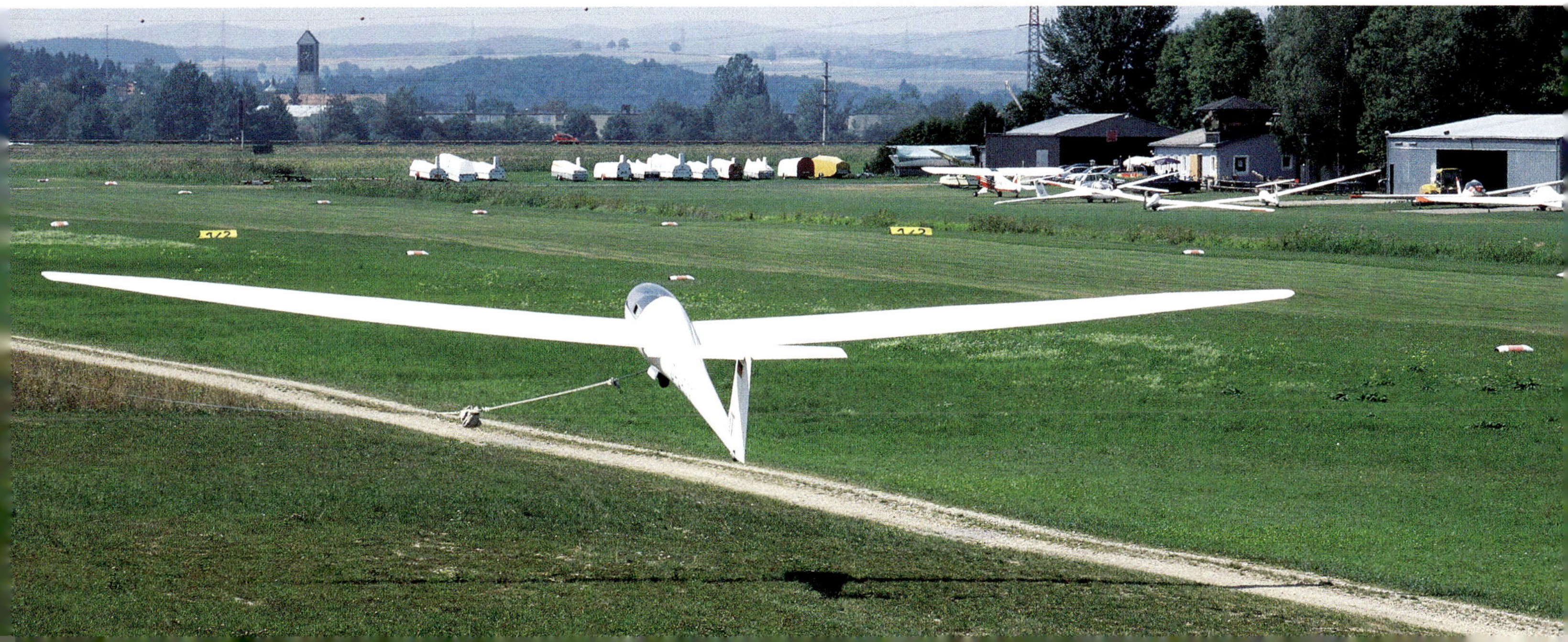

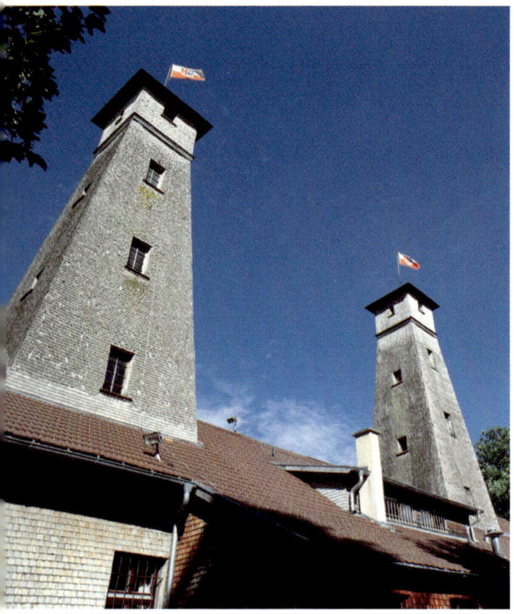

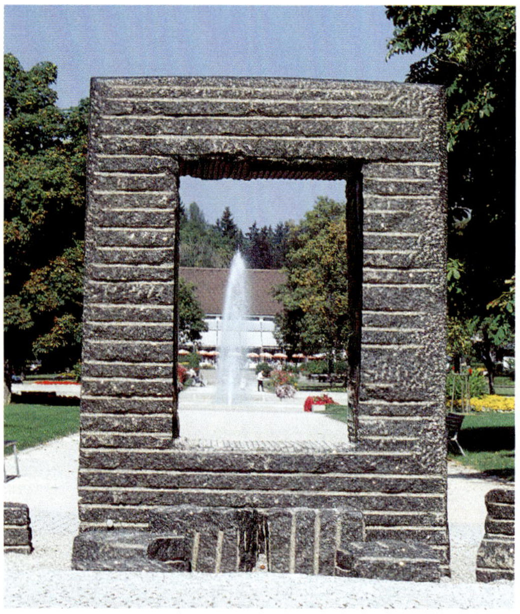

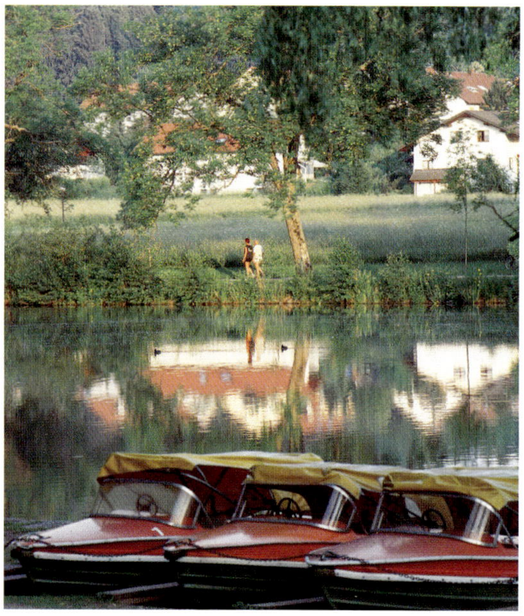

Mit dem Heißluftballon von Bad Dürrheim nach Süden

Der Korb ist kaum mehr zu halten. Endlich stehen fünf Passagiere an ihrem Platz und kann der Heißluftballon vom Seil gelassen werden. Hundert, zweihundert, vierhundert Höhenmeter sind rasch gewonnen und Bad Dürrheim im Westen, die gesamte Baar im Süden, bieten sich im Überblick. Gemächlich fährt der Ballon in Richtung Wartenberg. Die Kuppel des Narrenschopfes, größtes Fastnachtsmuseum in Deutschland, und das architektonisch dem Münchner Olympiastadion nachempfundene Solemar im Kurpark werden kleiner und kleiner. Natur und Kunst sind im Kurpark zu einem Erlebnisland verflochten, das verschiedensten Bedürfnissen gerecht wird: Auf Hochbeeten können Rollstuhlfahrer Blüten aus der Nähe betrachten, im Duftgarten werden die Nasen gestreichelt, ist Natur auch für blinde Menschen erlebbar. Der 16 000 Quadratmeter große Kurpark war das Gelände der Landesgartenschau des Jahres 1994.

Das Gold Bad Dürrheims ist die Sole, die seit 1822 abgebaut wird. Die Stadt hat der Sole ihren rasanten Aufstieg zu einer ersten Adresse unter den heilklimatischen Bädern zu verdanken. Großherzog Friedrich von Baden ließ Mitte des 19. Jahrhunderts einen Kurbetrieb und erste Sanatorien entstehen. Ab 1883 ist die Stadt Kindersolbad, von 1901 an können Kurgäste mit der Eisenbahn nach Bad Dürrheim anreisen, das sich von 1921 an „Bad" nennen darf.

In seiner Entwicklung hat Bad Dürrheim konsequent auf die Sole, auf Gesundheit, Sport und Wohlgefühl gesetzt. Bei der Bad Dürrheimer Sole handelt es sich um warmes, salzhaltiges Quellwasser, das aus Jahrmillionen alten Salzstöcken gewonnen wird. Sole wirkt stärkend, entlastend und befreiend. Sie hilft unter anderem bei Rheuma, Atemwegserkrankungen und Herz-Kreislaufbeschwerden. Das wissen erholungsbedürftige, ältere und kranke Menschen ebenso zu schätzen wie Spitzensportler, die das Soleheilbad spätestens seit dem Bau des Solemars, 1987 eröffnet und bis heute Herzstück der Bäderlandschaft, für sich entdeckt haben.

Rund 650 000 Übernachtungen jährlich sprechen eine eigene Sprache, Bad Dürrheim, „wo täglich neue Kräfte wachsen", ist eines der beiden Heilbäder in Baden-Württemberg mit dem Doppelprädikat „Heilbad" und „Heilklimatischer Kurort".

Bad Dürrheim, das sich mit Veranstaltungen wie „Riderman" und „Deutschlandtour" auch zu einem Radlermekka entwickelt, besitzt noch ein weiteres Aushängeschild: seit 1999 befindet sich hier das „Wetterstudio Süd" von Jörg Kachelmann, Wetterfrosch der ARD. Täglich erfahren rund fünf Millionen Fernsehzuschauer unter anderem aus dem Wetterstudio in Bad Dürrheim, ob Regen oder Schnee kommt, eine Jahrhunderthitze wie die des Jahres 2003 weiter anhält oder ob mit Gewittern zu rechnen ist.

Im Ballonkorb ist das Wetter kein Thema. An einem milden Sommerabend im Mai, bei wolkenlosem Himmel, genießen die Luftfahrer die Sicht auf Biesingen, Sunthausen, Öfingen und Tuningen. Im Abendlicht und aus mittlerweile 700 Meter Höhe präsentieren sich Baar, Schwarzwald und Schwäbische Alb als ein ineinandergreifendes Naturschauspiel: Felder, Wiesen und Wälder wechseln sich ab, hier ist Raum für Natur, für Erholung. Schließlich gehört ein Großteil des Schwarzwald-Baar-Kreises zum „Naturpark Südschwarzwald", der mit seinen 333 000 Hektar der größte Naturpark in Deutschland ist. Der Ballon hat den Wartenberg erreicht, wo eine Festgesellschaft im Freien sitzt und den Menschen im Korb zuwinkt. Rechts vom Wartenberg glitzert zwischen Neudingen und Gutmadingen die Donau. Über den Fürstenberg hinweg kann man bis in die Schweiz hinein sehen, hinter Singen breitet sich der Bodensee aus.

Der bevorstehende Sonnenuntergang macht die Suche nach einem Landeplatz dringend. Der Ballon fährt über den Wartenberg hinweg in den Landkreis Tuttlingen, der Pilot hält nach einer möglichst ebenen Wiese Ausschau. Vielleicht ja nah der Donau – die aus dem Schwarzwald-Baar-Kreis stammt.

Die Bohrtürme der einstigen Saline sind ein Wahrzeichen Bad Dürrheims. Im Kurpark findet sich das Kunstwerk „Salztor", rechts Abendstimmung am Salinensee.

Felderreiche Baar, Blick auf Unterbaldingen (oben) und von Aasen in Richtung Hüfingen (unten).

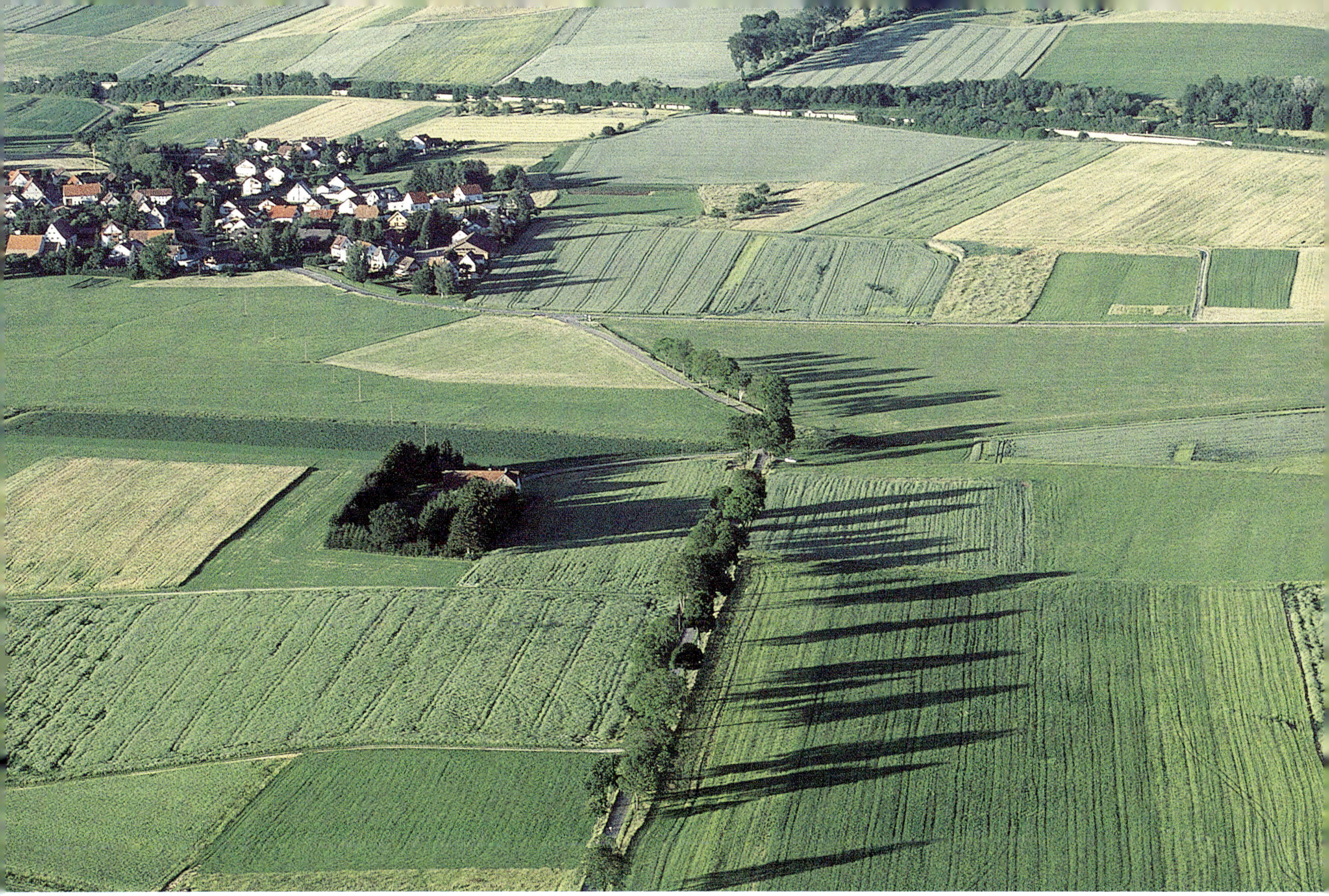

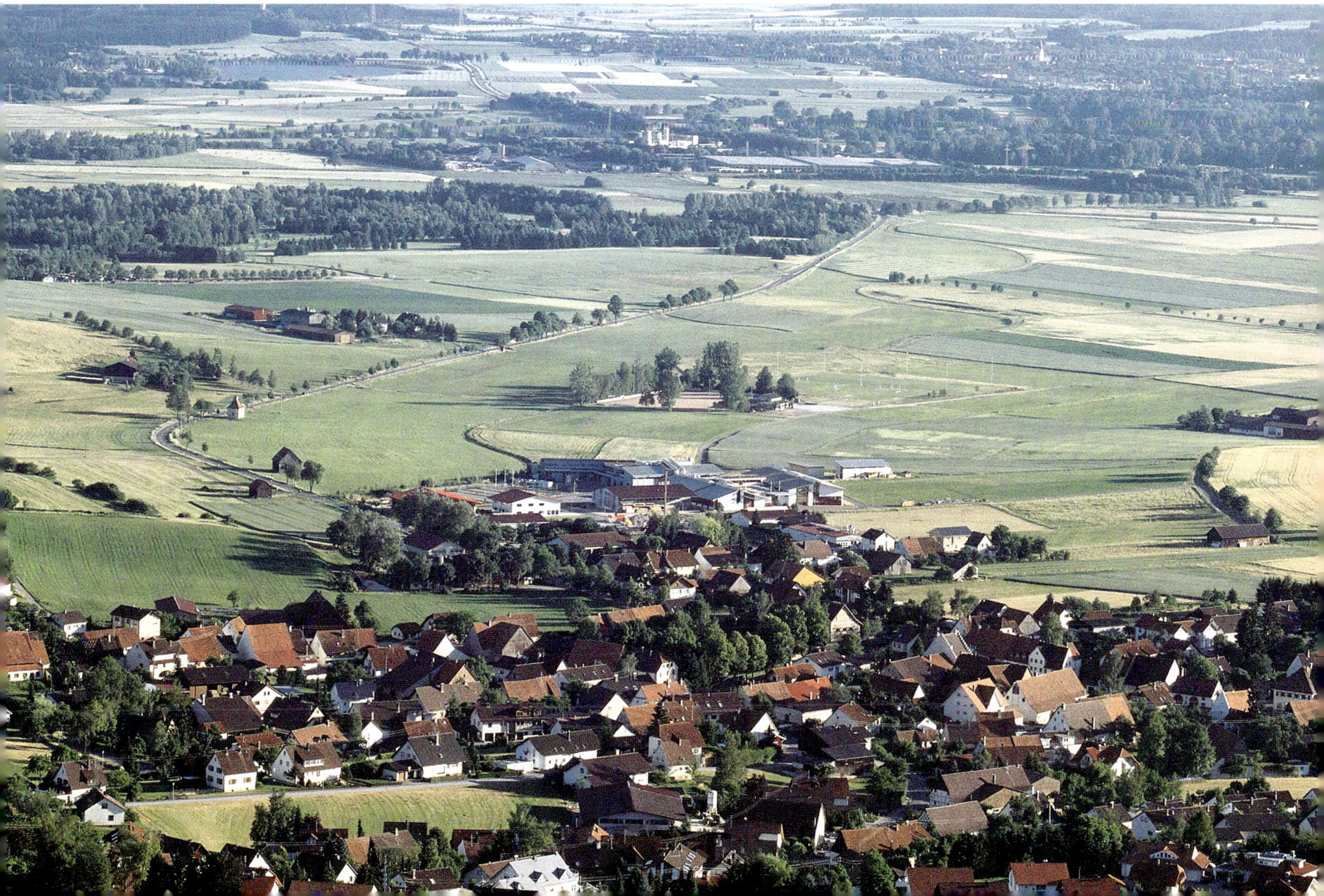

Schwarzwald-Baar

Begegnungen mit einem Landkreis – Ein Gang durchs Jahr

Schnee liegt in der Luft, echte Schwarzwälder sagen, sie können ihn schmecken (riechen). Und dann „fetzelt" es tatsächlich: In Furtwangen schneit und schneit es, verwandelt ein „rechter Winter" die Landschaft binnen weniger Stunden in eine faszinierende Winterwelt. Es schneit eineinhalb Tage, dann bricht durch die Wolkendecke das Sonnenlicht. Die „Wälder" in Urach, Furtwangen, Schönwald oder Schonach öffnen die Haustüre – staunen über die Macht der Natur: Sie schaufeln oder fräsen den Schnee zur Seite und genießen den Blick auf eine einzigartige Winterlandschaft.

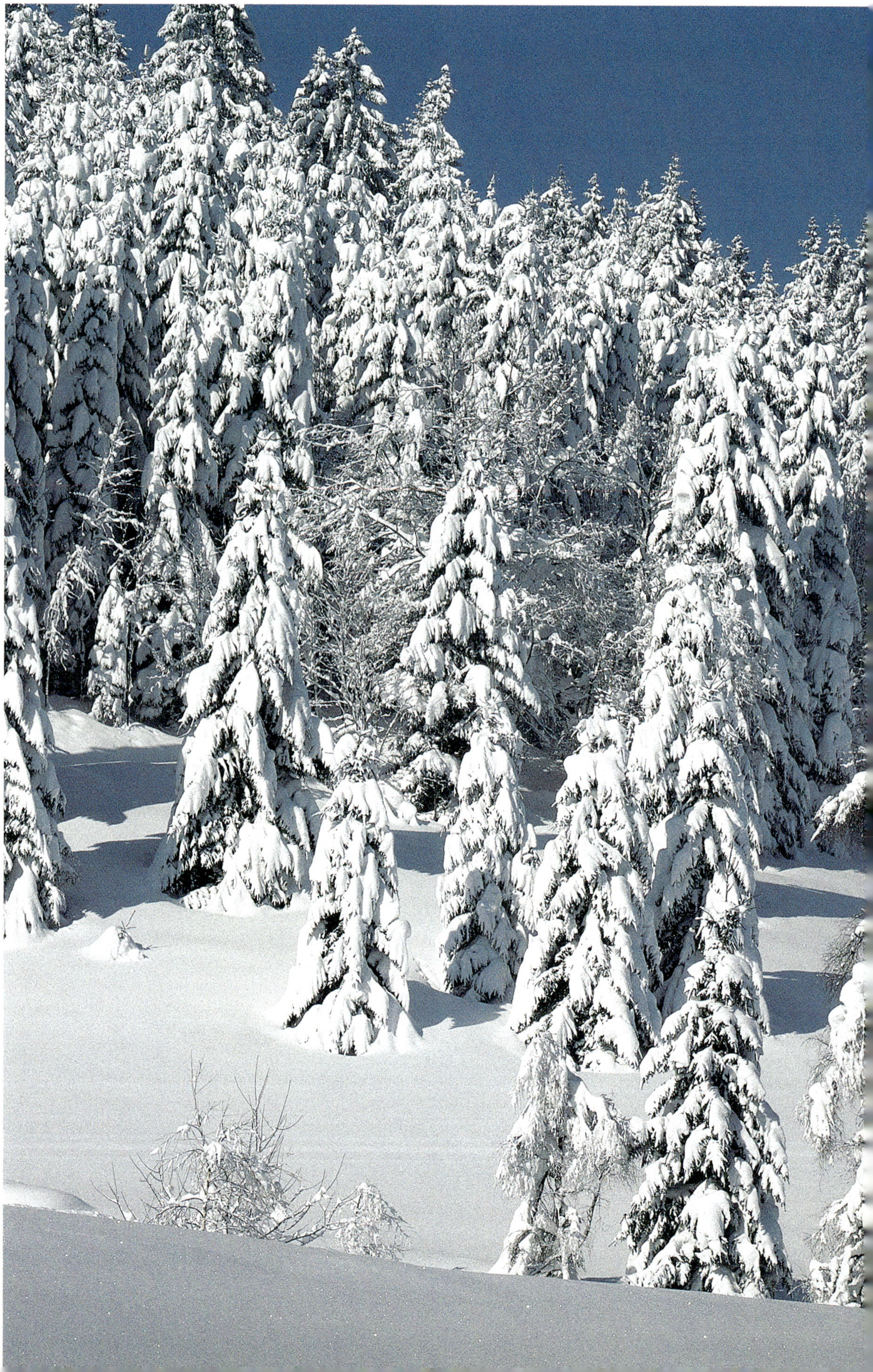

„Winter uf em Wald", Winterzauber im Katzensteig bei Furtwangen.

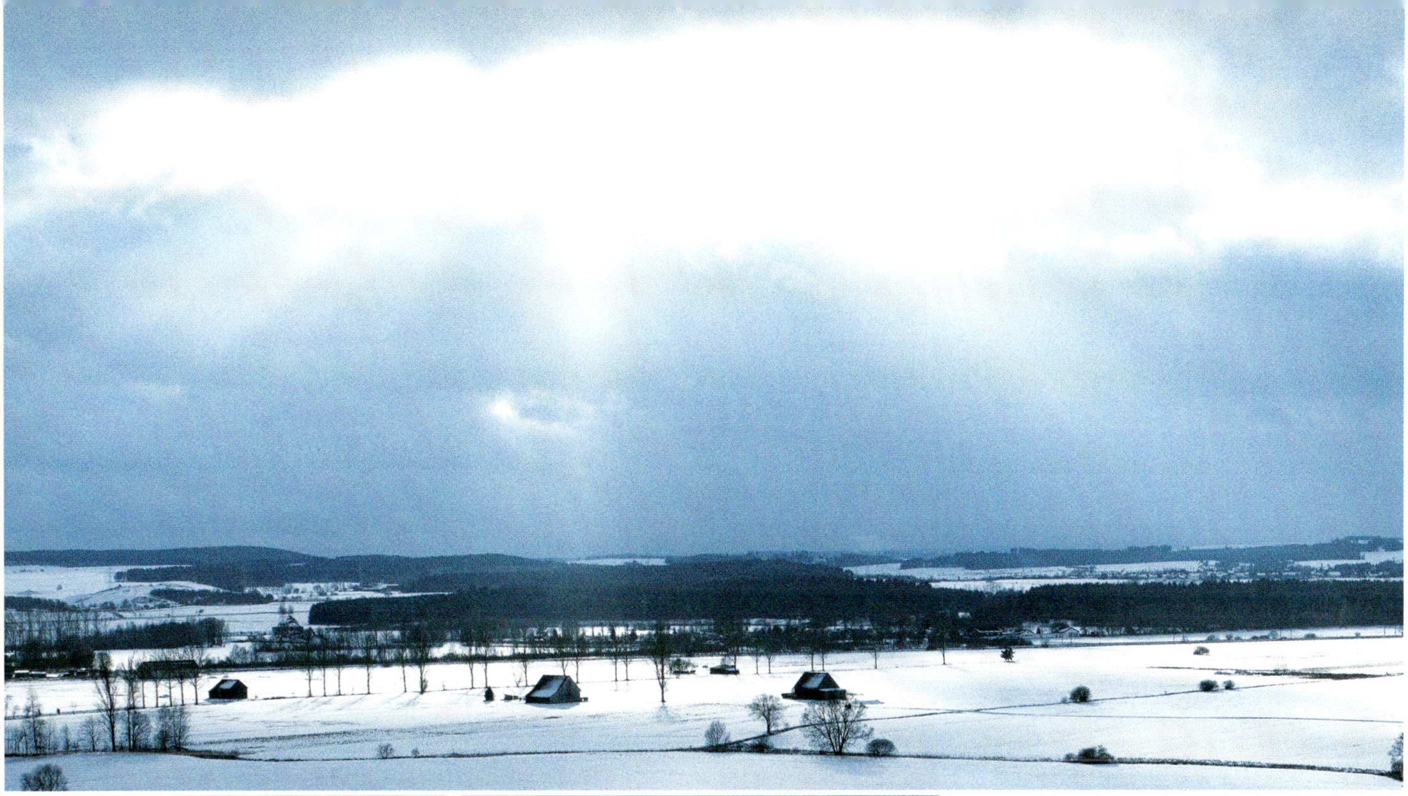

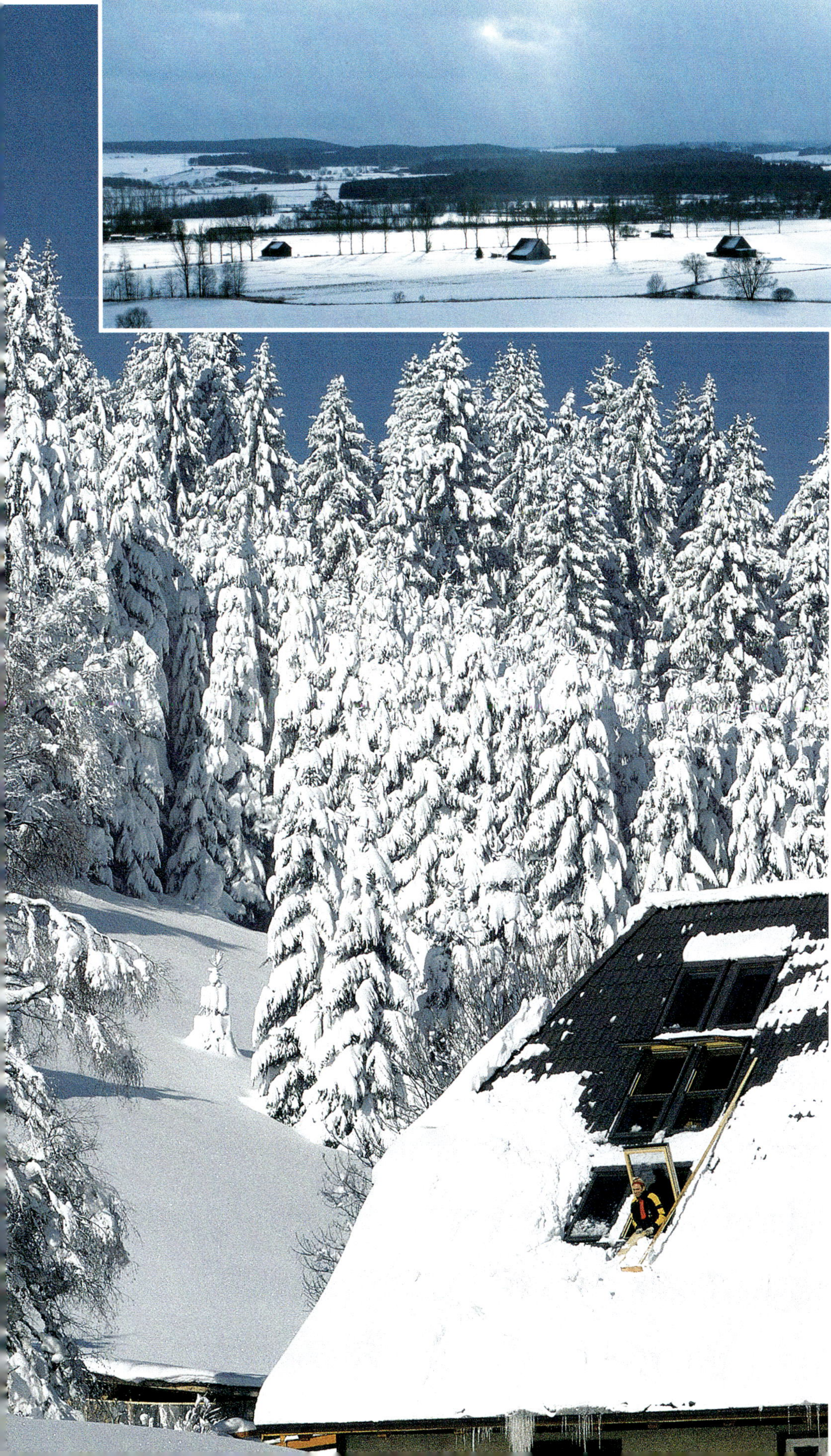

„Minus 22 Grad" meldet der Wetterdienst aus dem Autoradio. Hier auf der Baar – der kältesten Region des Landkreises – scheint es noch eisiger zu sein: Auf dem Wannenspitz bei Pfohren traktiert der Wind die Haut mit feinen Nadelstichen. Eiskalt erscheint selbst das Licht, das hin und her pendelt, mal in der Ferne Donaueschingen, mal Sumpfohren, mal Pfohren ausleuchtet. Hoch oben segelt ein Bussard dahin, lässt sich vom Wind treiben als wär´s ein Spiel.

Wenn auf der Baar „das Licht tanzt" – Blick von der Höhe bei Pfohren in Richtung Donaueschingen/Hüfingen.

Winterland – Auf dem Raben bei Furtwangen.

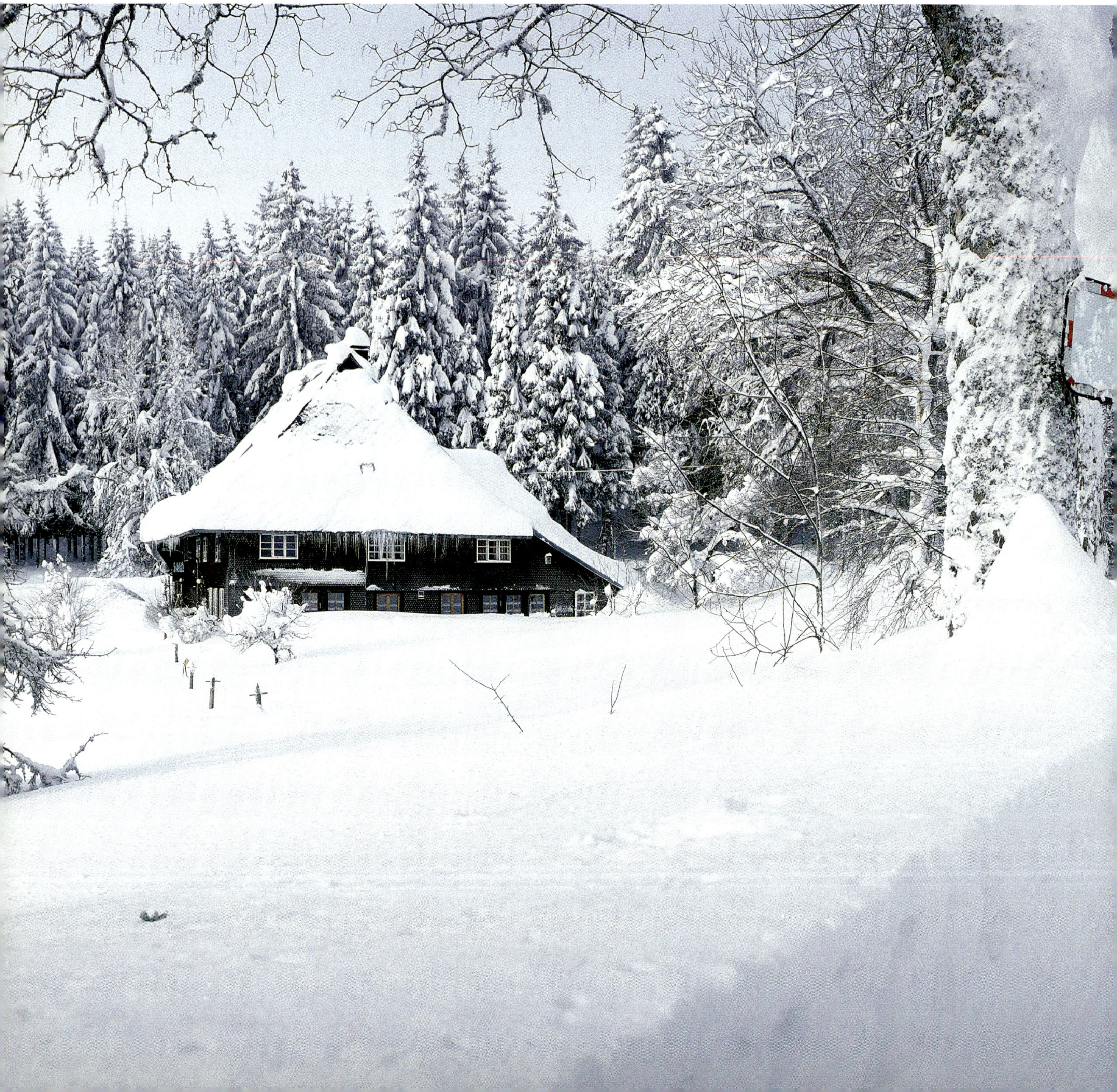

Eine Skiwerkstatt und gegenüber ein Höhenhotel, unweit davon links und rechts der Straße zwei Bauernhäuser, nah am Wald ein Wohnhaus: das ist der Raben, an der Straße zum Furtwanger Hausberg Brend gelegen. In der Nacht hat es noch heftig geschneit, jetzt ist die Sonne durchgebrochen – die Idylle ist für den Ansturm der Langläufer und Wanderer vorbereitet. Ein Winter wie dieser lockt an einem einzigen Wochenende Tausende aus ganz Baden-Württemberg auf den Fernskiwanderweg Schonach-Belchen oder die Skipisten, Hunderte auf Raben und Brend oder die nahe Martinskapelle.

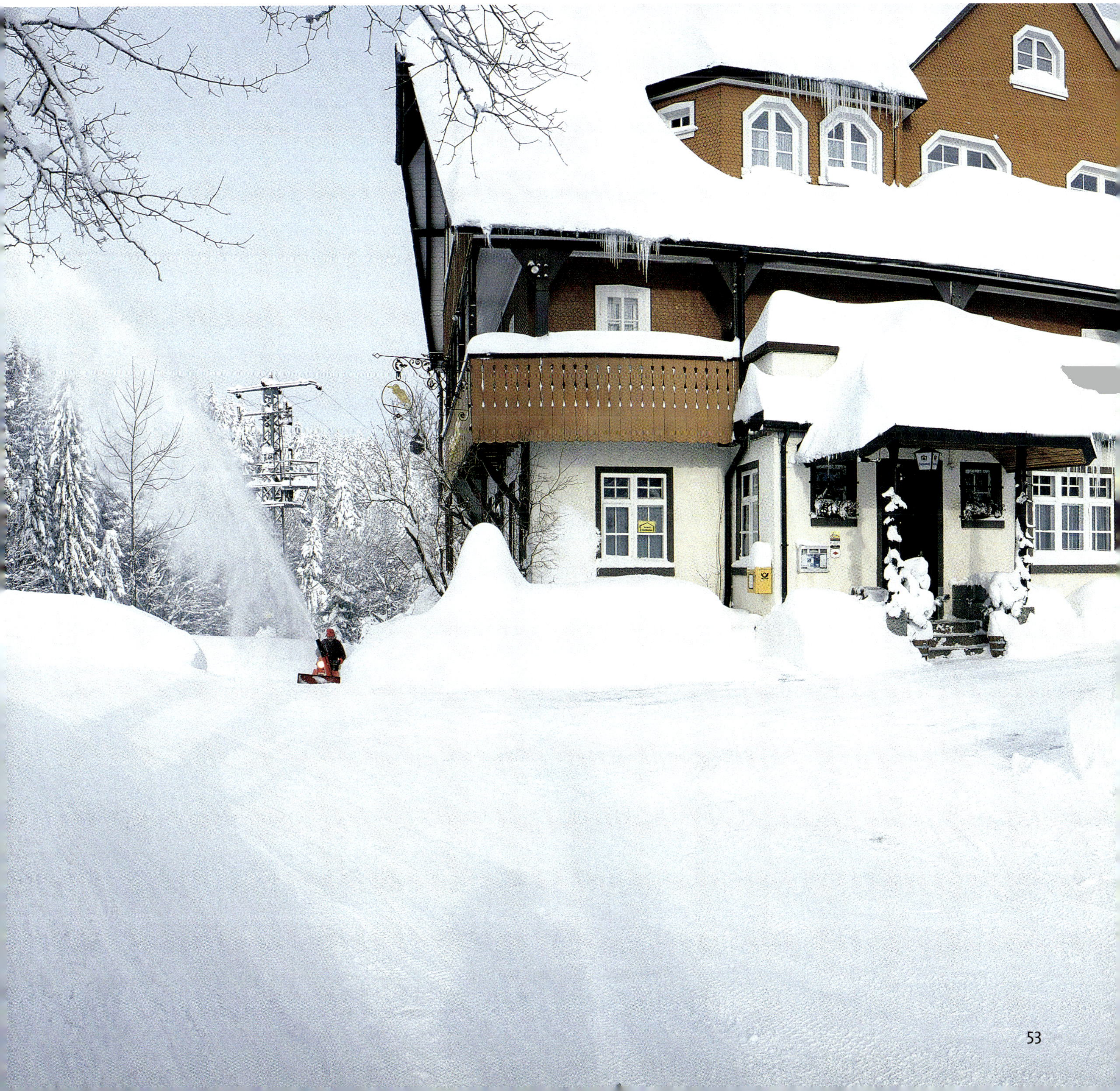

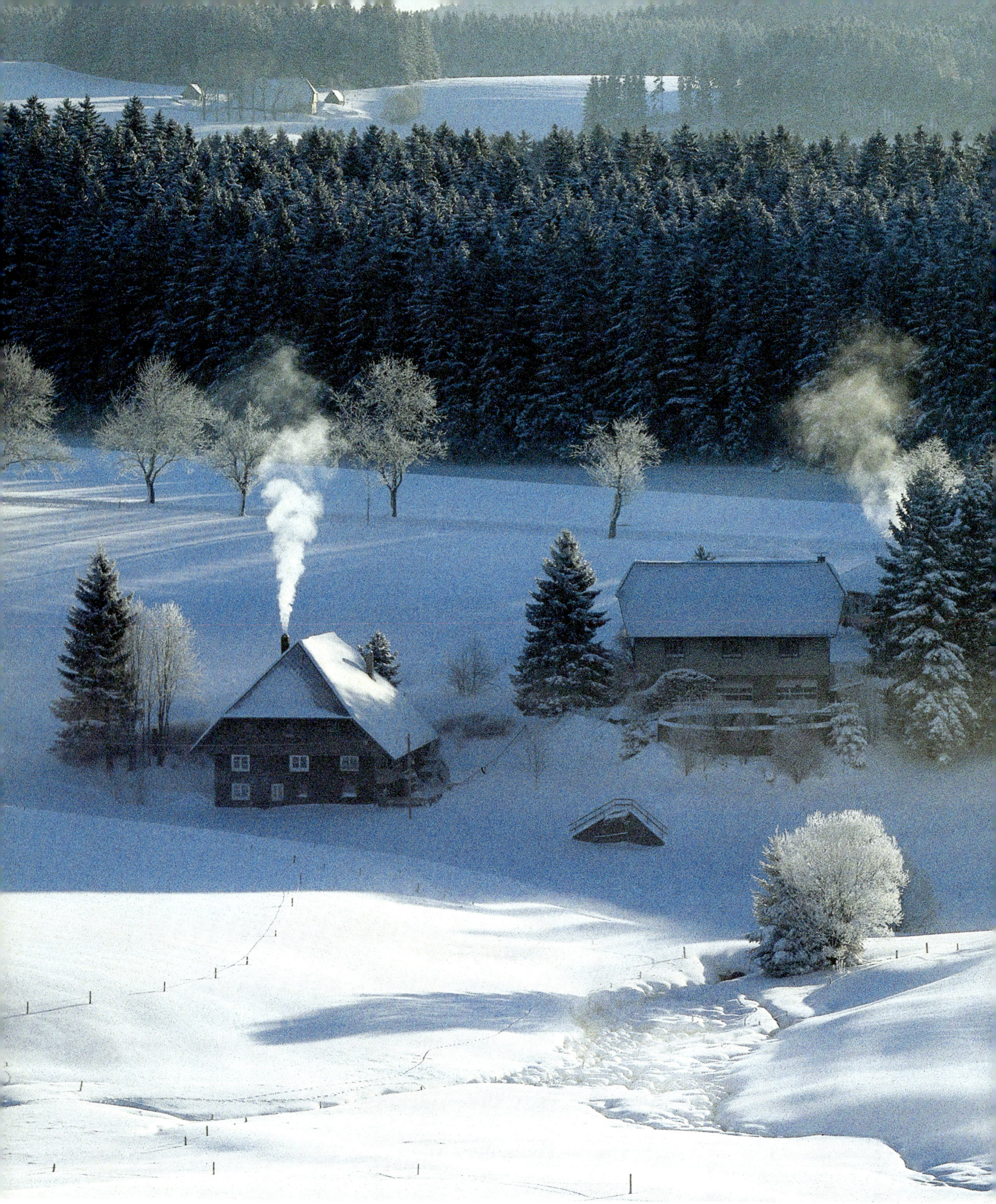

Wintermorgen beim „Fallerhof“.

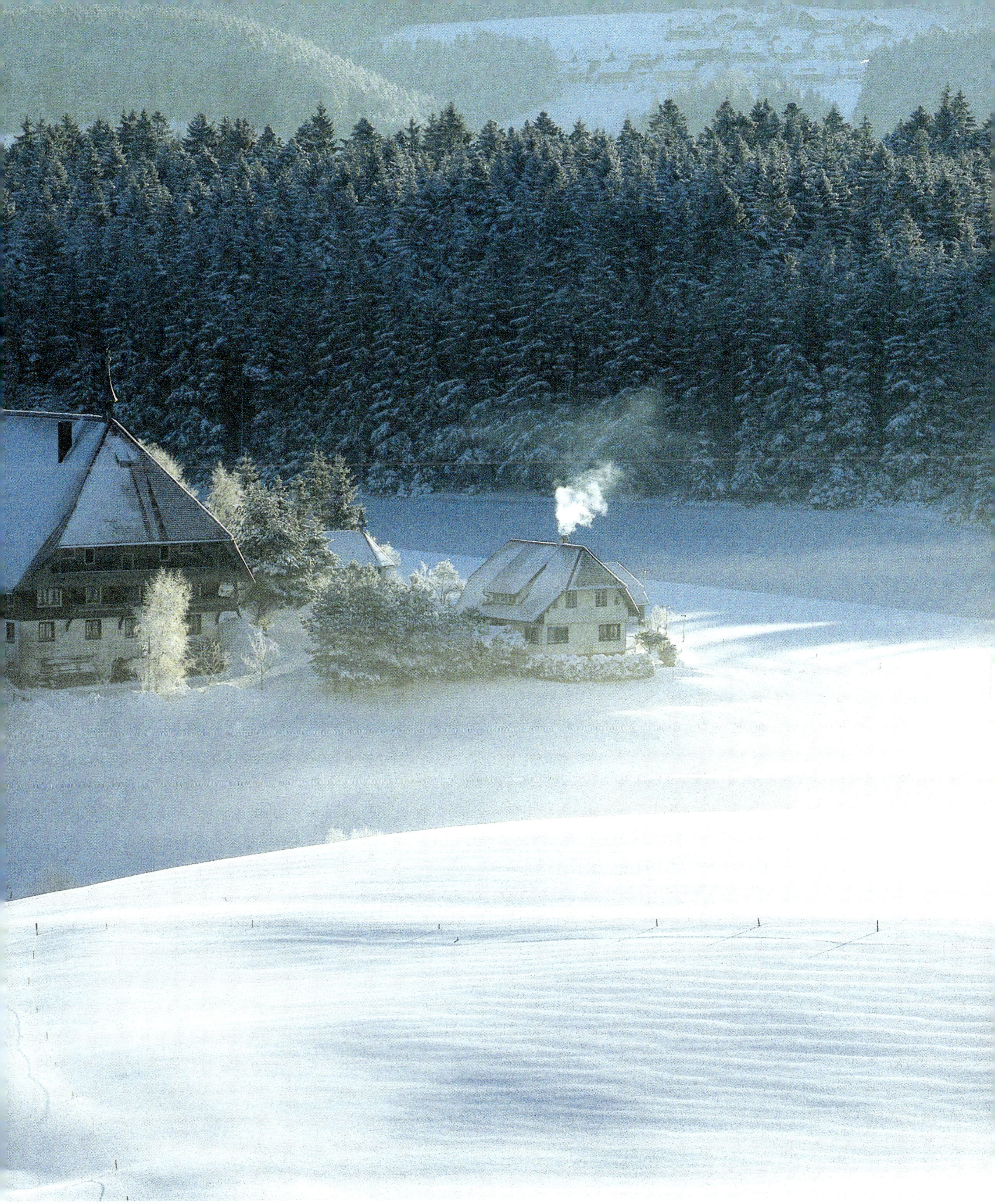

Der wohl bekannteste Bauernhof Baden-Württembergs liegt an der Gemarkungsgrenze von Gütenbach und Neukirch auf dem Unterfallengrund. Hier sind die „Fallers" zu Hause, spielt die Fernsehserie des SWR. Das Hofensemble ist ursprünglich: Zu einem typischen Schwarzwaldhof gehören Leibgeding und natürlich die Hofkapelle.

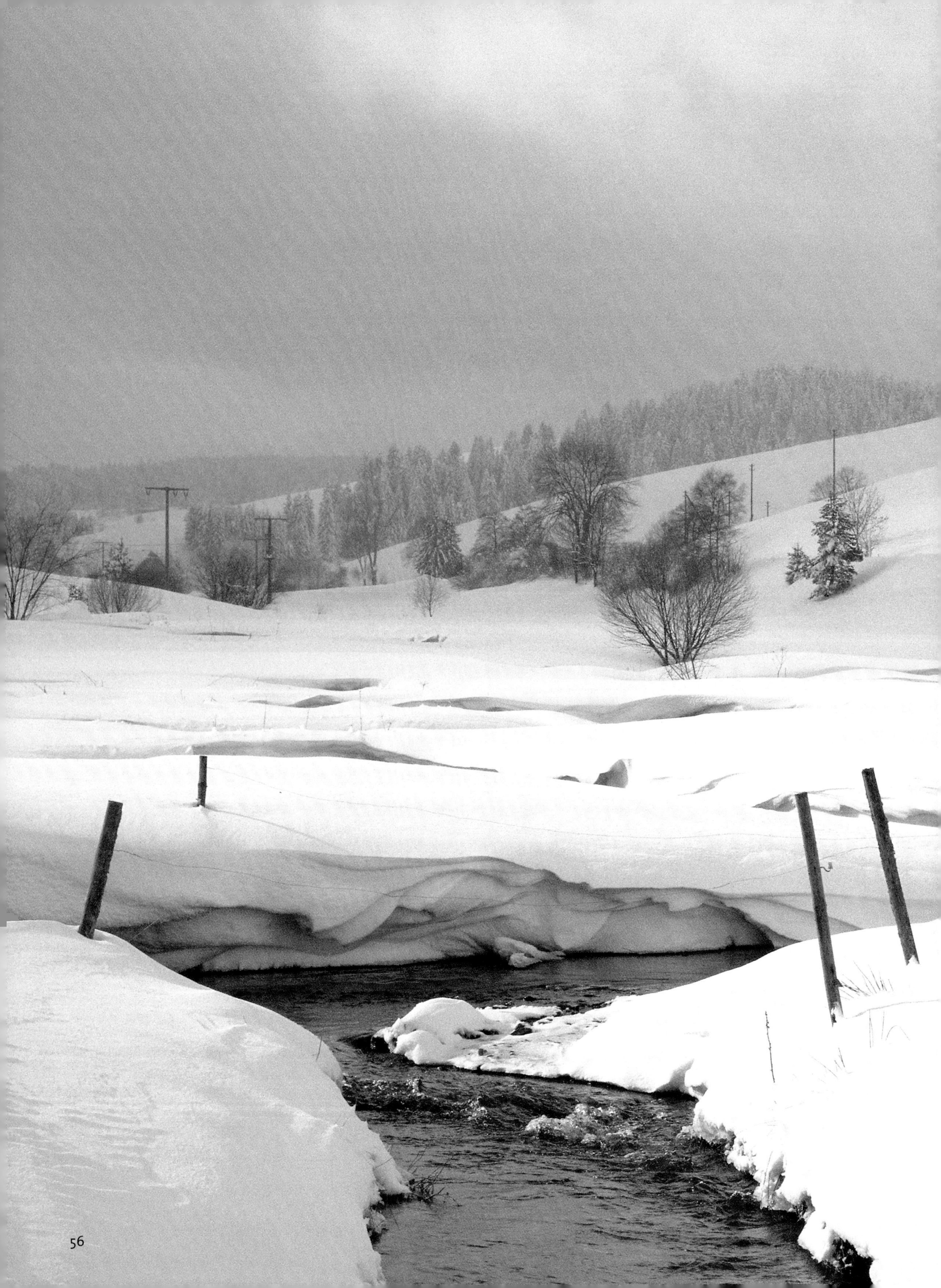

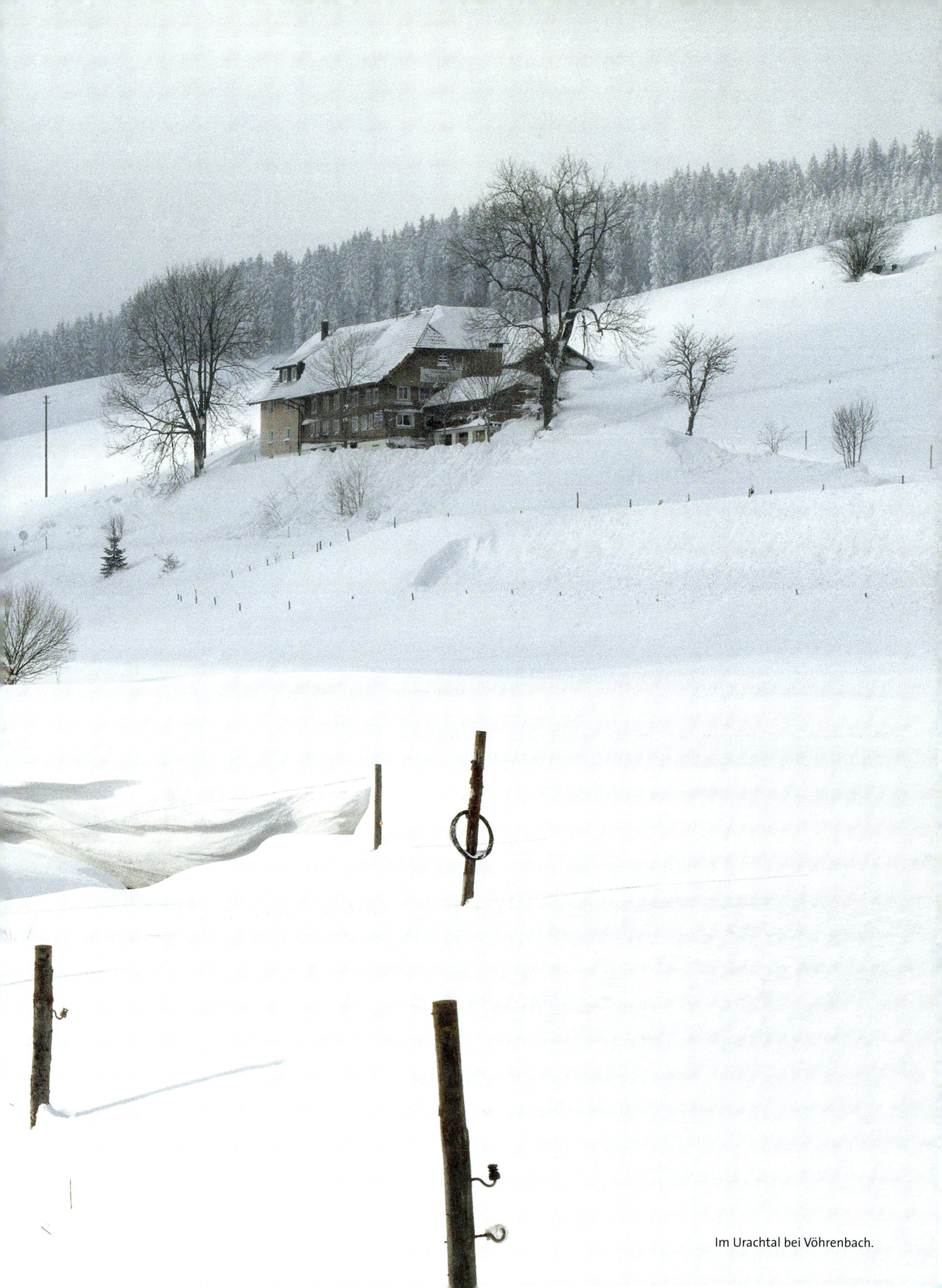

Im Urachtal bei Vöhrenbach.

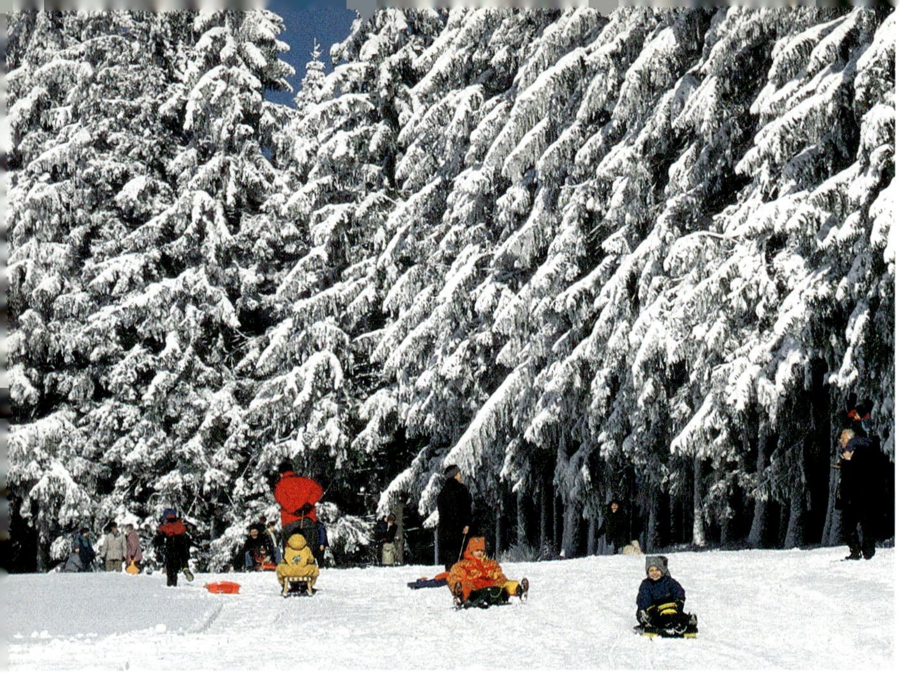
Schlittenpartie am Oberkirnacher Kesselberg.

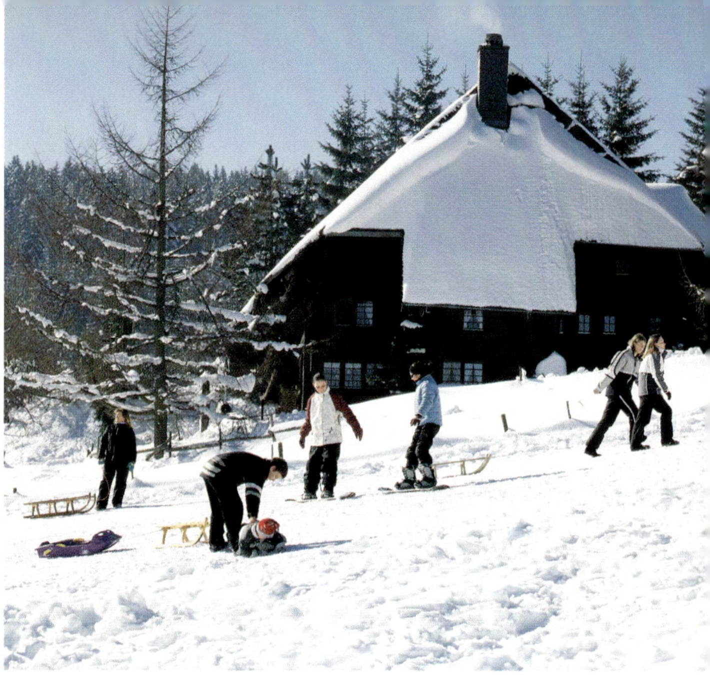
Am Schlittenbergle in Schönwald.

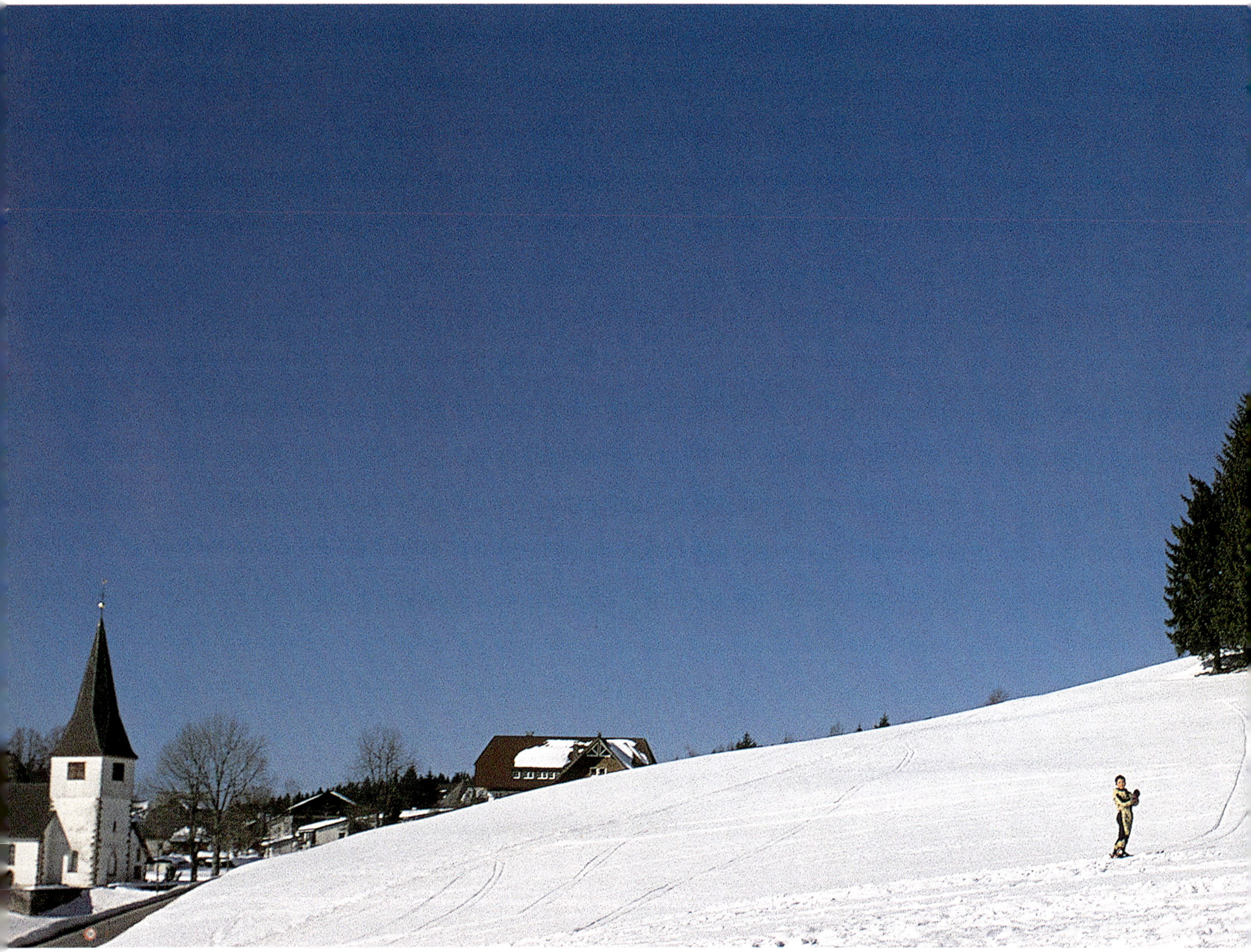
Neukircher Sprungschanze – Wie Schwarzwaldadler fliegen lernen.

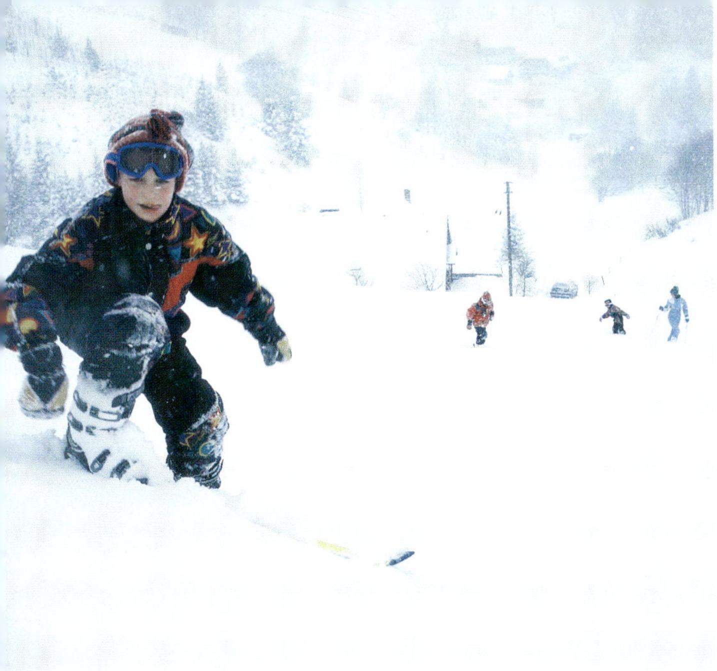

Im Schneegestöber – auf der Sommerau (St. Georgen).

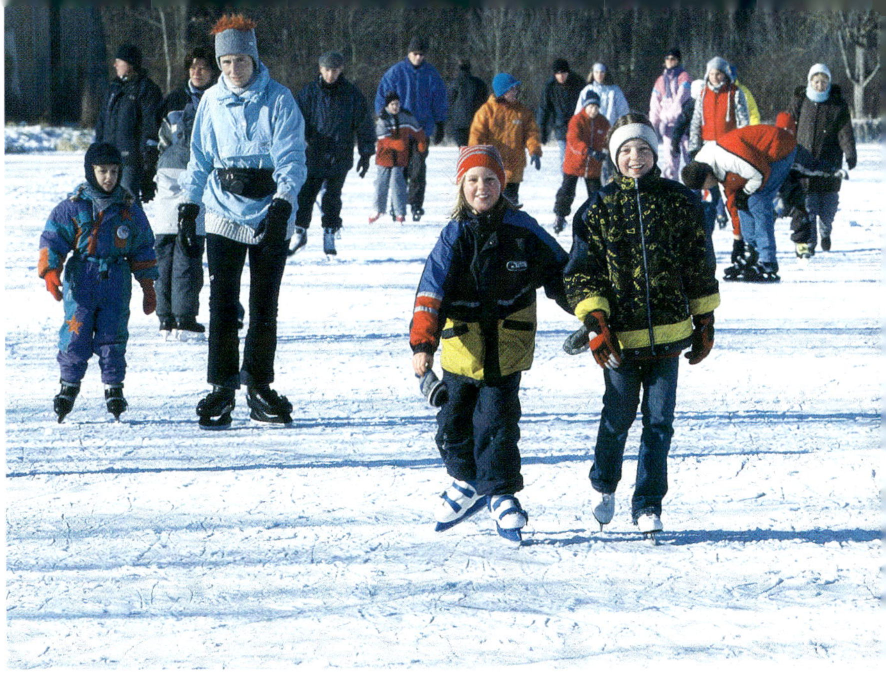

Donaueschinger Eiswiese – mit Spaß auf den Schlittschuhen.

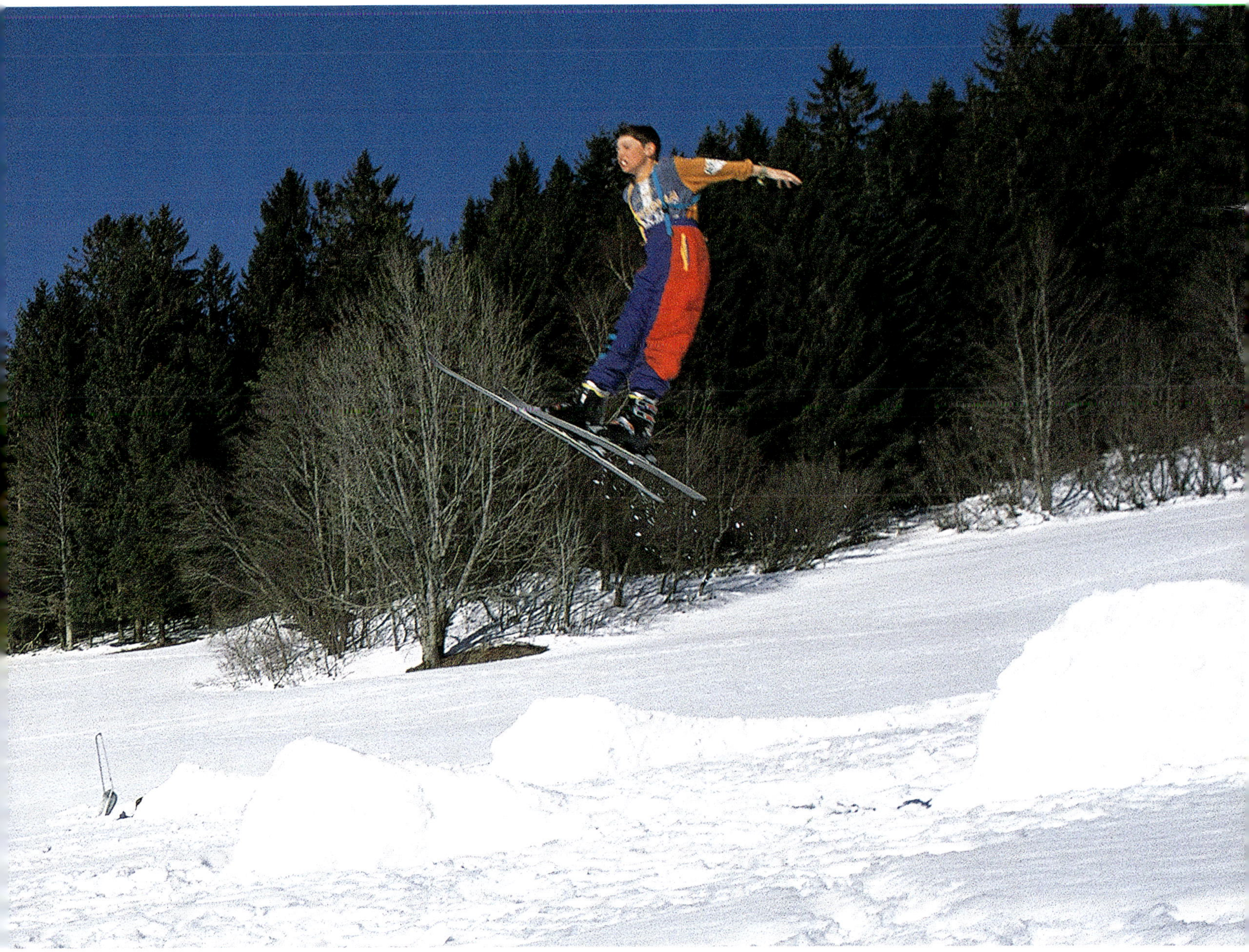

Der Schanzenrekord liegt bei 13 Metern – für „Schwarzwaldadler von morgen" gewaltige Weiten. Unermüdlich eifern die beiden Brüder einem Martin Schmitt nach. Vier Schanzen haben sie sich in der Nähe der Neukircher St. Andreas-Kirche aufgeschaufelt. Dann heißt es, gut 100 Meter den Hang hinaufzusteigen, um „im Schuss die Schanze zu nehmen" – und den Sprung hoffentlich zu stehen.

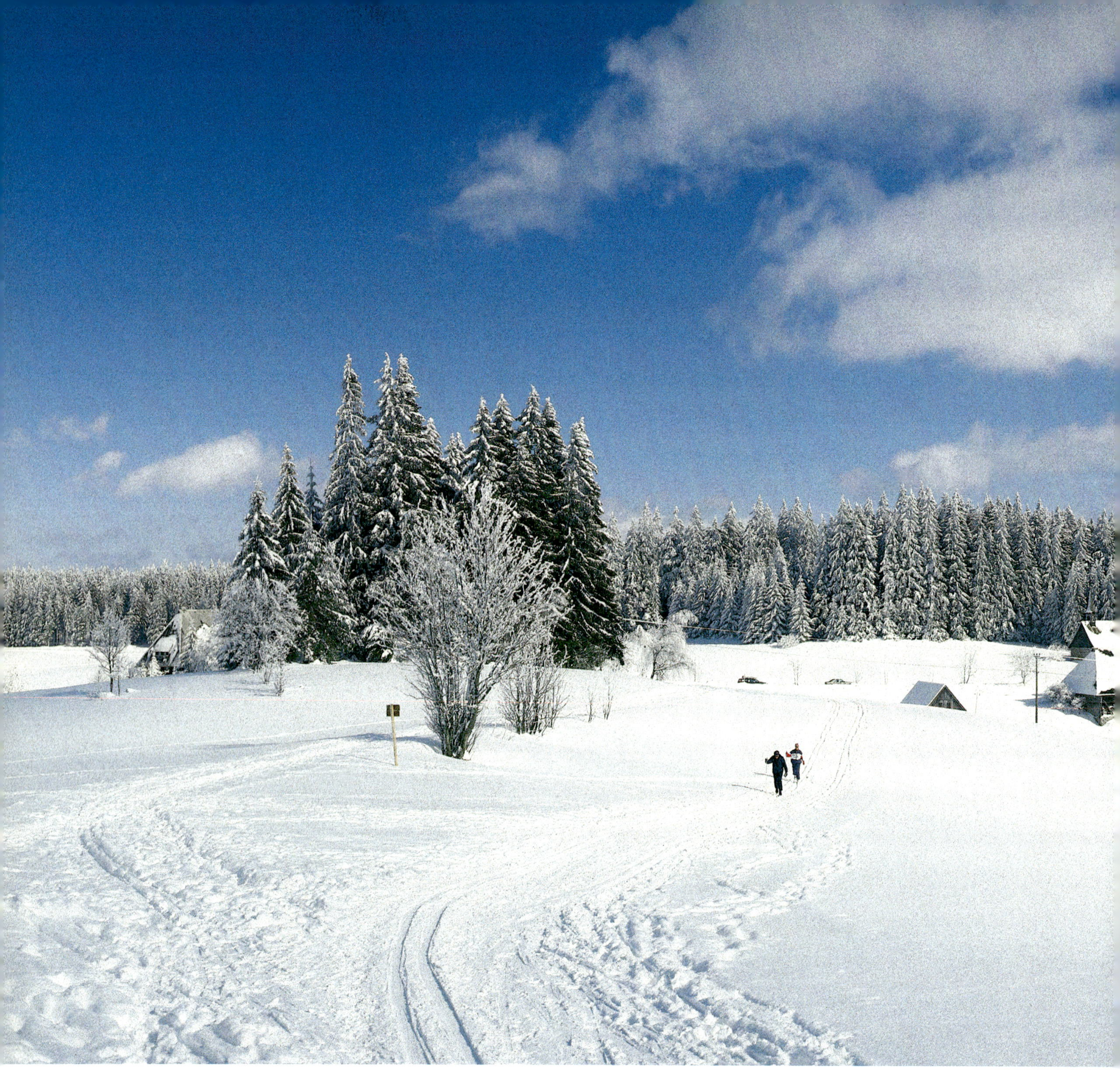

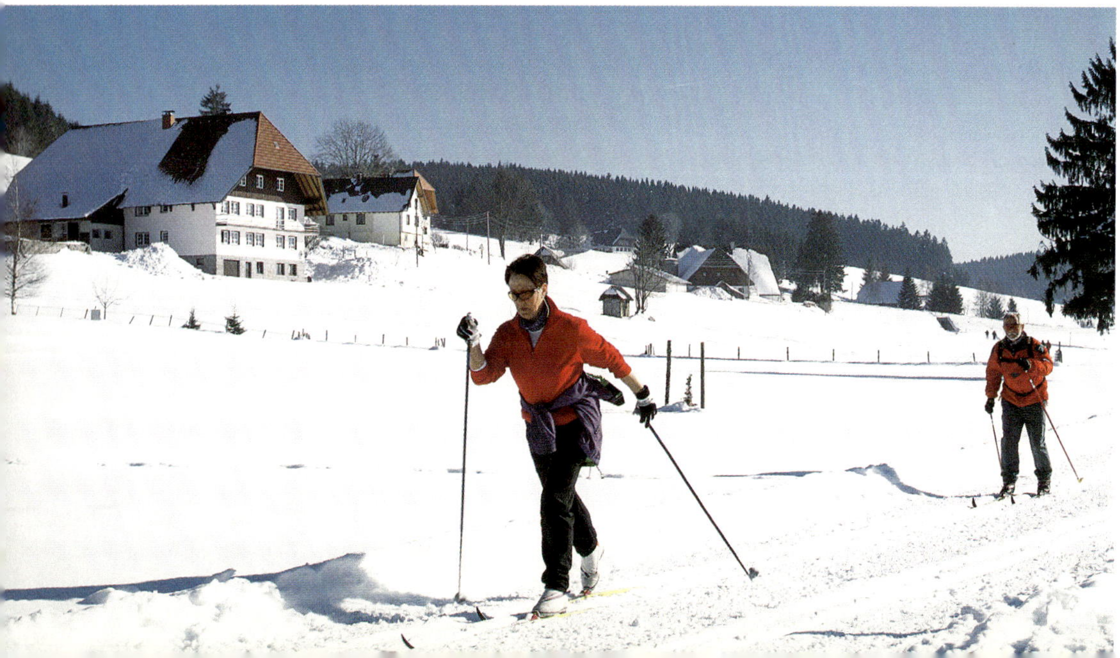

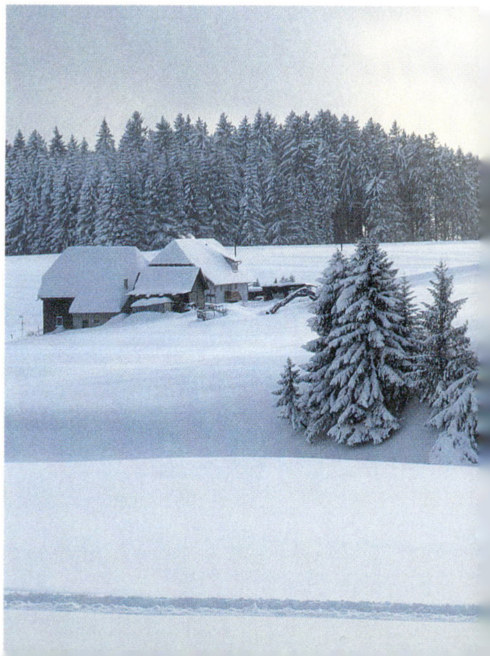

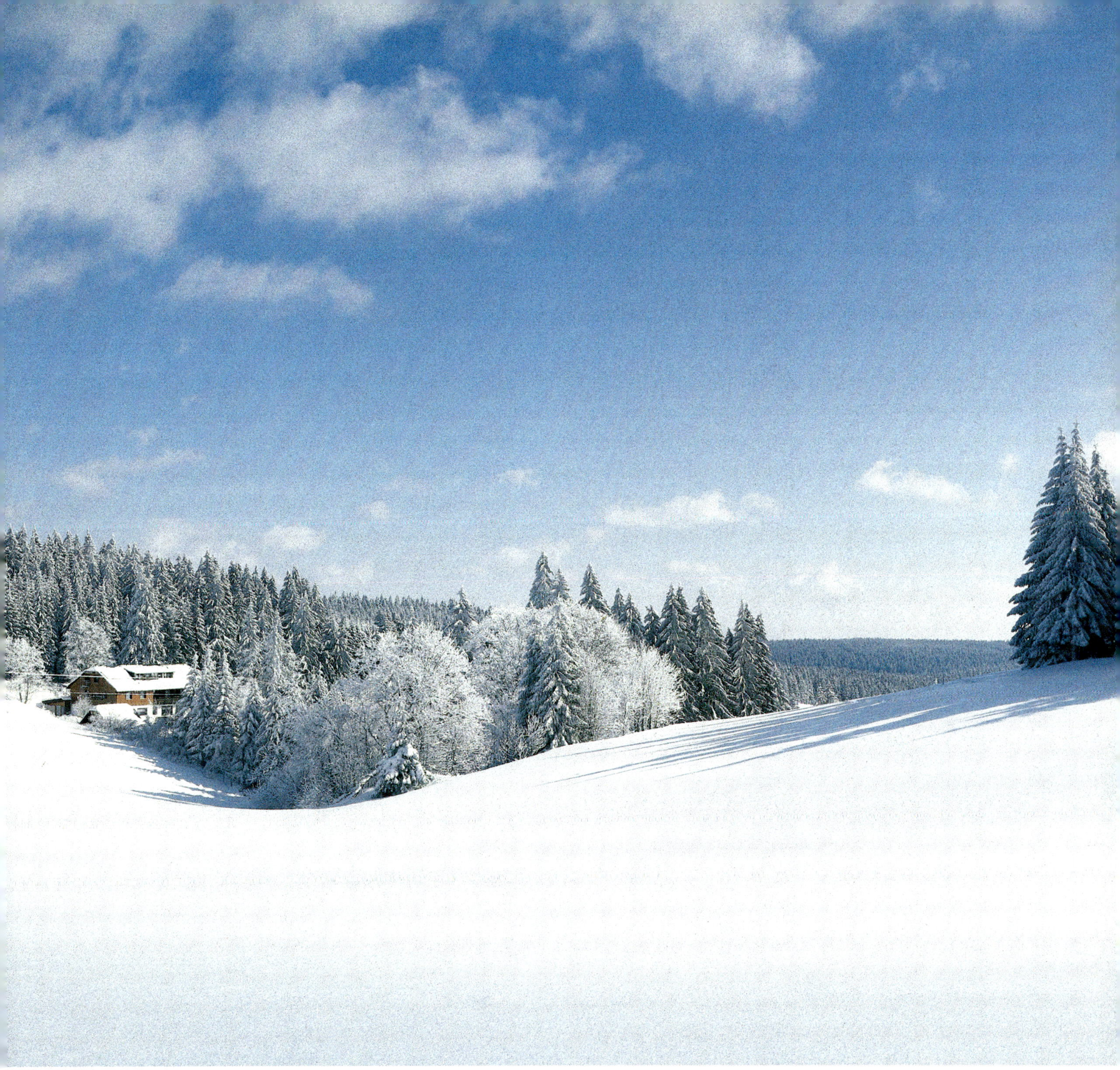

Der Fernskiwanderweg Schonach-Belchen bietet ein grandioses Naturerlebnis. Aus Schonach/Schönwald kommend, haben die Langläufer auf dem Bild oben die Martinskapelle bei Furtwangen erreicht, durchgleiten eine Bilderbuch-Winterwelt. Unten von links: Loipe in Schönwald, auf dem Fernskiwanderweg bei Neukirch und Loipe Schonach beim Wolfbauernhof.

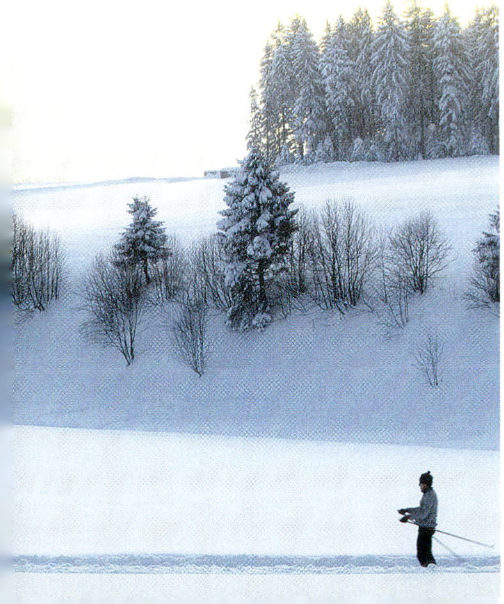

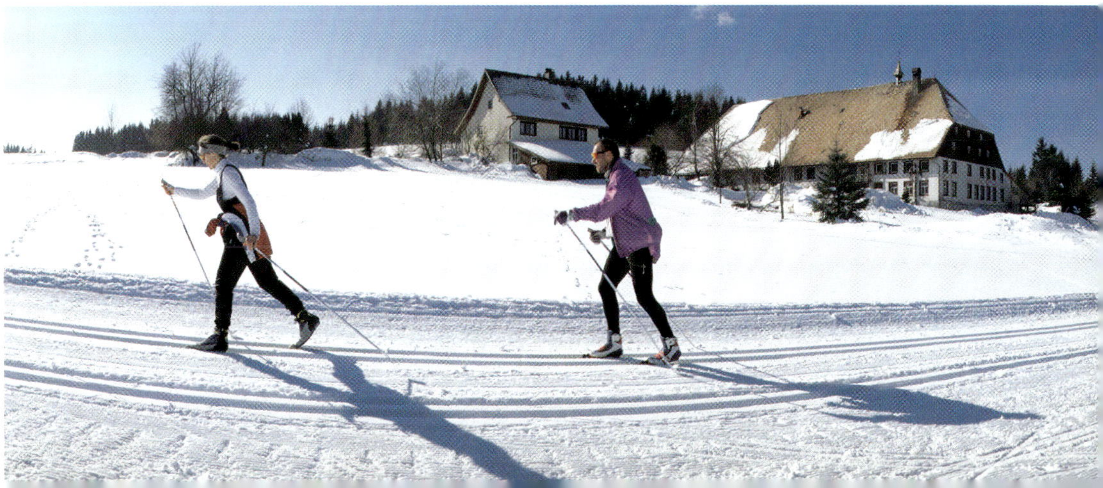

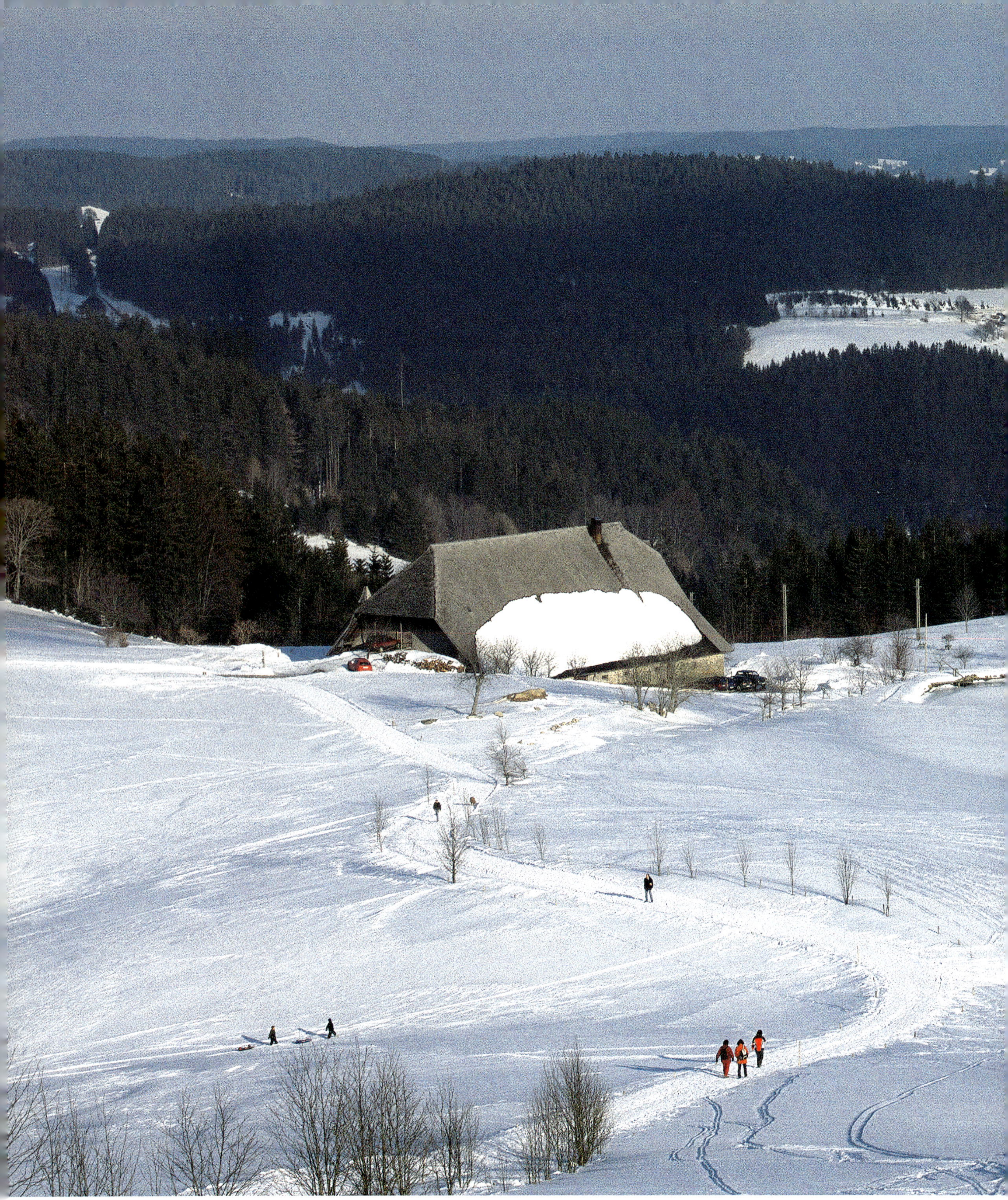

Auf dem Rohrhardsberg.

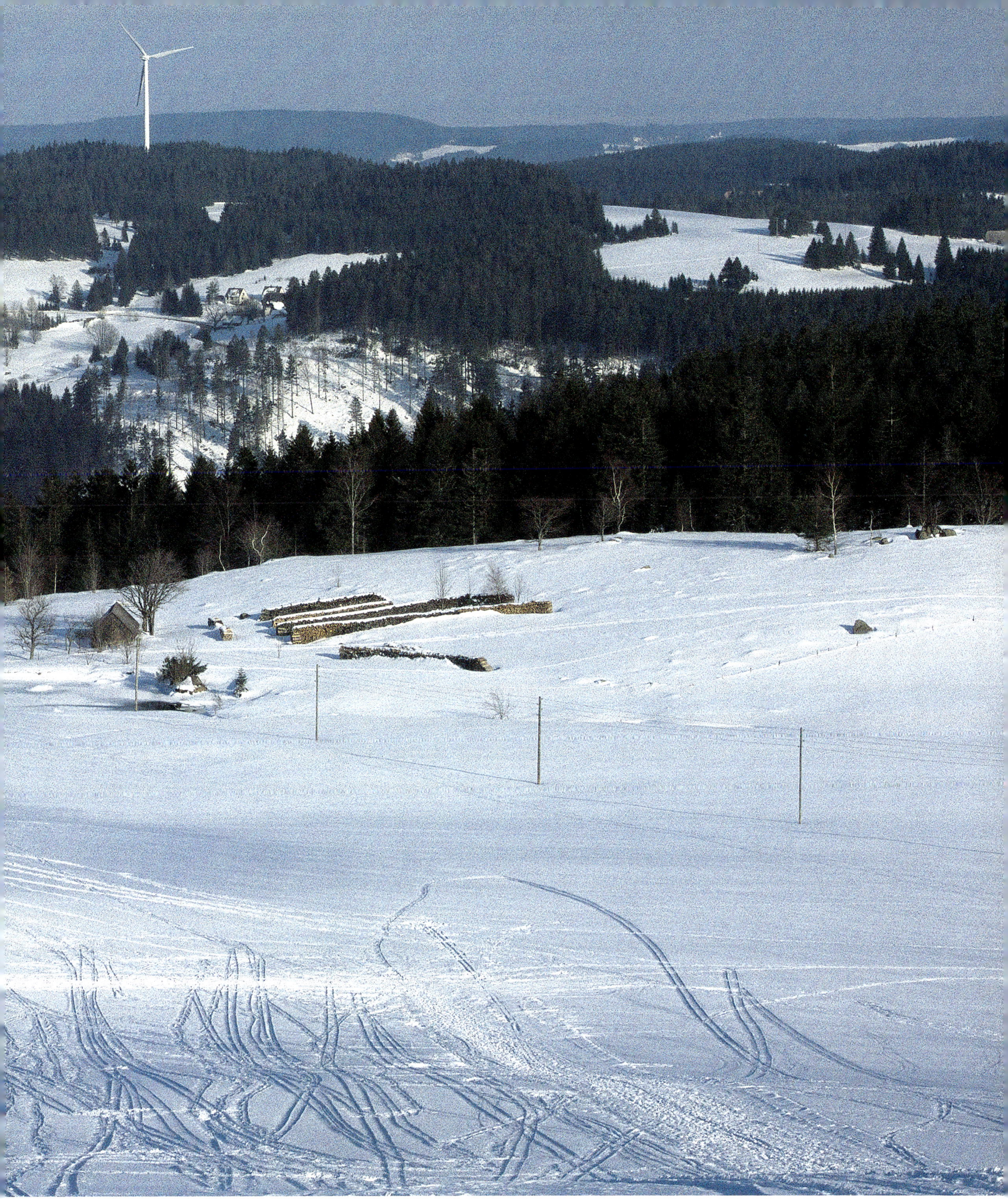

Der 1163 Meter hohe Rohrhardsberg, ein Schutzgebiet für Pflanzen und Tiere, ist ein „Winterland" voller Ursprünglichkeit. Wer das höchstgelegene Gasthaus im Landkreis besucht, die unter Denkmalschutz stehende „Schwedenschanze", dem bietet sich beim Abstieg zum Schänzlehof ein imposanter Panoramablick über den Schwarzwald. Im Vordergrund die Höhenzüge rund um Schonach.

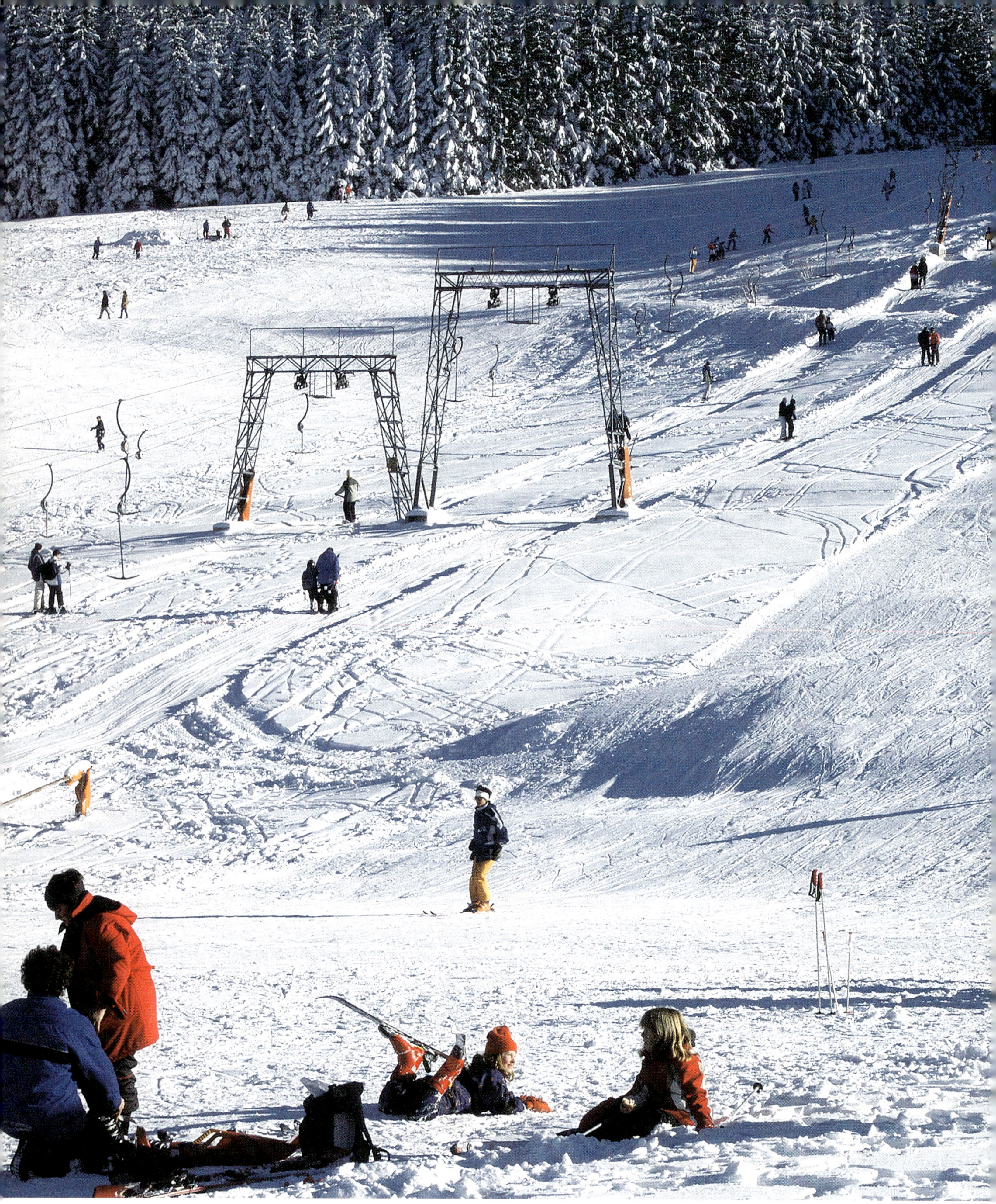

„Ski und Rodel sehr gut“ – Am Lifthang in Schönwald.

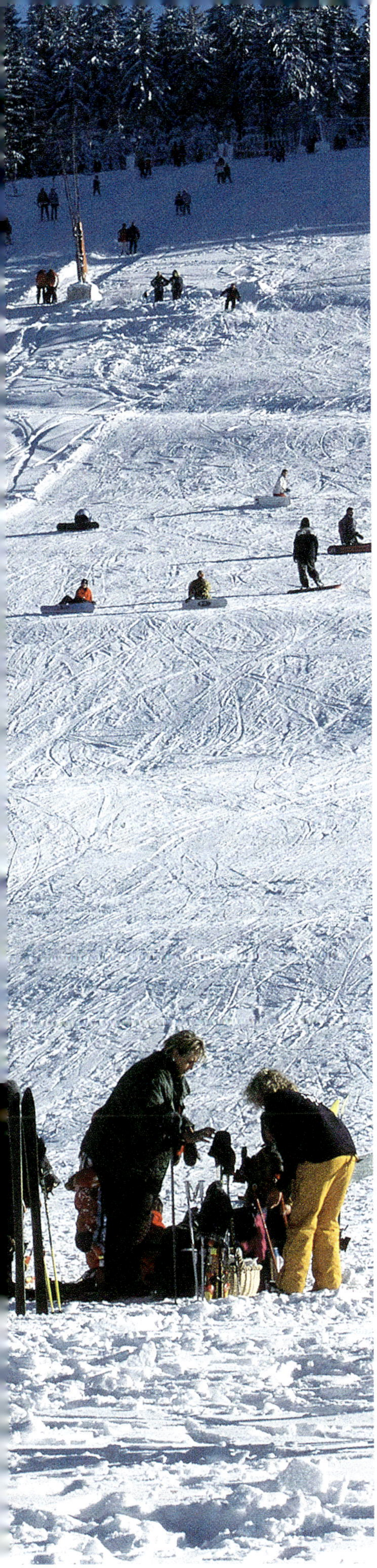

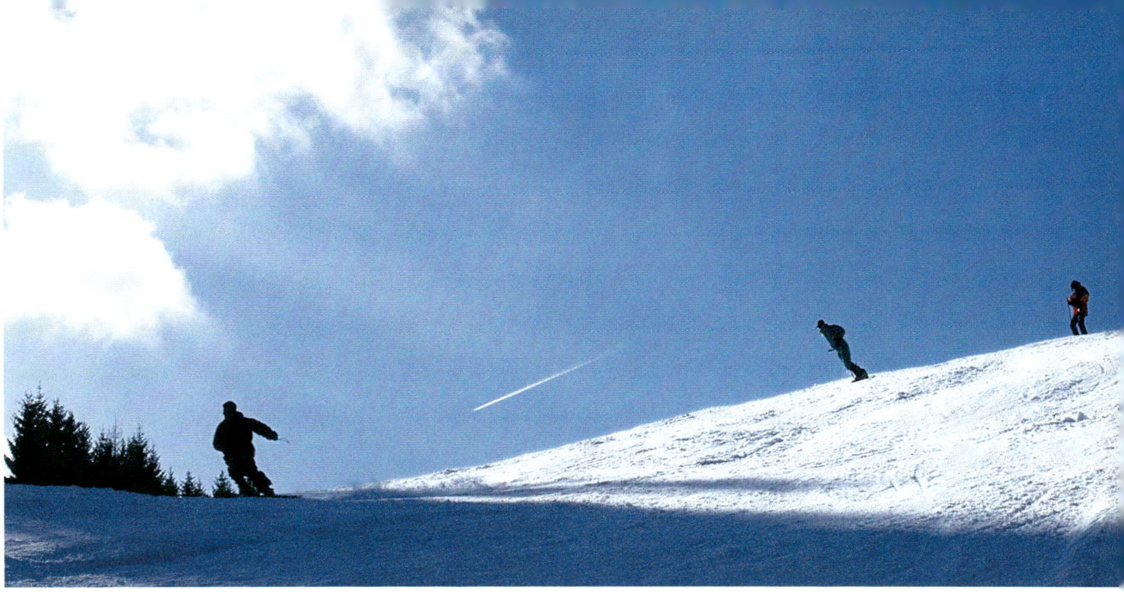

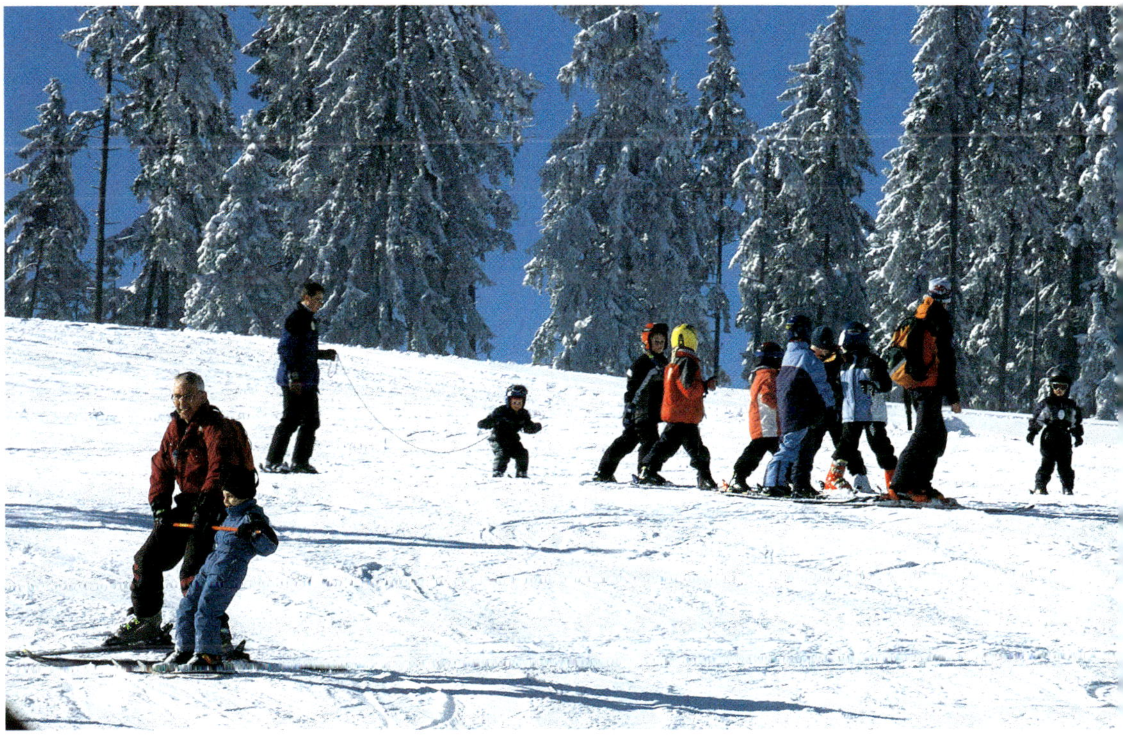

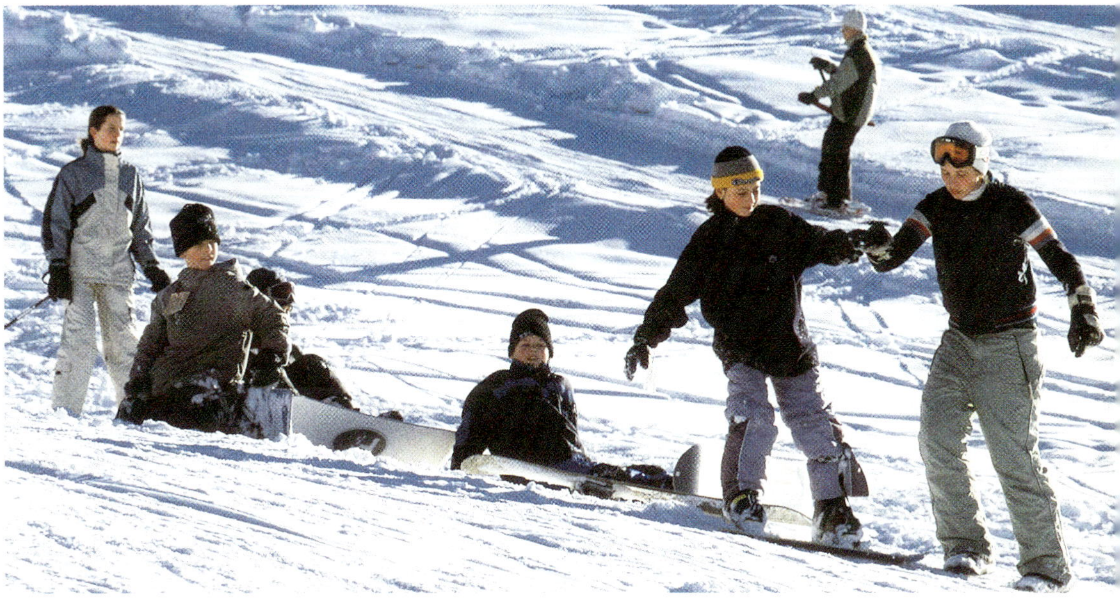

Der Schwarzwald-Baar-Kreis hat Skipisten aller Schwierigkeitsgrade zu bieten. Die höchstgelegene Abfahrt mit bereits alpinen Verhältnissen findet sich auf dem Rohrhardsberg (rechts oben). Wenn der Winter ein wirklicher Winter ist, können die klassischen Wintersportorte wie Schonach, Schönwald (großes Bild und rechts unten), Furtwangen, Oberkirnach mit seinem Kesselberg (Mitte rechts) oder auch Urach ideale Skigebiete vorweisen.

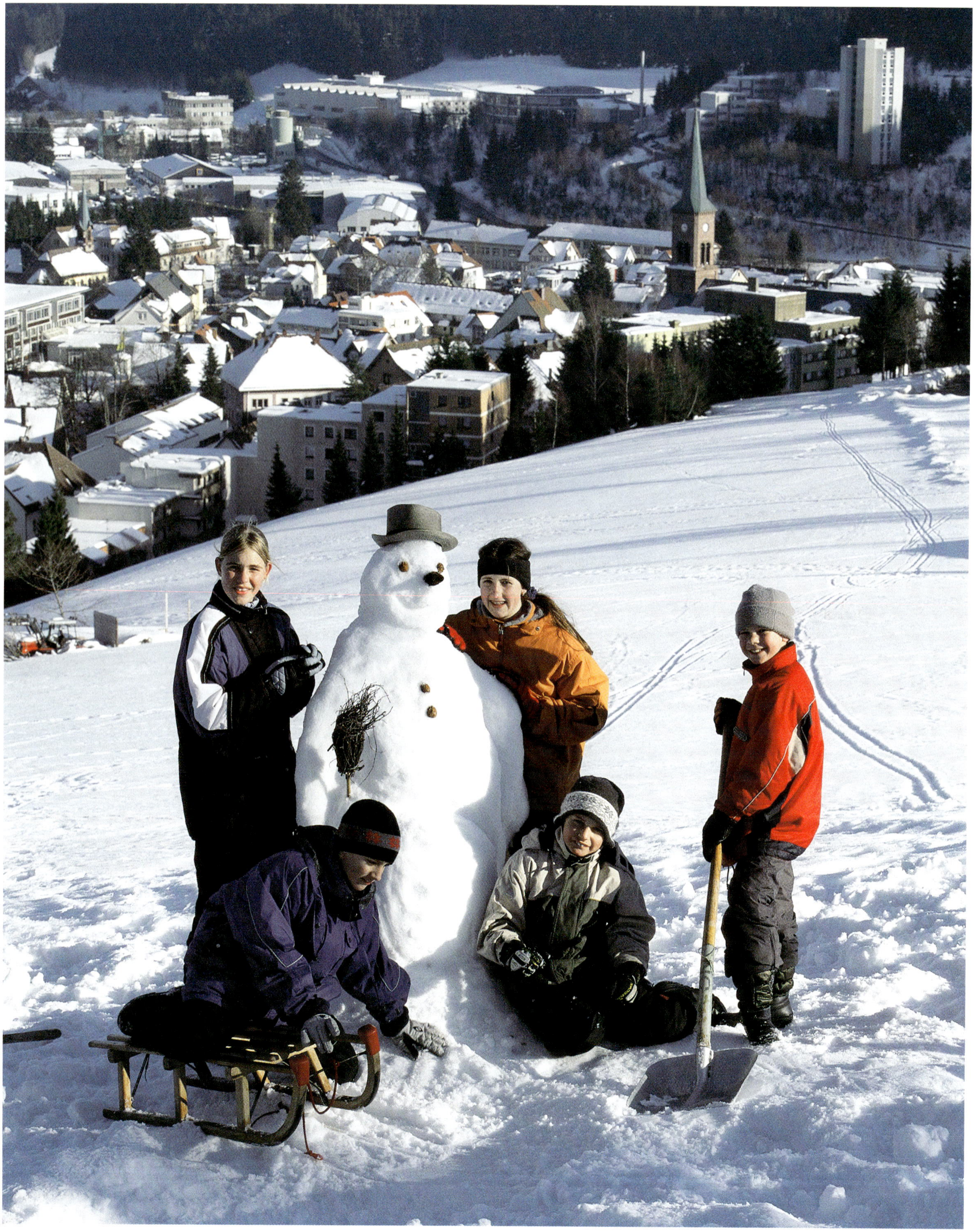

Mit Schlitten, Bob und Schaufel pilgern Furtwanger Kinder hoch zum Friedhofsberg: zum Schlitten fahren und Schneemann bauen.

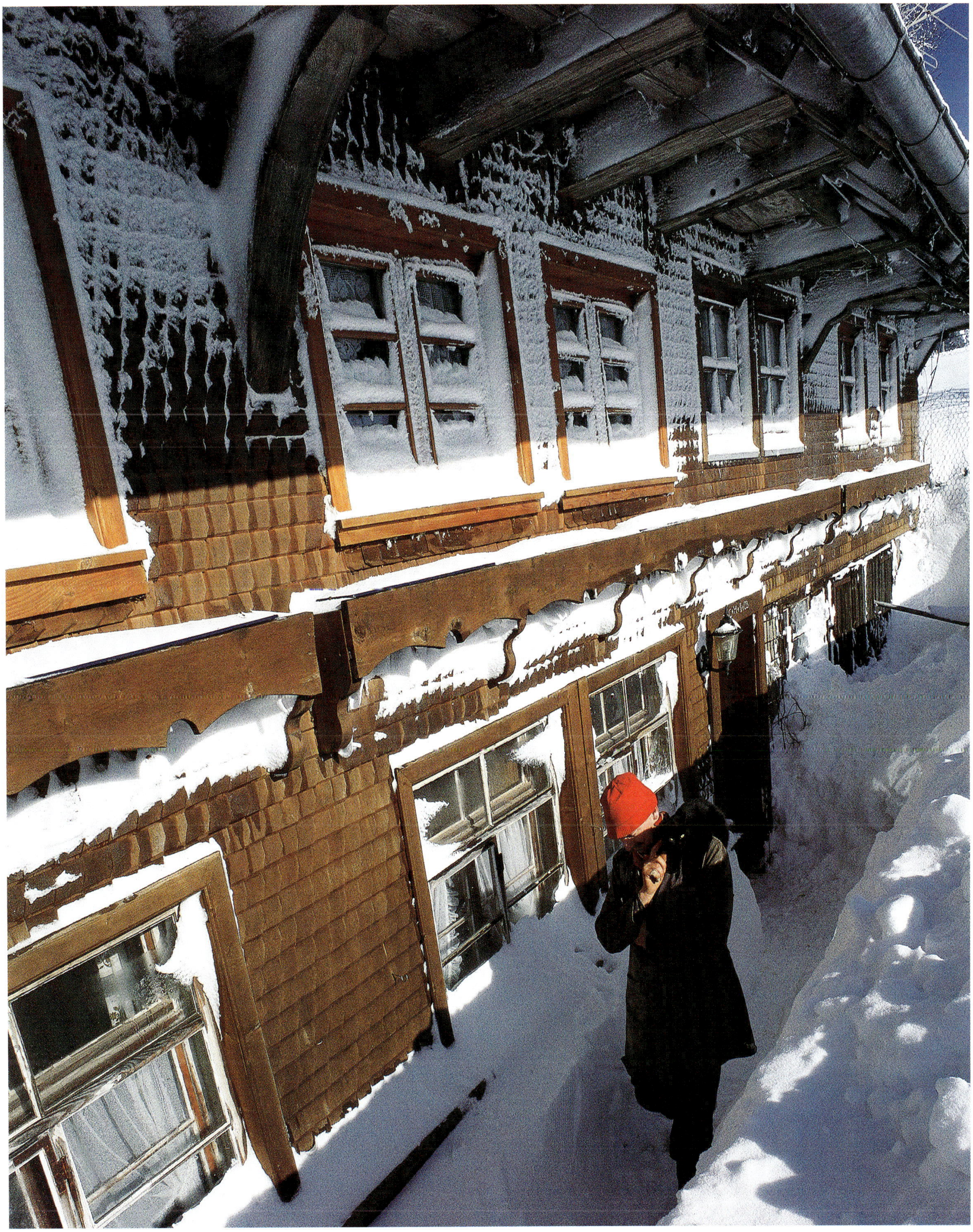

Der 400 Jahre alte Obere Leimgrubenhof in Gütenbach, 1036 Meter hoch gelegen. Auf der Oberen Leimgrube zeigt der Winter seine Pracht – aber auch seine ganze Macht. Der Schnee türmt sich hier oft über zwei Meter hoch.

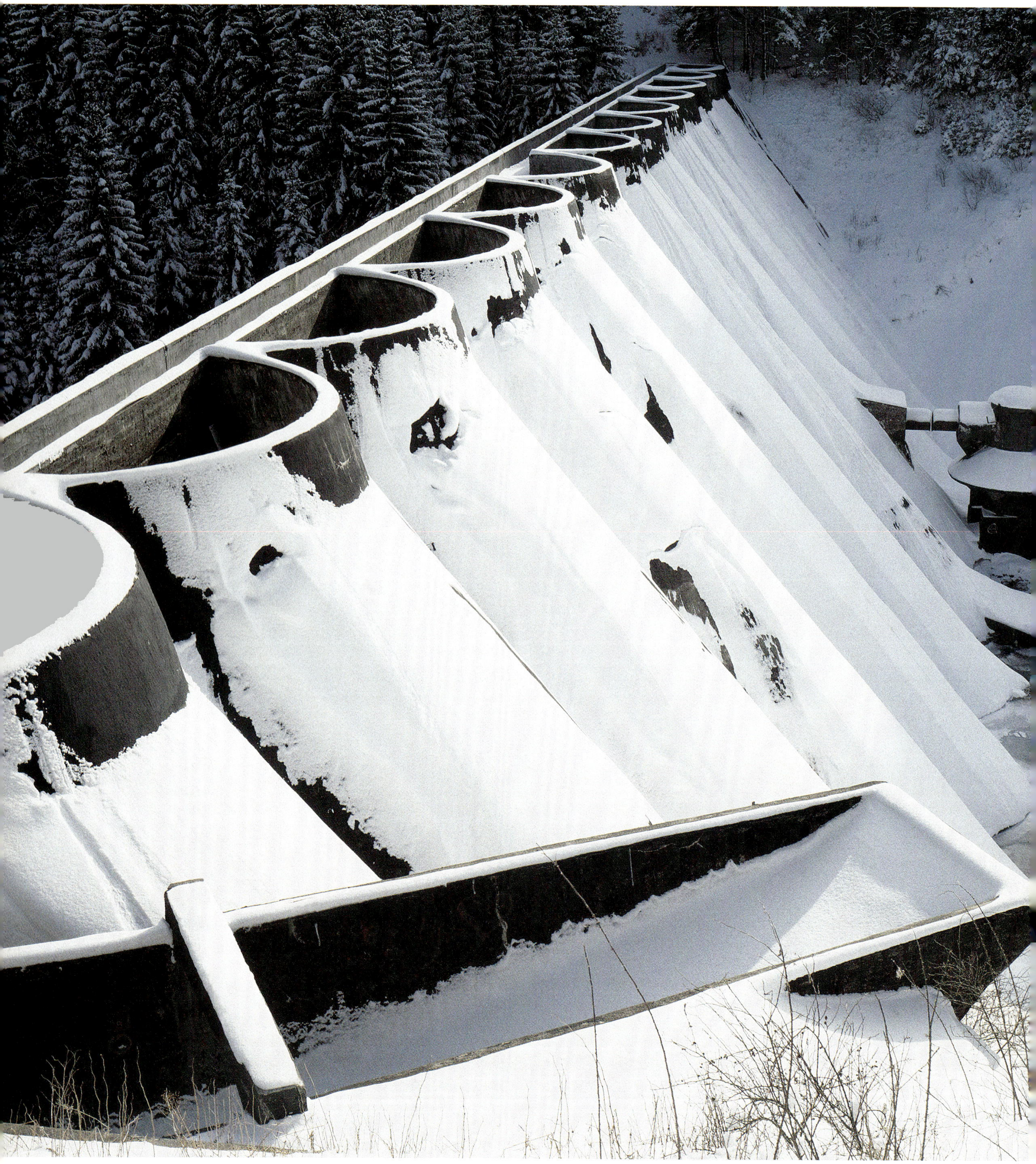

Die Linachtalsperre: 1922 bis 1925 durch die Stadt Vöhrenbach erbaut, ist Deutschlands einzige Eisenbetonmauer in offener Bauweise. Mit Hilfe der 143 Meter breiten und 25 Meter hohen Staumauer soll schon bald wieder das Wasser der Linach gestaut und umweltfreundlich Elektrizität erzeugt werden.

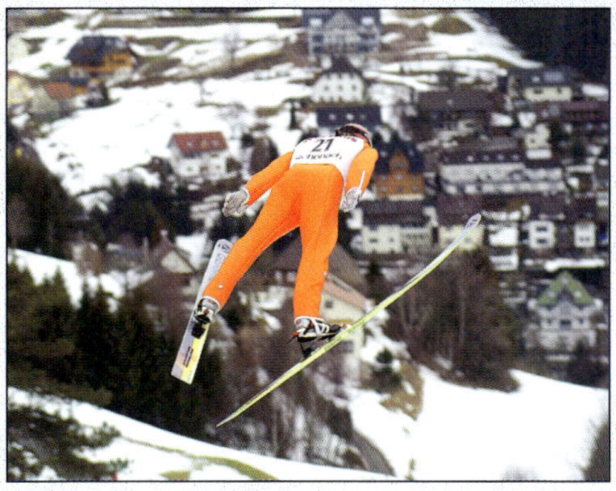

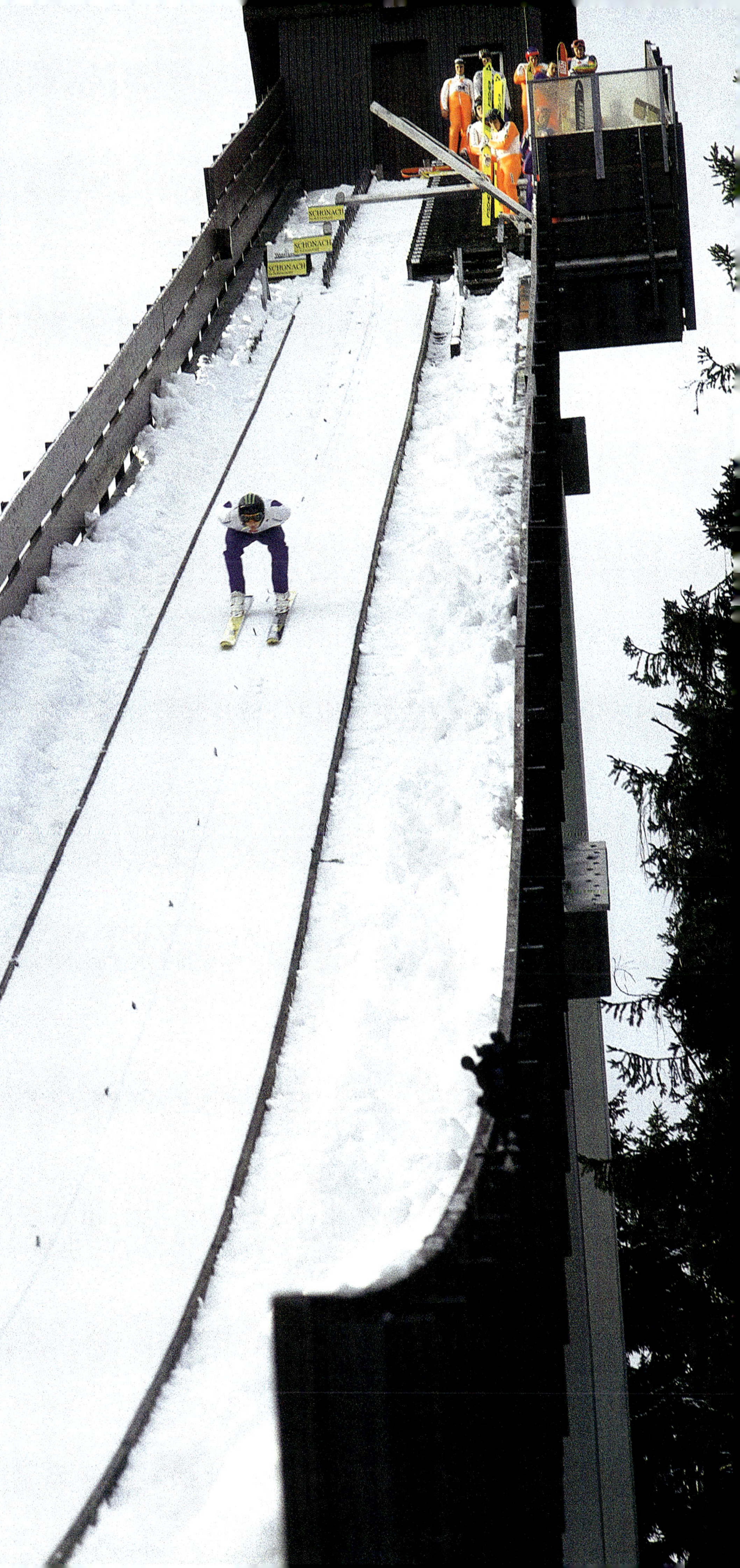

Zu den ältesten und spannendsten Wintersportarten gehört das Skispringen. Eine der großen Schanzen in Deutschland ist die Langenwaldschanze in Schonach. Sie hat eine Anlauflänge von 92 Metern, der Anlaufturm ist 38 Meter hoch. Von dort oben aus segeln die „Schwarzwaldadler" in die Tiefe – „fast nach Schonach hinein".

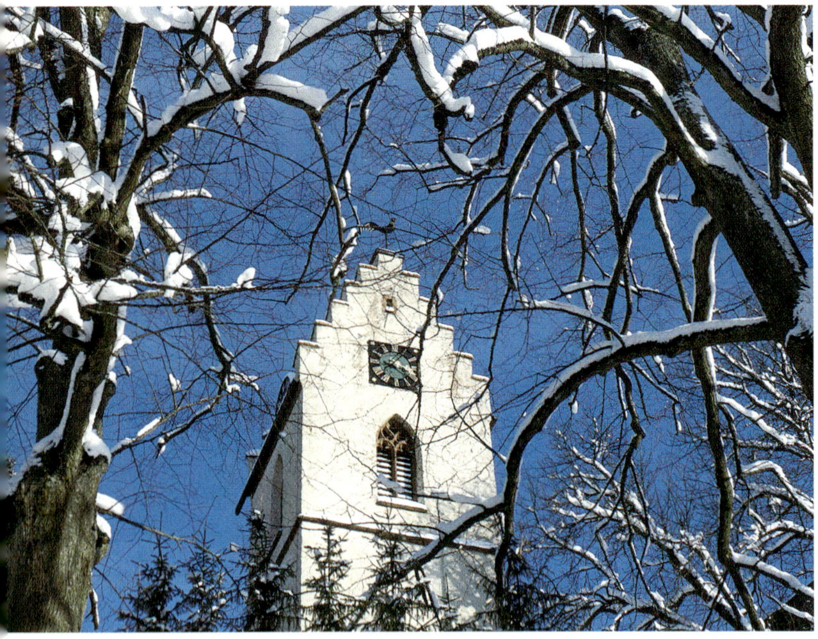

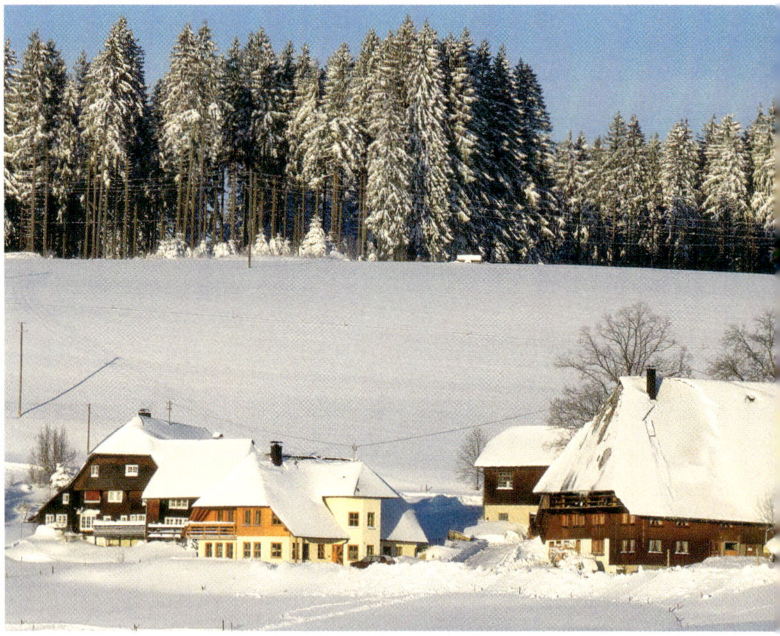

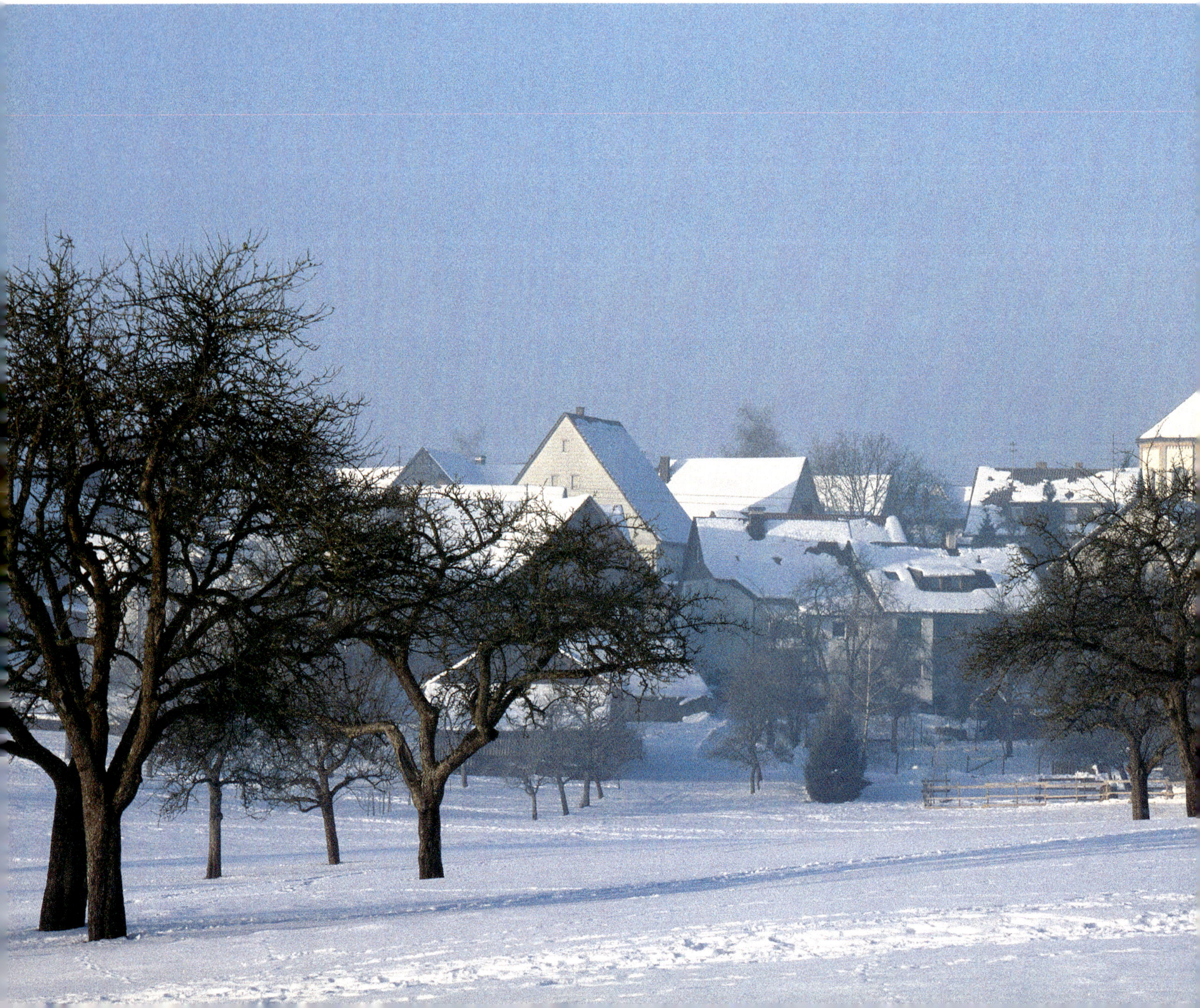

Großes Bild: Die Kirche von Dauchingen. Kleine Abbildungen, von oben links: Der alte Kirchturm von Niedereschach, auf dem Oberen Fallengrund in Gütenbach, an der Breg bei Wolterdingen, die Brigach bei Klengen, Sonnenuntergang bei Aasen und der Martishof im Gewann „Paradies" bei Schonach.

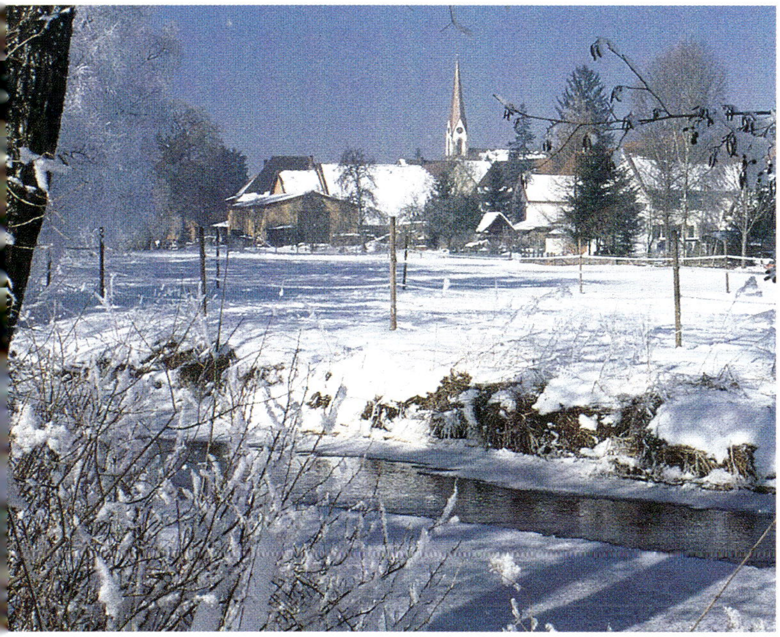

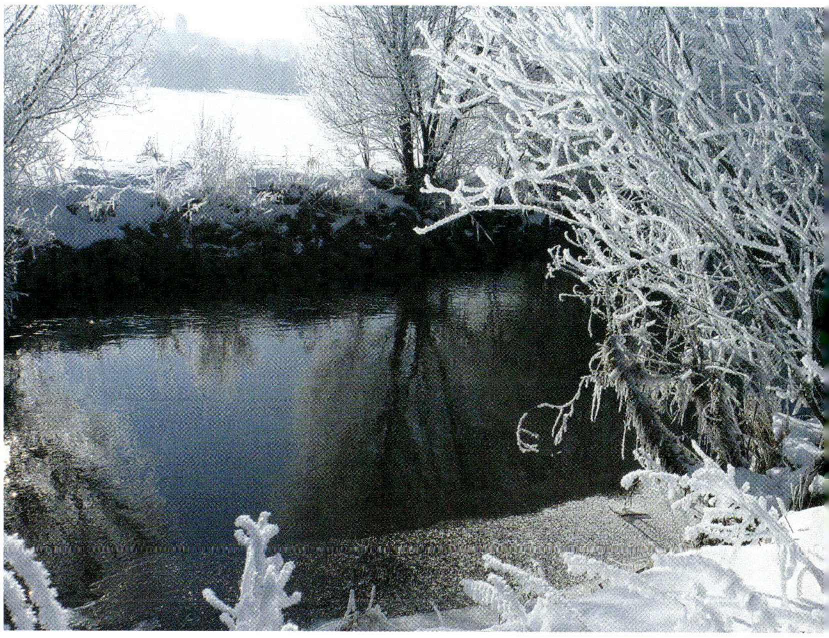

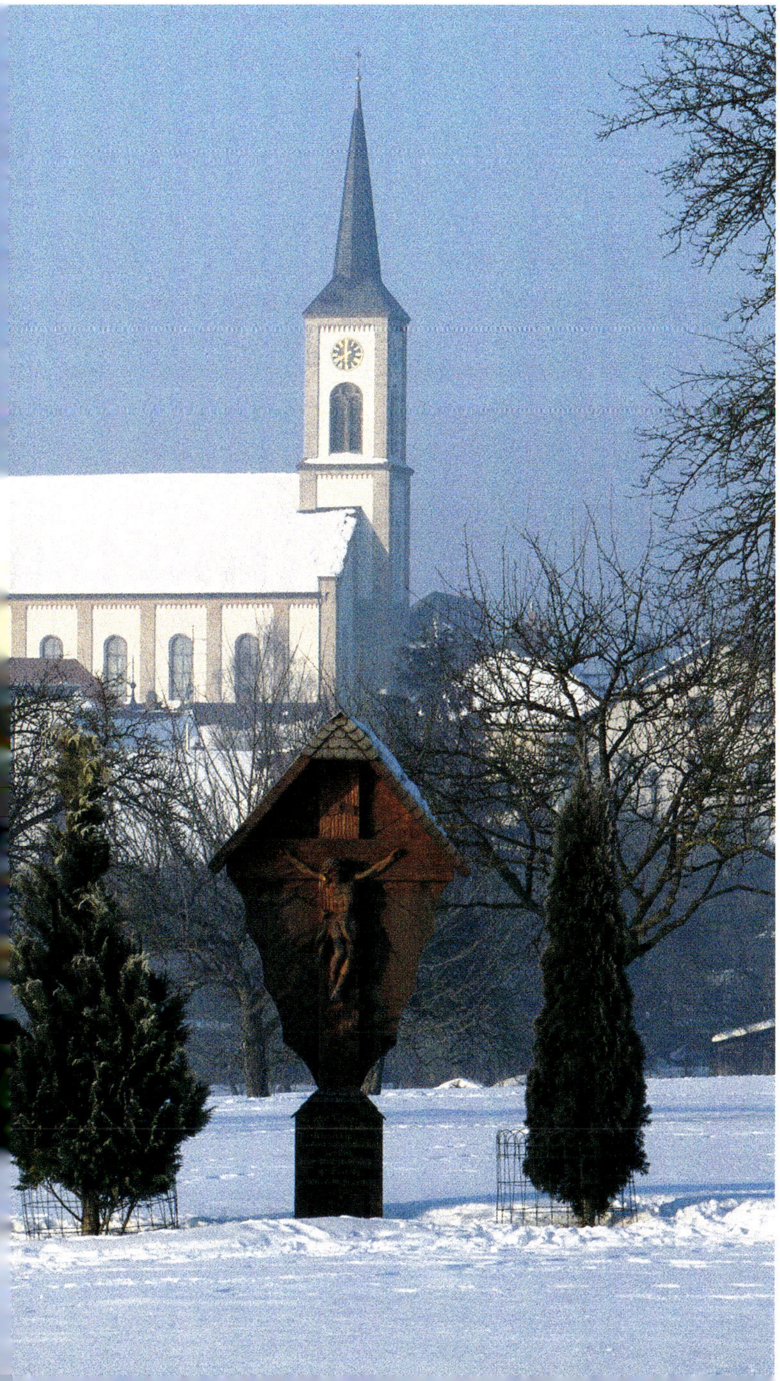

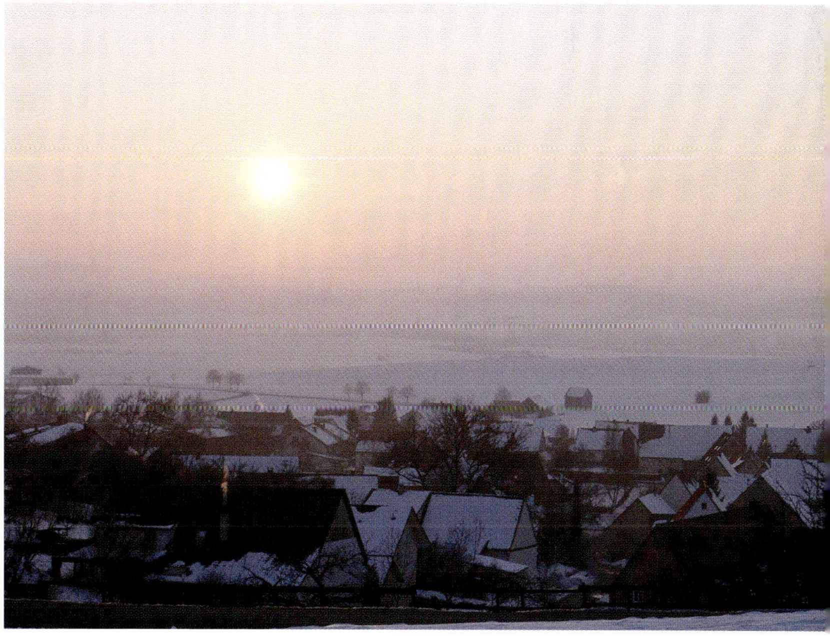

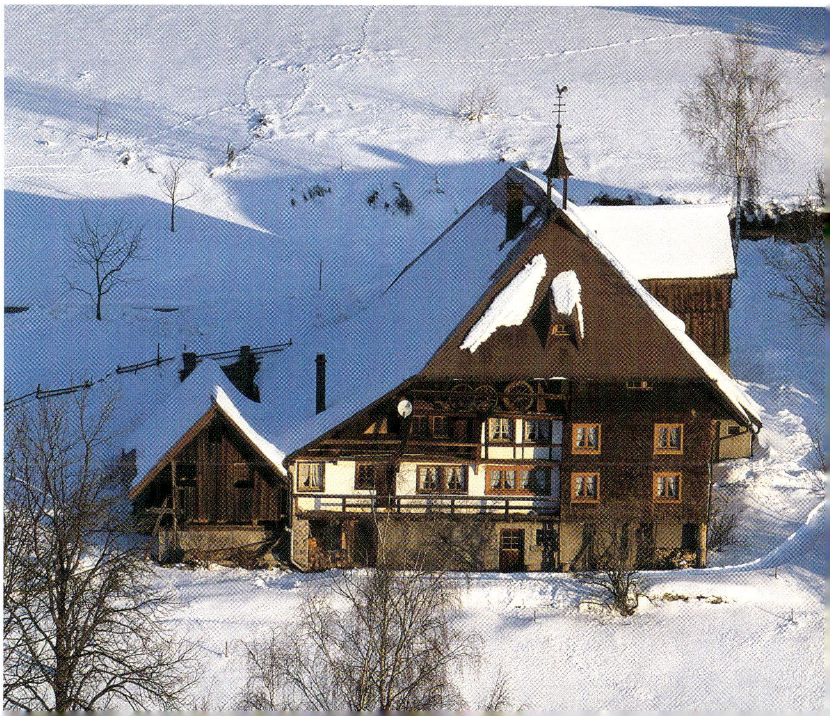

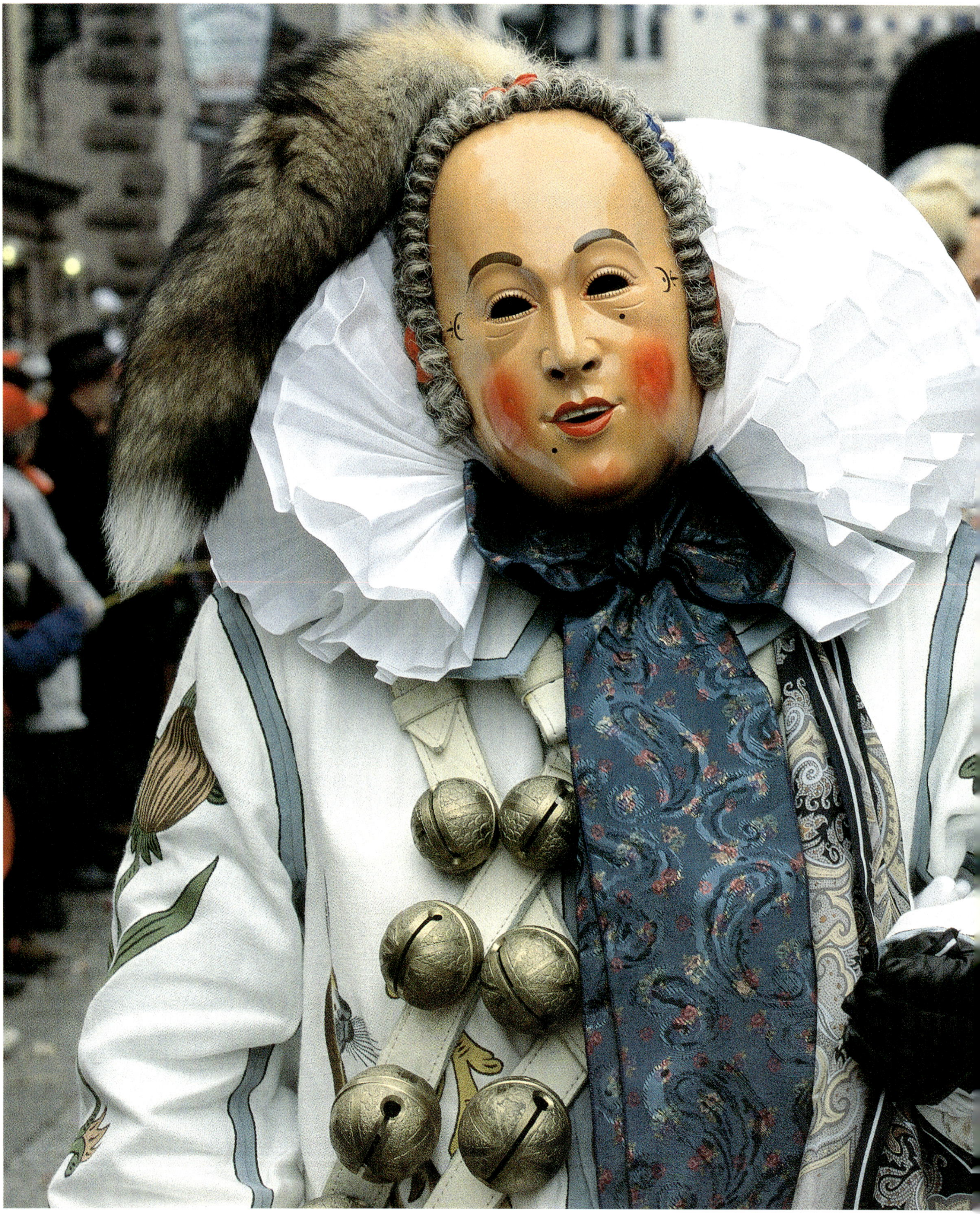

Villinger Narro mit Morbili.

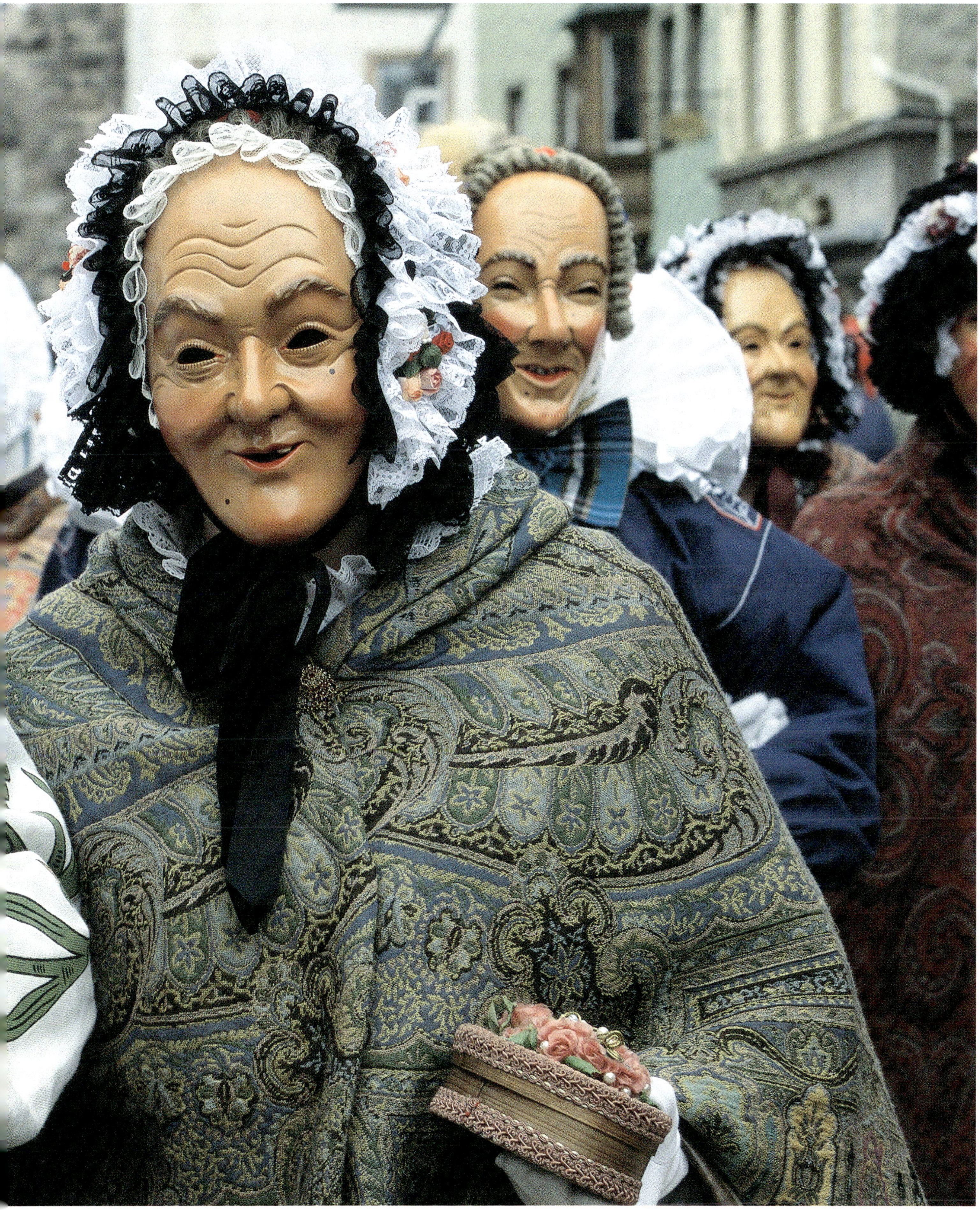

Der Villinger Narro zählt zu den schönsten Fastnachtsfiguren im deutschen Südwesten. Kostbar ist die Scheme aus Lindenholz, geschnitzt nach dem Stilempfinden des Barocks. Das Narrohäs ist mit Darstellungen wie Bär, Löwe sowie Hase und Fuchs bemalt. Die barocke Halskrause, Fuchsschwanz, die Bronze-Rollen, der Narrosäbel oder Foulard sind weitere Attribute der Traditionsfigur.

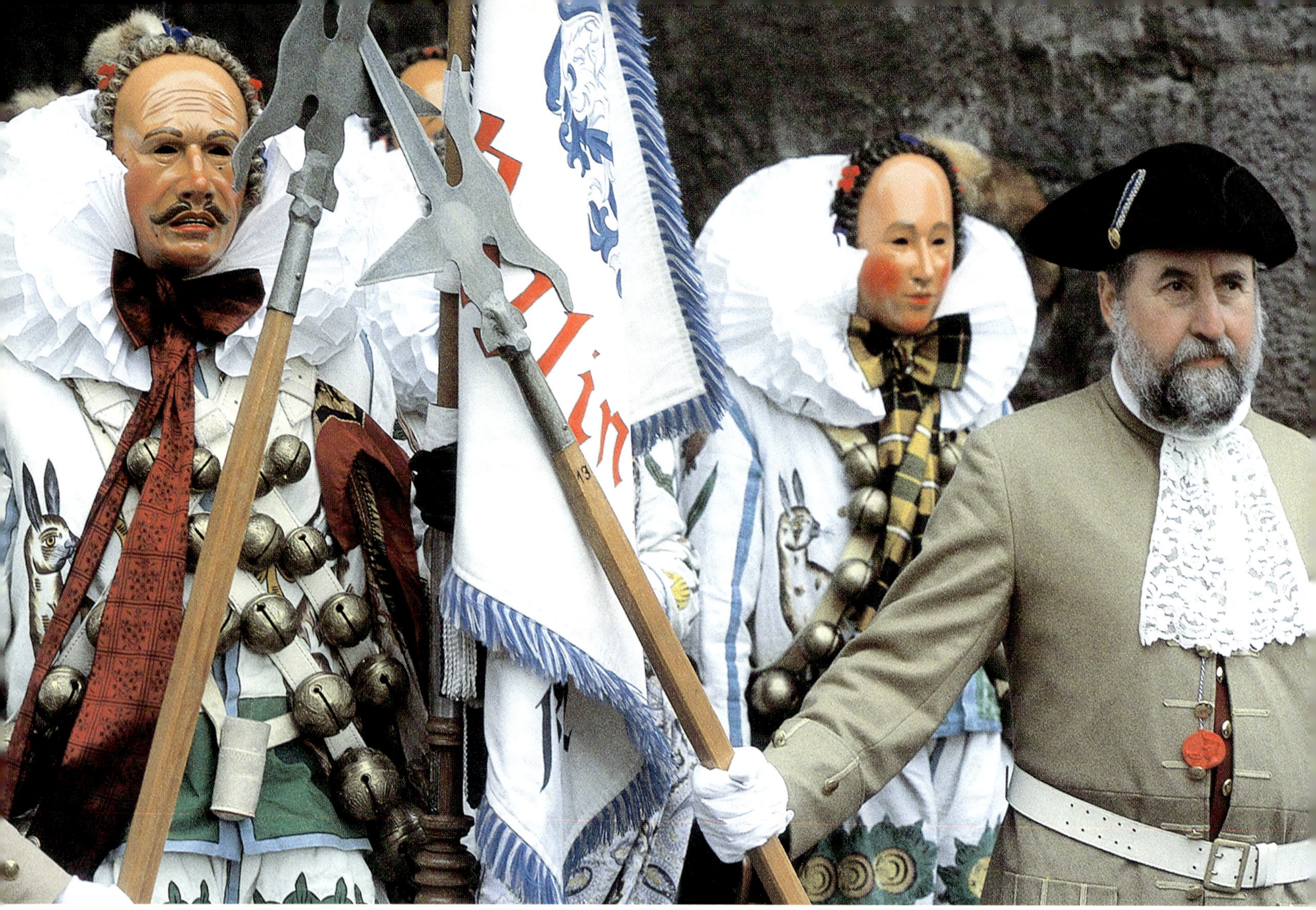

Zum Maschgerelauf am Fasnetmentig ist Villingen „unter sich" – im Umland hat die Fastnacht heute überall ihre eigenen Höhepunkte. „Allefenzige" Morbili dirigieren die Stadt- und Bürgerwehrmusik, drum herum singt und schunkelt es: „Villingen isch e Narrestadt" ertönt, und „Hät denn kon kon Kamm" folgt hinterher. Die Fasnet-Nationalhymne der Spittelsänger ist eines der bekanntesten Fasnetliedle im schwäbisch-alemannischen Raum. Noch versperrt die Bürger-Miliz dem Narrovater mit Gefolge am Oberen Tor den Zutritt zur Stadt. Rutscht der Zeiger der Münsteruhr auf halb drei, drängen weit über 1 000 Hästräger in die Stadt hinein: Narrovater, Narro, Wuescht, Altvillingerin, Stachi, Morbili und Butzesel.

Altvillingerin

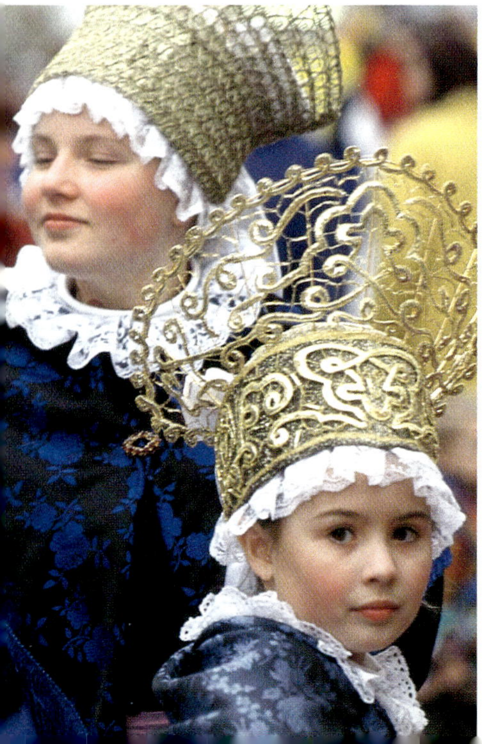

Stachi mit Narrenschere

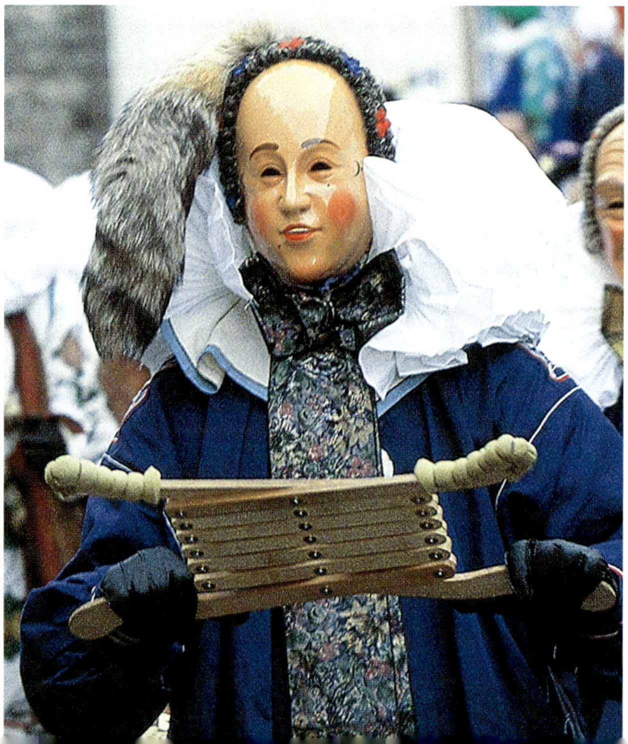

Surhebel

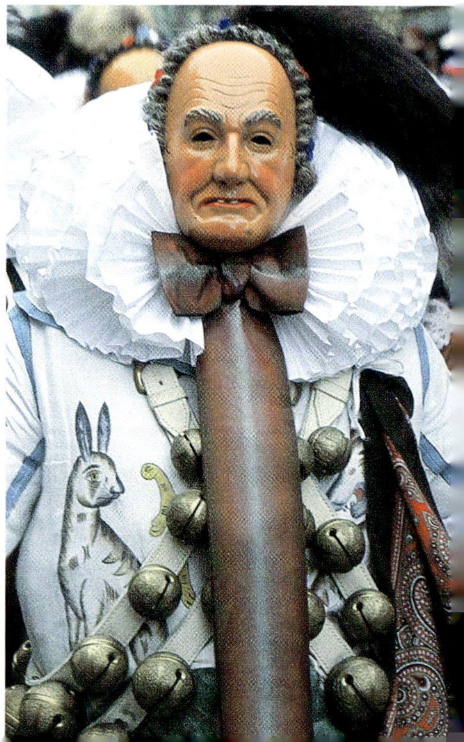

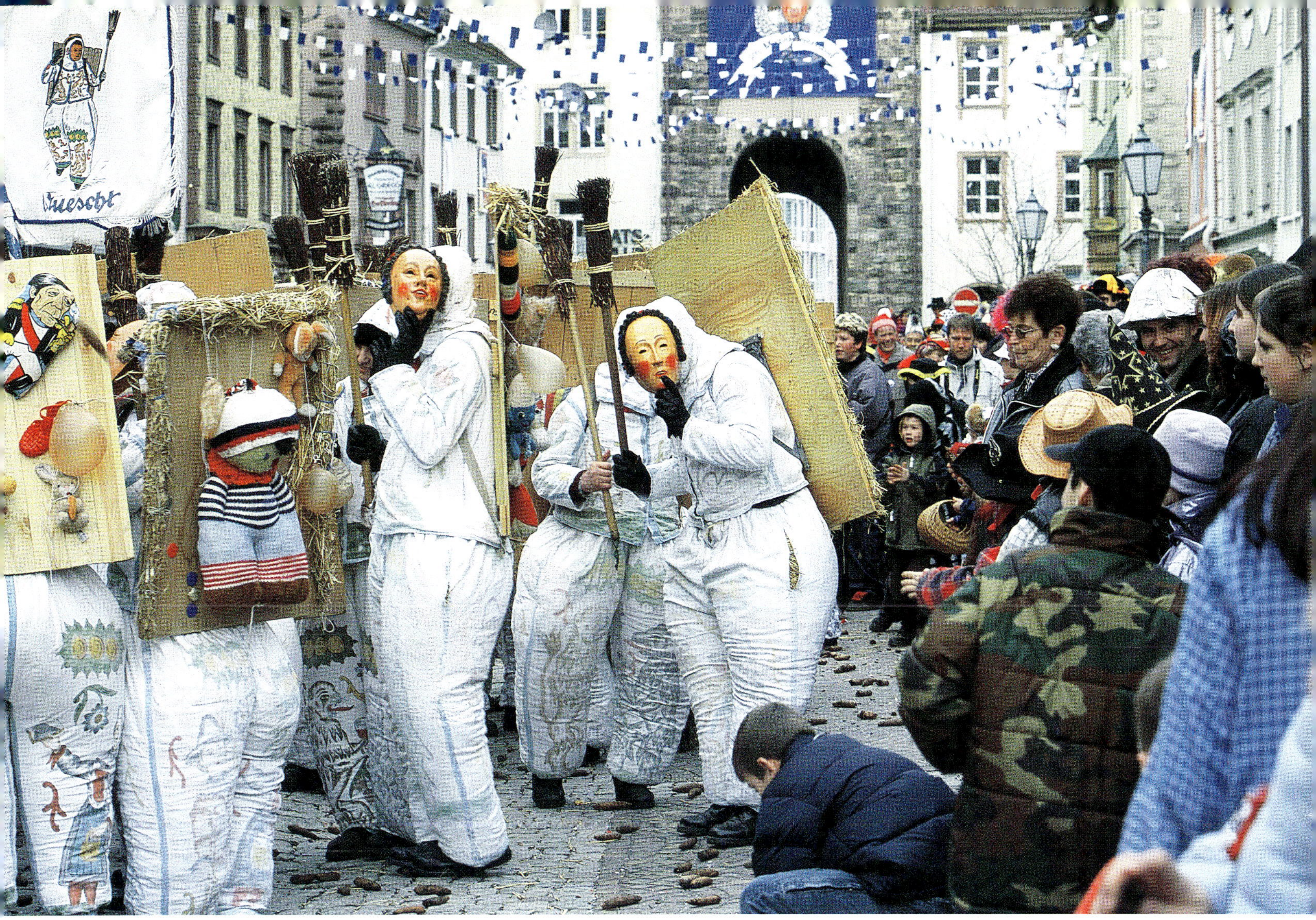

„Narro, Narro, Lumpehund…“ schreien die Wueschte, dann halten sie inne, strecken ihre Strohbesen in die Höhe und dem Publikum den Rücken zu. Jetzt gilt´s, es heißt „beschießt den Wuescht“. Gegen das mit Lumpenpuppen geschmückte Brett (Krätze) donnern Tannenzapfen-Geschosse: die Kinder jagen die Wueschte durch die Stadt. Die prall mit Stroh gefüllte Hose macht dem Wuescht schon das Gehen sichtlich schwer, nun aber heißt es davonrennen – und Villingen lacht. Als Häs dient dem Wuescht ein mit Flicken versehenes, ausrangiertes Narrogewand. Seitlich vors Gesicht hält er sich eine Narro- oder Surhebelscheme. Die Wuescht begraben am Fasnetdienstag auf dem Münsterplatz auch die Fastnacht.

Kleine Wueschte

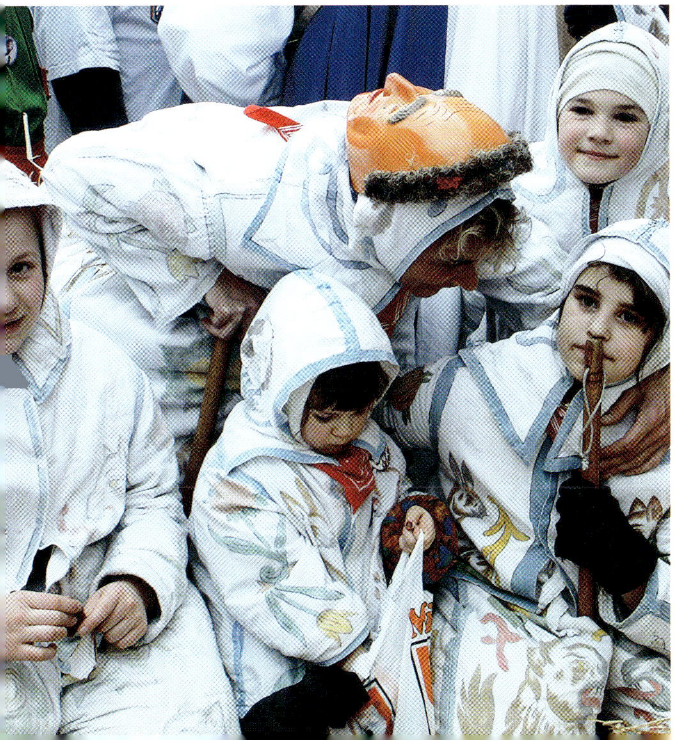

Villinger Fasnetfreude – Butzesel mit Treibern

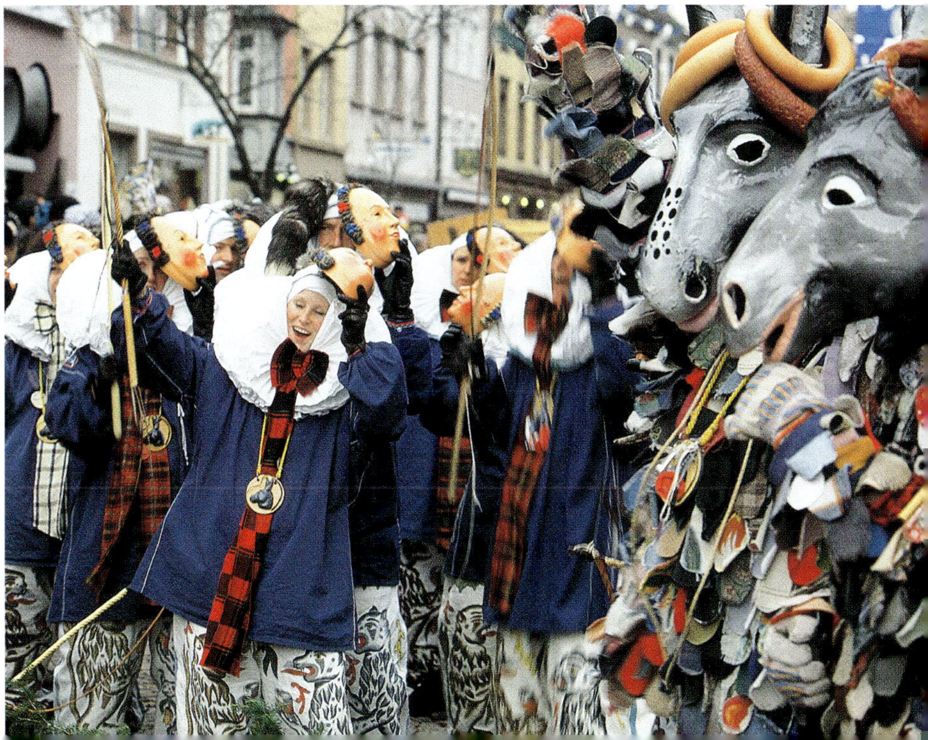

Weißnarren, Hansel: Wer Fastnacht sagt, mein

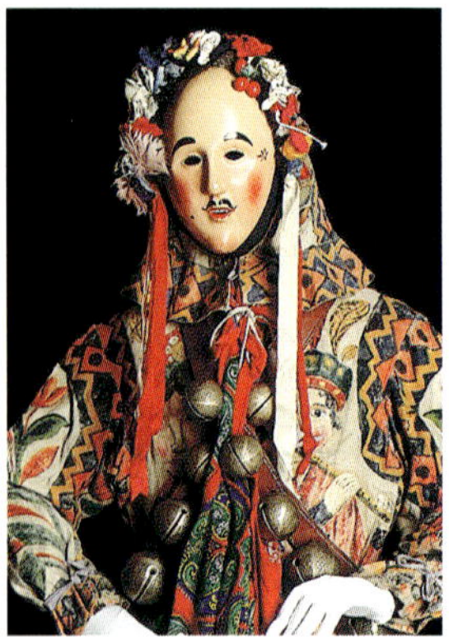

Bräunlinger Hanselehäs mit fantasievoller Bemalung und kostbarer Maske, Mitte 19. Jahrhundert.

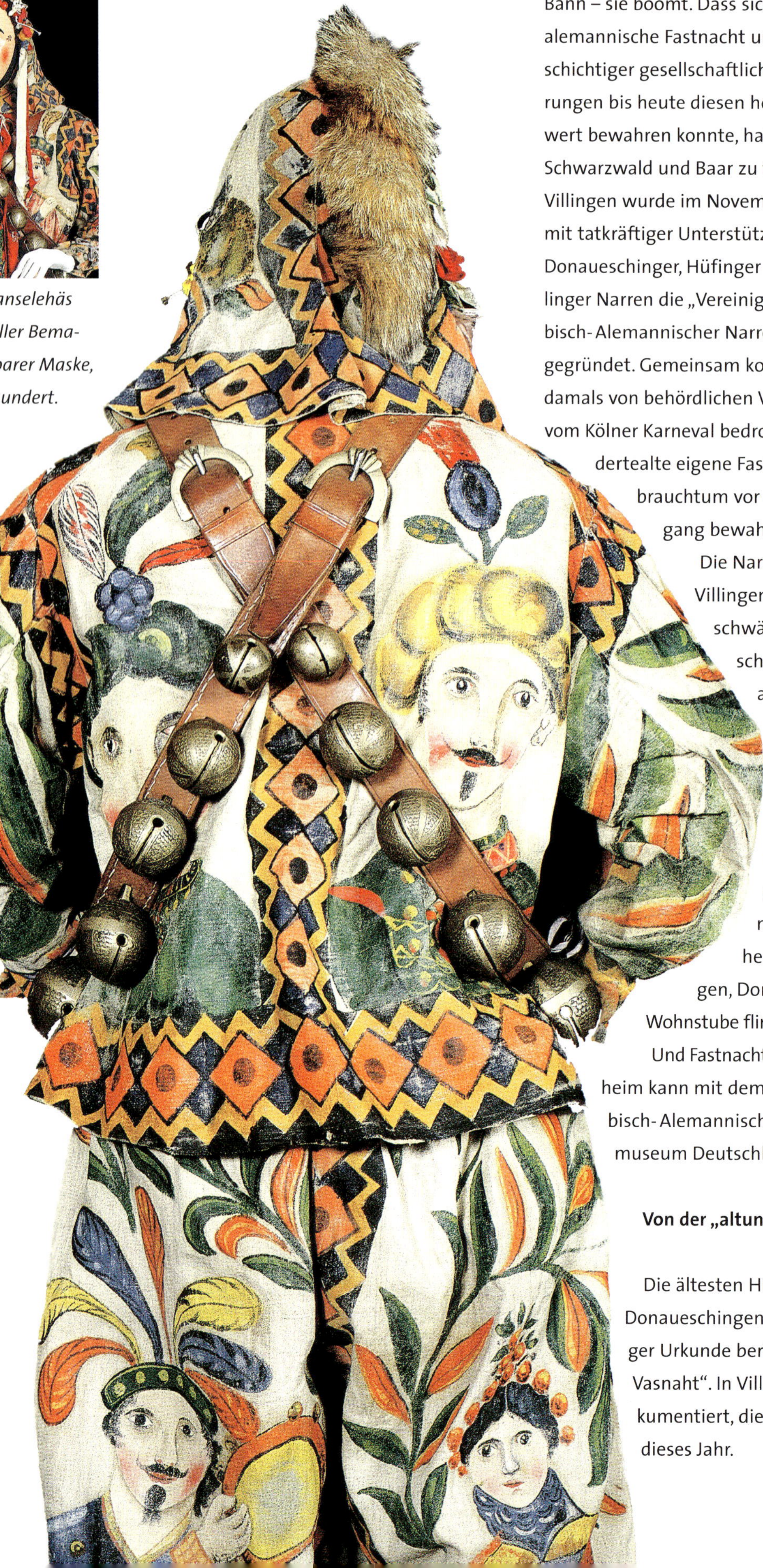

Fastnacht zieht Zehntausende in ihren Bann – sie boomt. Dass sich die schwäbisch-alemannische Fastnacht ungeachtet vielschichtiger gesellschaftlicher Veränderungen bis heute diesen hohen Stellenwert bewahren konnte, hat viel mit Schwarzwald und Baar zu tun: In Villingen wurde im November 1924 mit tatkräftiger Unterstützung von Donaueschinger, Hüfinger und Bräunlinger Narren die „Vereinigung Schwäbisch-Alemannischer Narrenzünfte" gegründet. Gemeinsam konnte man das damals von behördlichen Verboten und vom Kölner Karneval bedrohte, jahrhundertealte eigene Fastnachtsbrauchtum vor dem Untergang bewahren.

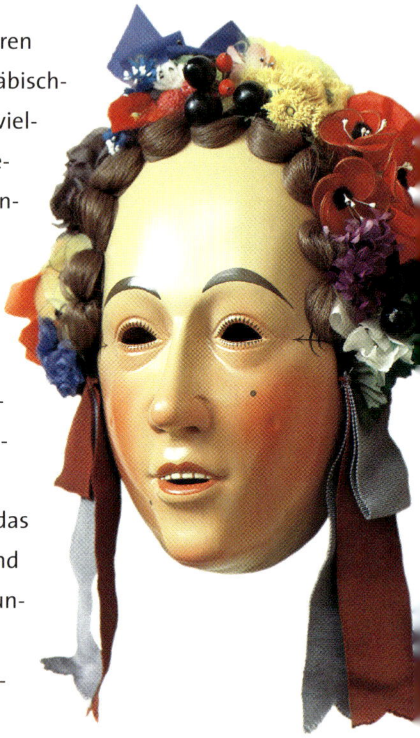

Hüfinger Hansel, 19. Jahrhundert.

Die Narrenhochburg Villingen hat der schwäbisch-alemannischen Fastnacht auch in anderer Hinsicht wertvolle Impulse gegeben: dort fand im Jahr 1929 das erste Narrentreffen heutiger Prägung statt! Heute sitzen Millionen von Zuschauern vor den Fernsehern, wenn Narrentreffen, z.B. aus Villingen, Donaueschingen oder Furtwangen live in die Wohnstube flimmern.

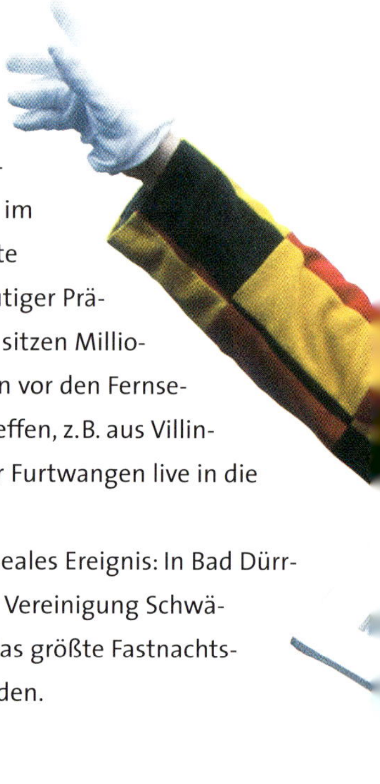

Und Fastnacht ist längst ein museales Ereignis: In Bad Dürrheim kann mit dem Narrenschopf der Vereinigung Schwäbisch-Alemannischer Narrenzünfte das größte Fastnachtsmuseum Deutschlands besucht werden.

Von der „altun Vasnaht"

Die ältesten Hinweise auf Fastnacht finden sich in Villingen, Donaueschingen, Hüfingen und Bräunlingen. Eine Donaueschinger Urkunde berichtet 1357 von „altun Vasnaht" und „Manne Vasnaht". In Villingen ist für 1584 ein „Masqueralaufen" dokumentiert, die Narro-Zunft datiert ihre Gründung auf dieses Jahr.

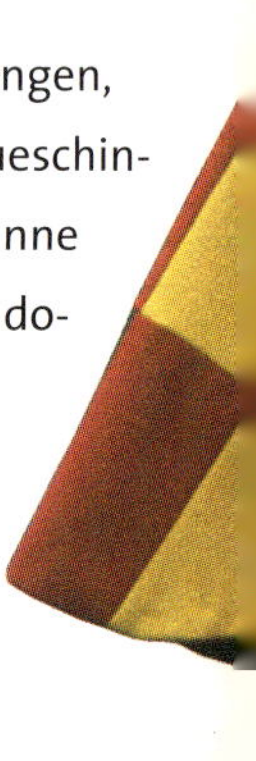

Schwarzwald und Baar

Die Fastnacht im Schwarzwald und auf der Baar ist ein katholischer Brauch mit mittelalterlichen Wurzeln. Sie war im Ursprung auf die kurze Zeitspanne zwischen „Schmutzige Dunschdig“ und Fasnetdienstag beschränkt, gedacht als Völlerei mit Gesang und Tanz vor Anbruch der strengen Fastenzeit am Aschermittwoch. Aus diesem gesellschaftlichen Ereignis entwickelte sich eine Fülle von Brauchformen, die in ihrer Gesamtheit einzigartig sind. Es bildete sich die Figur des Fastnachtsnarren heraus, der einem in Villingen als Narro, in Donaueschingen, Hüfingen und Bräunlingen in der Gestalt des Hansel, begleitet vom Gretle, in Furtwangen als Spättlehansel und Hanseli oder in Triberg als Teufel begegnet. Doch bei aller regionalen Verschiedenheit, die Narren von Bräunlingen, Hüfingen, Bad Dürrheim, Villingen und Schwenningen haben etwas gemeinsam: sie sind in ihrer Gesamtheit als Weißnarren bekannt. So werden alle Träger eines weißen, mit Ölfarben bemalten Häses bezeichnet.

Dass die Fastnacht im Landkreis boomt, zeigt sich an der stark gestiegenen Zahl von Zünften und Fasnetfiguren. Aus nicht einmal einem Dutzend Narrenzünfte zu Beginn des Jahrhunderts sind mittlerweile Dutzende von Gruppierungen geworden. Diese jungen Narrenvereine sind großteils in der „Schwarzwälder Narrenvereinigung“ zusammengeschlossen, die sich 1971 für die Raumschaft Schwarzwald und Baar gründete, um neuen Narrenzünften als Dachorganisation eine Heimat zu geben, da eine Mitgliedschaft in der etablierten „Vereinigung Schwäbisch-Alemannischer Narrenzünfte“ den historischen Fastnachtsvereinen vorbehalten ist.

Fazit: Die schwäbisch-alemannische Fastnacht ist lebendig geblieben. Zehntausende sind an den hohen Tagen im Häs unterwegs, am Beginn des dritten Jahrtausends einer mittelalterlichen Tradition folgend. Kein zweiter Brauch kann eine ähnliche Erfolgsgeschichte vorweisen, sicher auch, weil die Fastnacht trotz aller Traditionen einen stetigen Wandel erlebte, sich Neuerungen nie verschlossen hat. Verlorengegangen ist aber an den meisten Orten, und bei den meisten Narren, die Verbindung zu den katholischen Wurzeln der Fastnacht: Immer weniger Narren feiern Fasnet im Bewusstsein der nachfolgenden Fastenzeit.

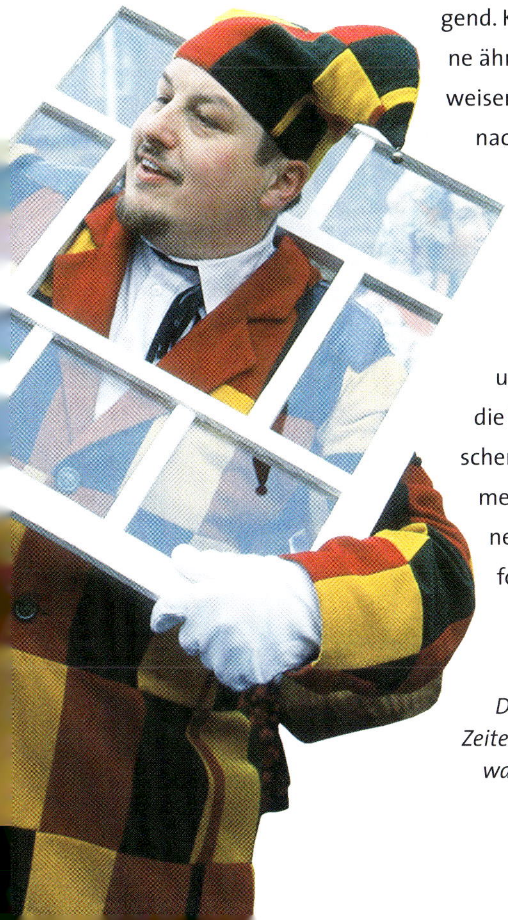

Das Hüfinger Baptistle, das zu Zeiten, als die Fastnacht verboten war, zum Fenster hinaus Fasnet machte.

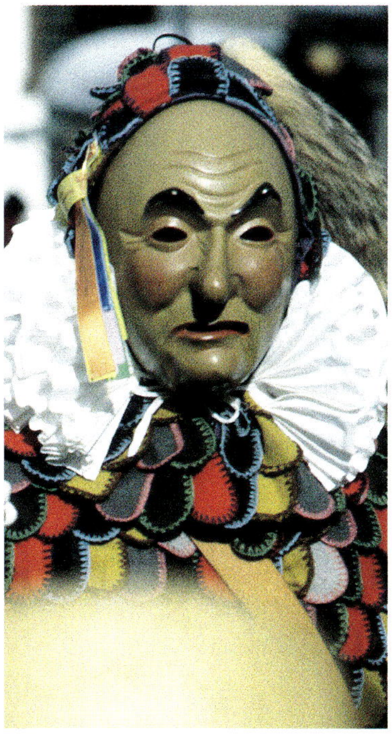

Furtwanger Spättlehansel

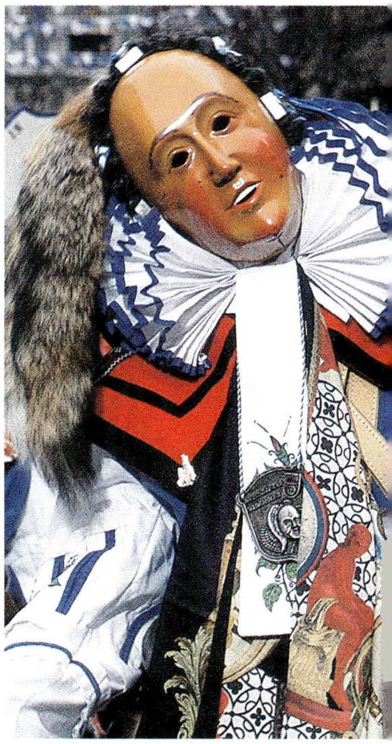

Schwenninger Hansele

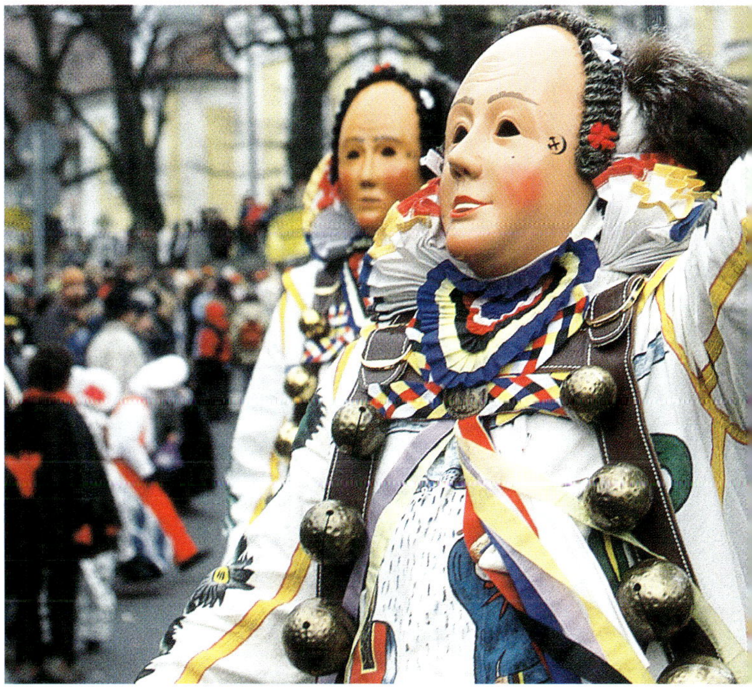

Bad Dürrheimer Narro

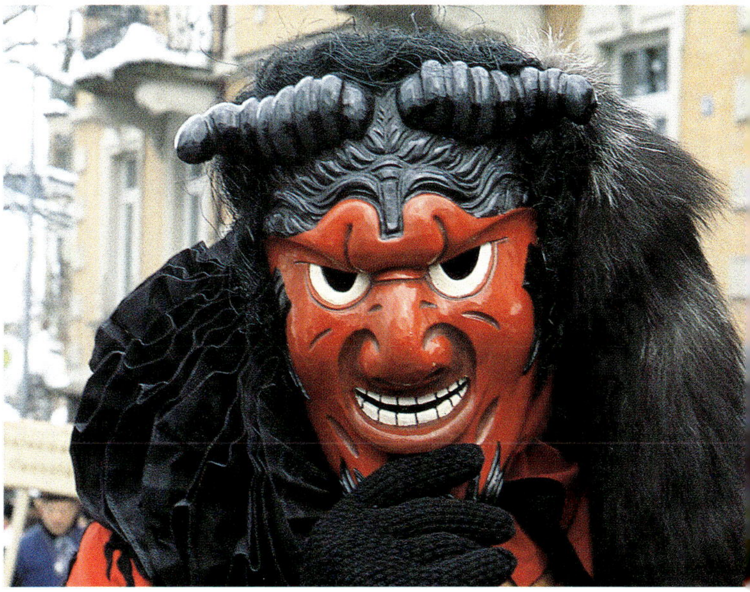

Triberger Teufel

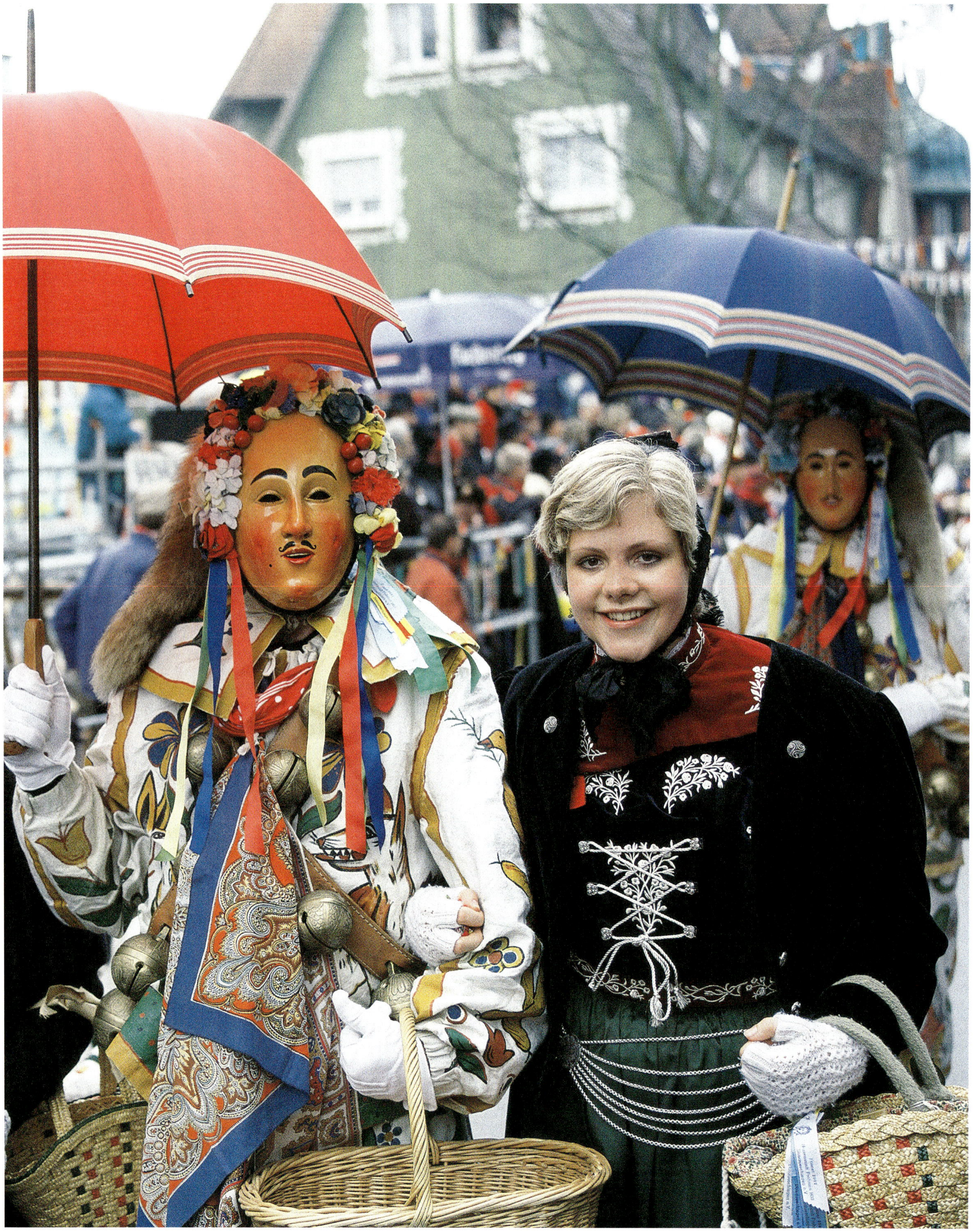

Donaueschinger Hansel mit Gretle. Die kostbare Scheme des klassischen Weißnarren wird durch den so genannten „Putz“ eingerahmt, der aus Blumen, Früchten, Federn oder Bändern besteht. Das Gretle ist in typischer Baaremer Tracht gekleidet.

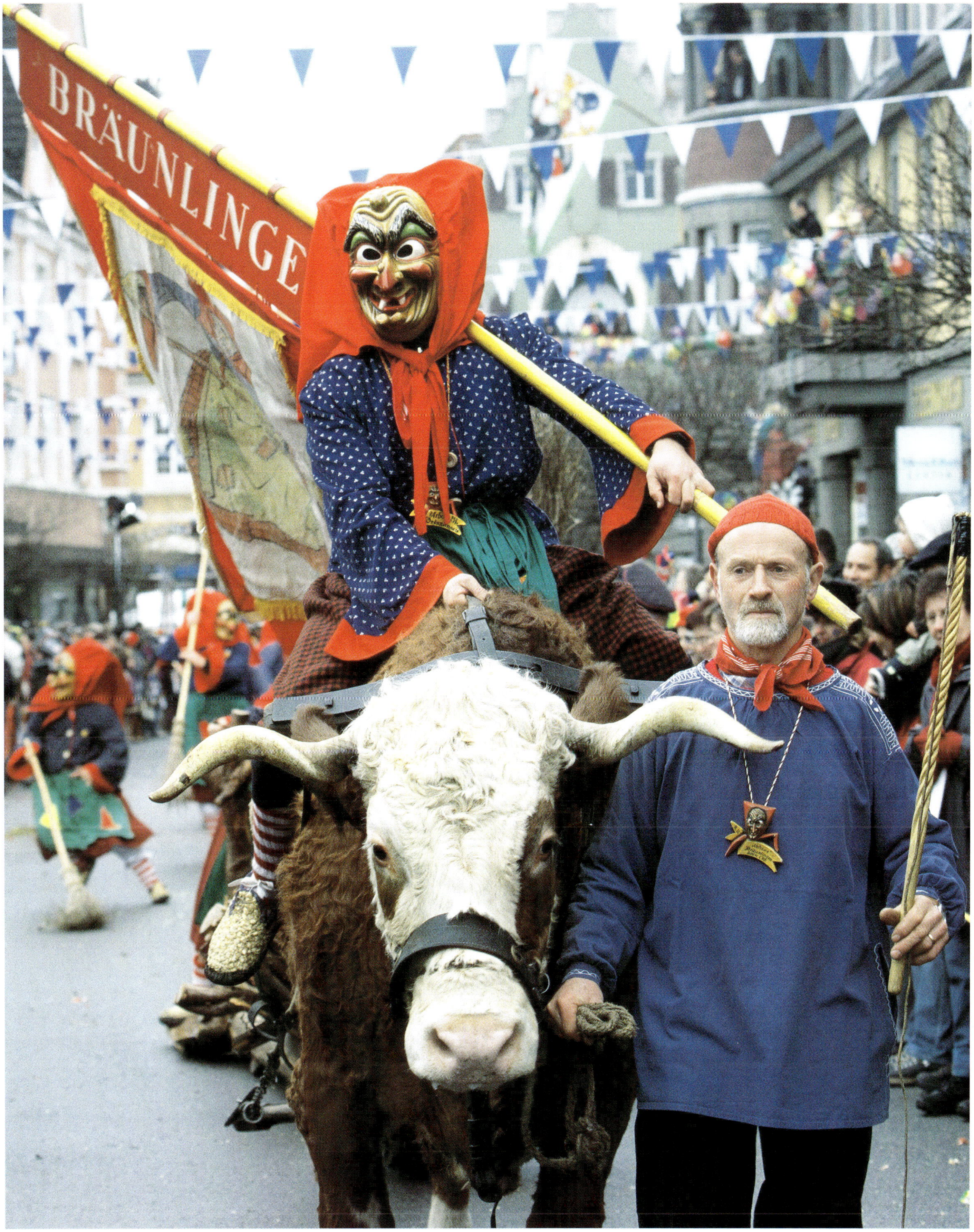

Bei Narrentreffen ist schwäbisch-alemannische Fastnacht live im Fernsehen zu sehen, sind die traditionsreichen Bräunlinger Hexen groß im Bild. Angeführt wird die Hexengruppe von der Urhexe auf dem Ochsen.

Die junge Donau bei Neudingen.

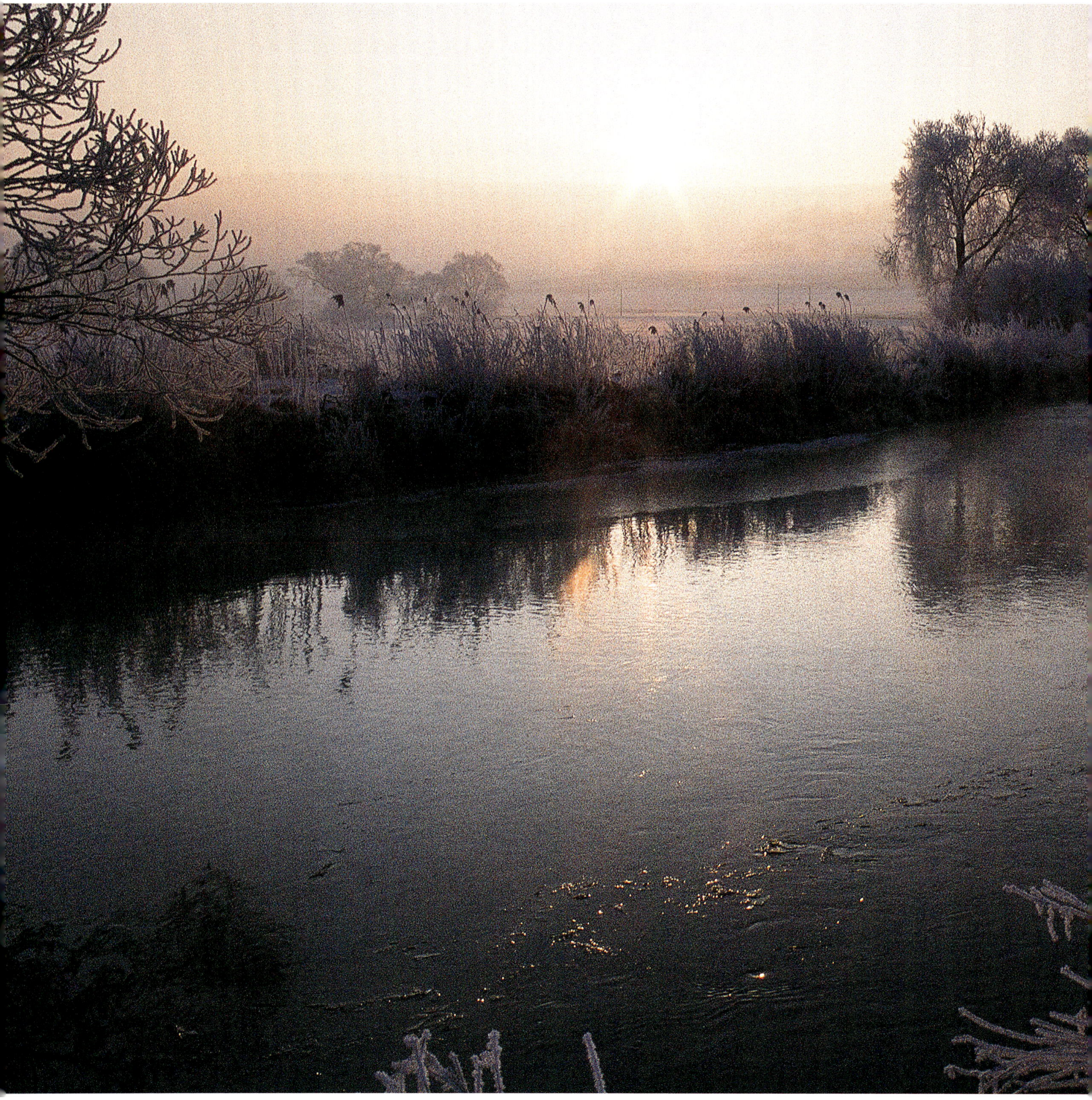

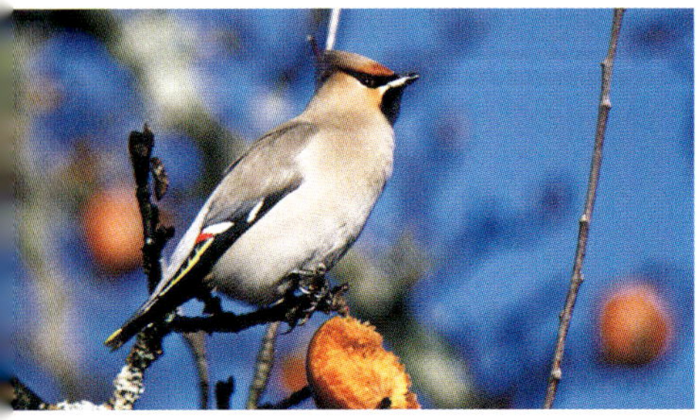

Seidenschwanz

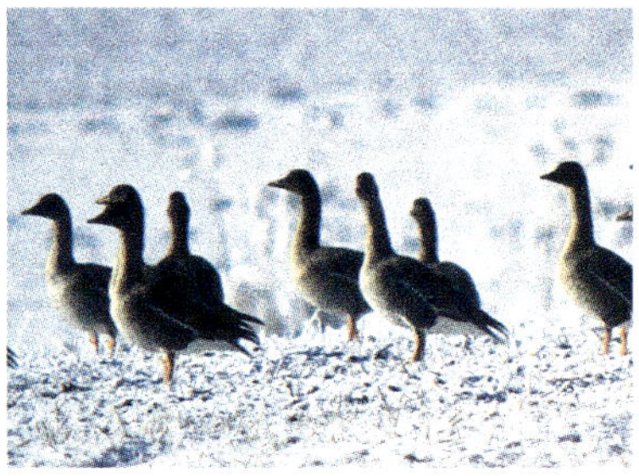

Saatgänse

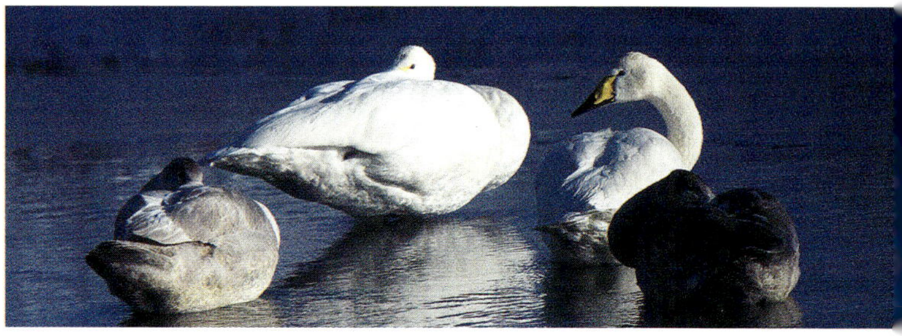

Singschwanfamilie

Raureif ummantelt Äste und Gräser – feine Eisgespinste treiben den Fluss entlang, spiegeln den Sonnenaufgang. Auf ihrer 2780 Kilometer langen Reise zum Schwarzen Meer ist die Donau bei Neudingen/Gutmadingen angelangt. Die Baar-Donau ist ein Eldorado für Wasservögel. Jahr für Jahr stellen sich teils seltene Vogelarten auch als Wintergäste ein.

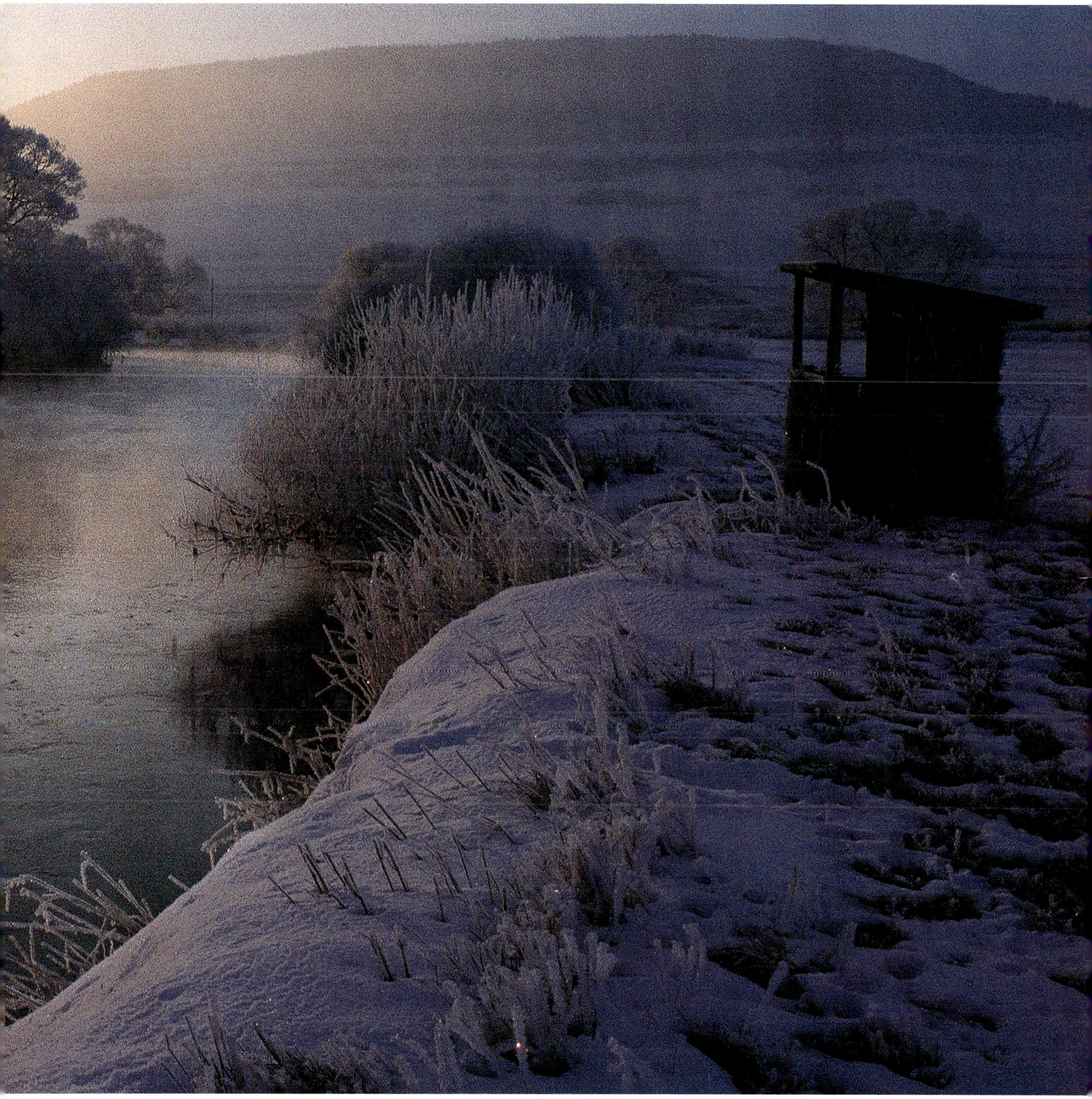

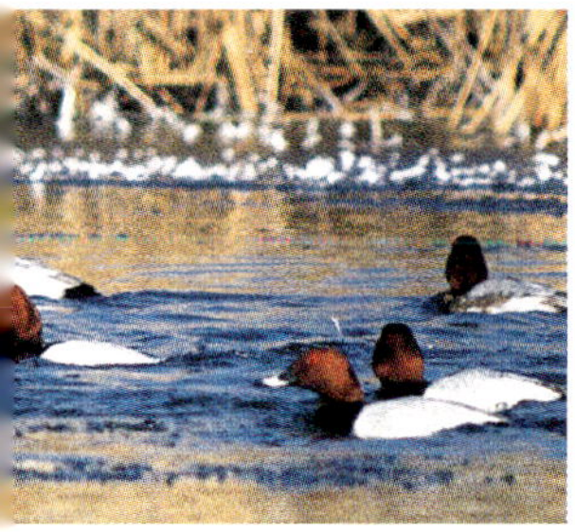

Tafelenten

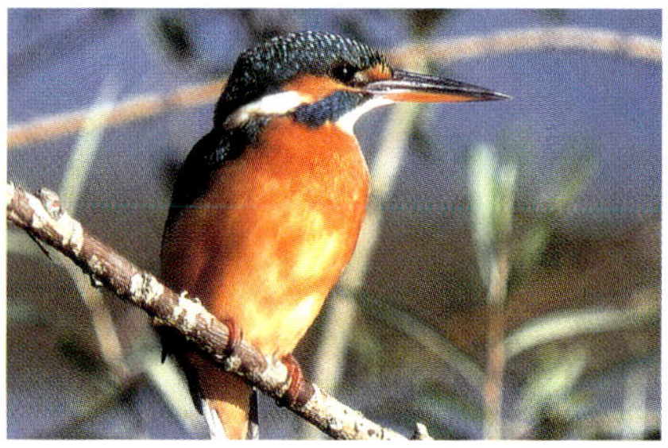

Eisvogel

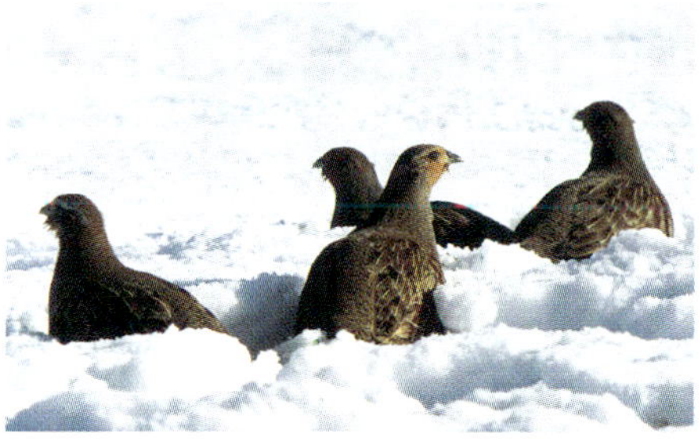

Rebhühner

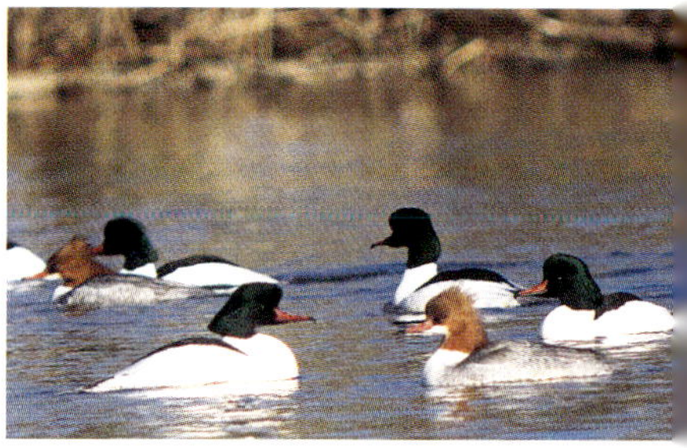

Gänsesäger

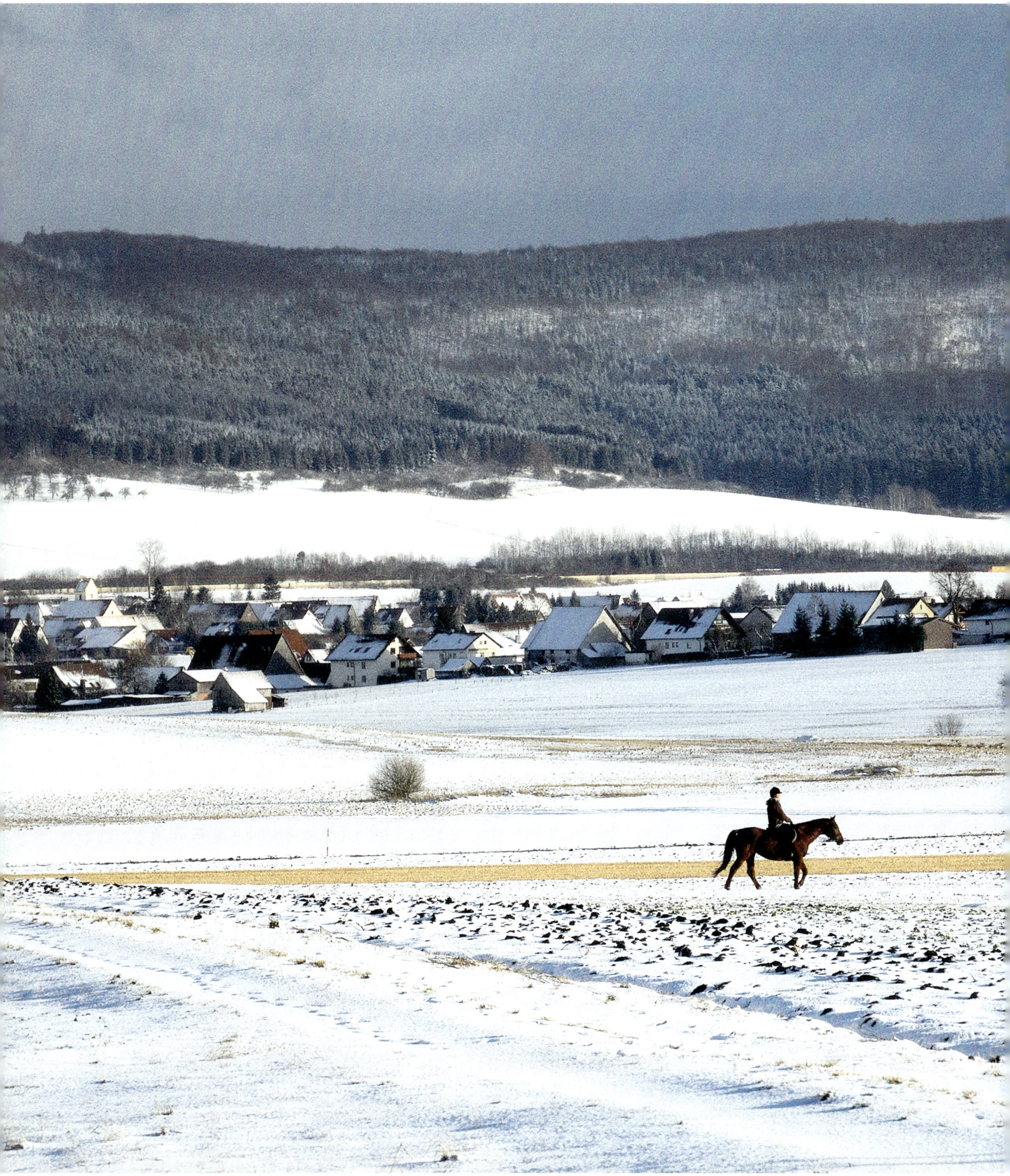

Winter auf der Baar – Ausritt bei Unterbaldingen.

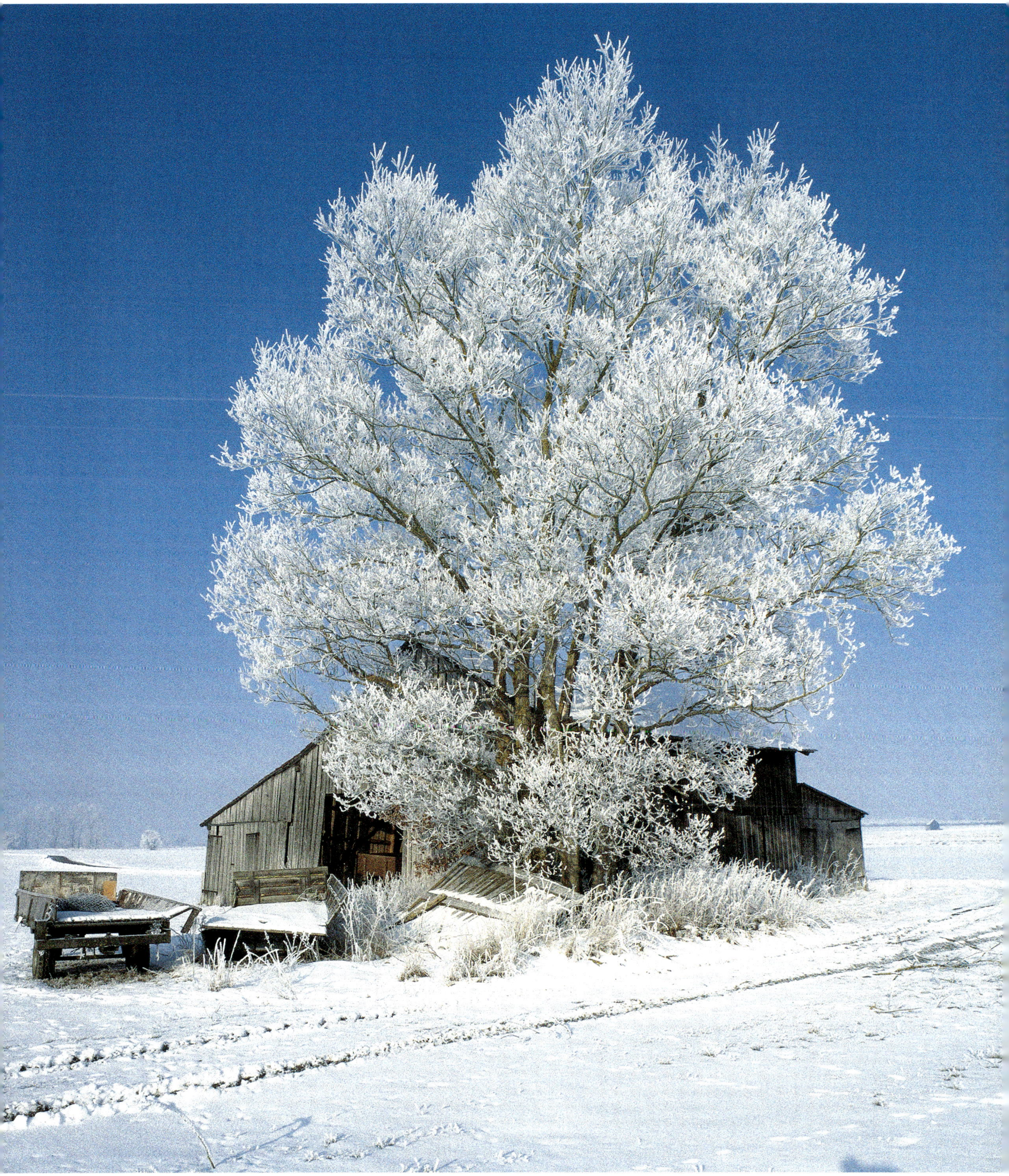

Feldscheune auf der Baar bei Neudingen.

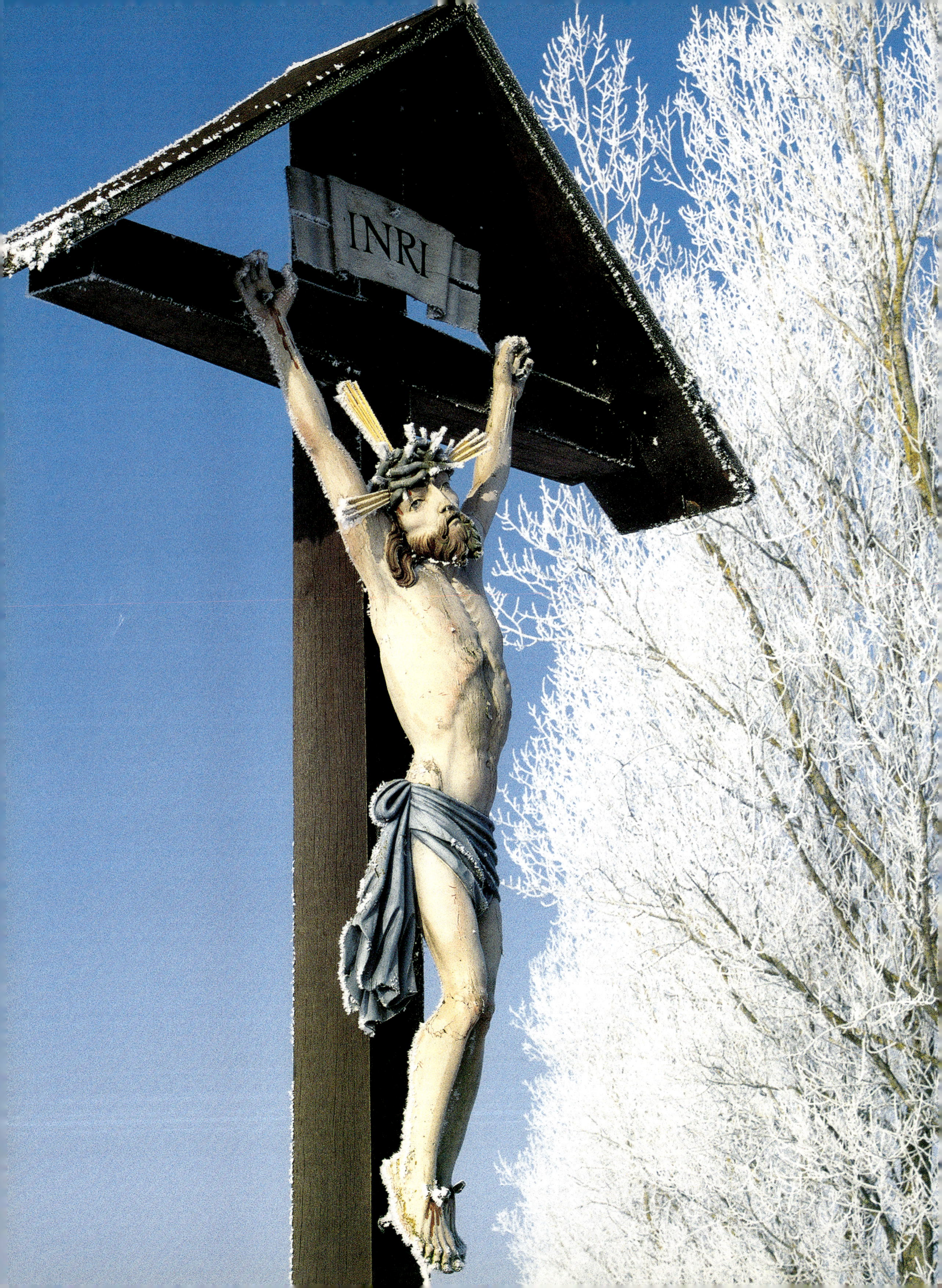
INRI

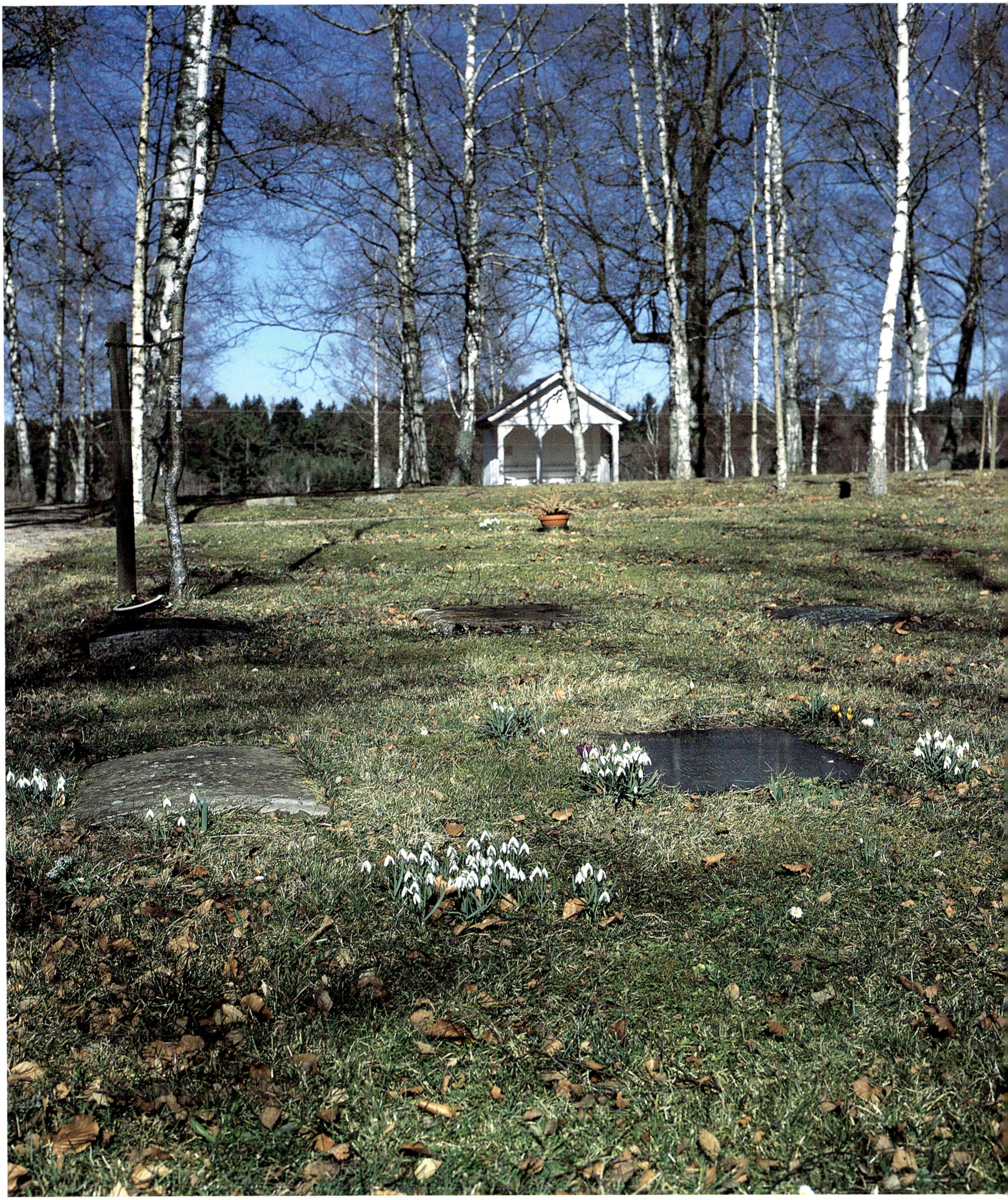

Wegkreuz bei Pfohren – Raureif auf der Baar. / Frühlingsboten – Gottesacker der Herrnhuter Brüdergemeine in Königsfeld.

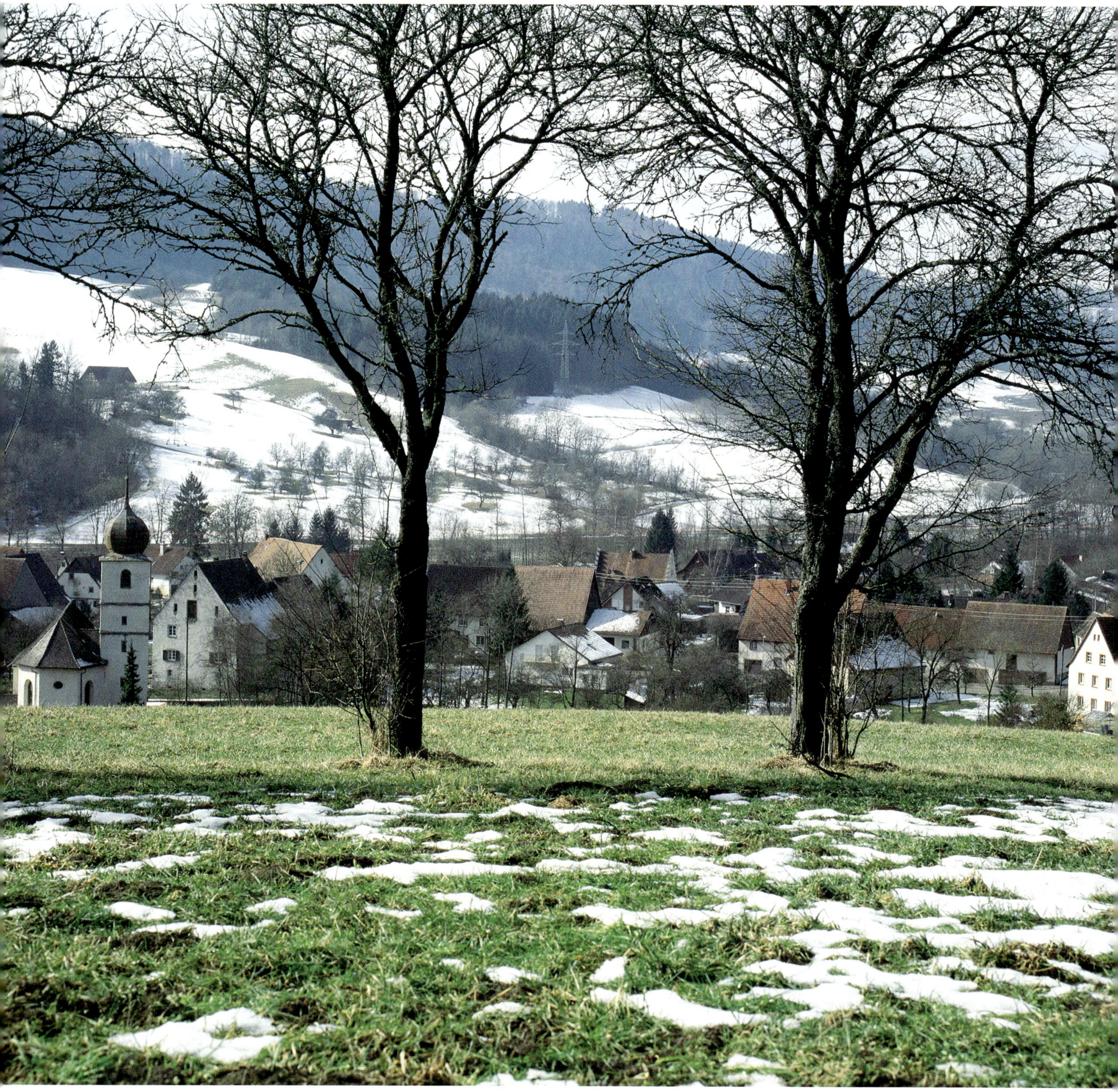

Wenn der Winter geht – Blick auf Achdorf. / Märzenbecherblüte in den Wutachflühen bei Blumberg.

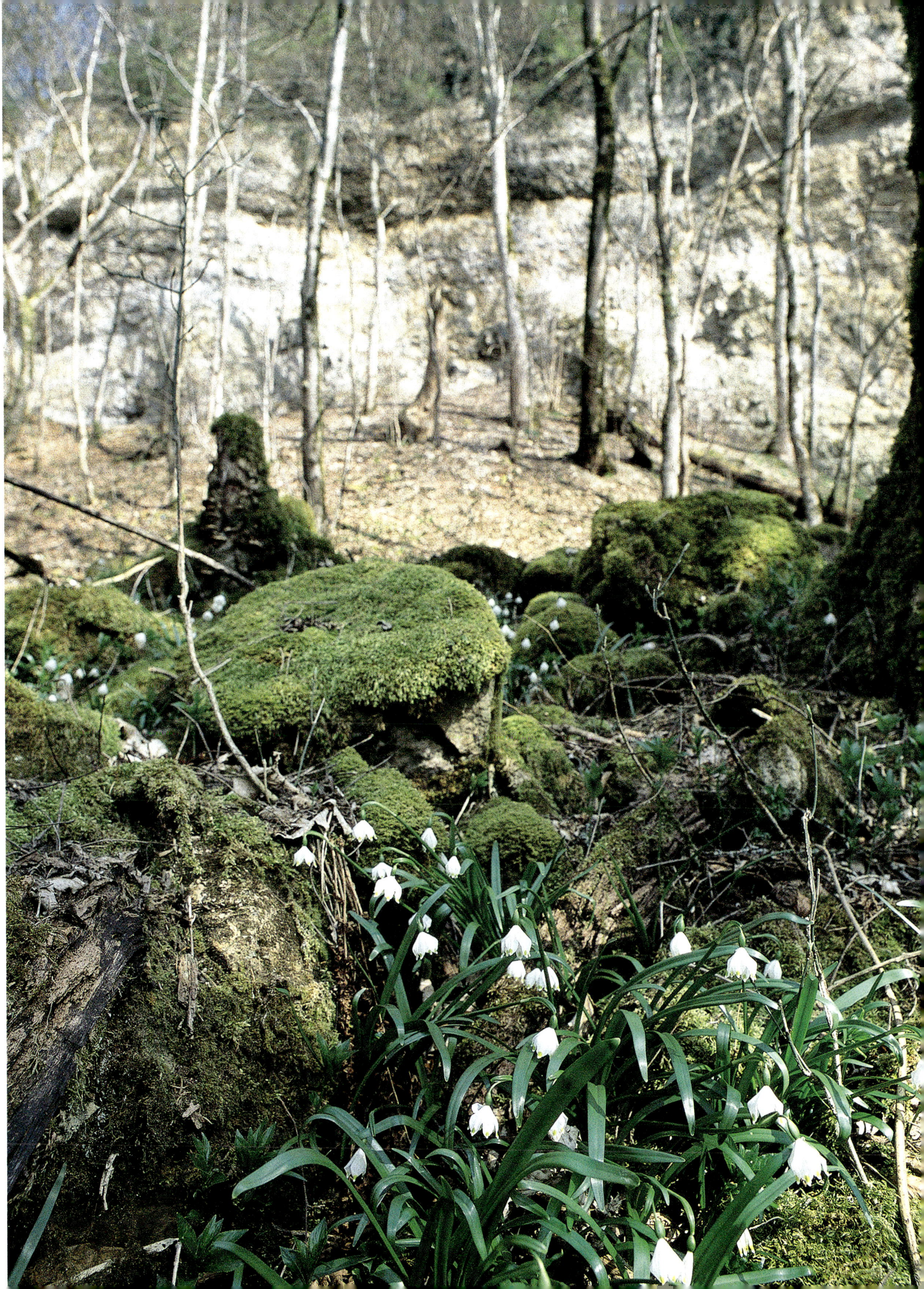

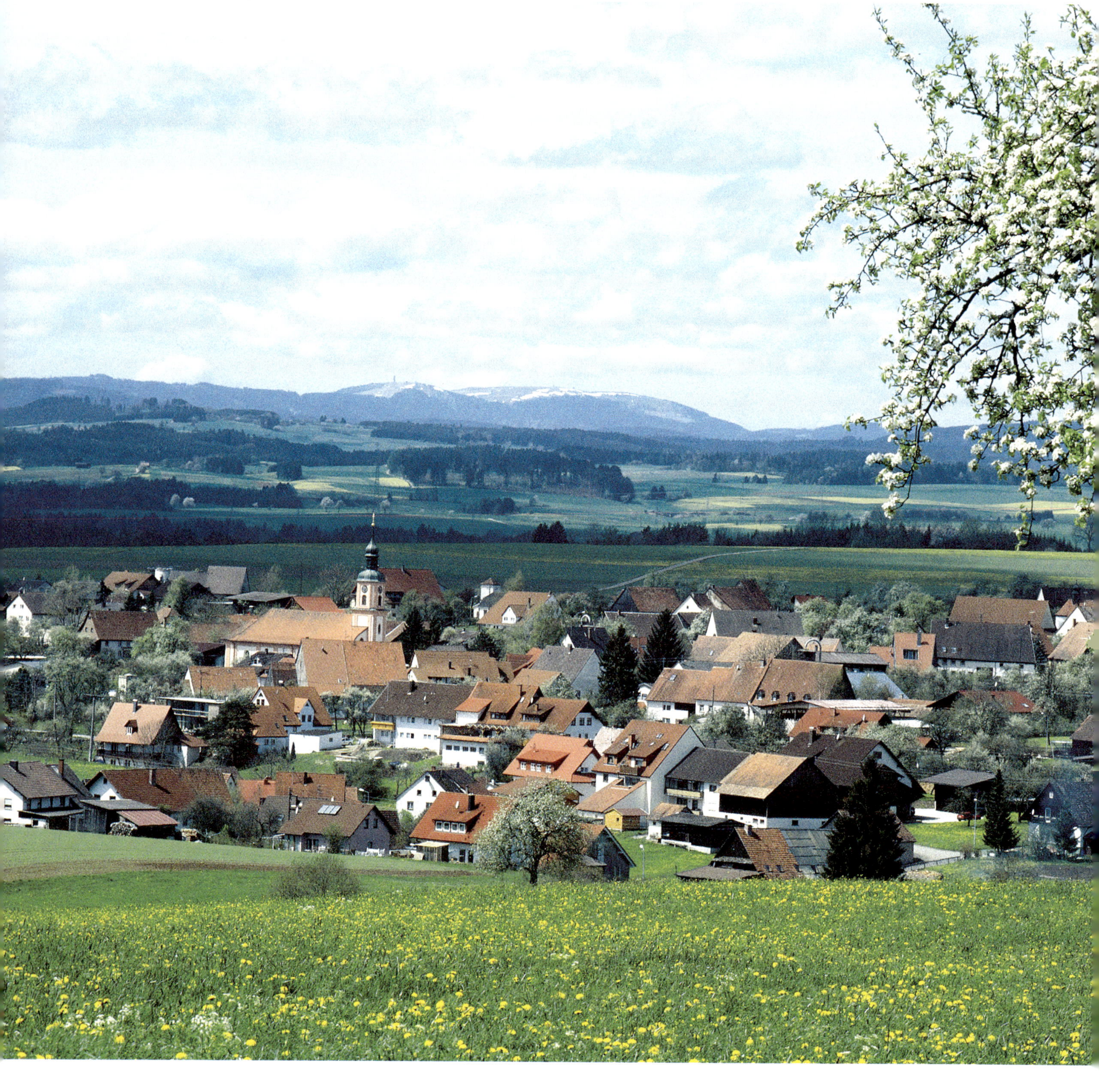

Mundelfingen mit Fernsicht zum Feldberg. / Pfohrener Kirchturm: Die Störche sind da.

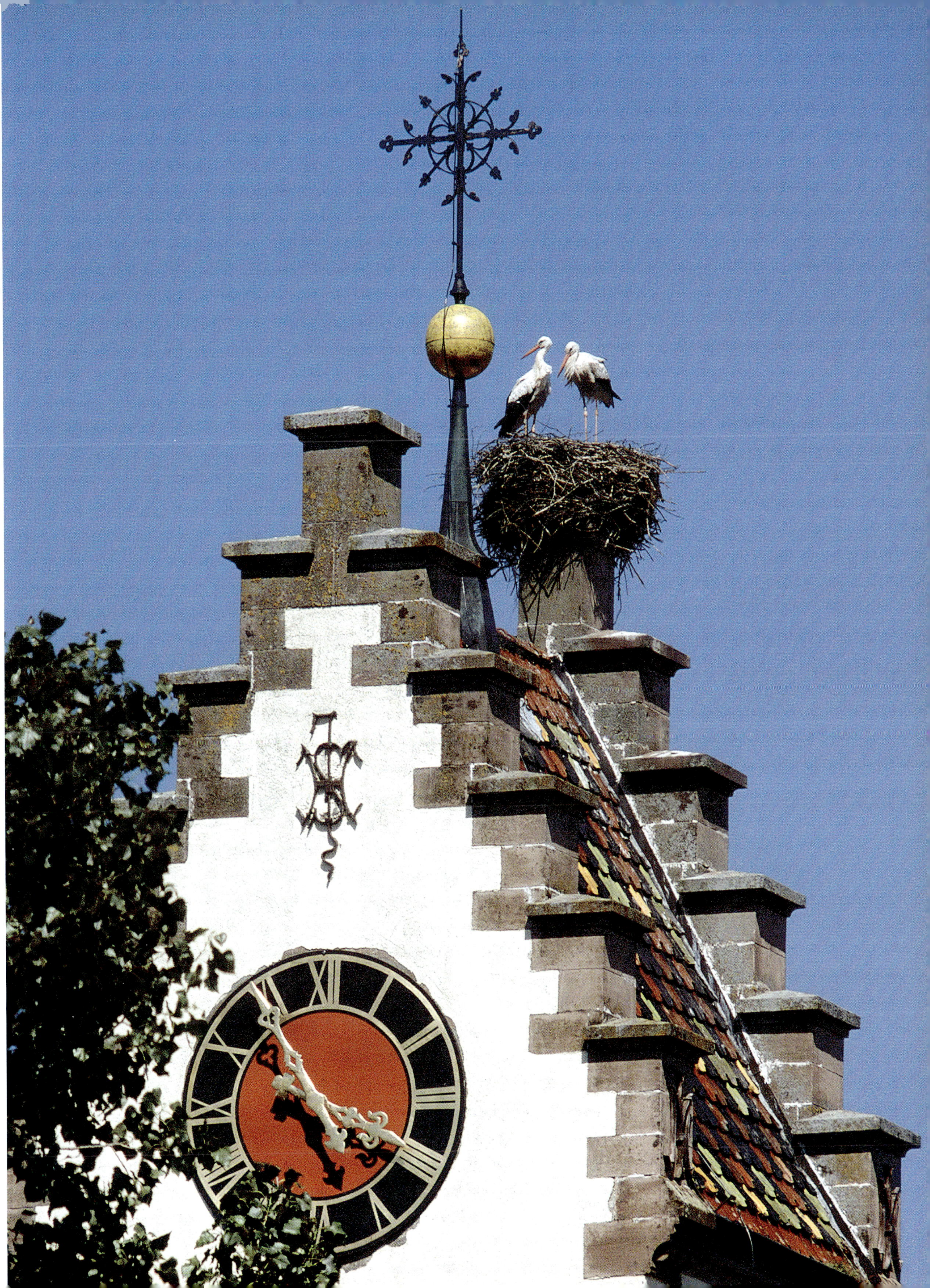

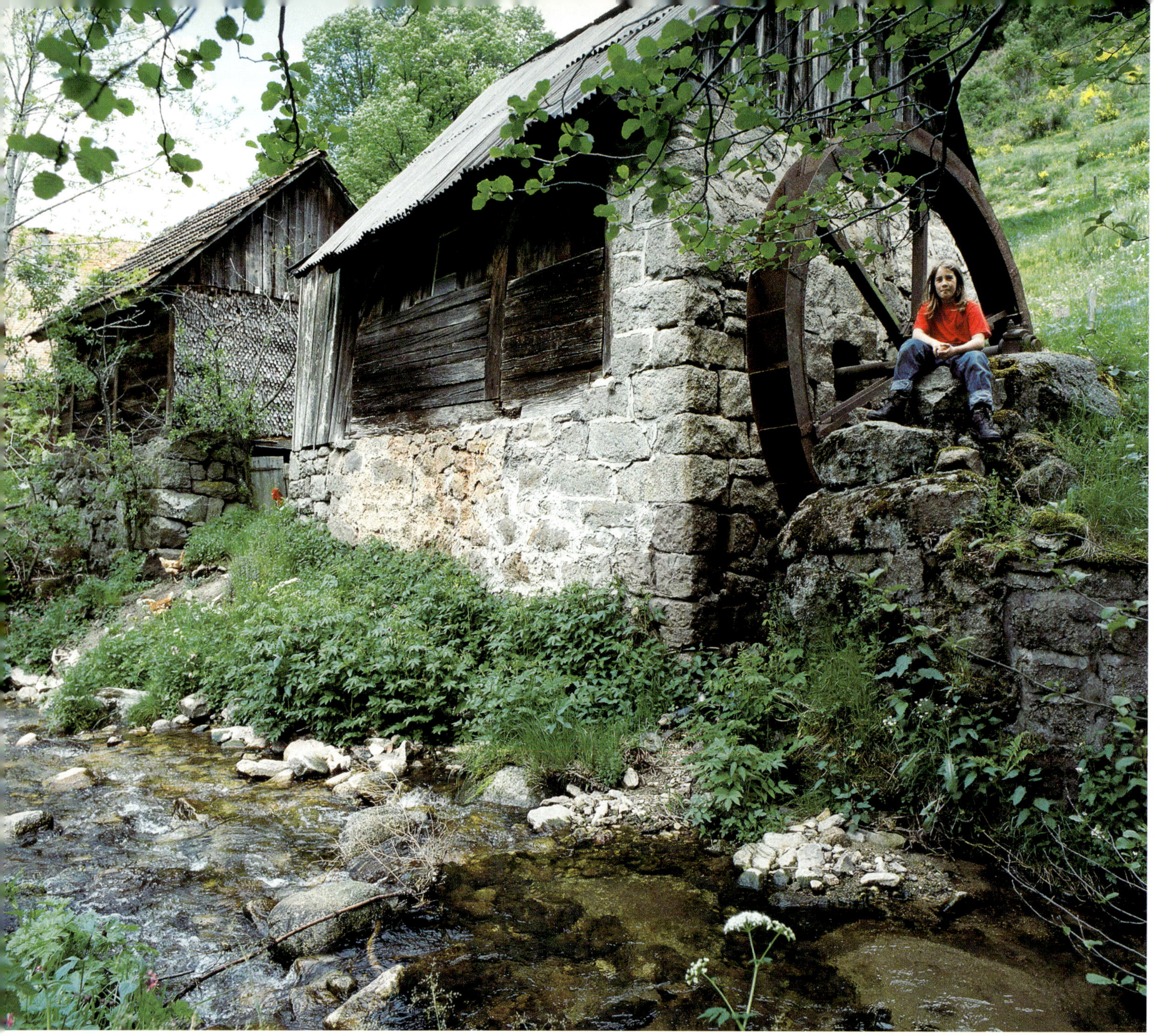

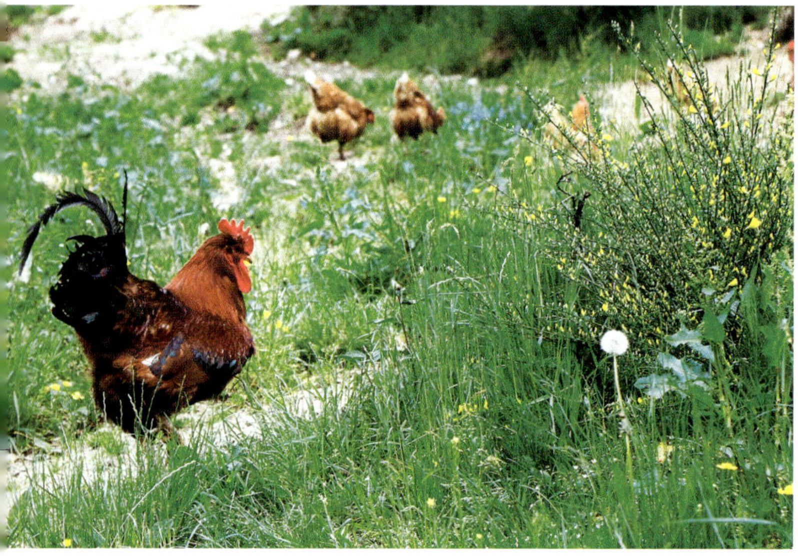

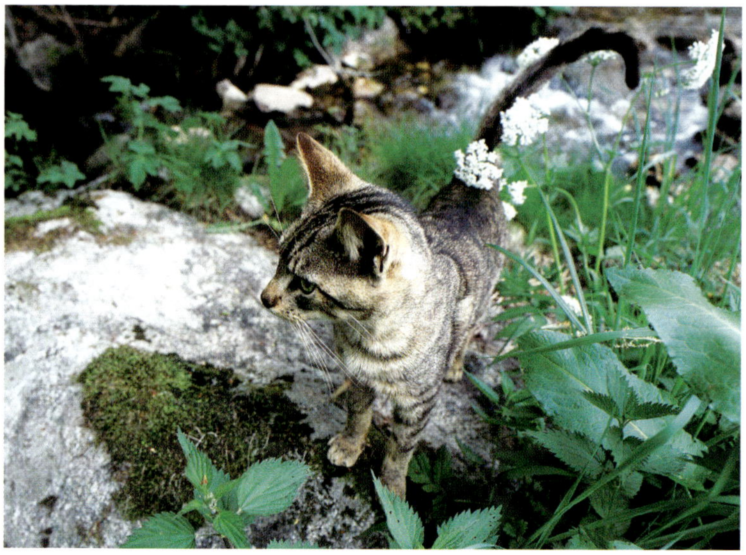

Beim Kienzlerbauern in Nußbach, ein Stück heile Welt: Heike hält von der um 1850 erbauten Mühle aus Ausschau nach Hahn Charly und dem wenige Wochen alten „Tigerle“, ihrer Katze. Die Mühle ist nicht mehr in Betrieb, die hölzerne Rinne, die das Wasser auf das Mühlrad führte, seit langem zerbrochen.

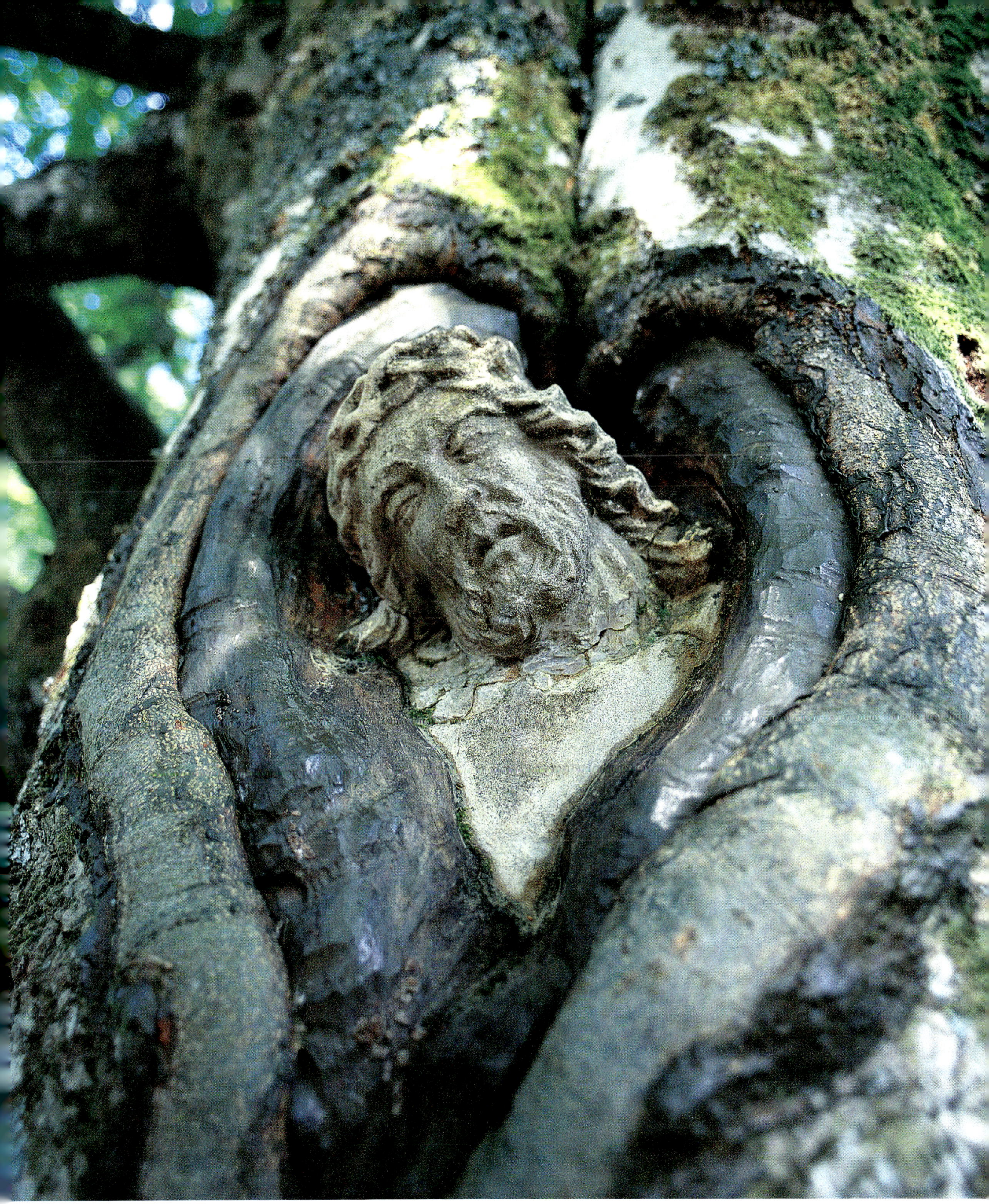

Der Balzer Herrgott bei Gütenbach – Ziel vieler Wanderungen. Der in einen Buchenstamm eingewachsene Christus soll von Hugenotten bei ihrer Flucht aus Frankreich zurückgelassen worden sein, oder vom Königenhof aus Neukirch stammen, der bei einem Lawinenunglück unterging. So erklären zwei von vielen Geschichten die Herkunft des Christus aus Sandstein.

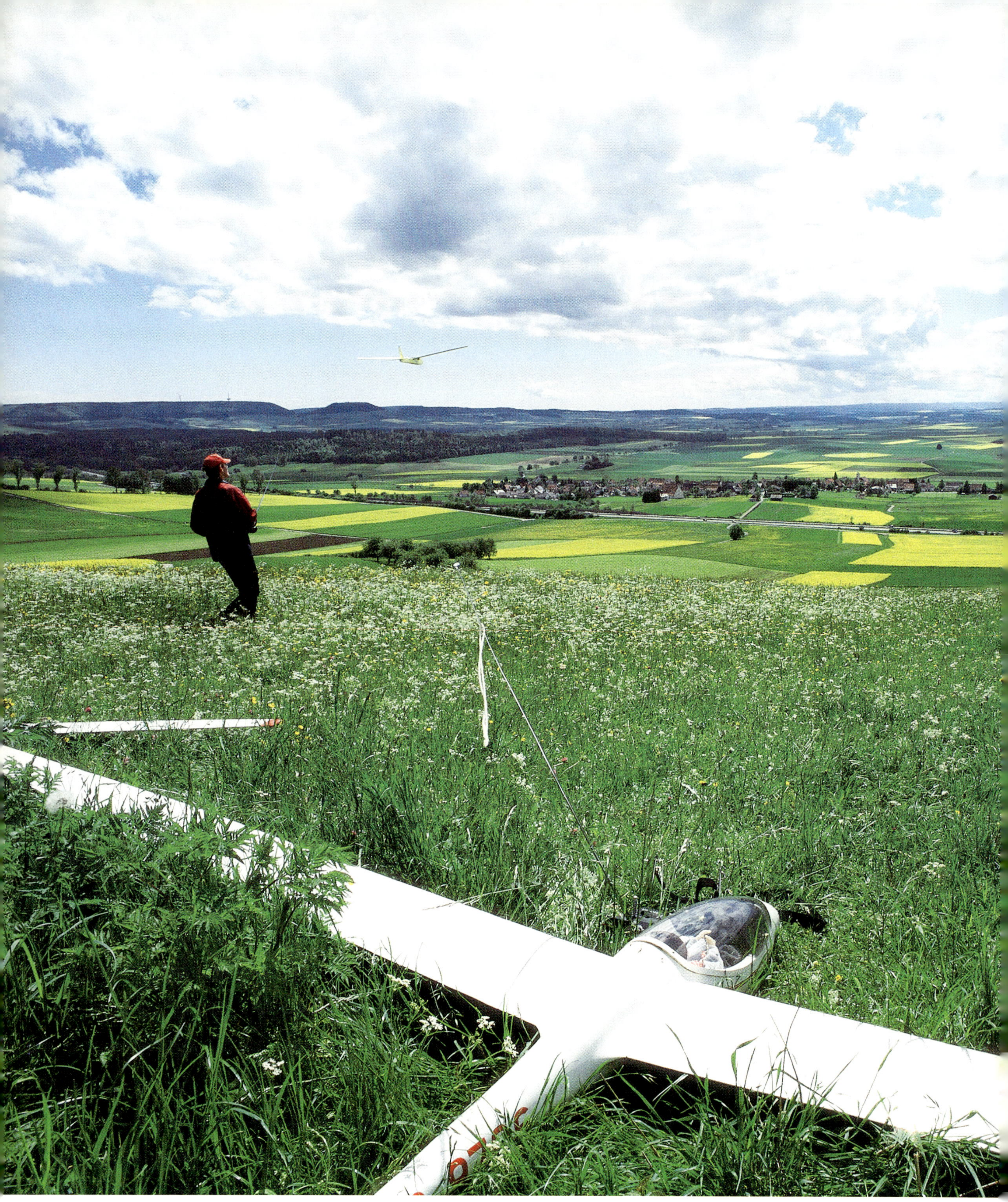

Hoch über der Baar, „Auf den Rainen“ – Blick über Unter- und Oberbaldingen in Richtung Donaueschingen.

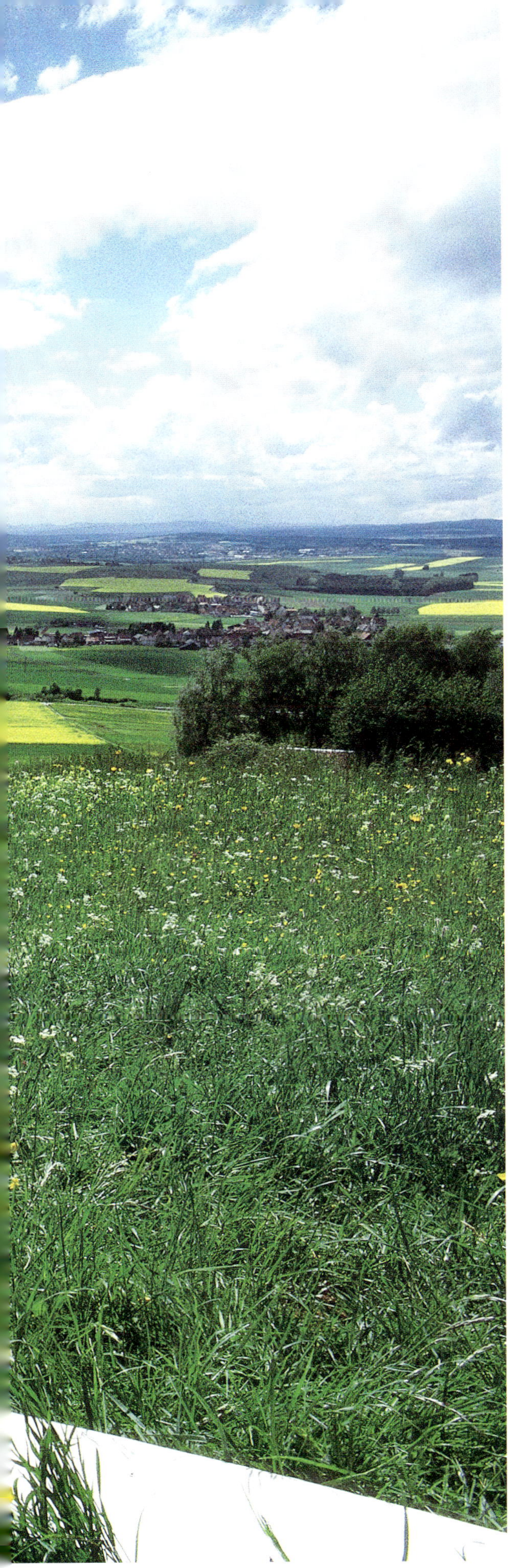

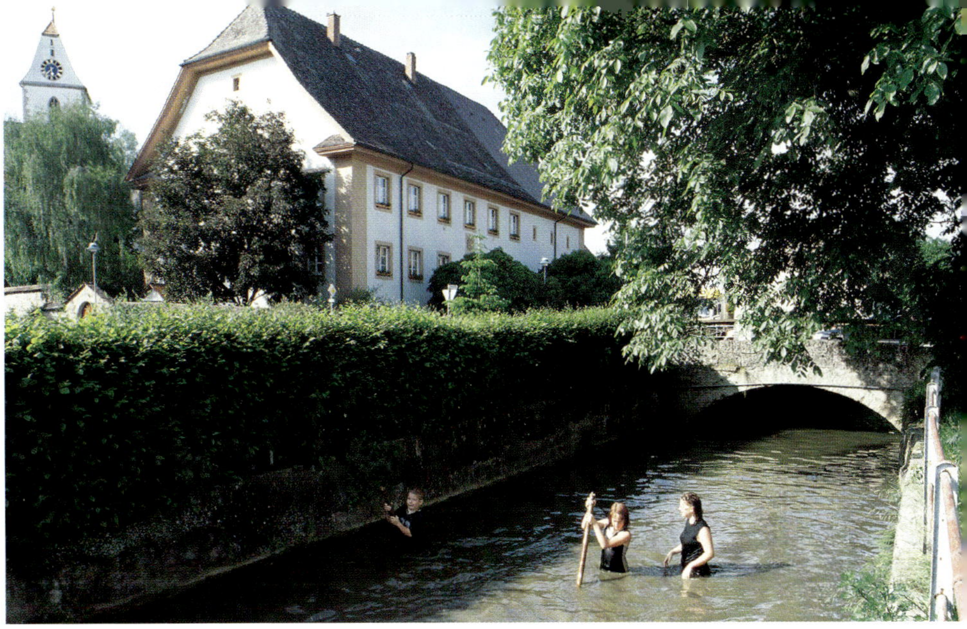

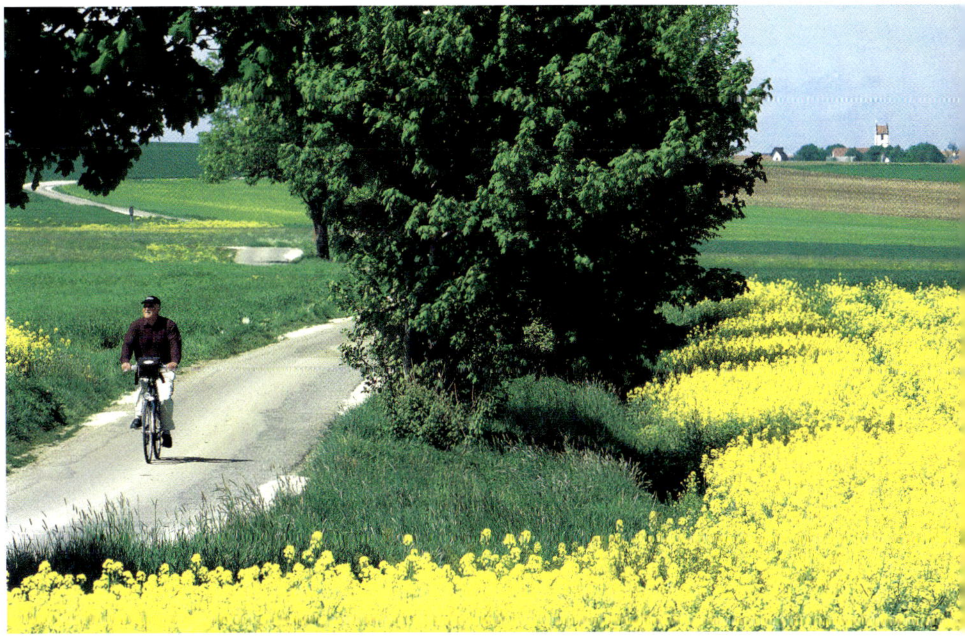

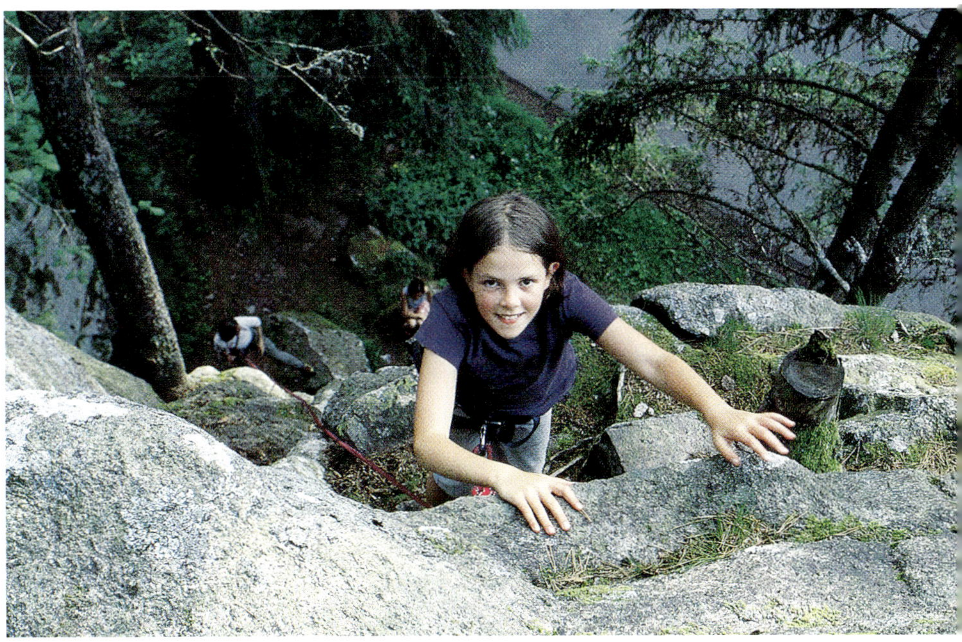

Wenn das Frühjahr kommt, zieht es die Menschen hinaus ins Freie – zumal, wenn schon im Mai „Sommer ist". Oben: Baden im Dorfbach von Fützen. Mitte: Die Baar bietet ein Radwegenetz, das Dutzende von Kilometer lang ist, hier bei Sunthausen. Unten: Klettertraining am Uhu-Felsen im Unterkirnacher Groppertal.

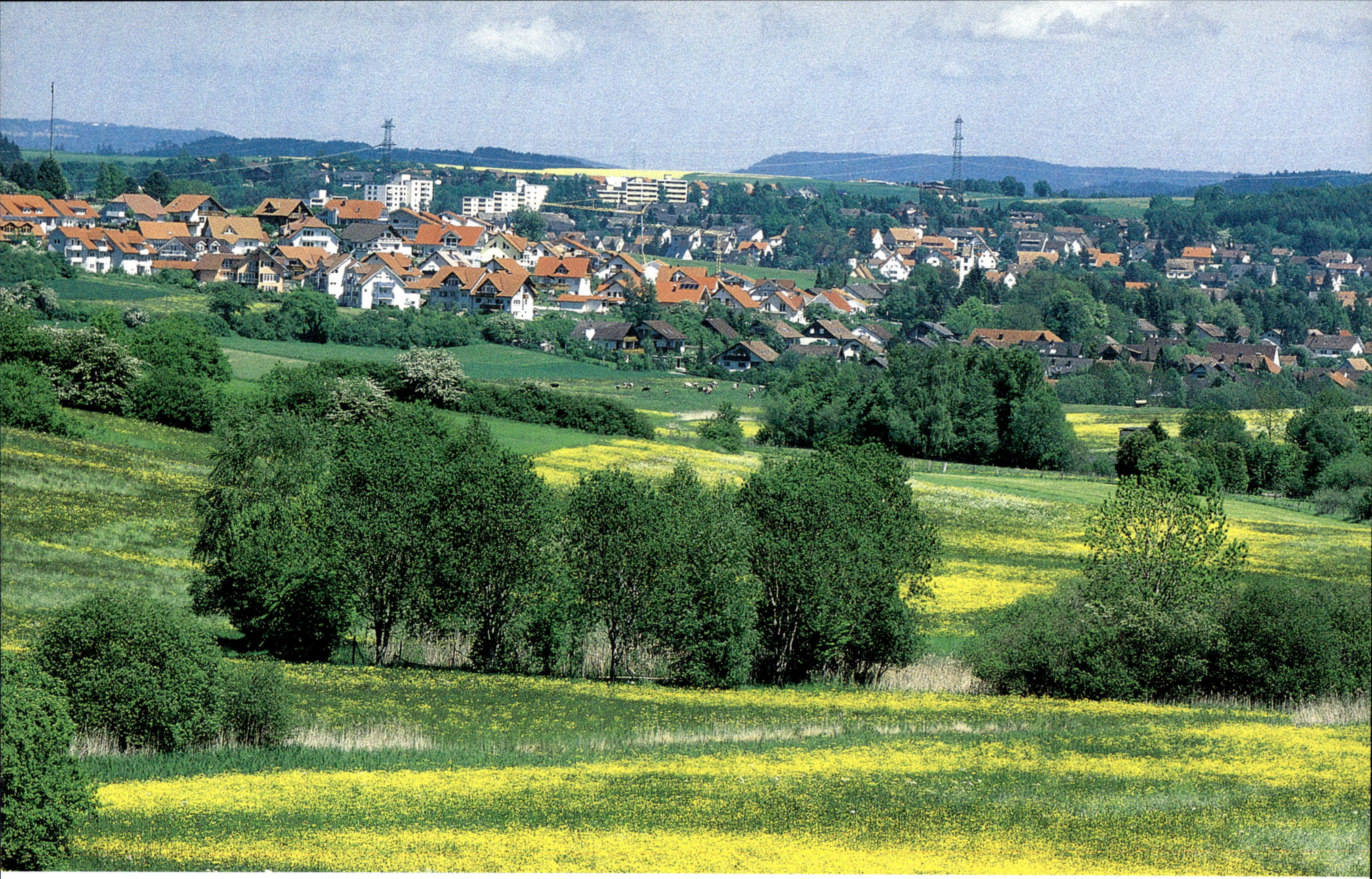

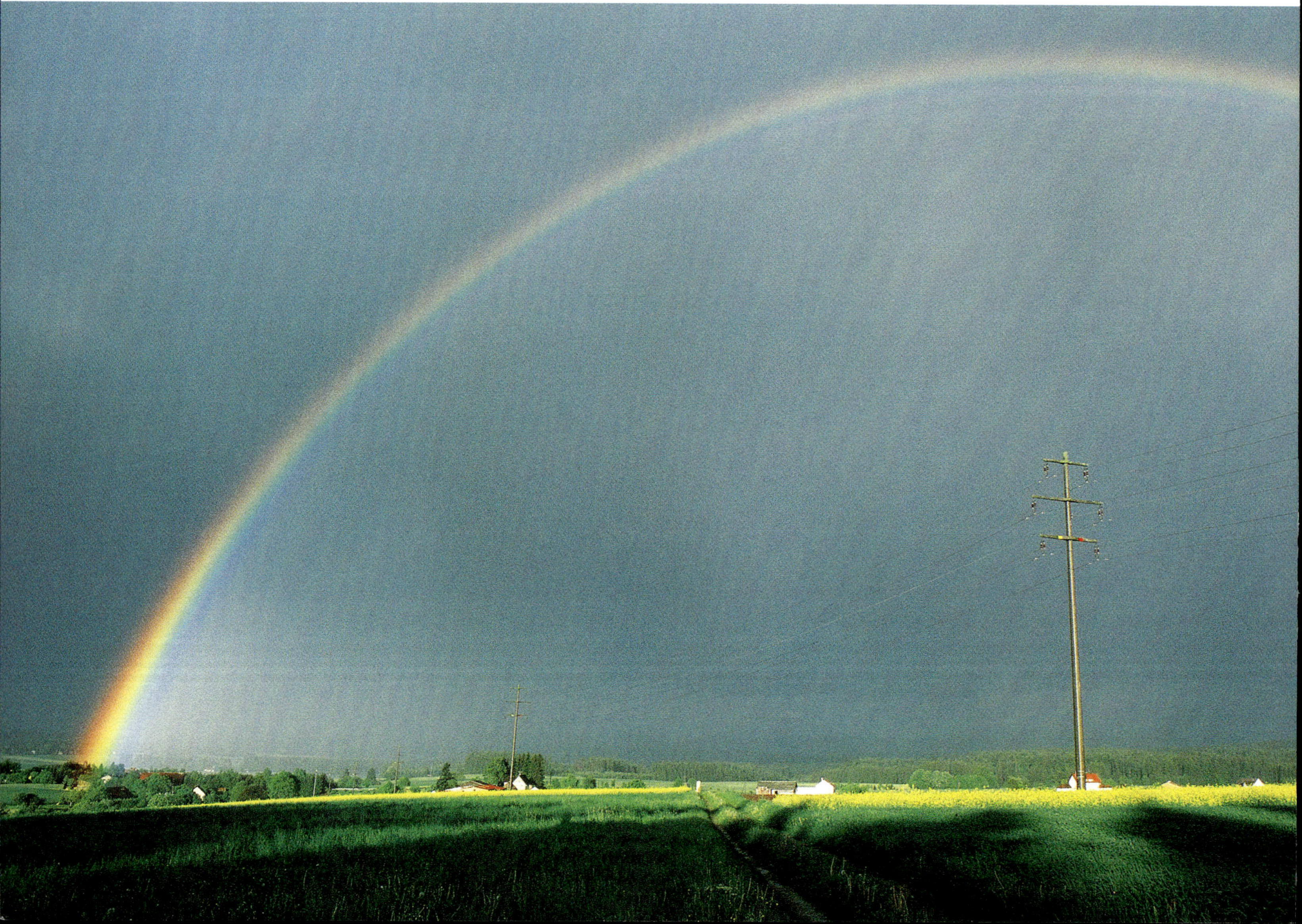

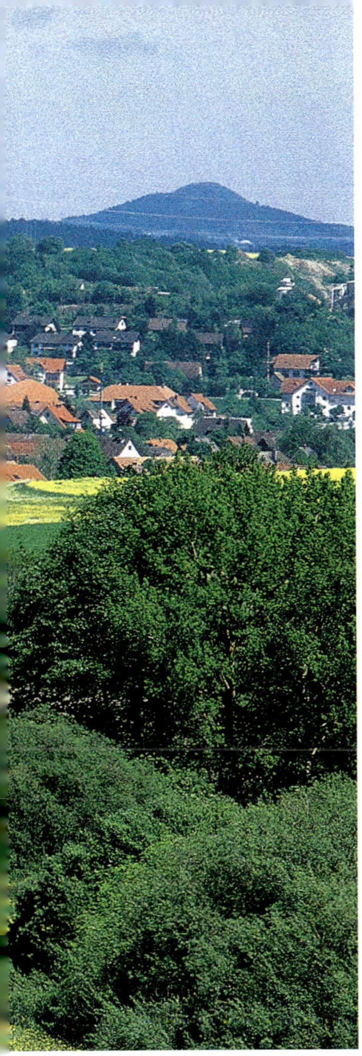

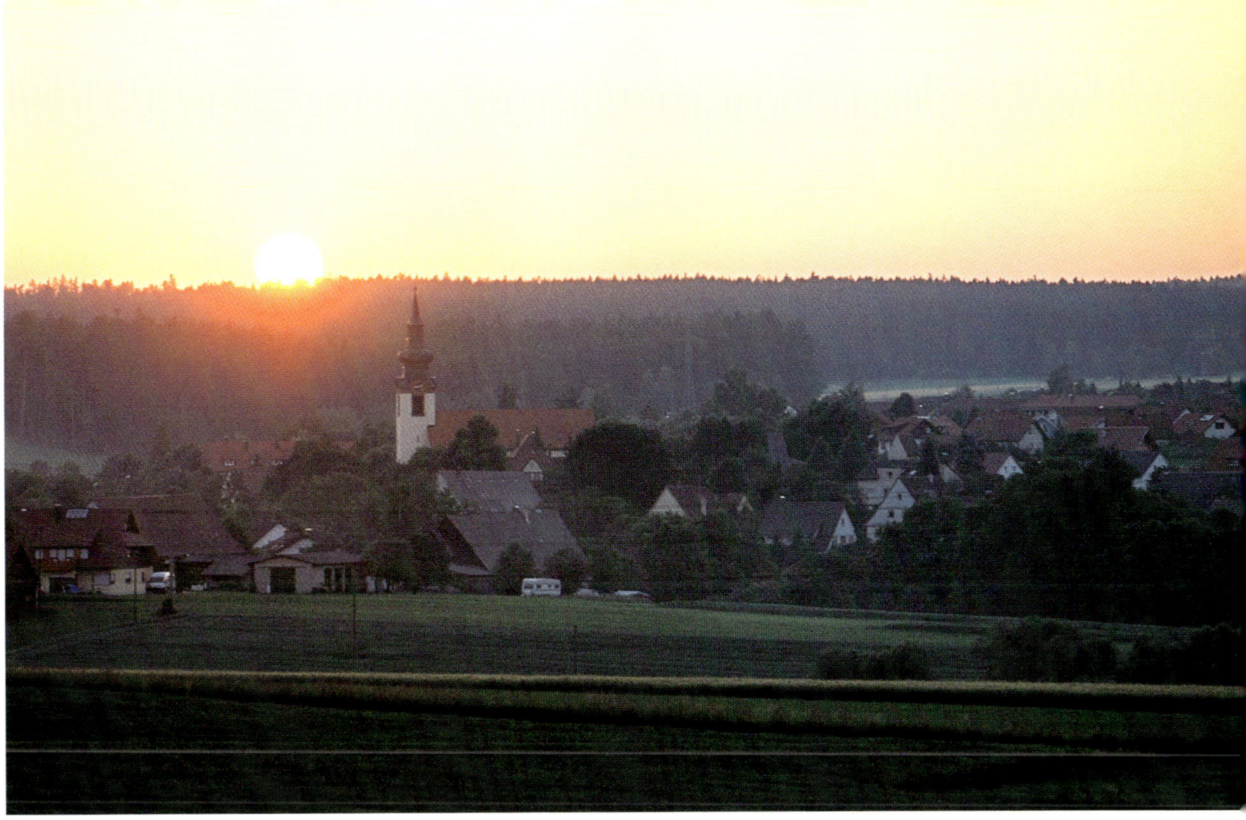

Oben links: Frühling im Brigachtal.
Oben rechts: Sonnenuntergang bei Obereschach.

Unten links: Ein Regenbogen taucht Pfaffenweiler in unwirkliches Licht.
Unten rechts: Blick auf Niedereschach

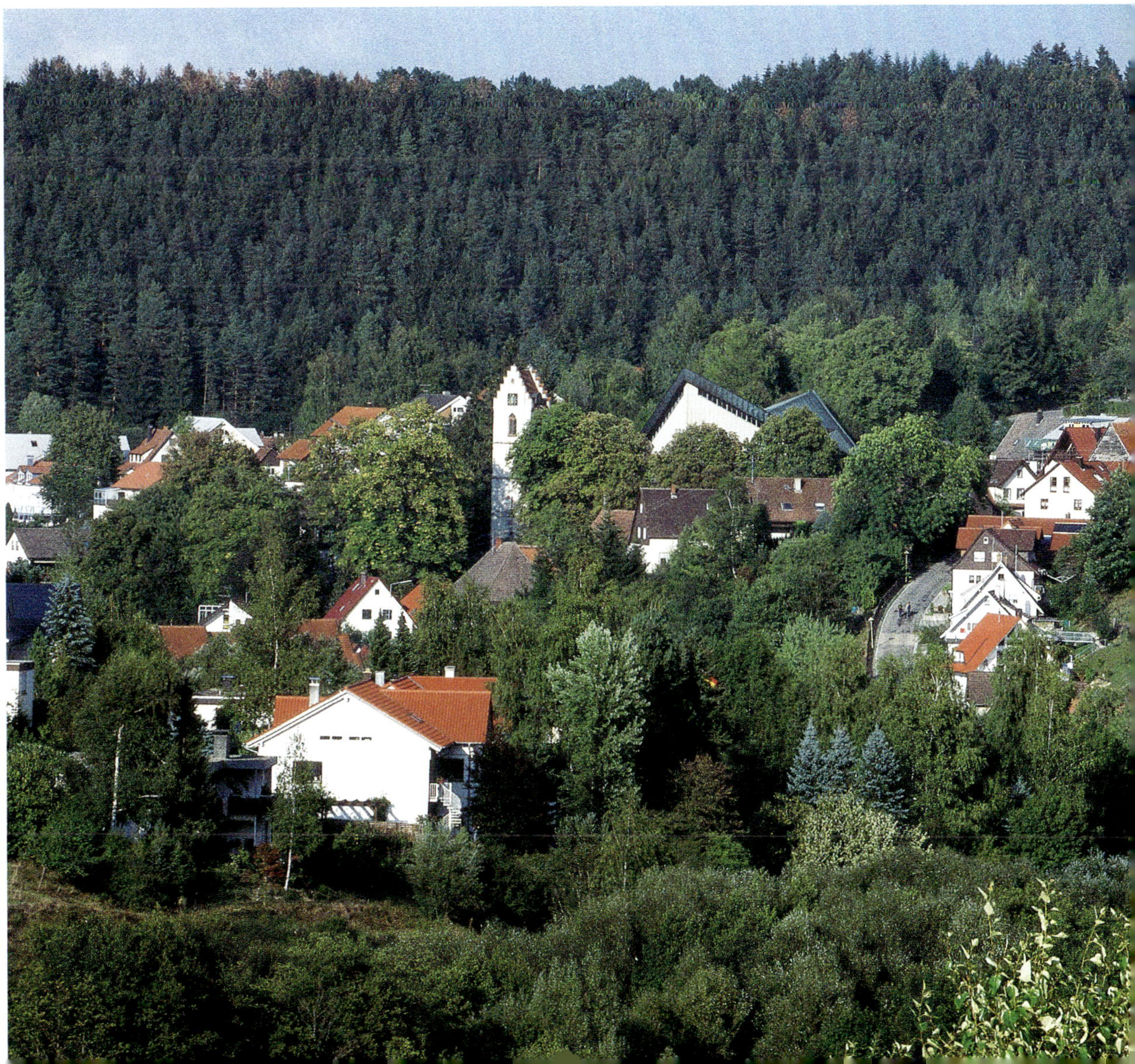

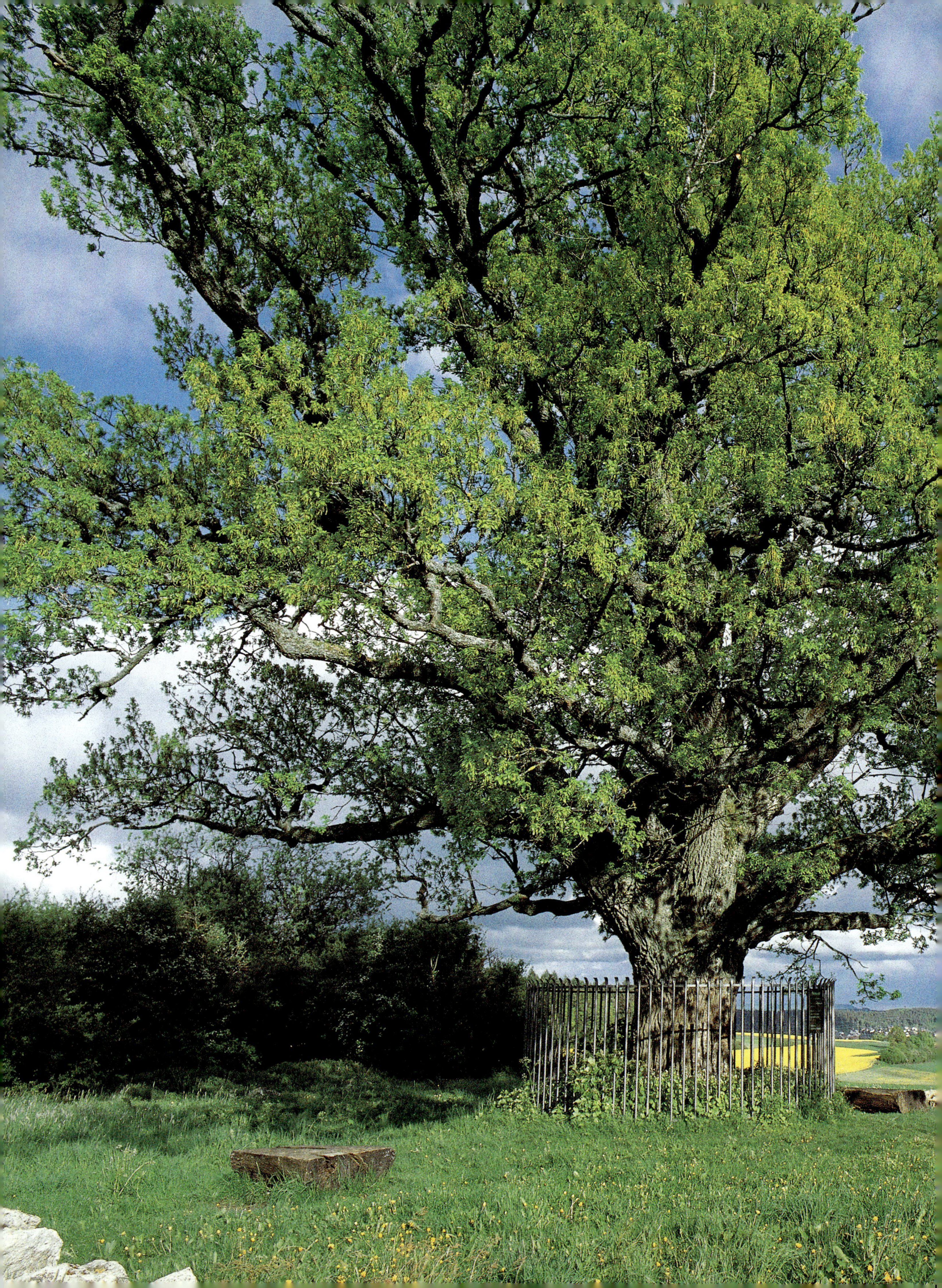

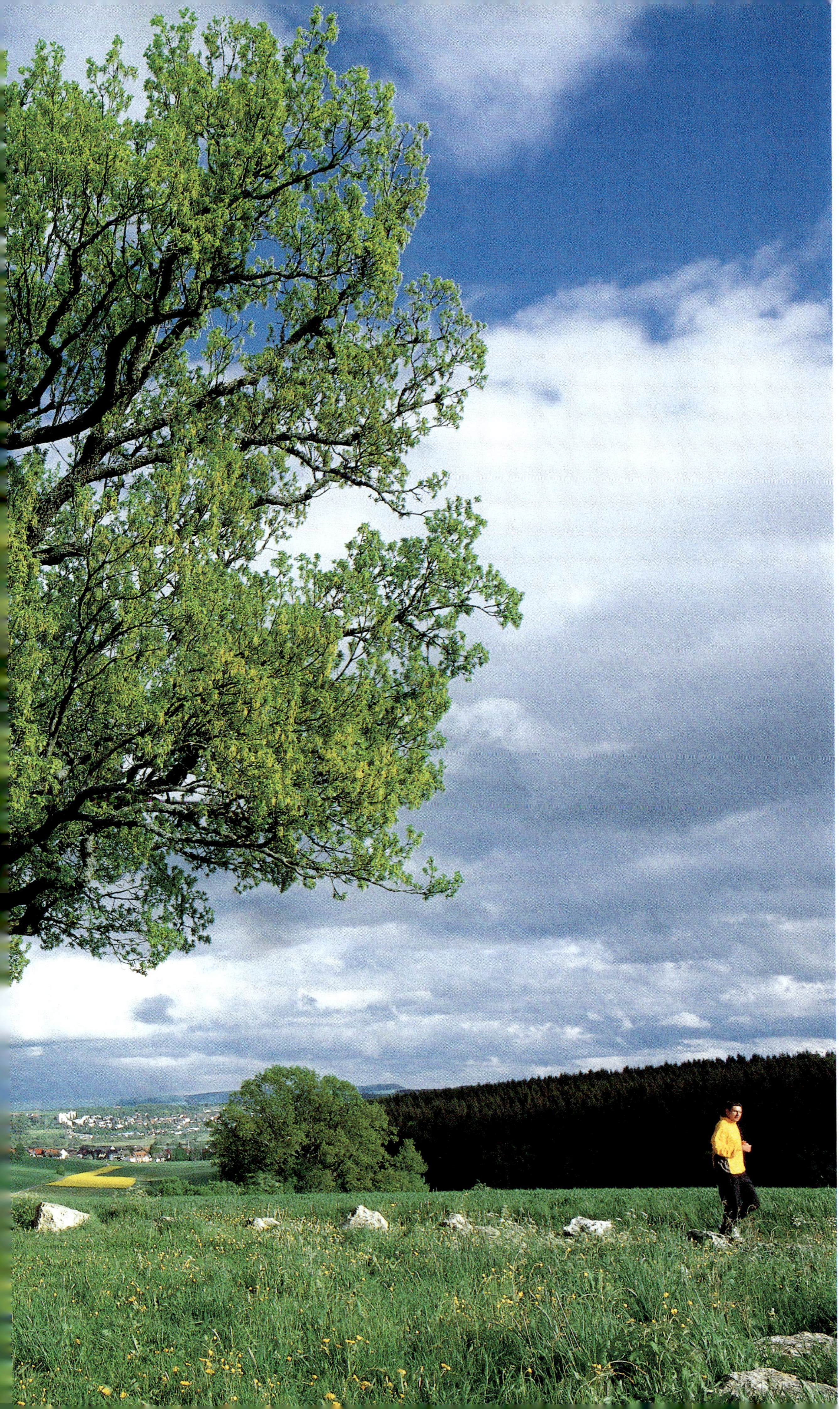

Die Eiche auf dem Magdalenenberg.

Das „Magdalenen-bergle“ ist ein beliebtes Naherholungsziel der Villinger. Hier joggen und walken sie, setzt man sich am Fuß der mächtigen Eiche, neben dem Grabhügel eines Keltenfürsten, zum Gespräch nieder – und ist manchmal sogar ein Gitarrenkonzert zu hören.

Zu der Eiche zieht es die Menschen hin – sie haben in „ihrem“ Baum einen Freund gefunden.

Steinerne Kanzel im Villinger Liebfrauenmünster mit Schmerzensmann. Die spätgotische Kanzel ist das Werk eines unbekannten Meisters, um 1510 entstanden.

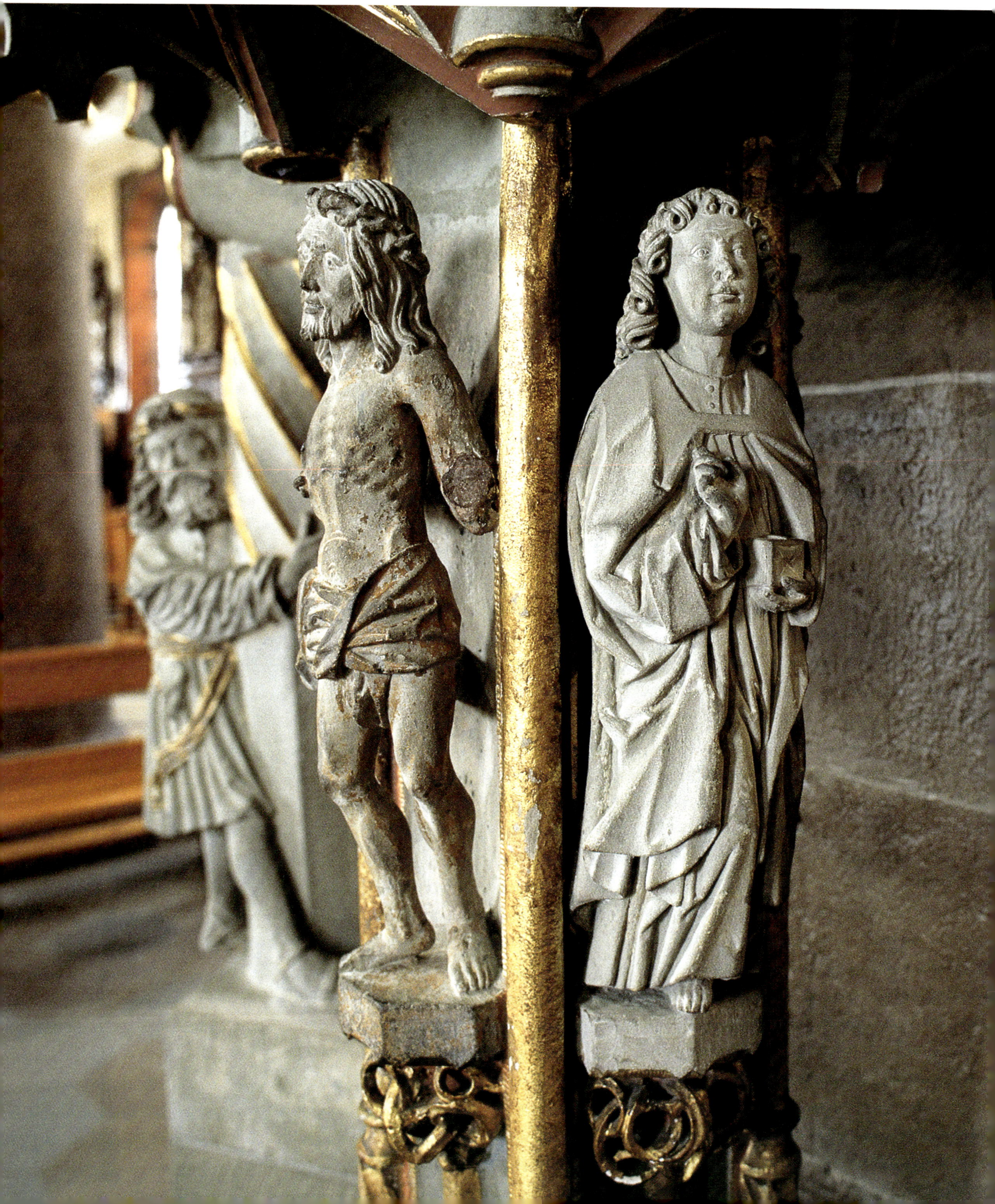

Die Tradition der Hüfinger Blumenteppiche reicht bis ins Jahr 1842 zurück. Dass die ganze Hauptstraße an Fronleichnam ein einziges Blumenmeer ist, faszinierte schon um 1900 nicht nur Hüfinger, sondern auch viele Besucher. Heute sind es Jahr für Jahr Tausende, die an Fronleichnam nach Hüfingen pilgern, auch wenn die Witterung nicht in jedem Jahr den großen Blumenteppich zulässt.

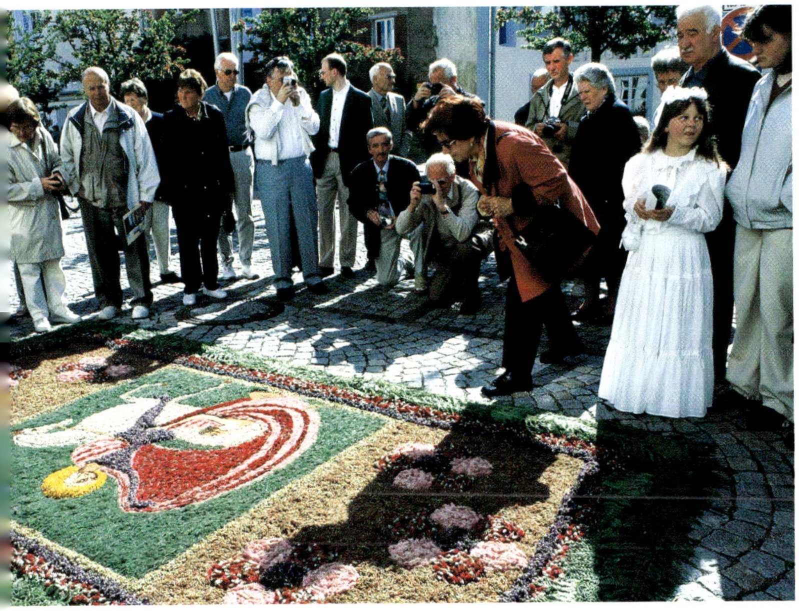

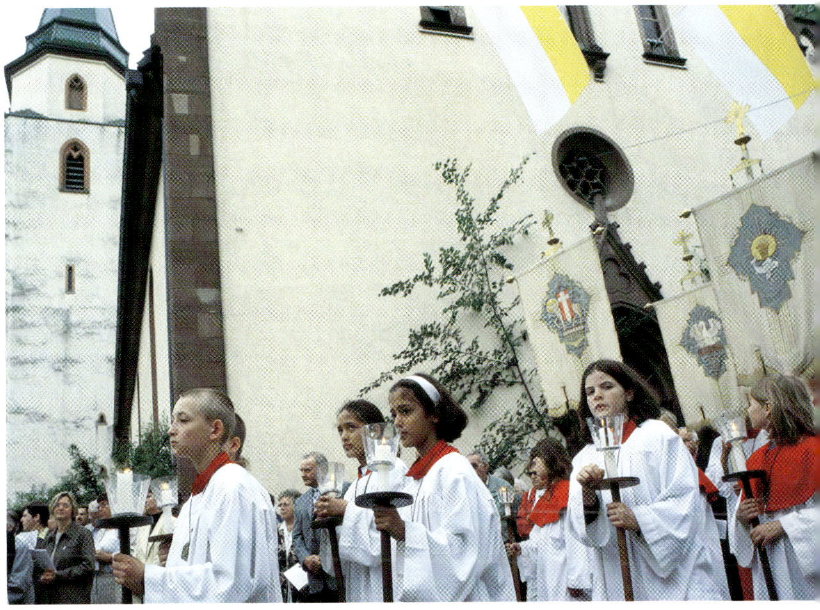

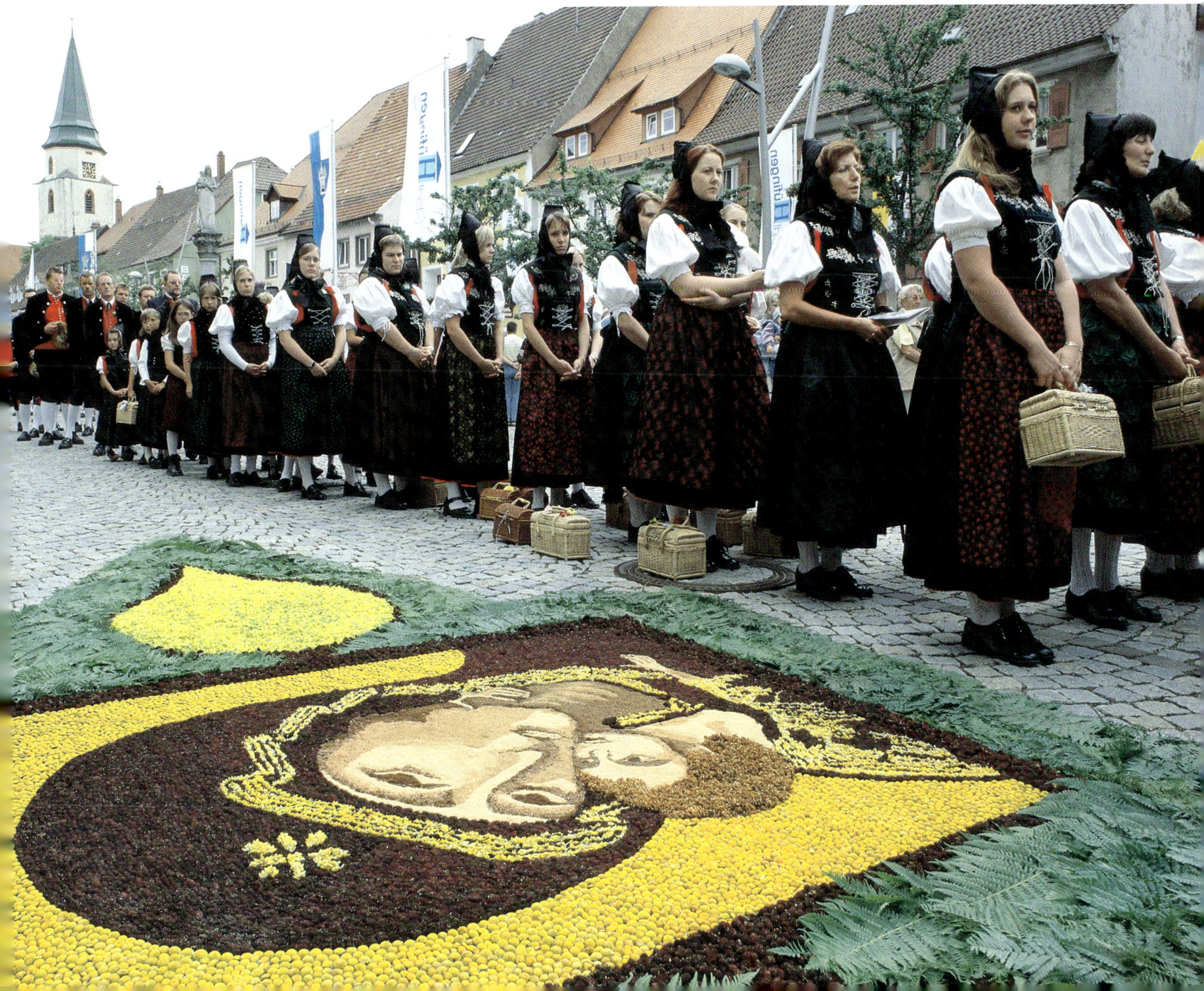

Auf zur Heuernte – mit dem Vater aufs Feld: beim Grieshaberhof in Triberg-Nußbach.
Unten: „Der erste Schnitt“, Heuernte auf der Sommerauer Höhe bei St. Georgen.

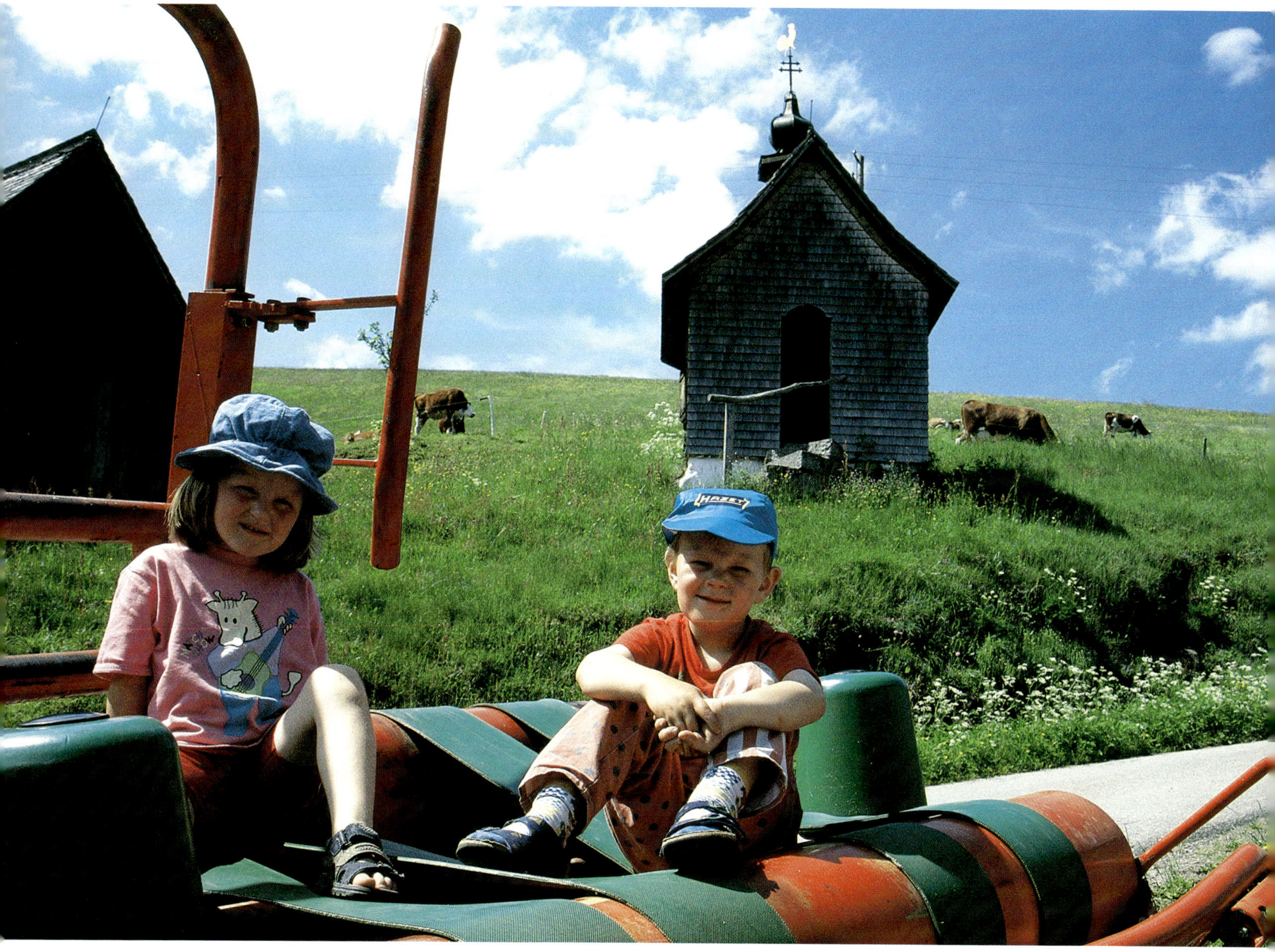

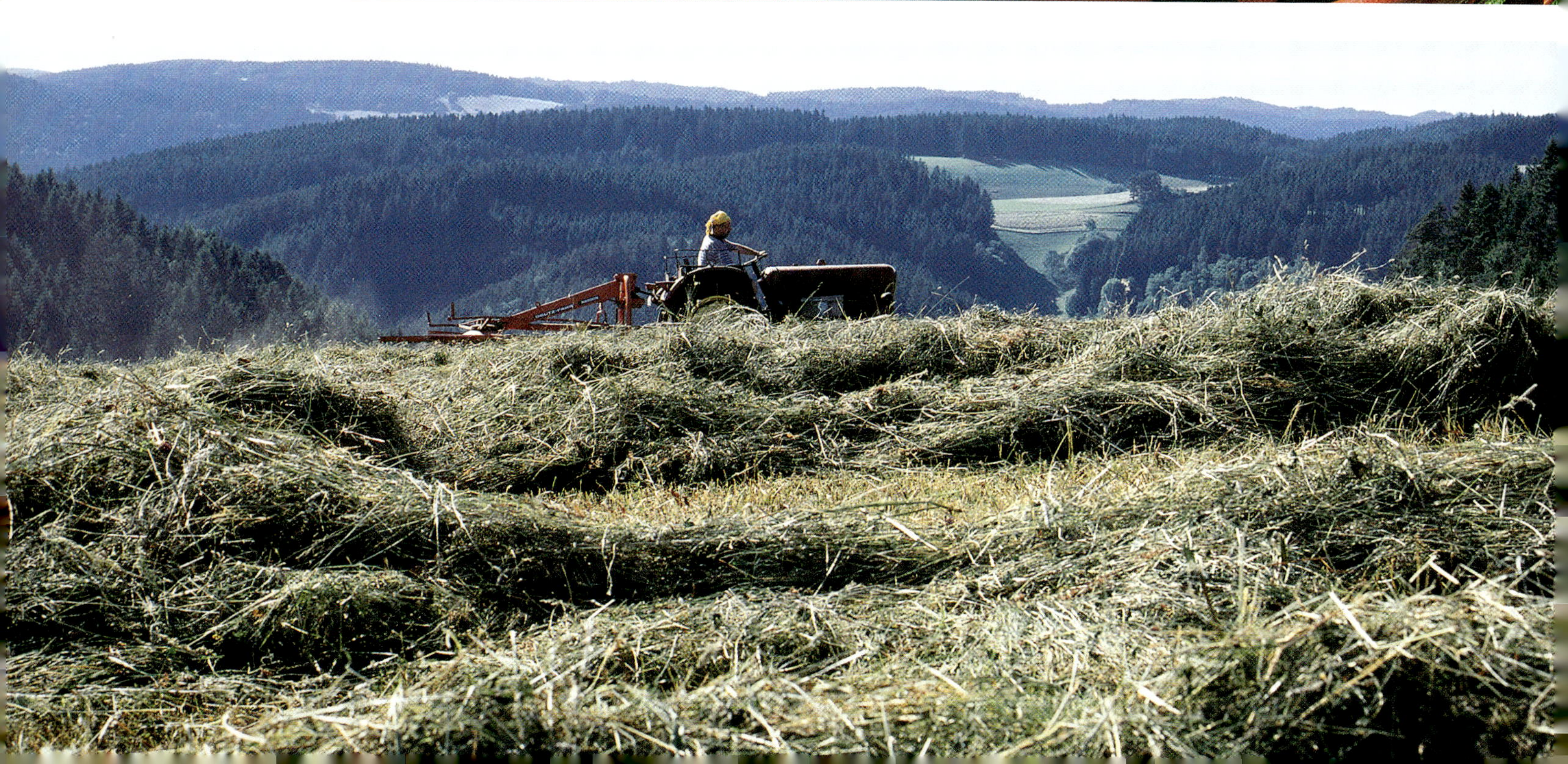

„Brotzeit“ beim Kleiserhansenhof in Linach.

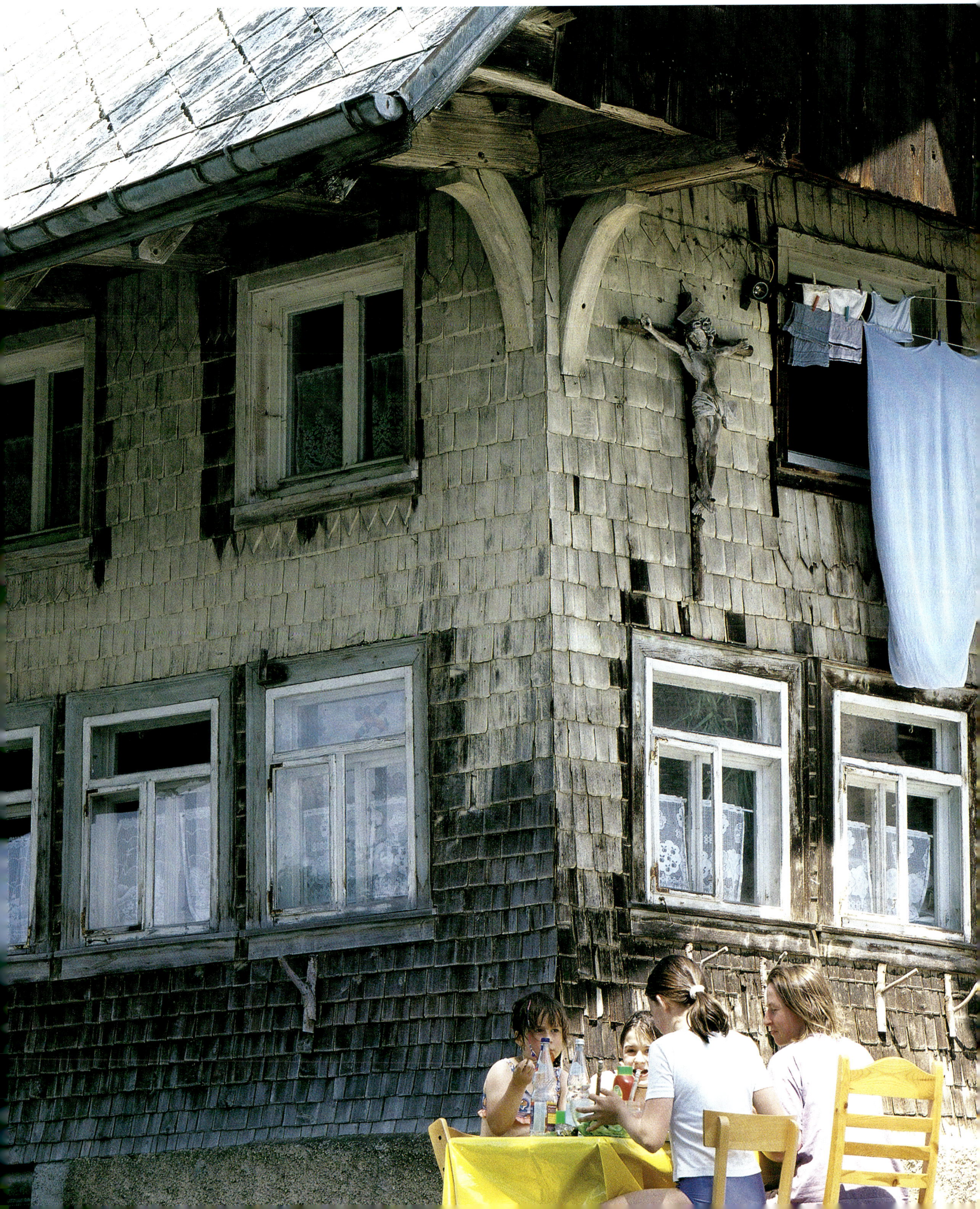

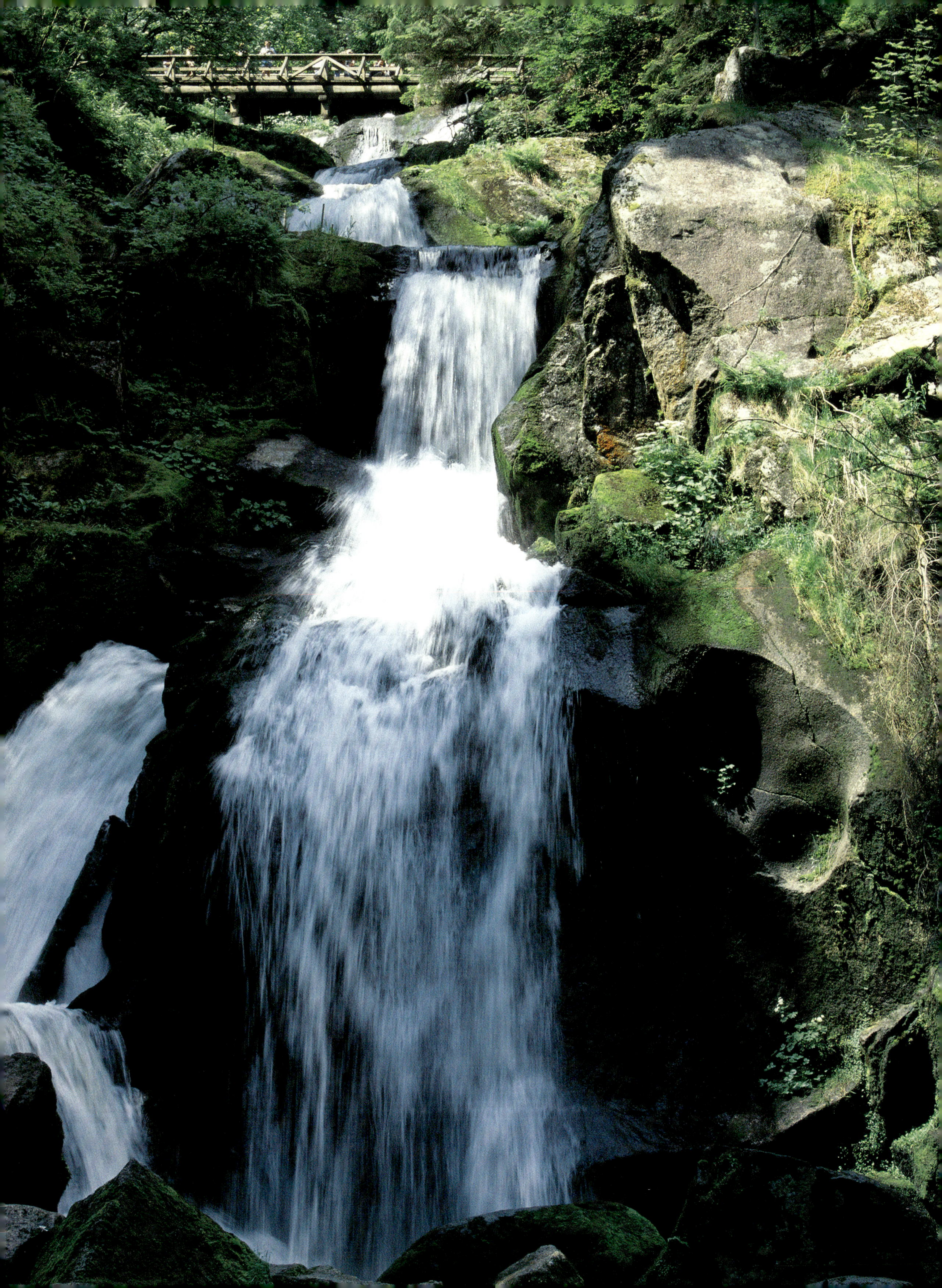

Linke Seite: Die Triberger Wasserfälle, die höchsten Wasserfälle Deutschlands. Das Wasser der Gutach stürzt über zahlreiche Kaskaden 163 Meter hinab. Über eine halbe Million Menschen aus aller Welt kommen jährlich nach Triberg, um dieses grandiose Naturschauspiel zu erleben.

Die Wallfahrtskirche „Maria in der Tanne“ präsentiert sich in barocker Pracht. Hochaltar und Kanzel stammen von dem Villinger Bildhauer Josef Anton Schupp.

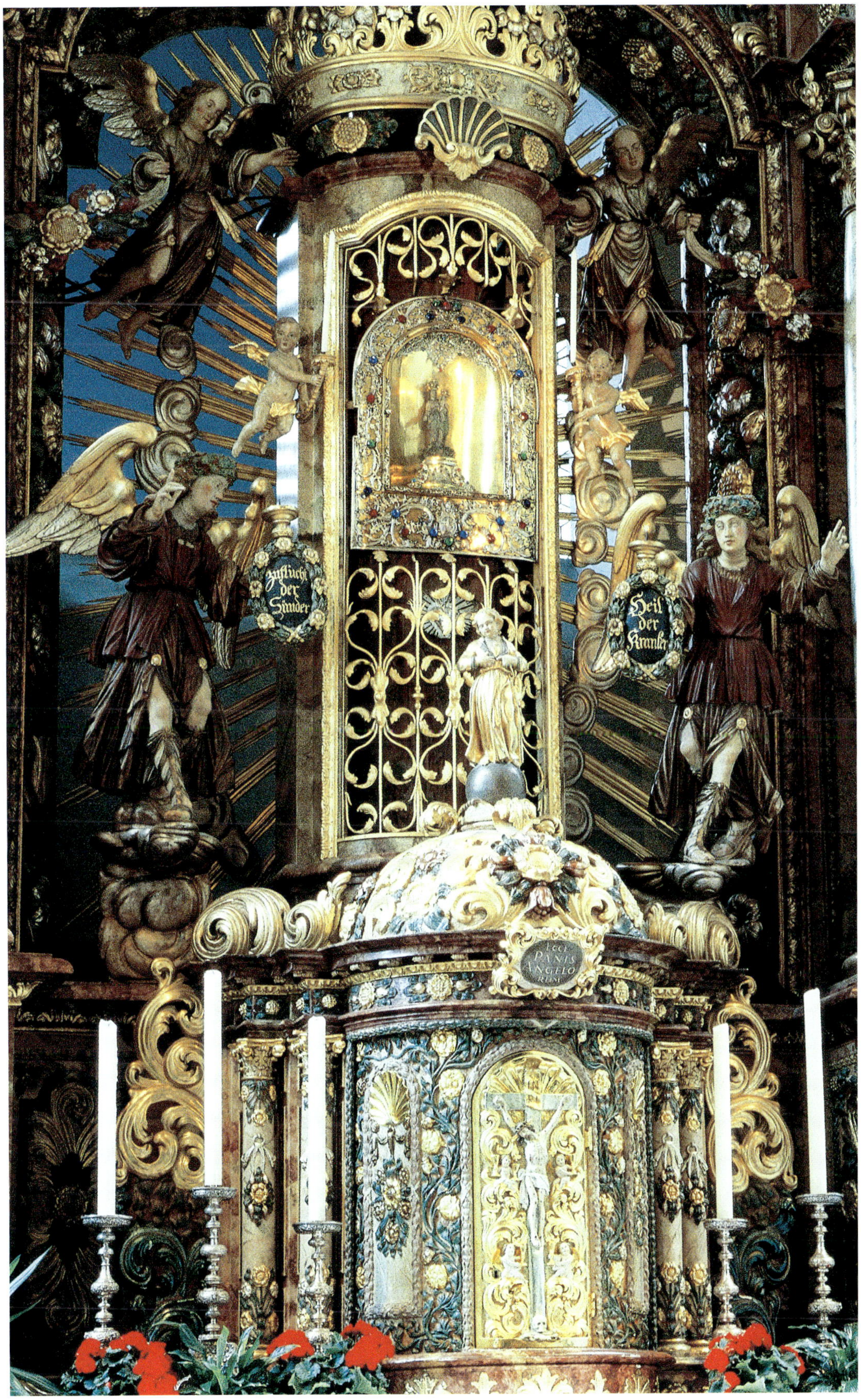

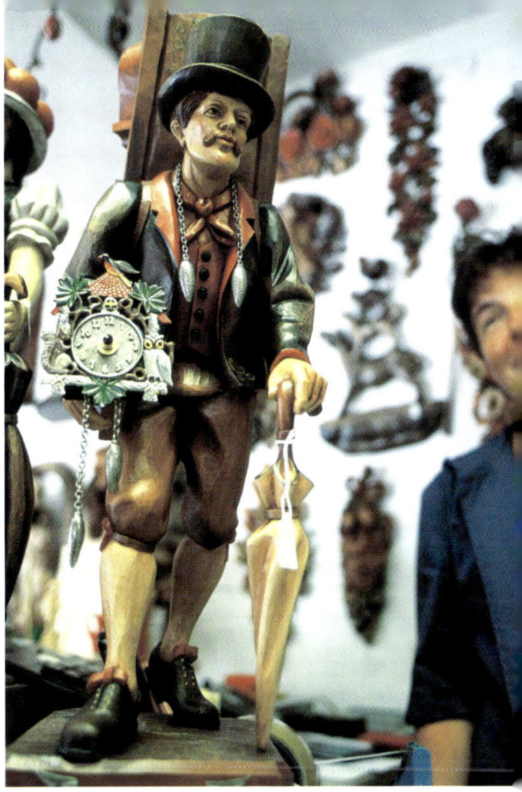

Wo sich Touristen aus aller Welt einfinden, sind Souvenirs gefragt, vor allem aus Holz wie der Uhrenträger.

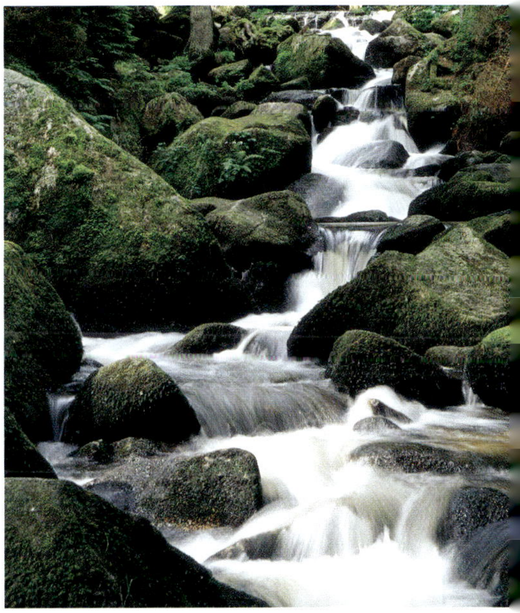

Triberg, wo die Gutach fließt.

Uhrmacherwerkstatt im Schwarzwaldmuseum.

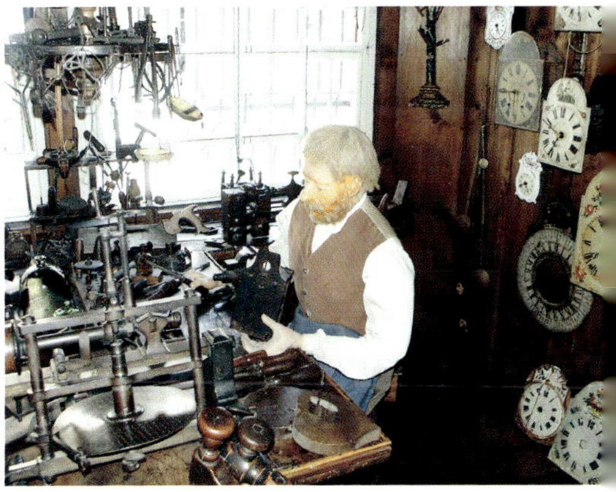

Neben der Tracht ist die Kuckucksuhr das populärste Markenzeichen des Schwarzwaldes. Industriell hergestellte Schwarzwälder Kuckucksuhren überschwemmten bis in die 1980er Jahre hinein den Weltmarkt, auch dieser Familienbetrieb, der in der 5. Generation Holzkunstwerke herstellt, profitierte als Unternehmen mit zeitweise bis zu 50 Angestellten von der Entwicklung. Heute besinnt man sich auf die Nische, fertigt als traditioneller Handwerksbetrieb Kuckucksuhren-Unikate. Der jüngste Schnitzer in der Familie sieht sich in der Tradition seiner Vorfahren, freut sich, dass seine modern ausgeführten Unikate von Schonach aus bis nach Amerika verkauft werden.

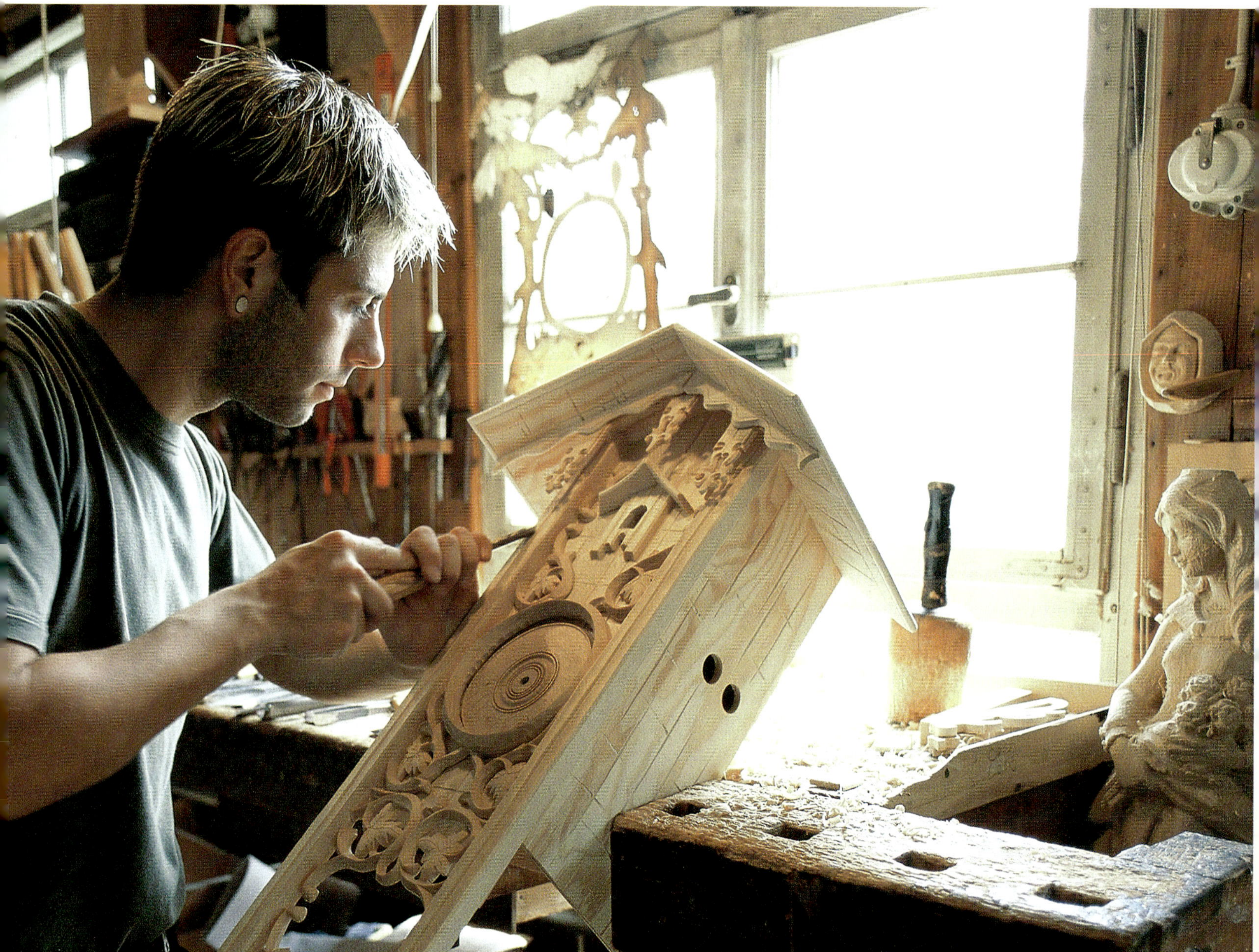

Beim Kuckucksuhrenschnitzer in Schonach.

Alois Straub aus Linach ist der letzte Uhrenschildmaler des Schwarzwaldes mit Gesellenbrief, er hat den Beruf beim Vater Karl erlernt. Seine Handarbeit ist begehrt und kann anhand der typischen Straub-Rose vom Kenner stets zugeordnet werden. Das Gesicht der Zeit wurde im 19. Jahrhundert durch die Uhrenschildmalerei maßgeblich mitgeprägt. Blumen, vor allem die Rose, Früchte, Phantasie- und Märchenszenen oder Ornamente waren beliebte Motive. Die Industrialisierung und dann der Niedergang der Uhrenindustrie im Schwarzwald insgesamt haben diesen angesehenen Handwerksberuf „überflüssig“ werden lassen. Doch nicht gänzlich: einige wenige Schildermaler und -malerinnen gibt es noch, die oft auch Uhrenschilder restaurieren.

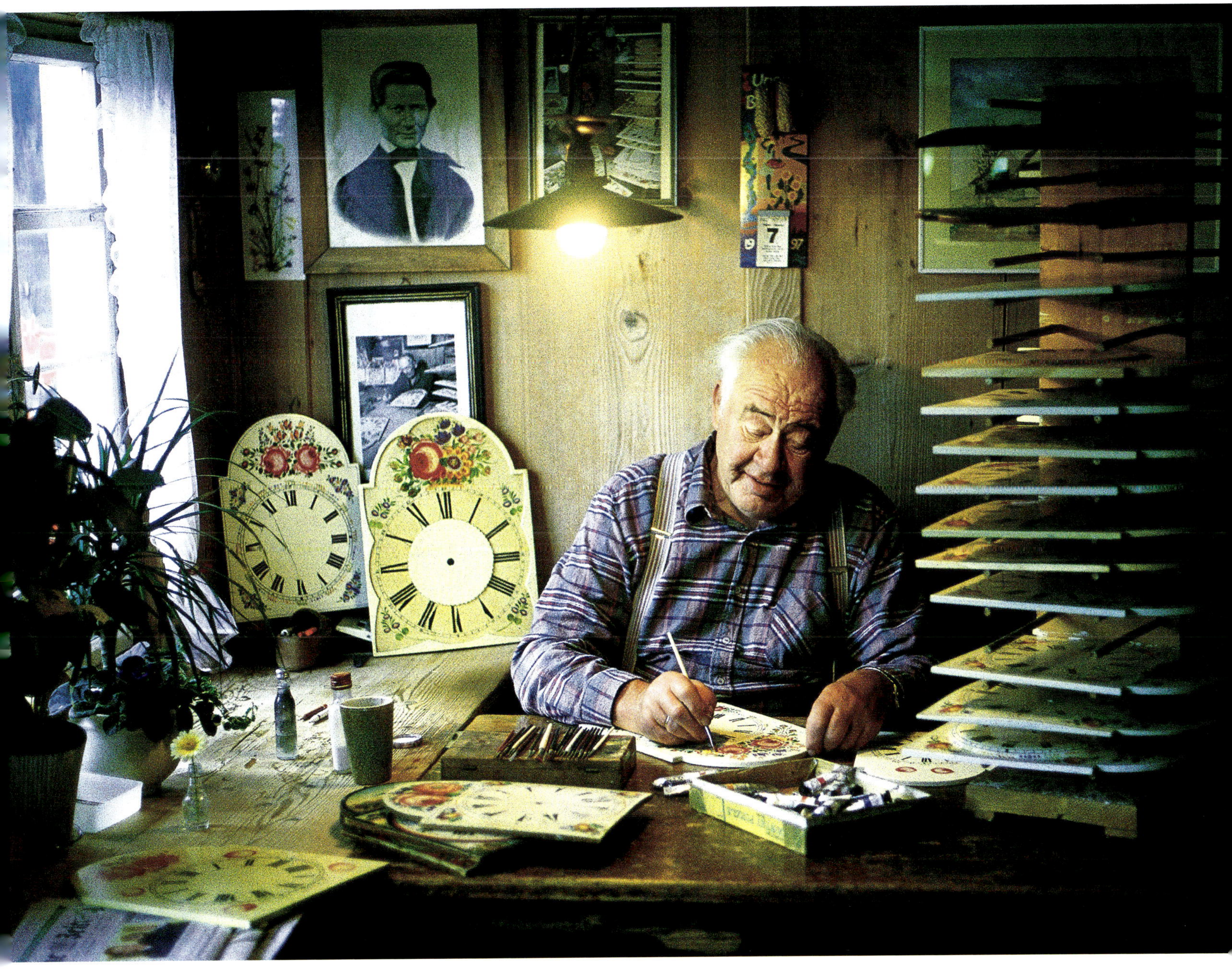

Beim Uhrenschildmaler in Linach.

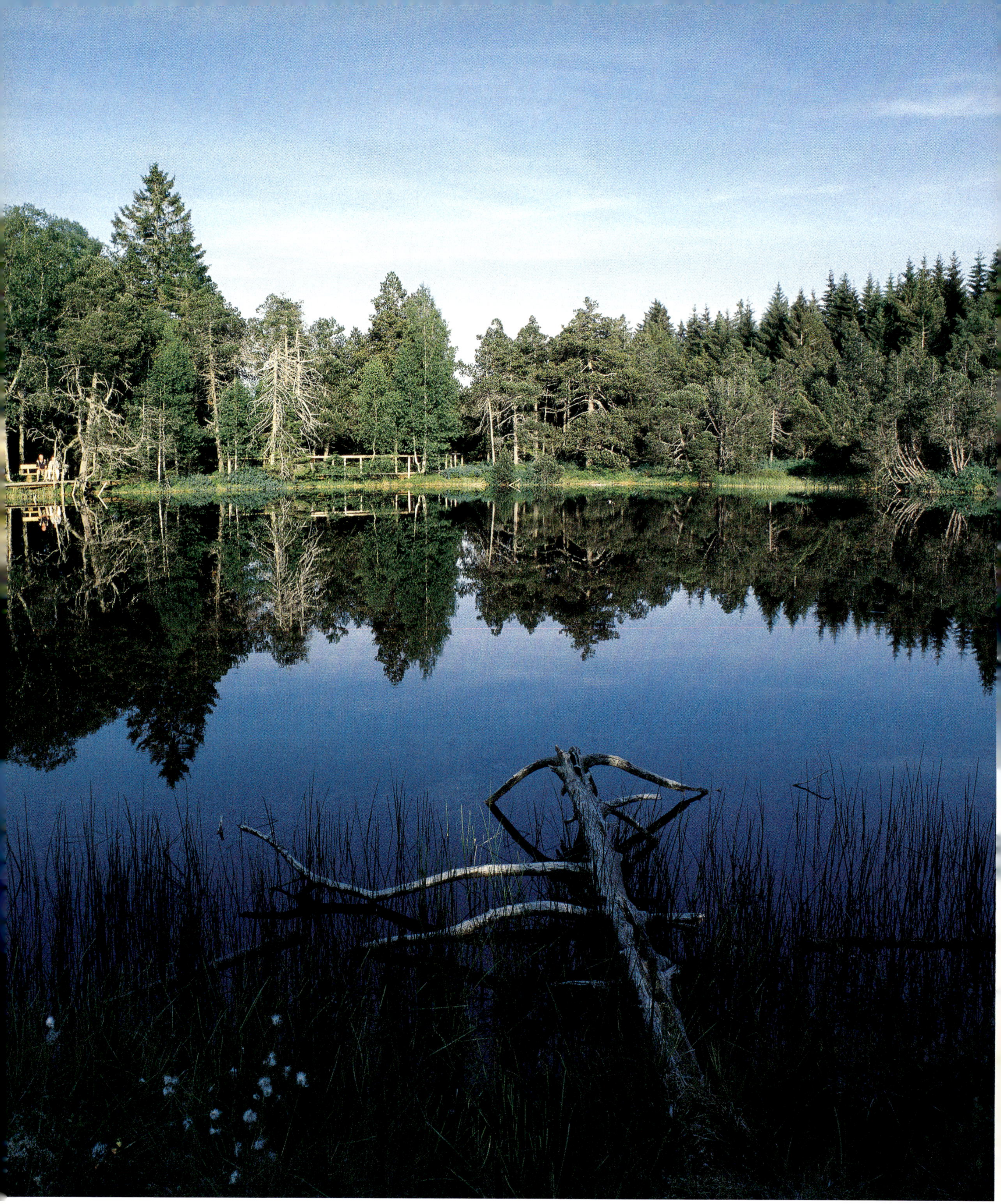

Am Blindensee zwischen Schönwald und Schonach.

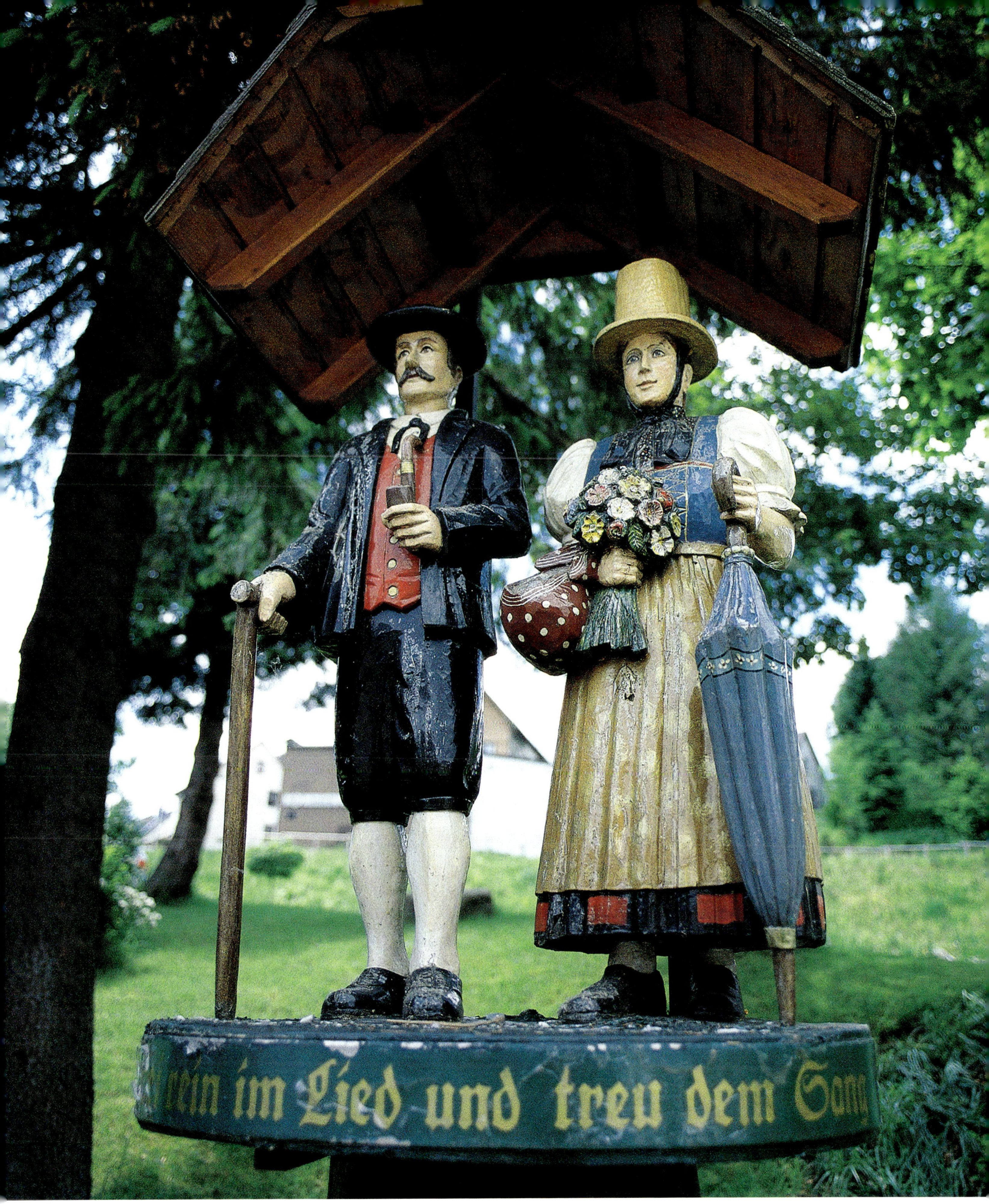

Schwarzwälder Handwerkskunst – der Sängerbrunnen in Schönwald.

Rechte Seite: Der 1619 erbaute Reinertonishof in Schönwald, heute ein Bauernhofmuseum, ist im Original erhalten geblieben. Typisch für die Bauernhöfe in der Umgebung von Schönwald und Schonach ist das Longinuskreuz.

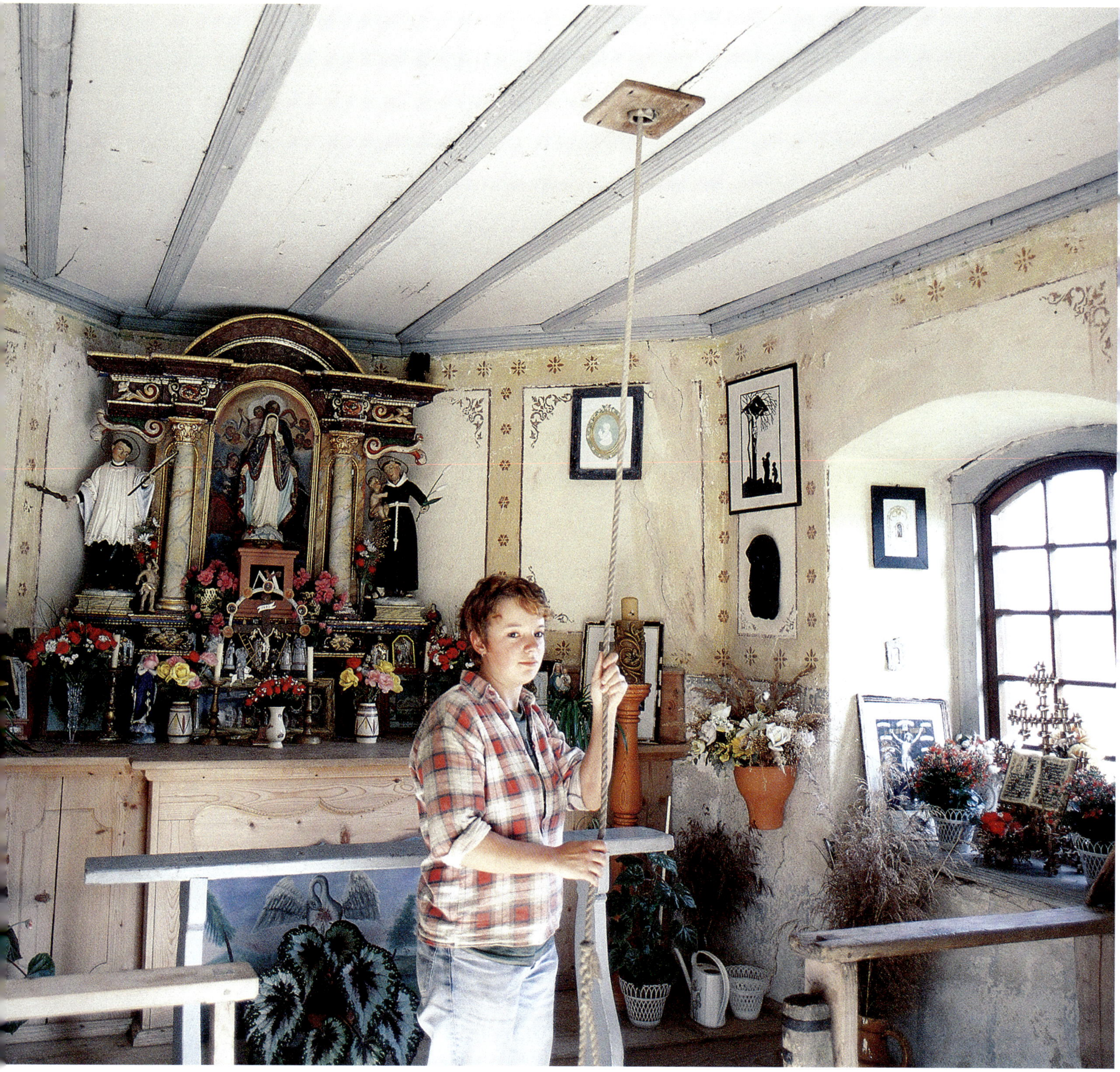

„Zwölfi-Läuten" in der Kapelle des Schänzlehofes auf dem Rohrhardsberg bei Schonach.

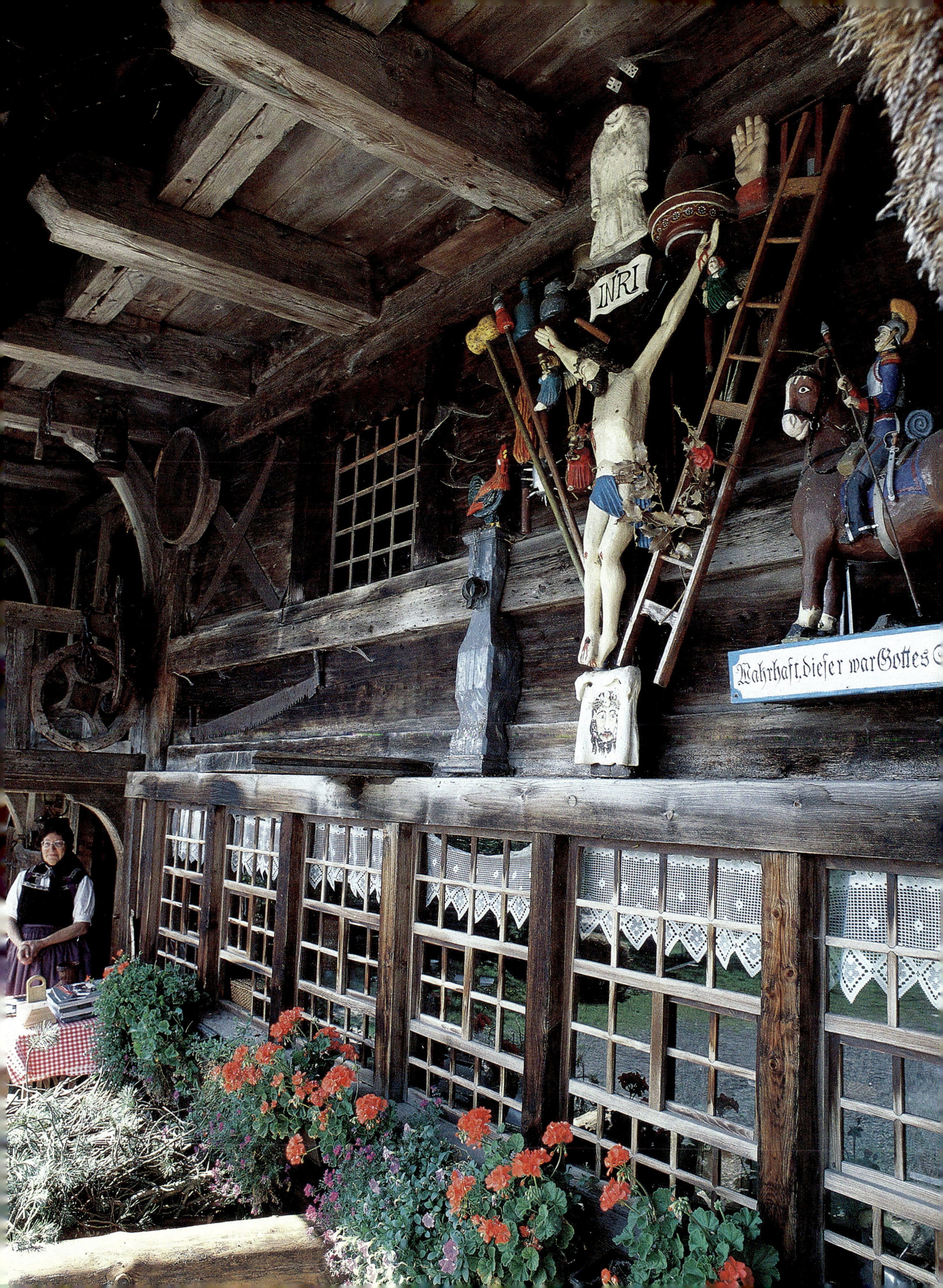
INRI
Wahrhaft, dieser war Gottes

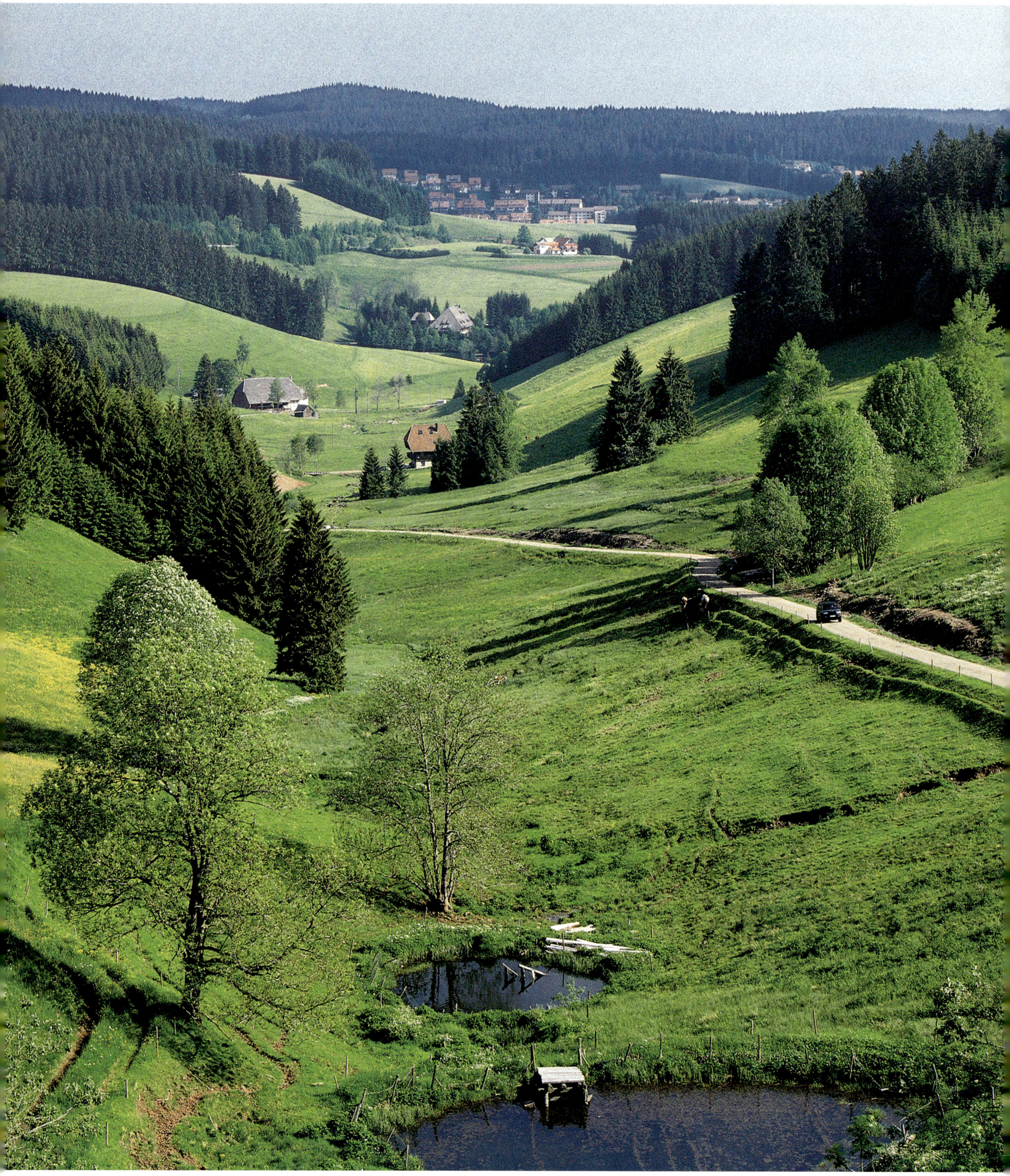

Blick ins Hohtal bei Furtwangen.

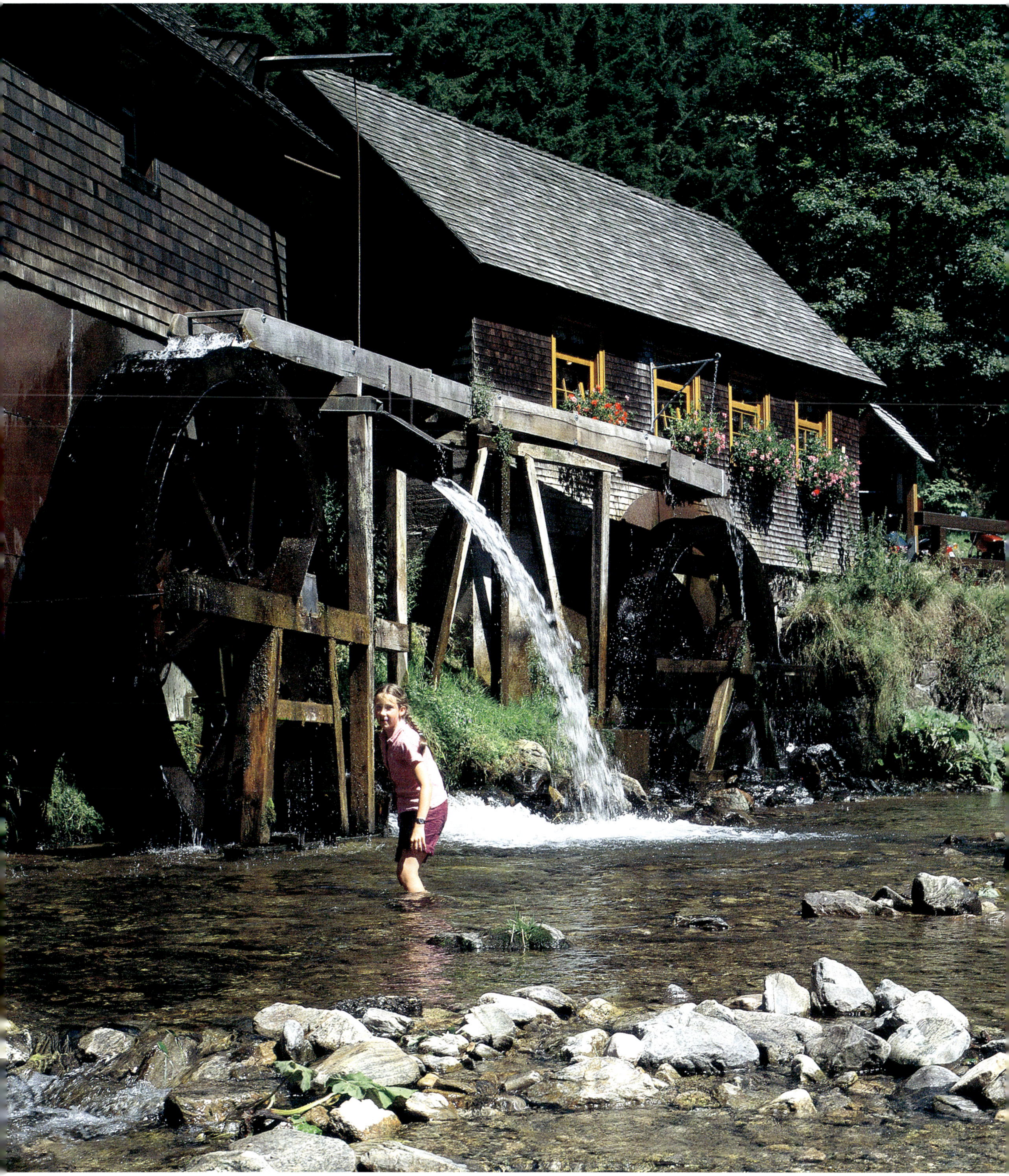

Die bekannteste Mühle des Schwarzwaldes – die 1825 erbaute Hexenlochmühle in Neukirch.

Beim Forellenfischen – An der Breg in Hammereisenbach.

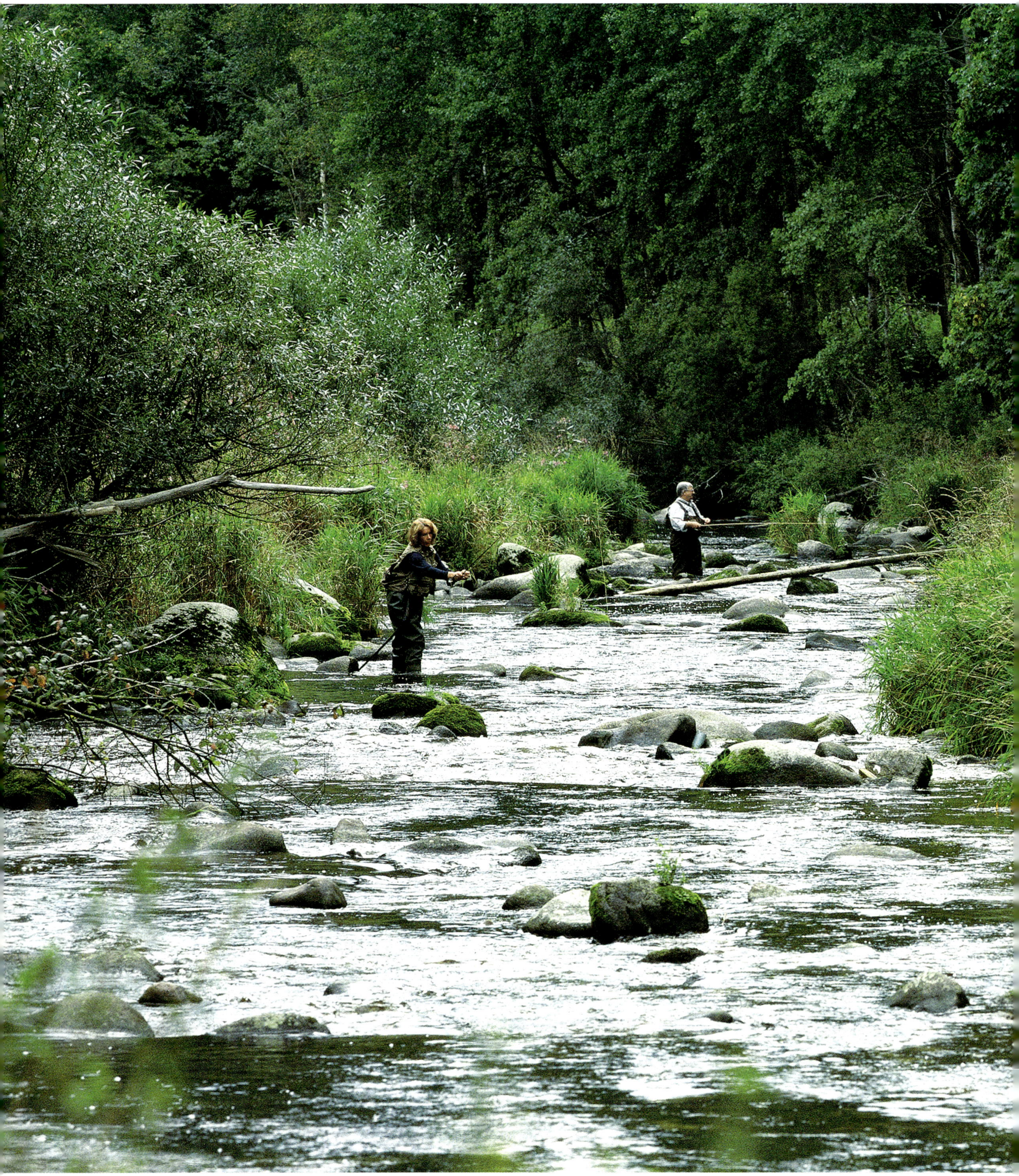

Bauernhaus in der Ortsmitte von Hammereisenbach.

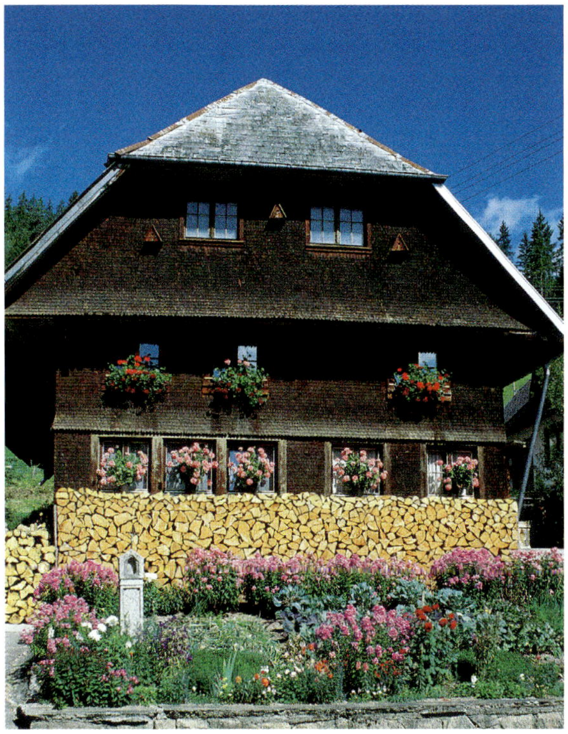

Kleinstadt an der Breg – Vöhrenbach im Schwarzwald.

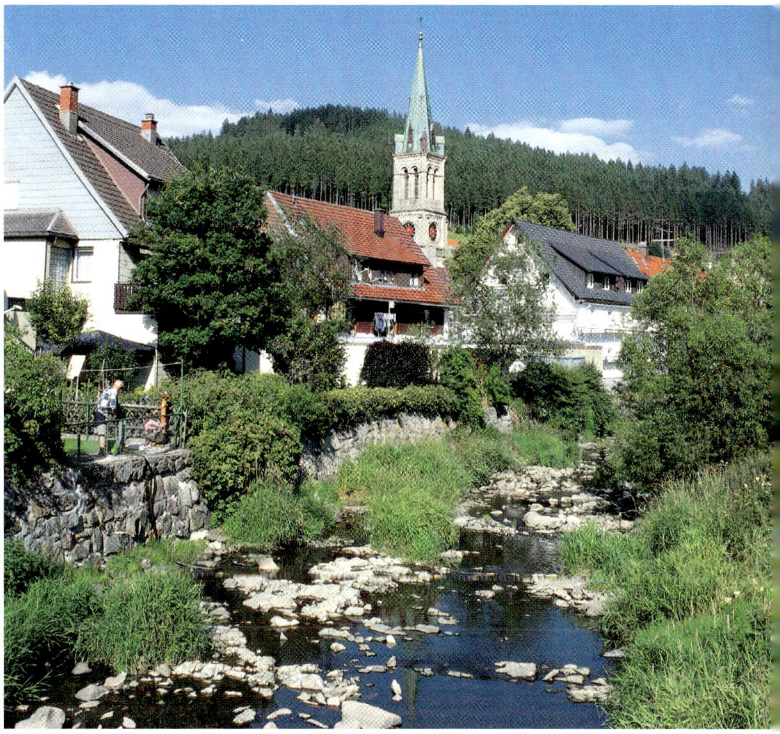

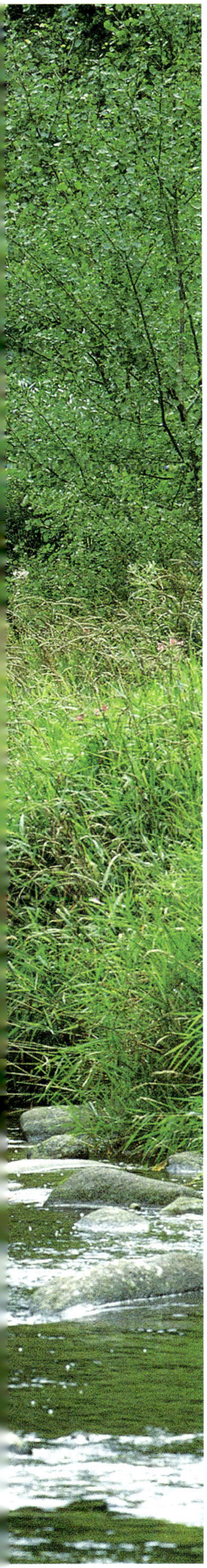

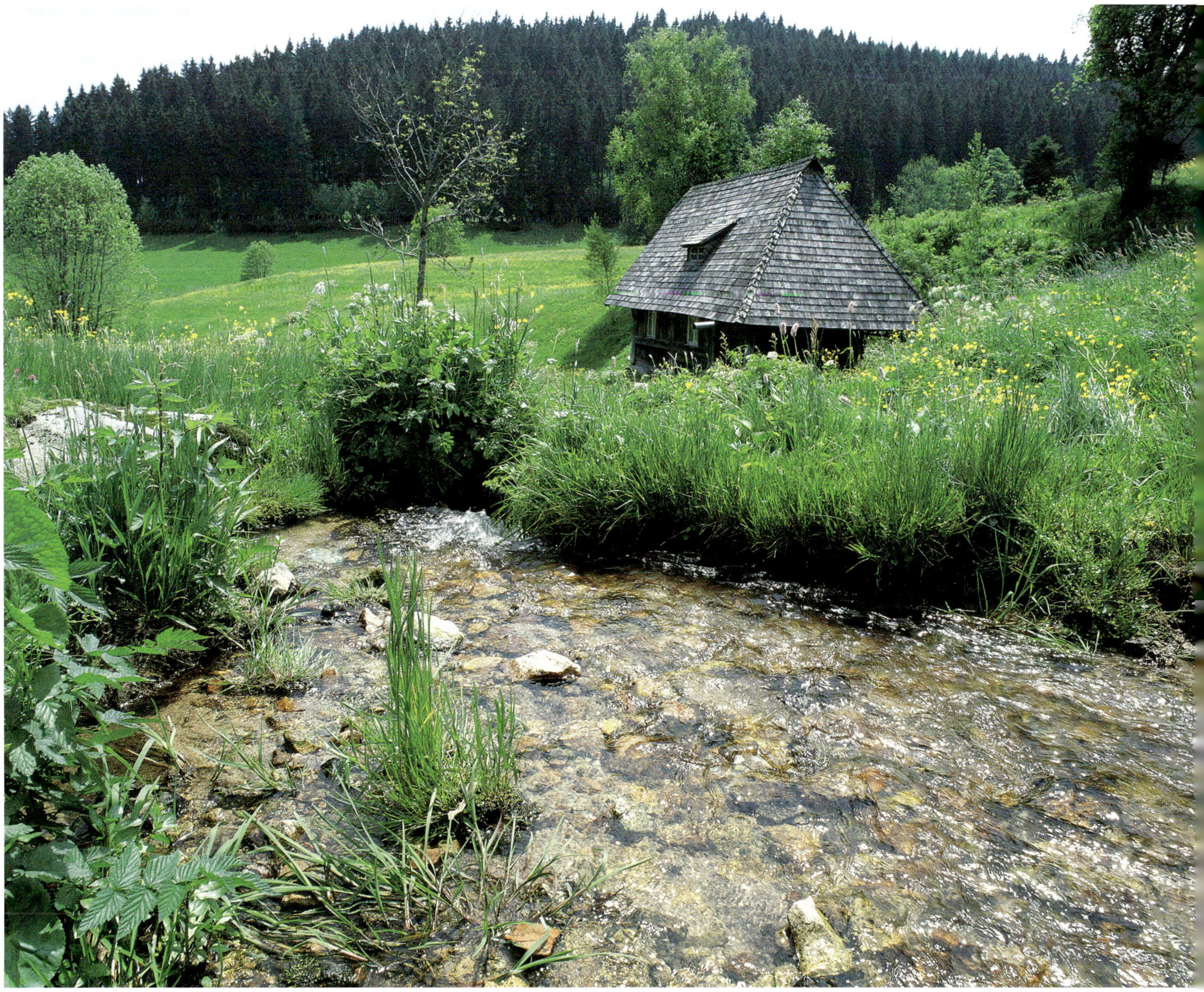

Die junge Breg im Katzensteig bei Furtwangen, im Hintergrund die Mühle des Schwarzbauernhofes.

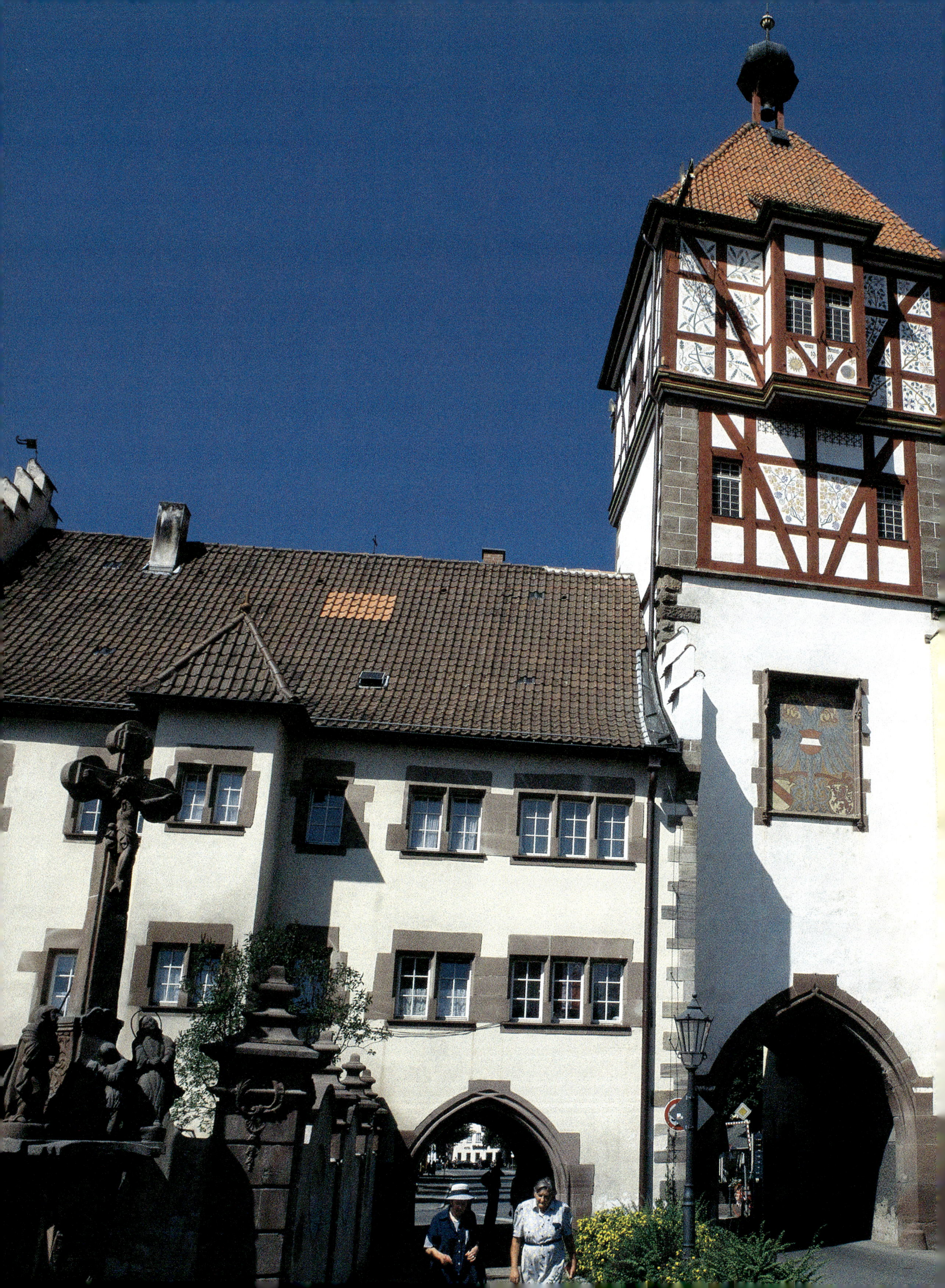

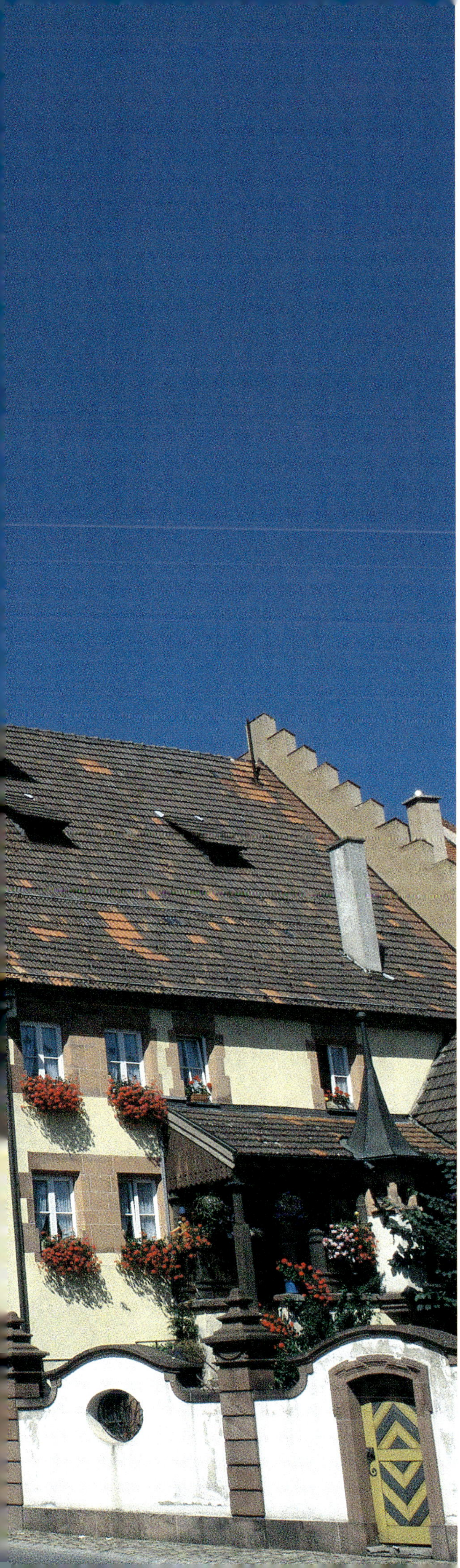

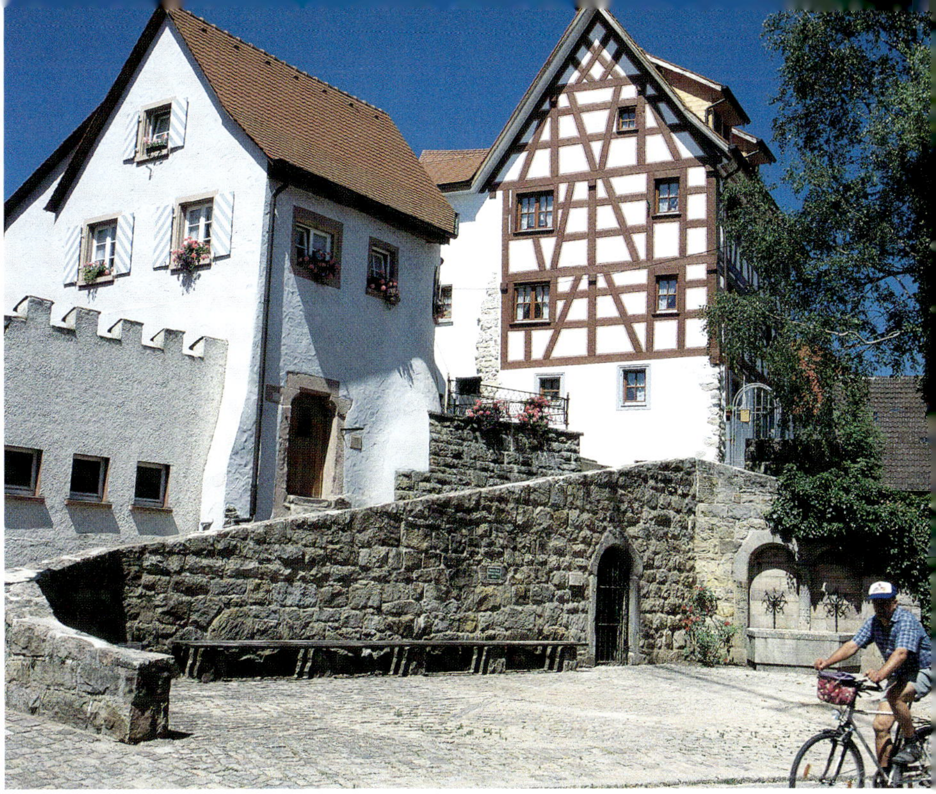

Blick auf den Bräunlinger „Buck" mit Nikolausbrunnen.

Großes Bild: Bräunlinger Mühlentor.
Das Stadttor von Bräunlingen stammte
ursprünglich aus der Zeit um 1200
und wurde 1904 umgebaut.

Rechts: Beim Bräunlinger
Straßenmusiksonntag

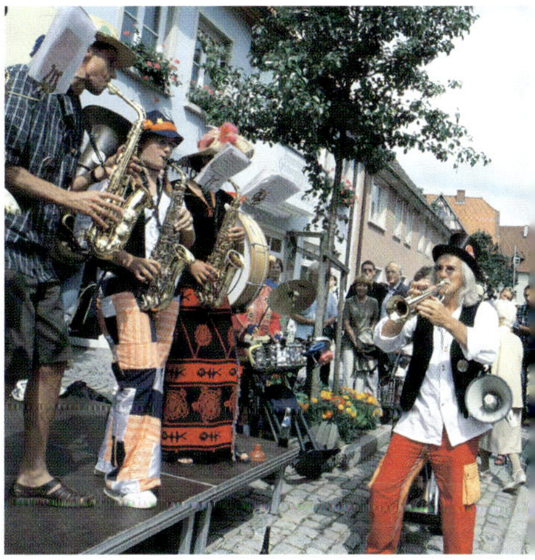

„Gut badisch" – Denkmal an der Stadtmauer für Großherzog Friedrich von Baden.

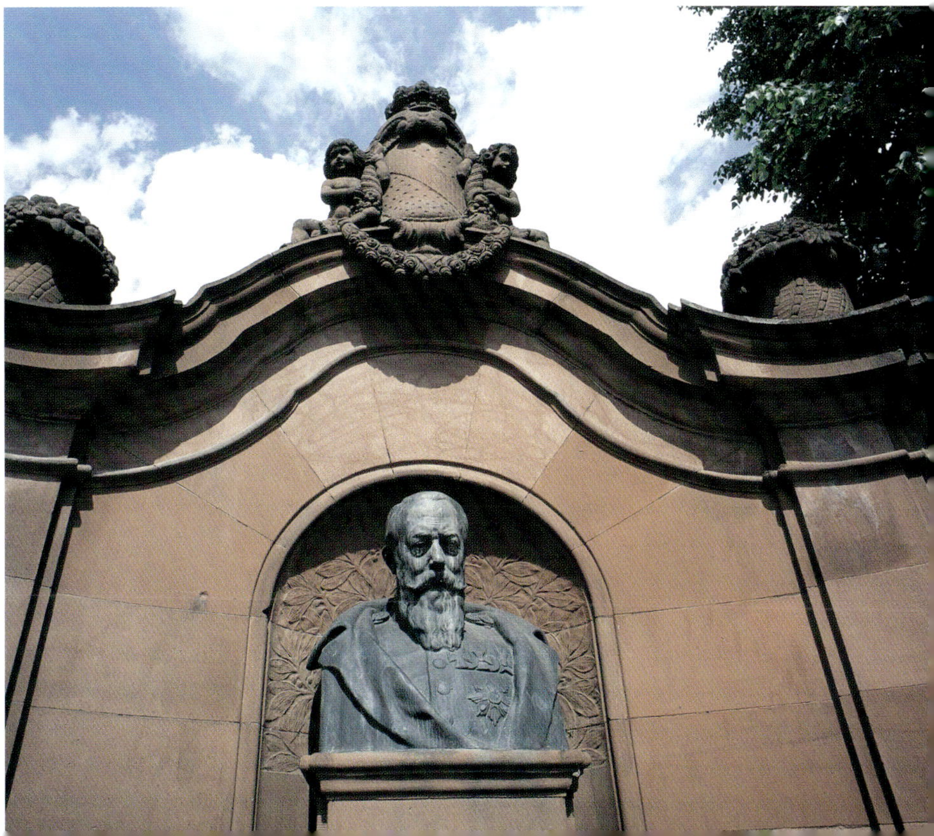

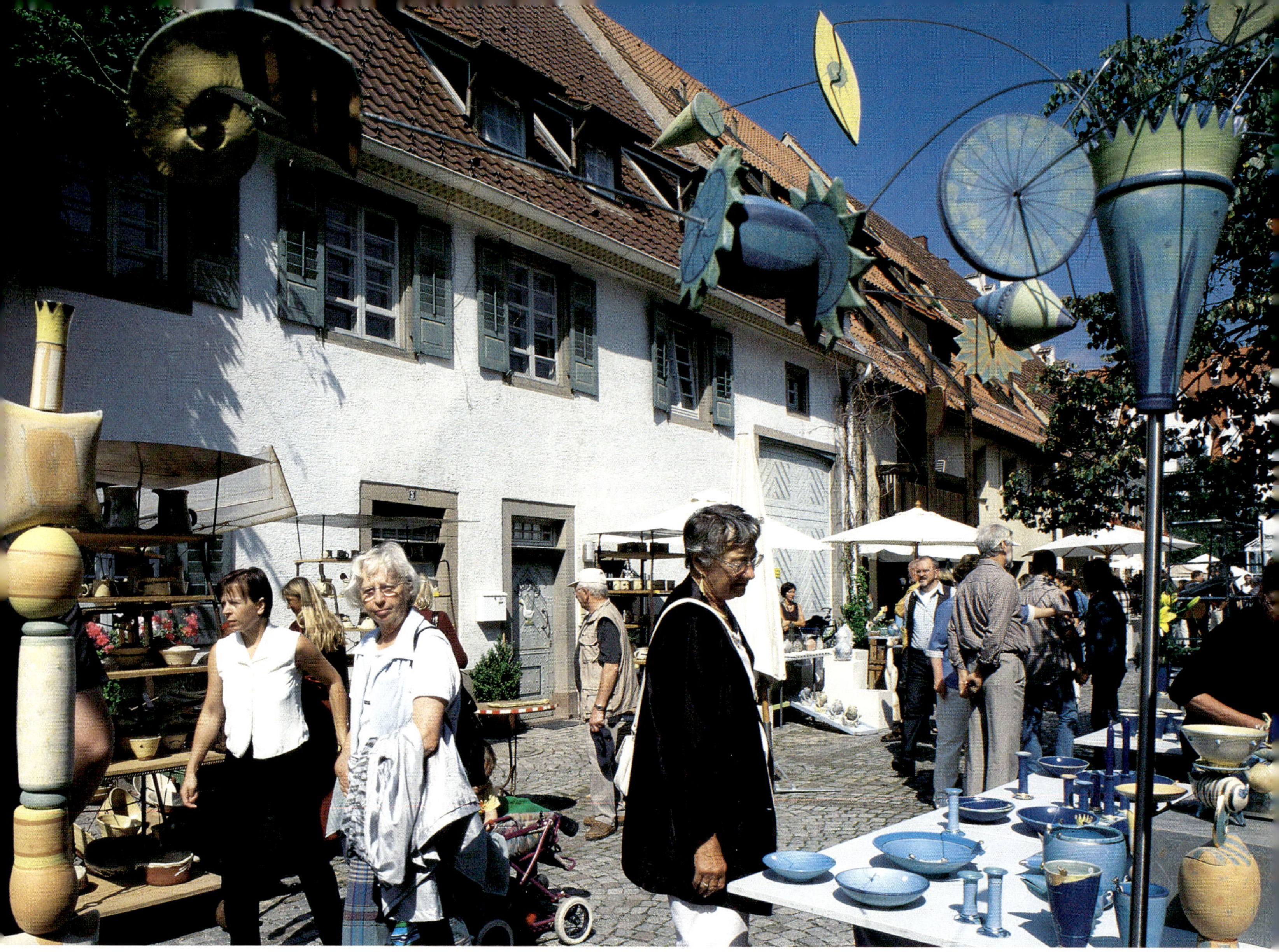

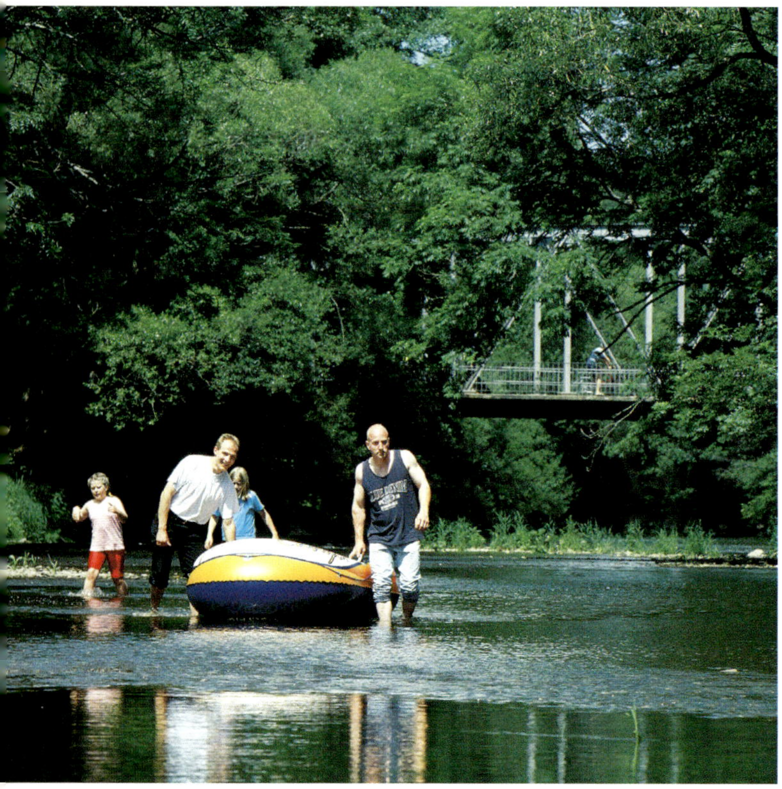

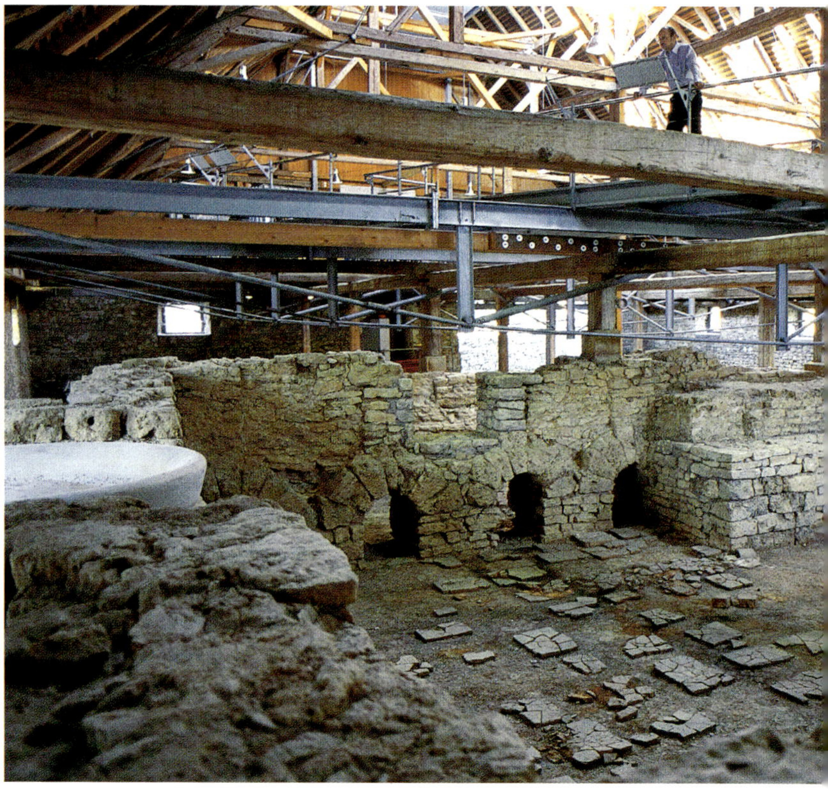

Die Internationalen Keramikwochen in Hüfingen bieten mit dem Töpfermarkt eine viel besuchte Veranstaltung mit Flair. Hüfingen, Stadt an der Breg, gehört zu den ältesten Orten auf der Baar mit Besiedlungsspuren aus der Merowingerzeit (3000 v. Chr.) und natürlich von „Brigobannis“, jener römischen Siedlung, der das Römerbad zu verdanken ist.

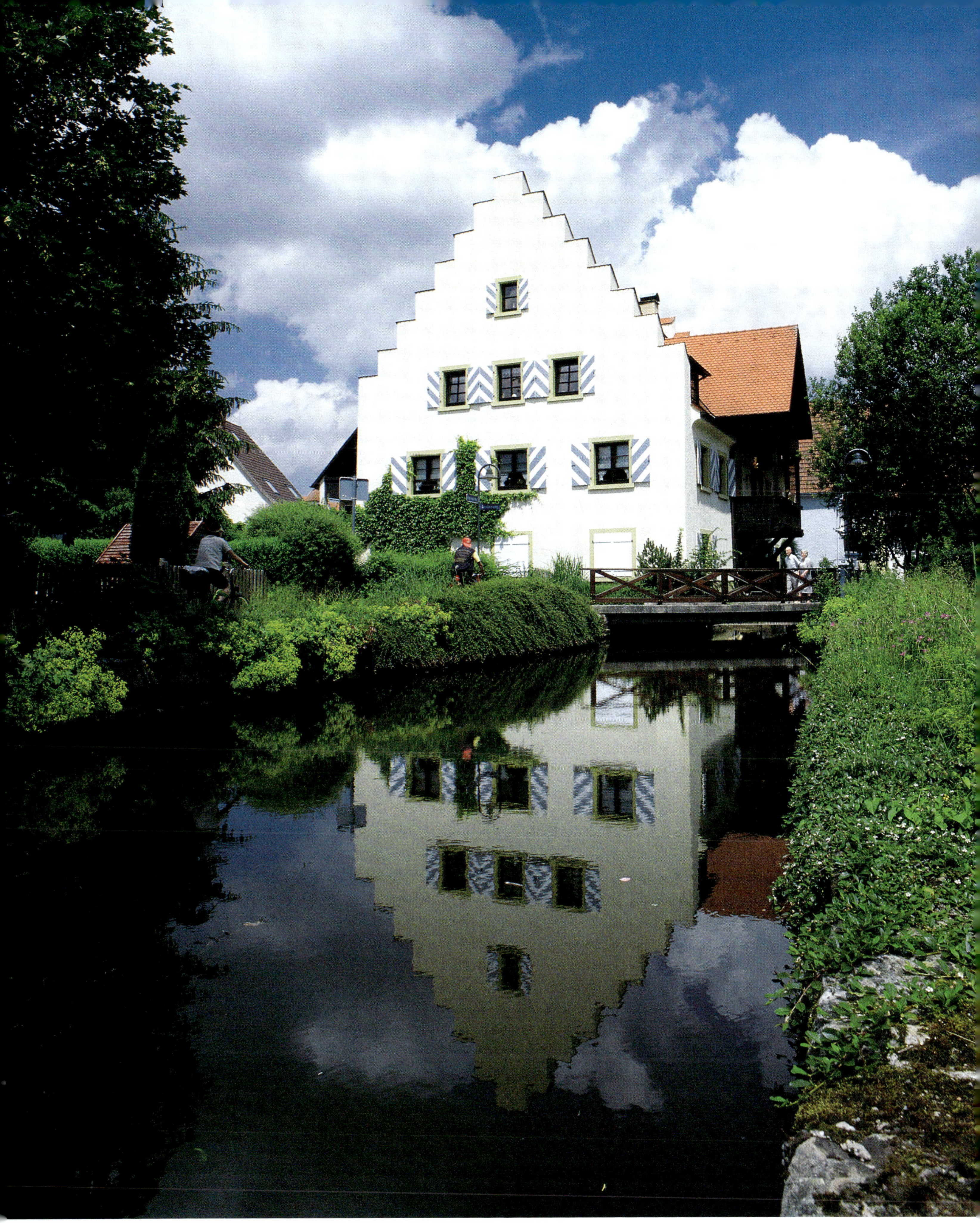

Die frühere Hüfinger Stadtmühle am Mühlenkanal.

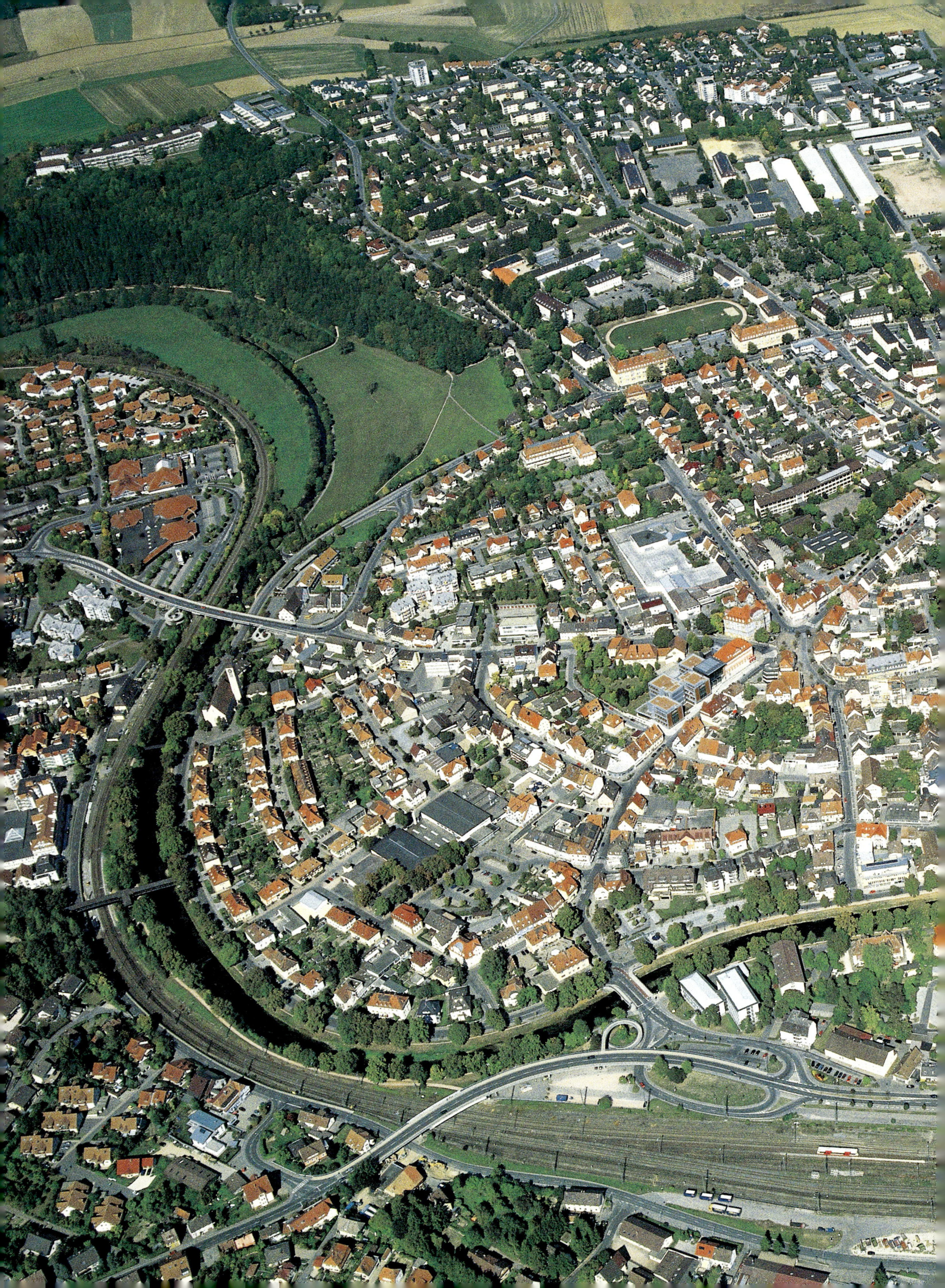

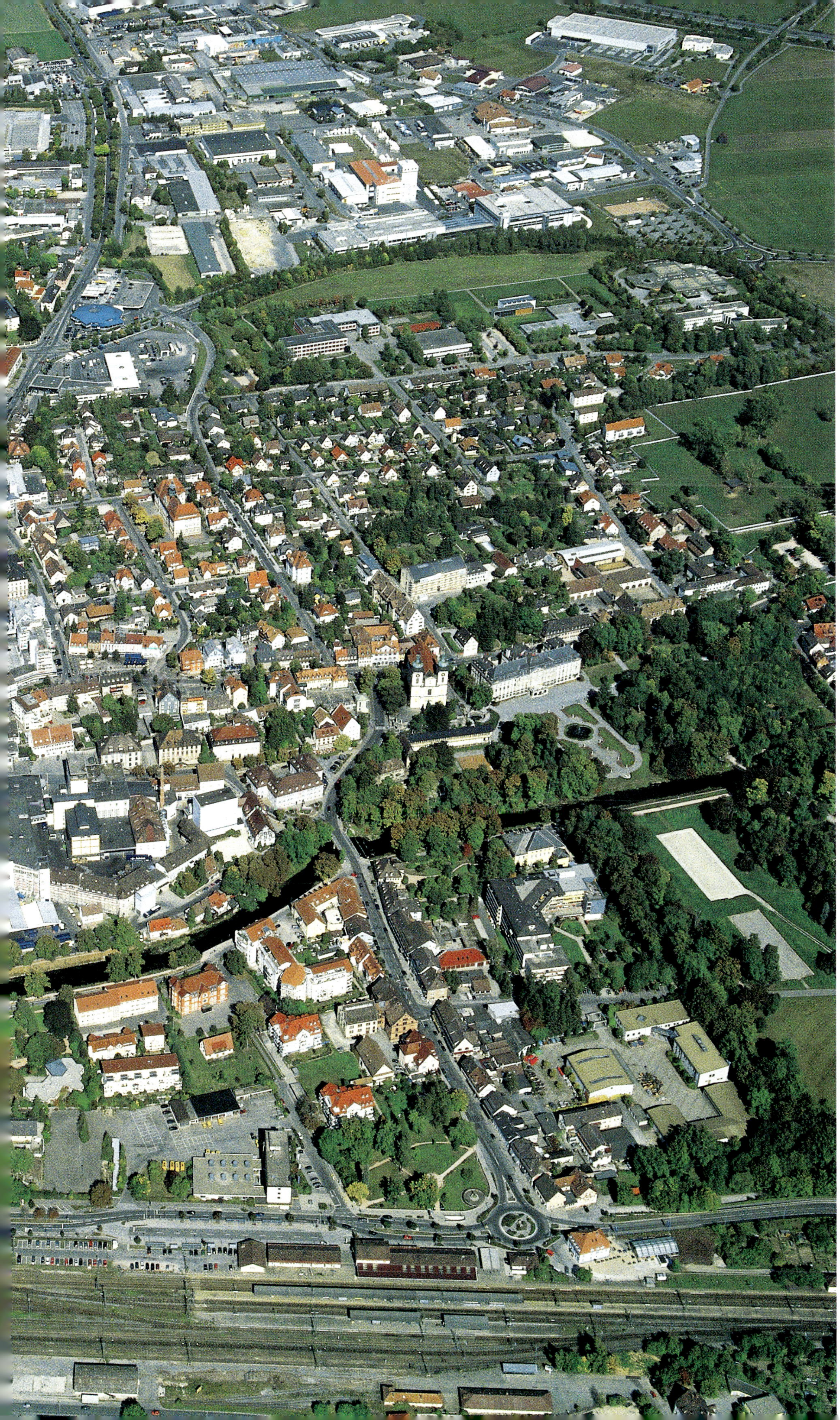

Luftaufnahme von Donaueschingen, Große Kreisstadt, und zweitgrößte Stadt im Schwarzwald-Baar-Kreis. Schön zu sehen ist, wie sich der Stadtkern an die Brigach „schmiegt“.

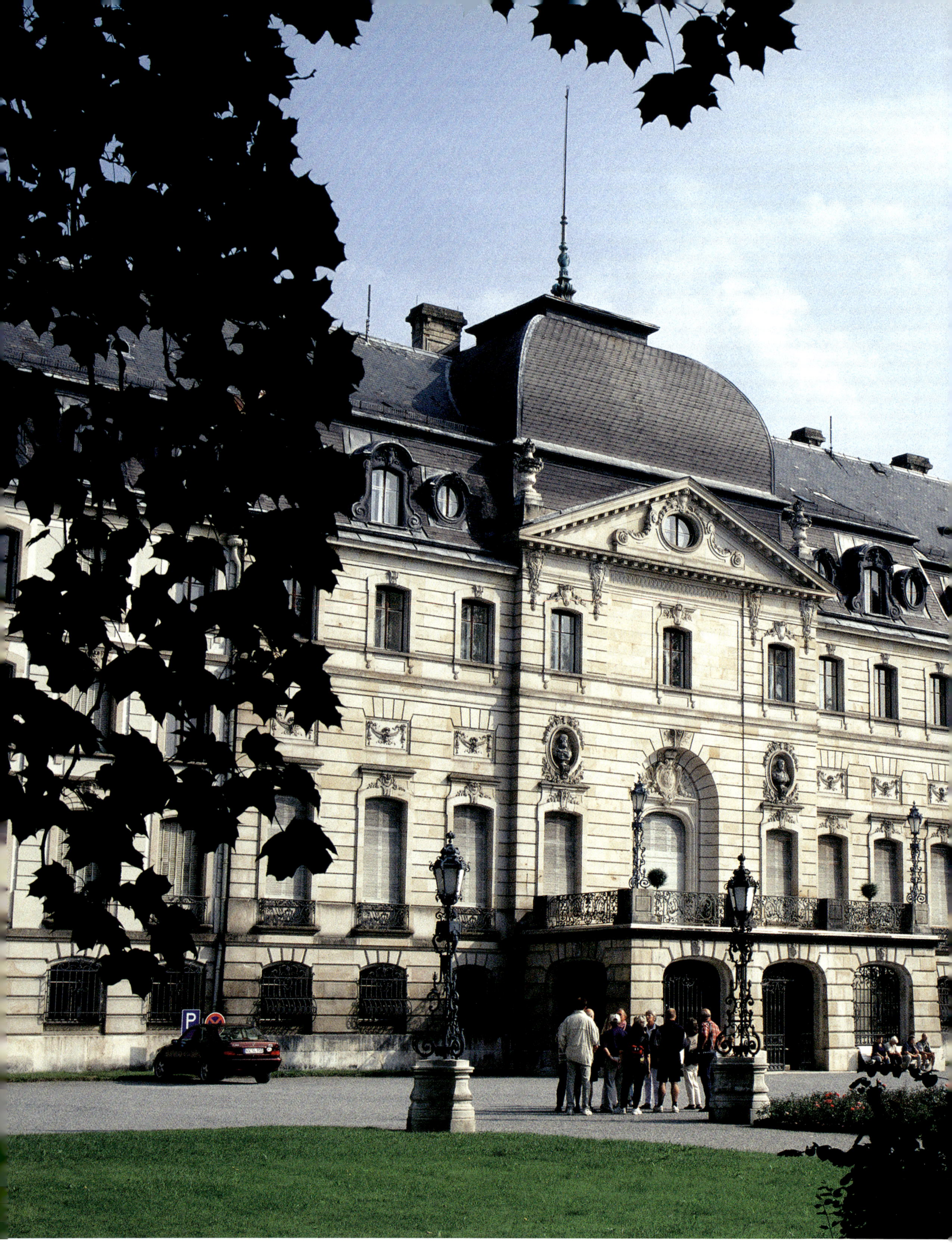

Das Schloss der Fürsten zu Fürstenberg in Donaueschingen.

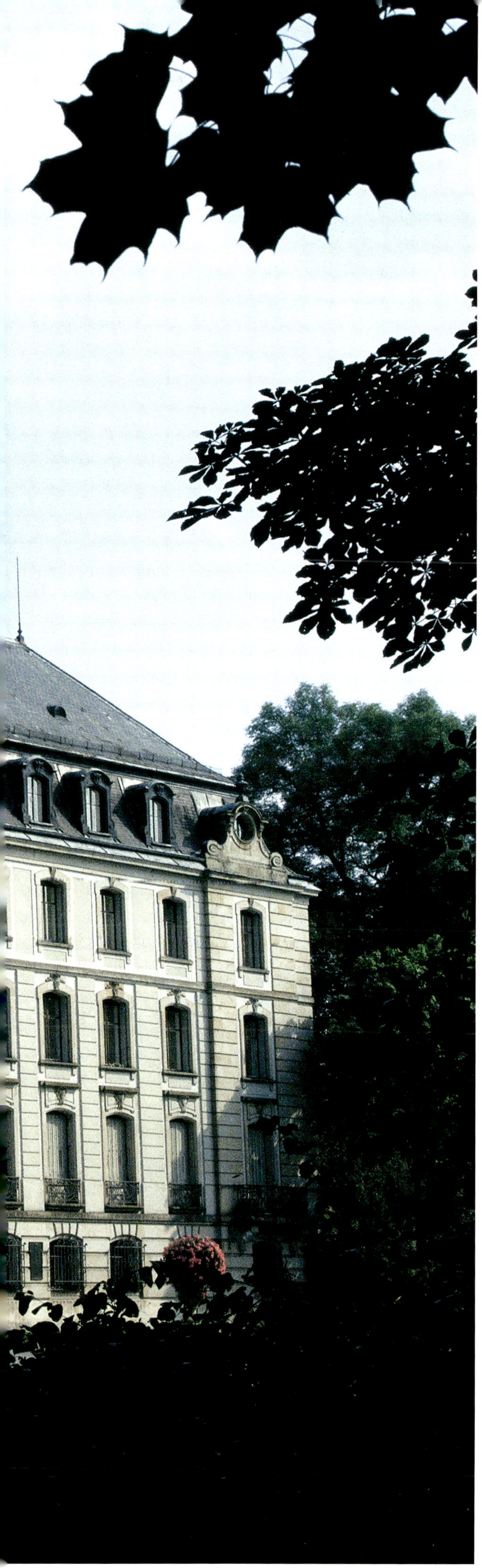

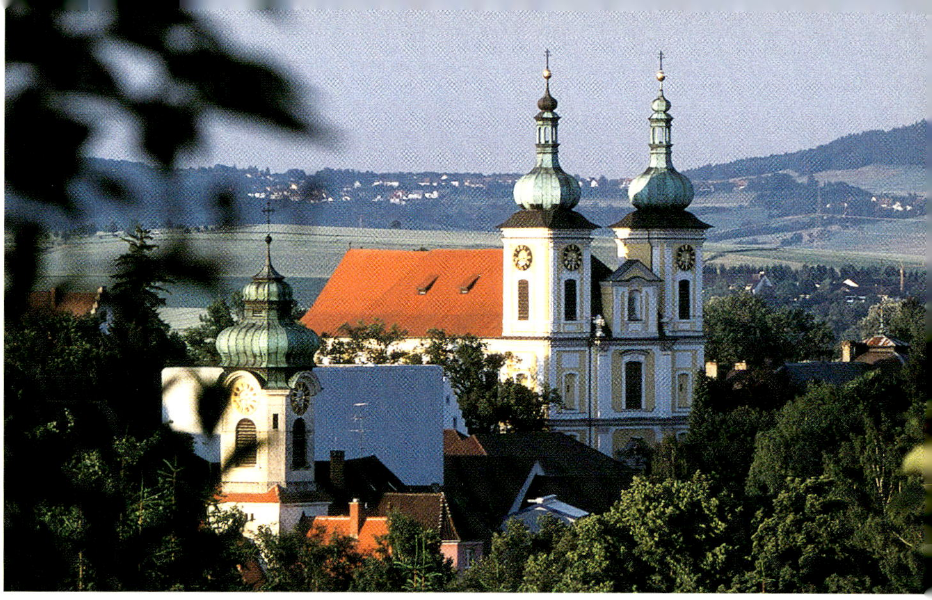

Die im böhmischen Barock gestaltete Donaueschinger Stadtkirche St. Johann.

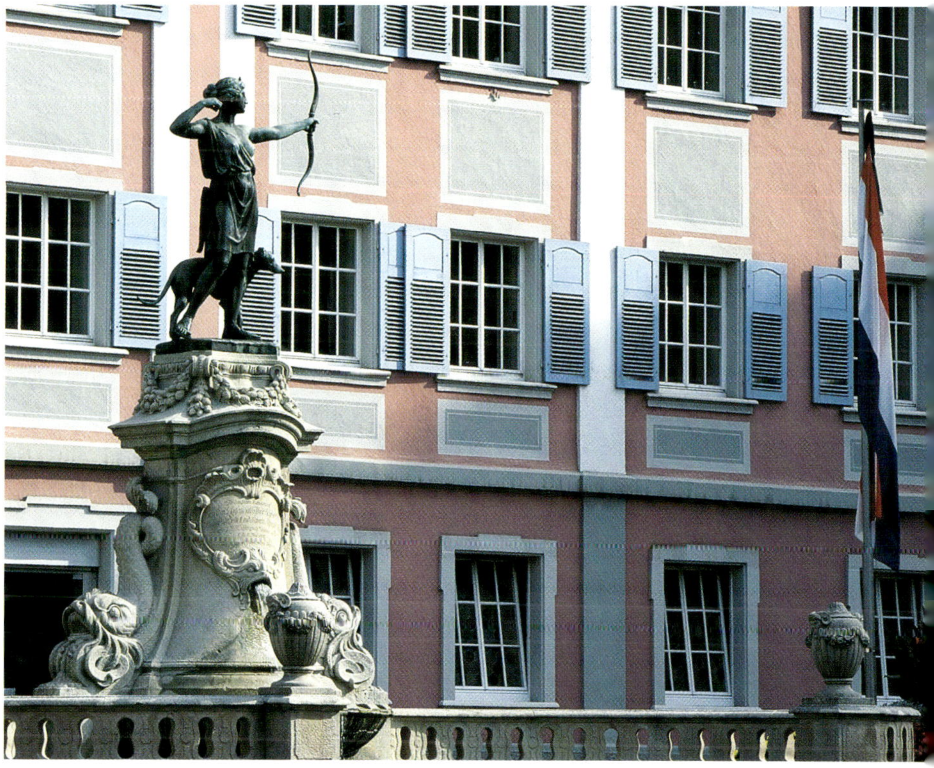

Diana-Brunnen bei der Fürstlich Fürstenbergischen Brauerei.

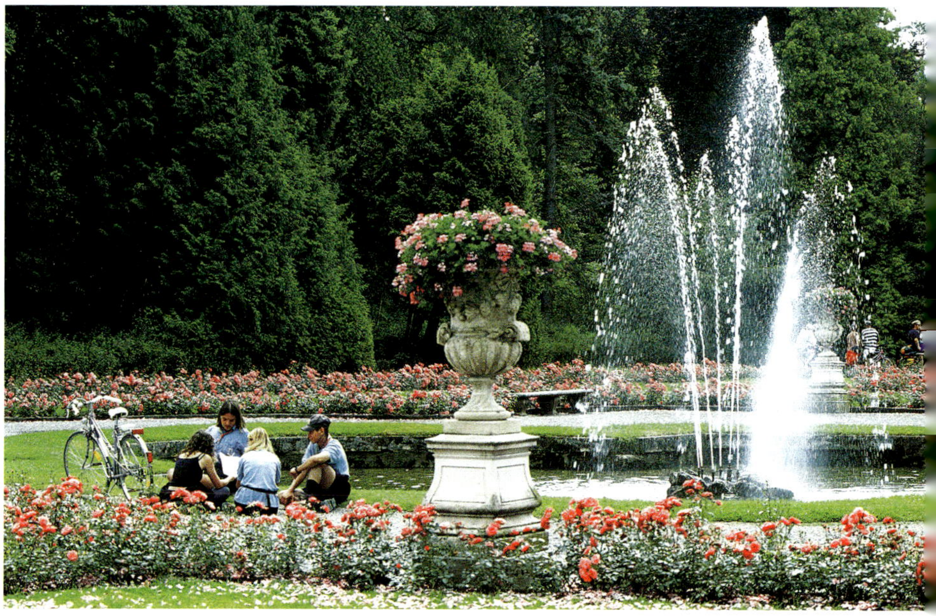

Blick in den Schlosspark.

Das Donaueschinger Reitturnier, das Prinz Kari zu Fürstenberg-Gedächtnisturnier, ist die bedeutendste Sportveranstaltung im Landkreis. Jedes Jahr im Spätsommer trifft sich in Donaueschingen in den Fürstlich Fürstenbergischen Parkanlagen die Reiterelite Europas. Bilder unten: Sprung über das Hindernis „Donaueschinger Rathaus", rechts Dressurprüfung beim Schloss.

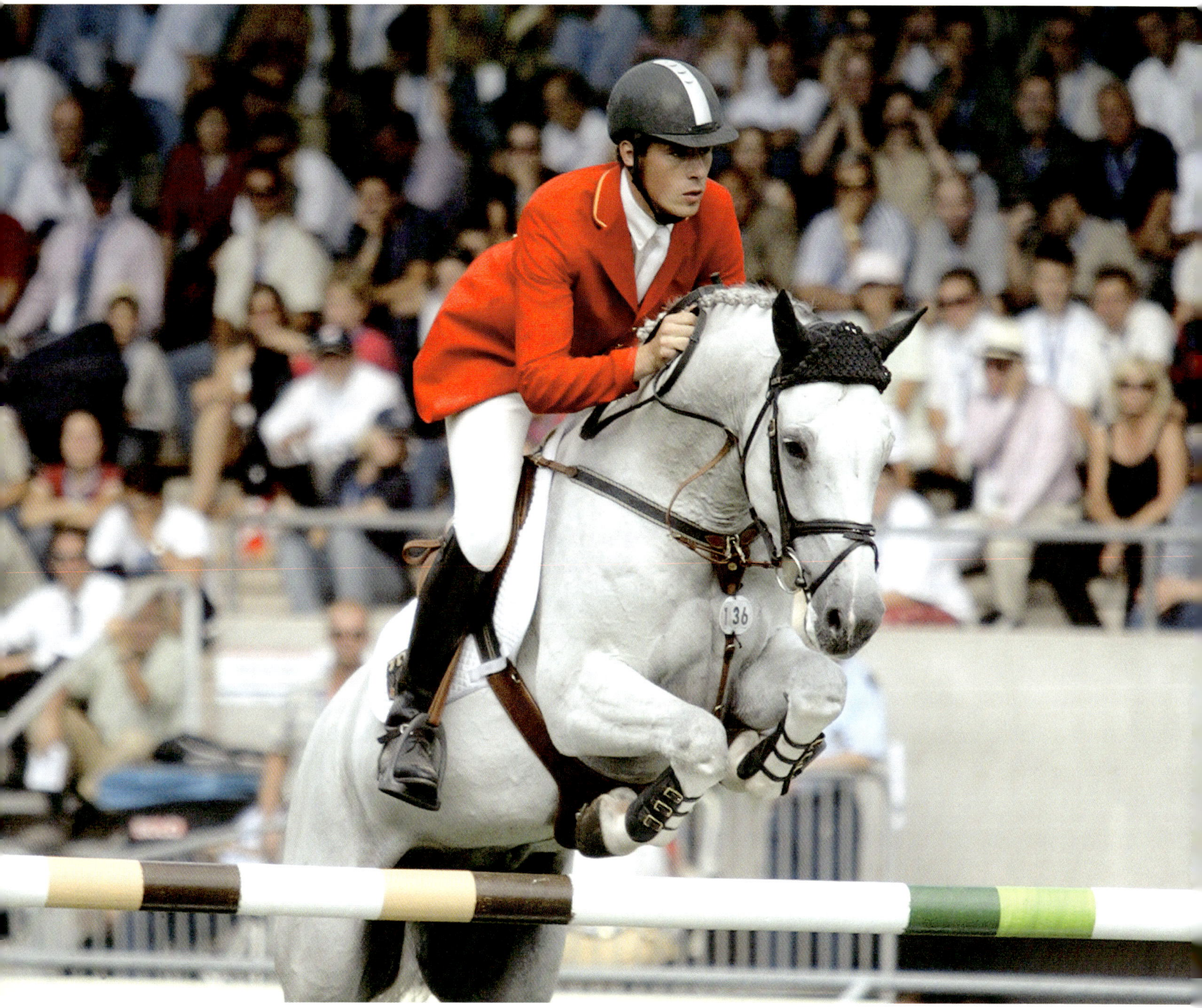

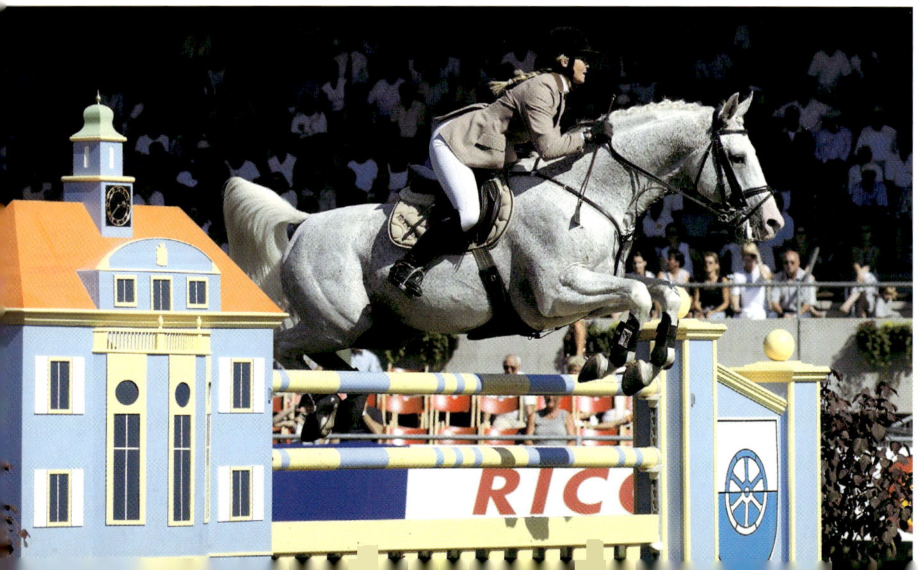

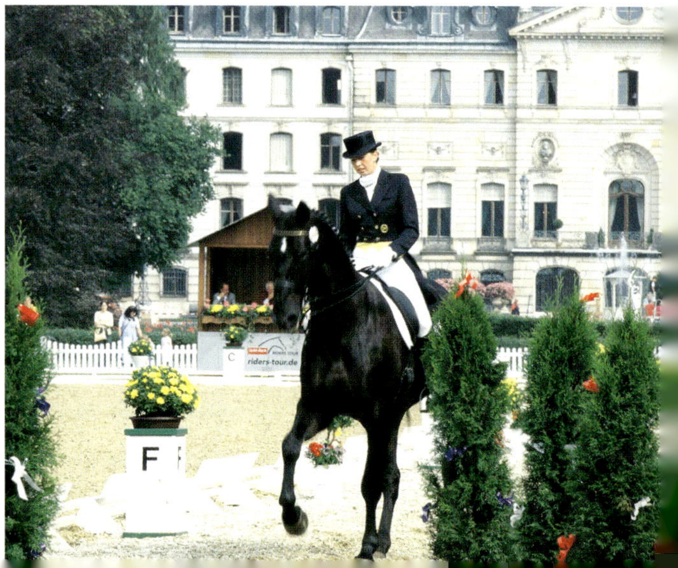

Die Viererzug-Fahrprüfungen gehören zu den Höhepunkten des Reitturniers. Besonderer Anziehungspunkt ist die Wasserdurchfahrt, die Fahrt durch die Brigach auf der Marathonstrecke, für Pferde und Fahrer gleichermaßen eine schwierige Aufgabe. Das Reitturnier ist eine Veranstaltung voller Spannung, im Reitstadion kann man gemütlich die Springprüfungen verfolgen (Bild unten).

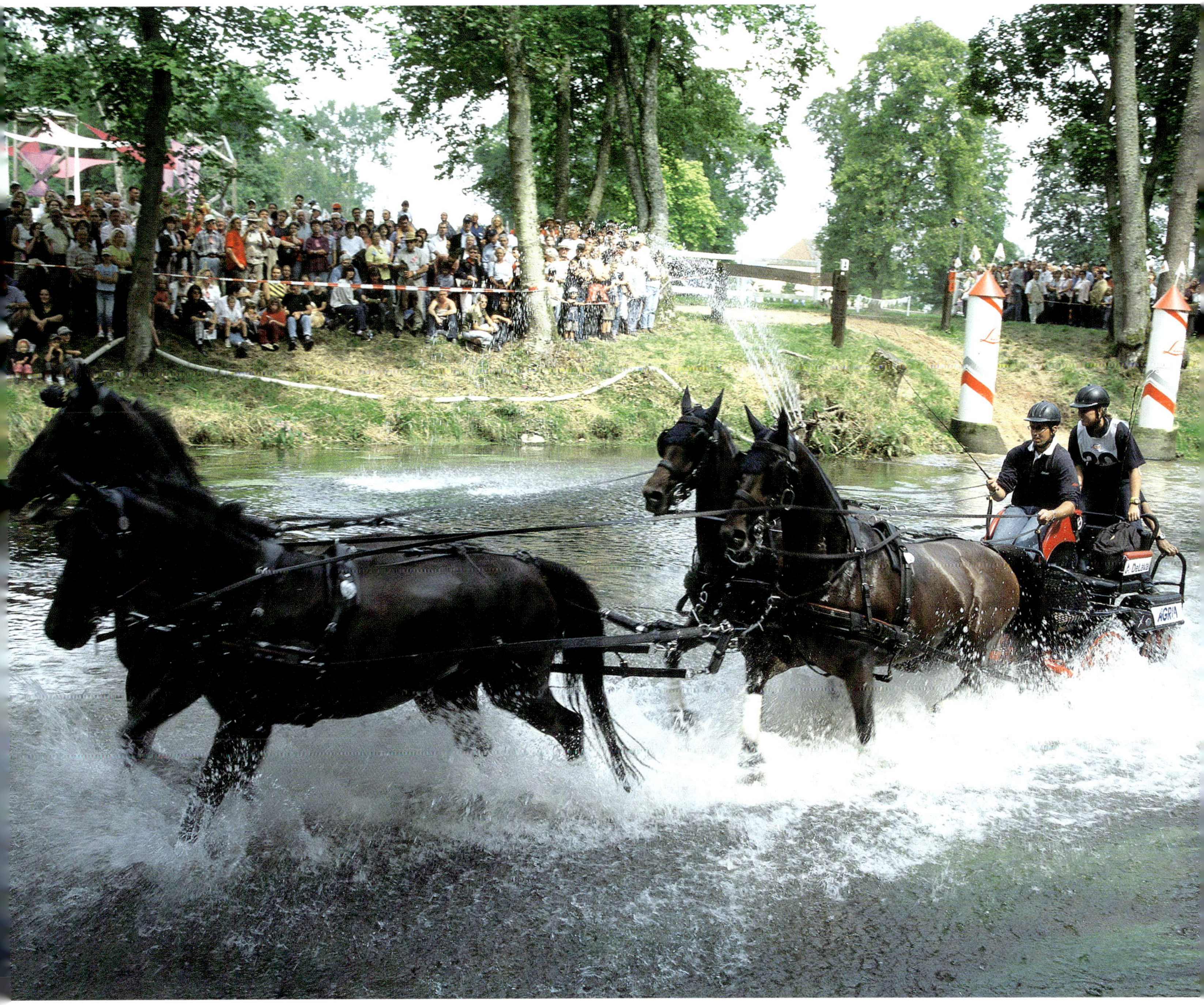

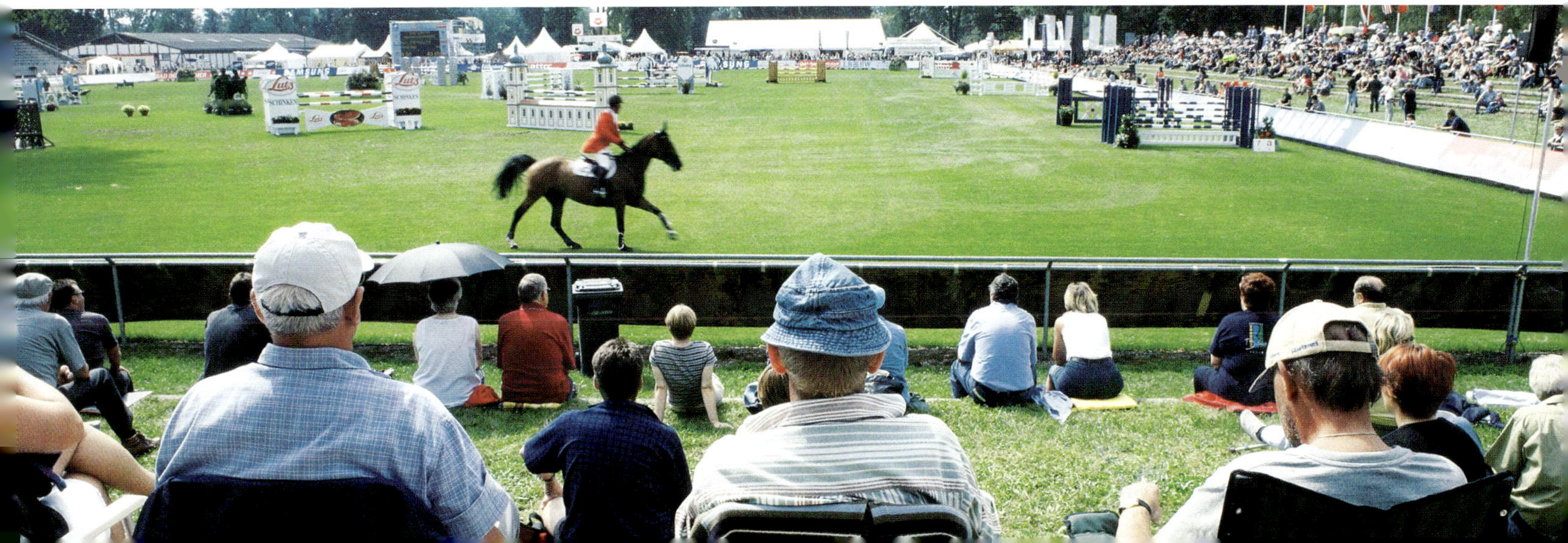

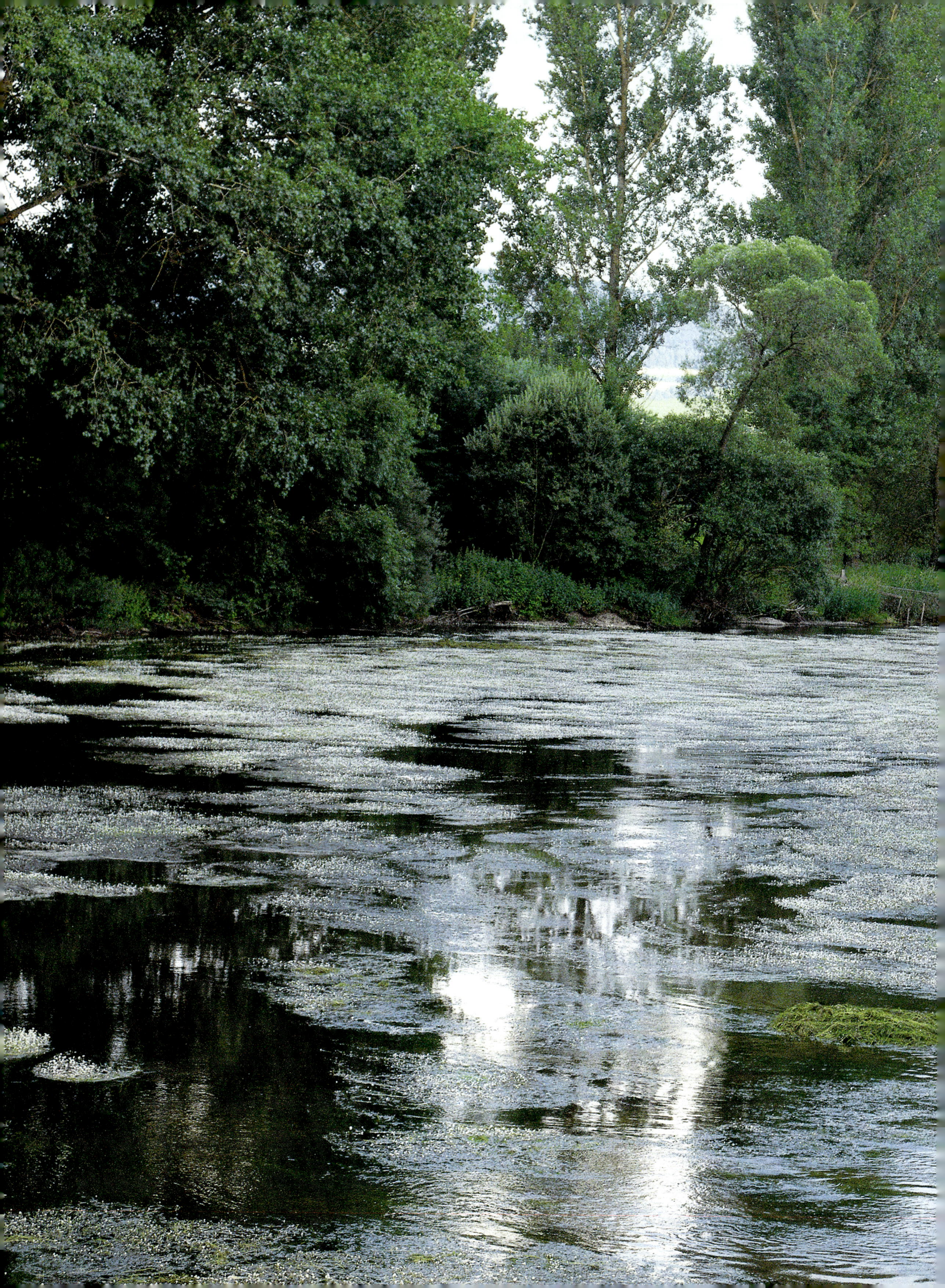

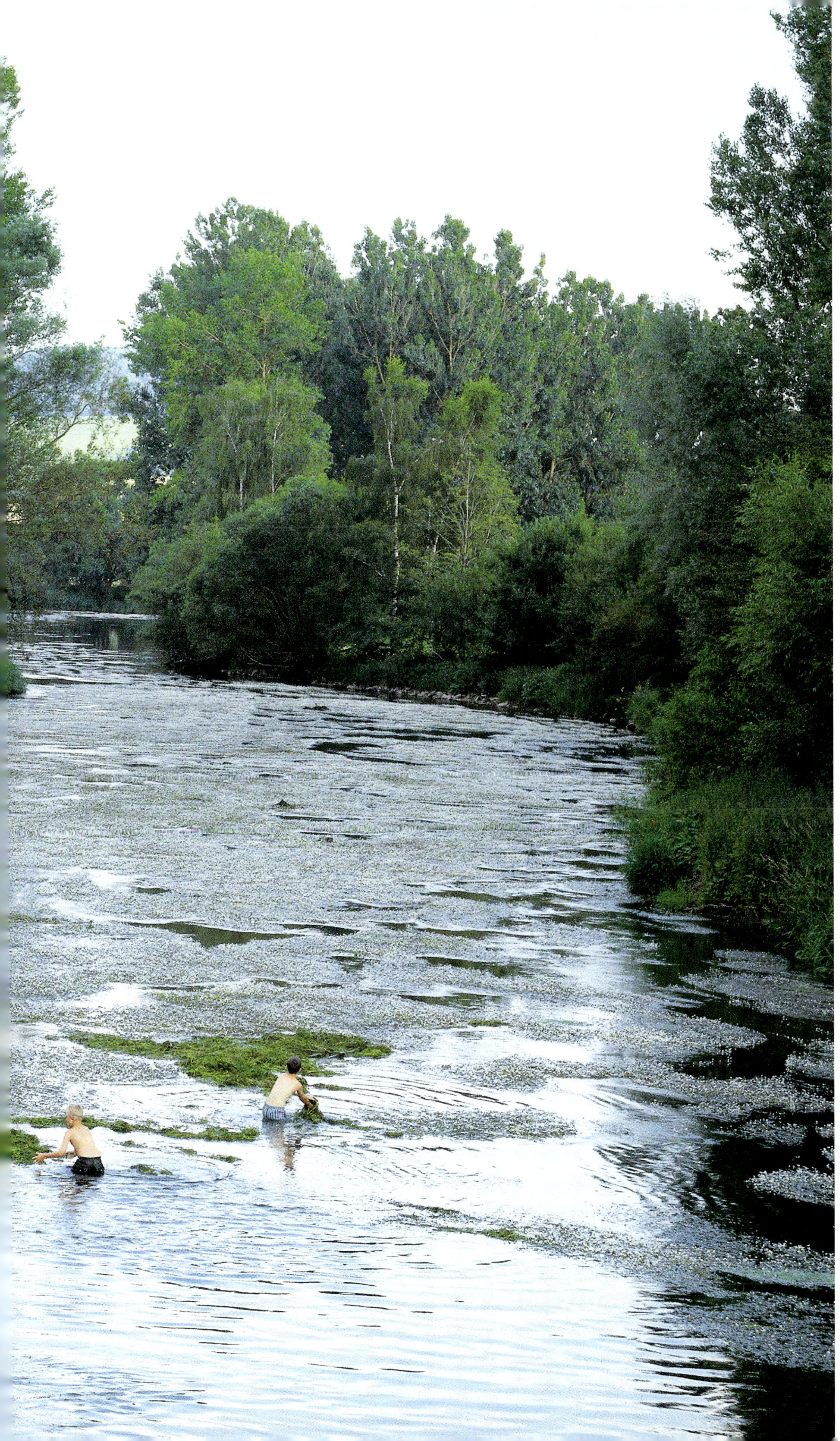

An der Donau in Pfohren, zwei Buben mitten im flutenden Hahnenfuß beim „Burgenbauen“. Von der Brücke der Pfohrener Ortsdurchfahrt aus erweckt die Donau den Eindruck, als sei sie bereits ein mächtiger Strom.

Die Donau bei Neudingen. Luftbildimpressionen eines Zeppelinfluges an der jungen Donau.
Oben: Sonnenaufgang mit Blick zum Wartenberg, „Grenzland" zum Landkreis Tuttlingen. Unten: Blick auf Neudingen.

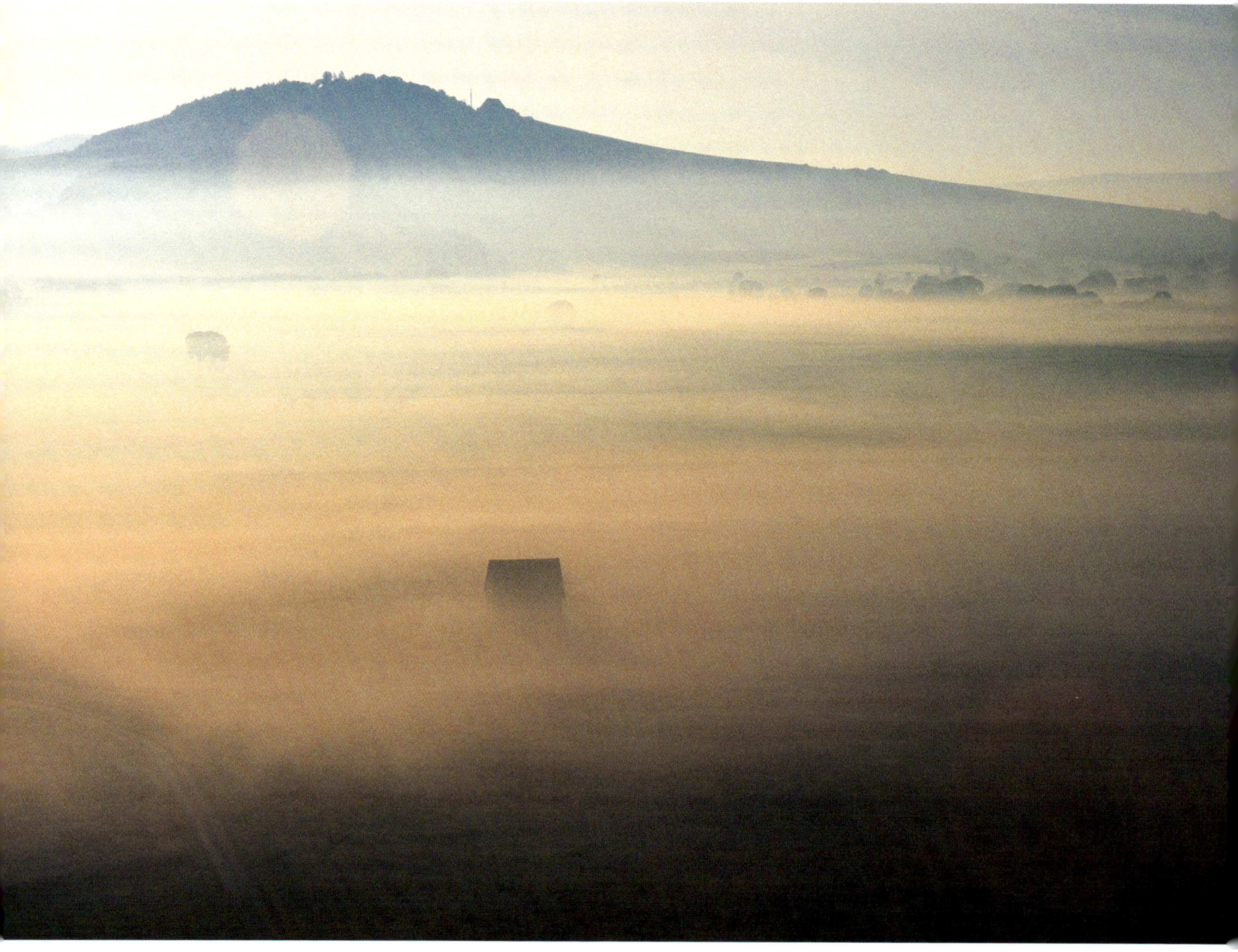

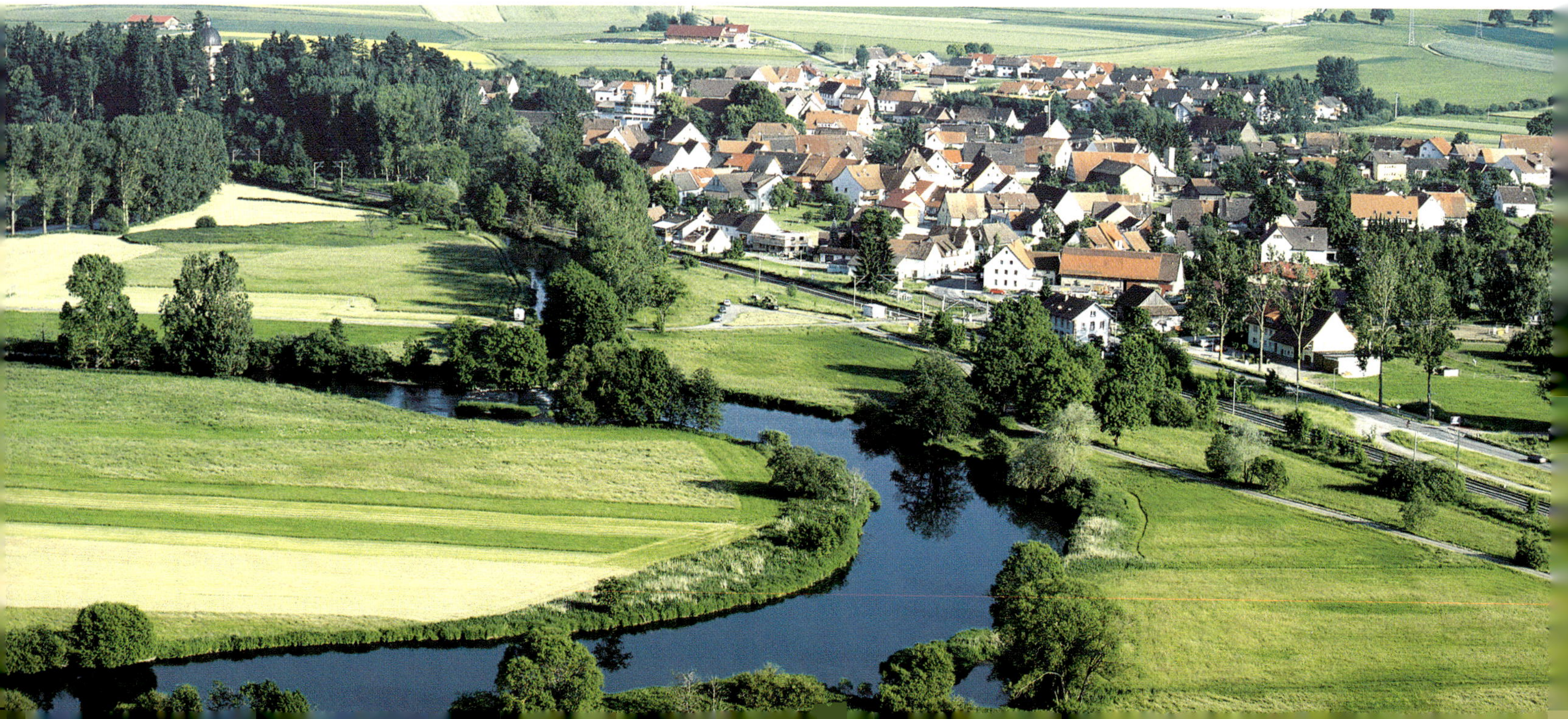

Im Frühnebel – Donau bei Neudingen. Die Heuwiesen bei Neudingen werden extensiv genutzt, die Landwirte beteiligen sich am Natur- und Artenschutz. Bilder unten: Mäandernde Donau und der „Erste Schnitt" im Mai.

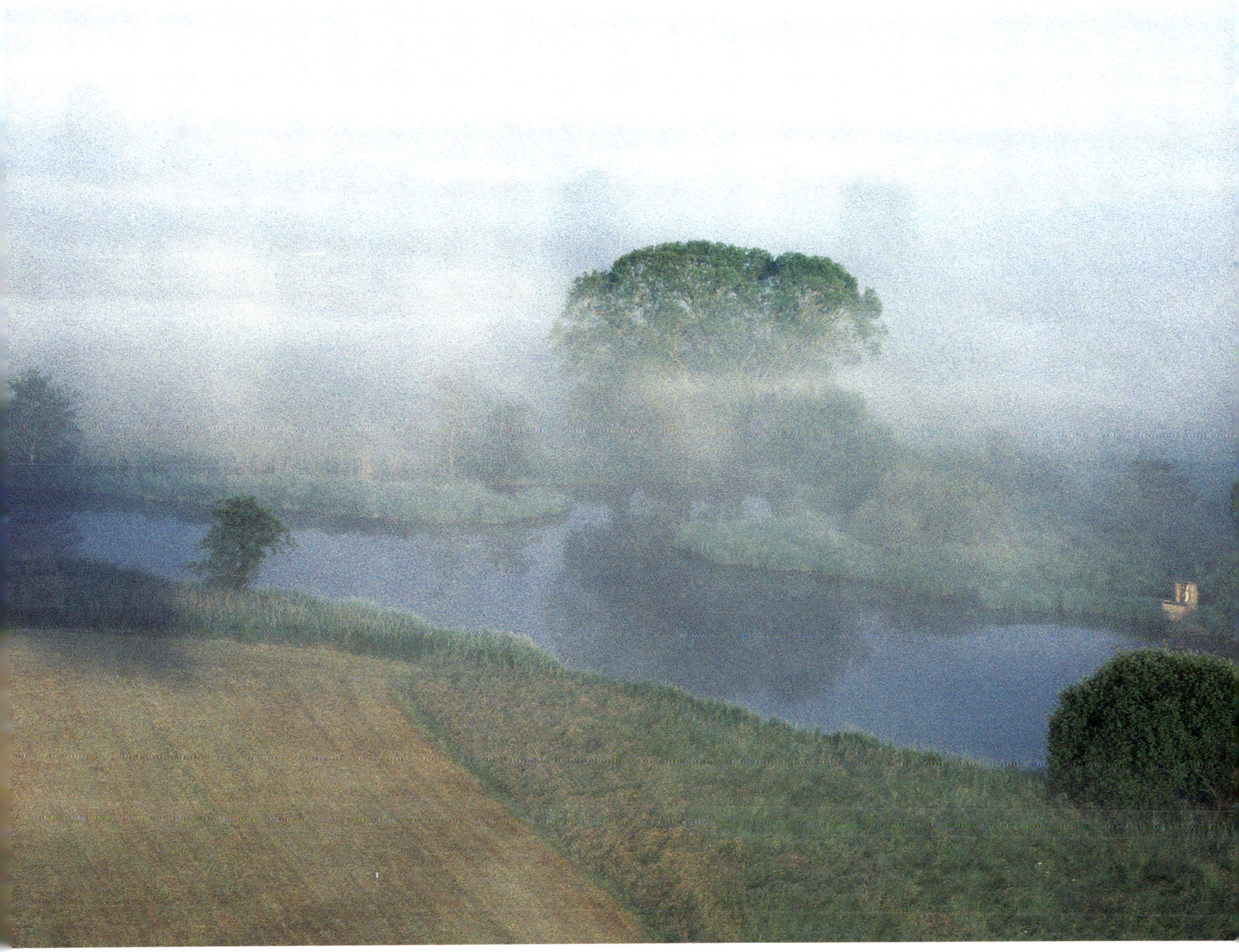

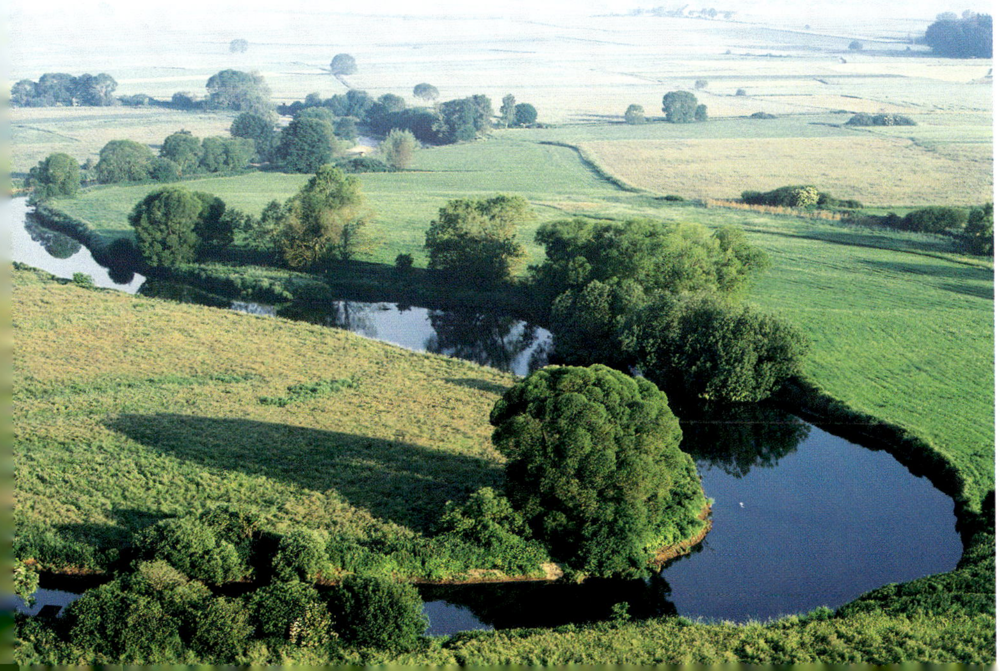

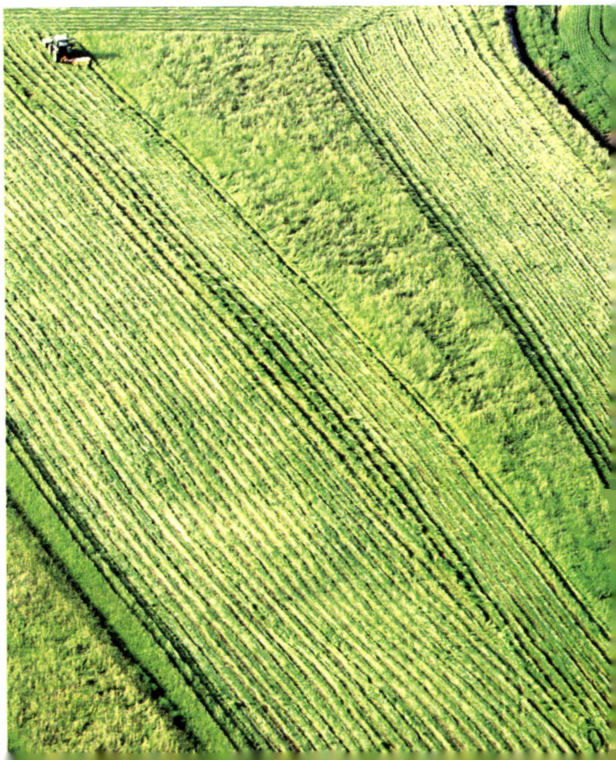

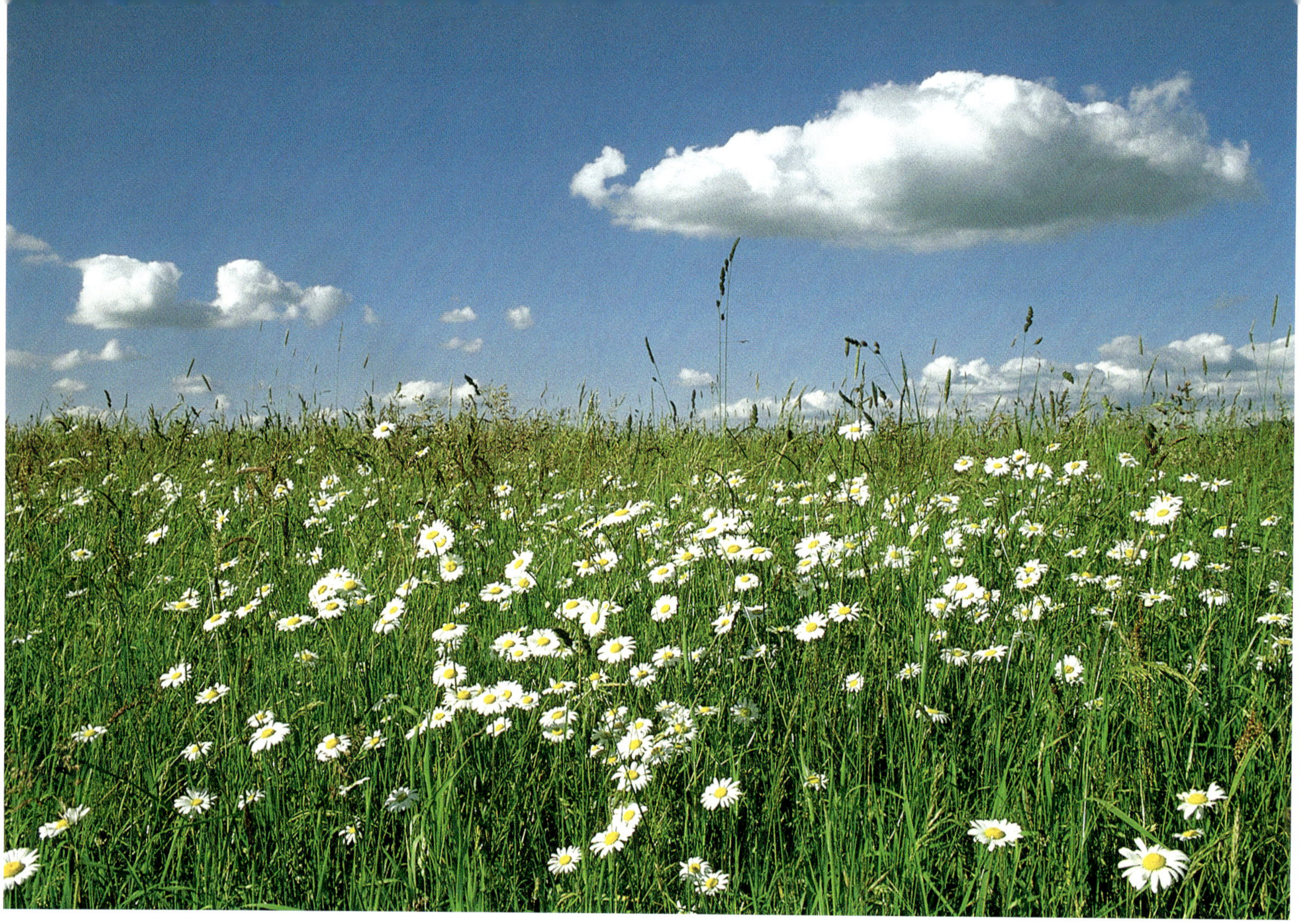

Wie ökologisch wertvoll die Riedbaar ist, die Donauniederung im Bereich Pfohren, Neudingen und Gutmadingen, dokumentiert die seltene Tier- und Pflanzenwelt. Auf einer großen Fläche prägen Heuwiesen das Bild der Landschaft. Diese Wiesen, die teilweise extensiv bewirtschaftet werden, bieten Tieren und Pflanzen einen vielgestaltigen, natürlichen Lebensraum. Auffälligster Vertreter dieser Lebensgemeinschaft ist der Weißstorch, der auf der Riedbaar Brutvogel und Durchzugsgast ist und im „Storchenland Riedbaar" gelegentlich in Mengen bestaunt werden kann. *Fotos: Helmut Gehring*

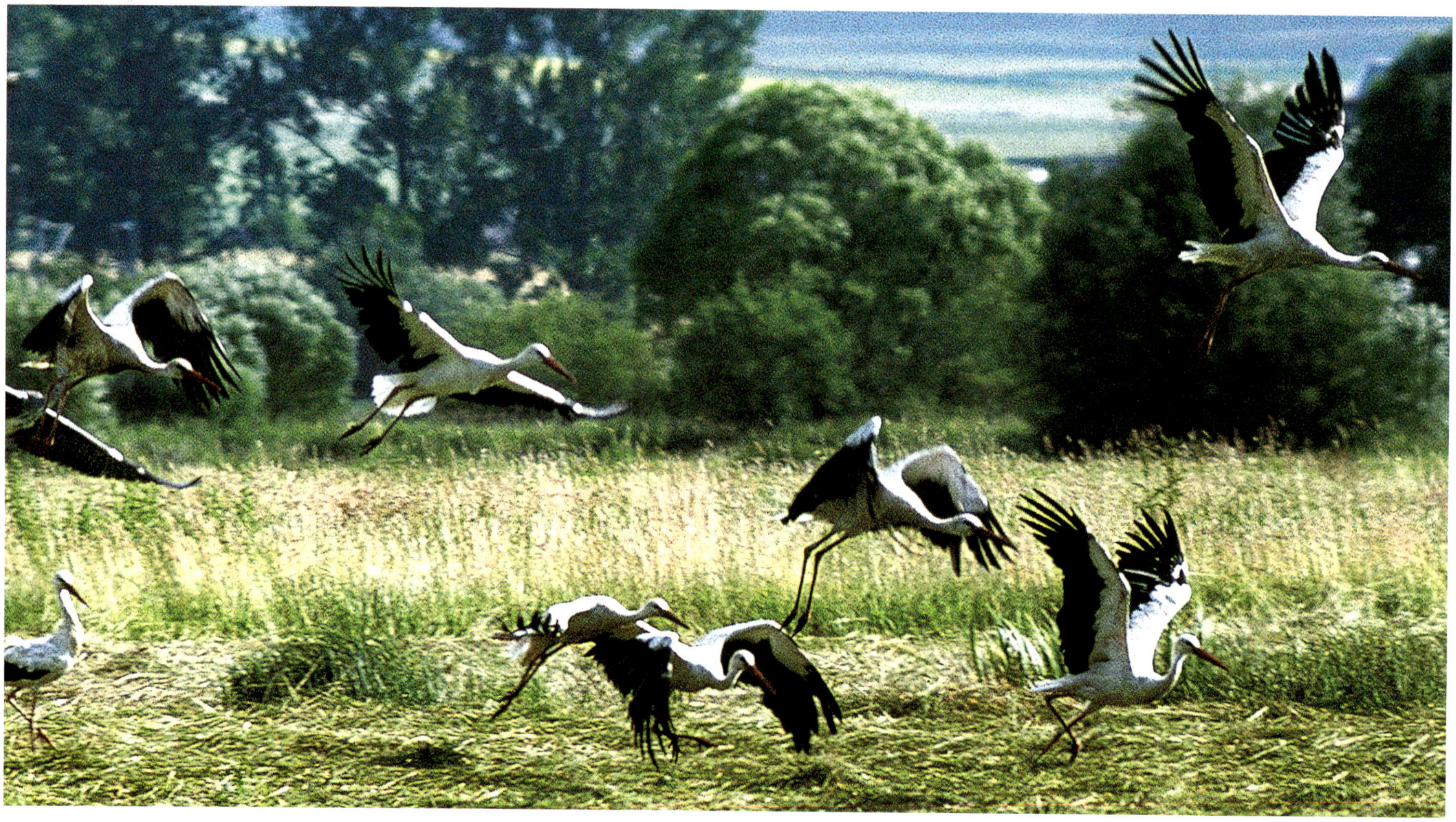

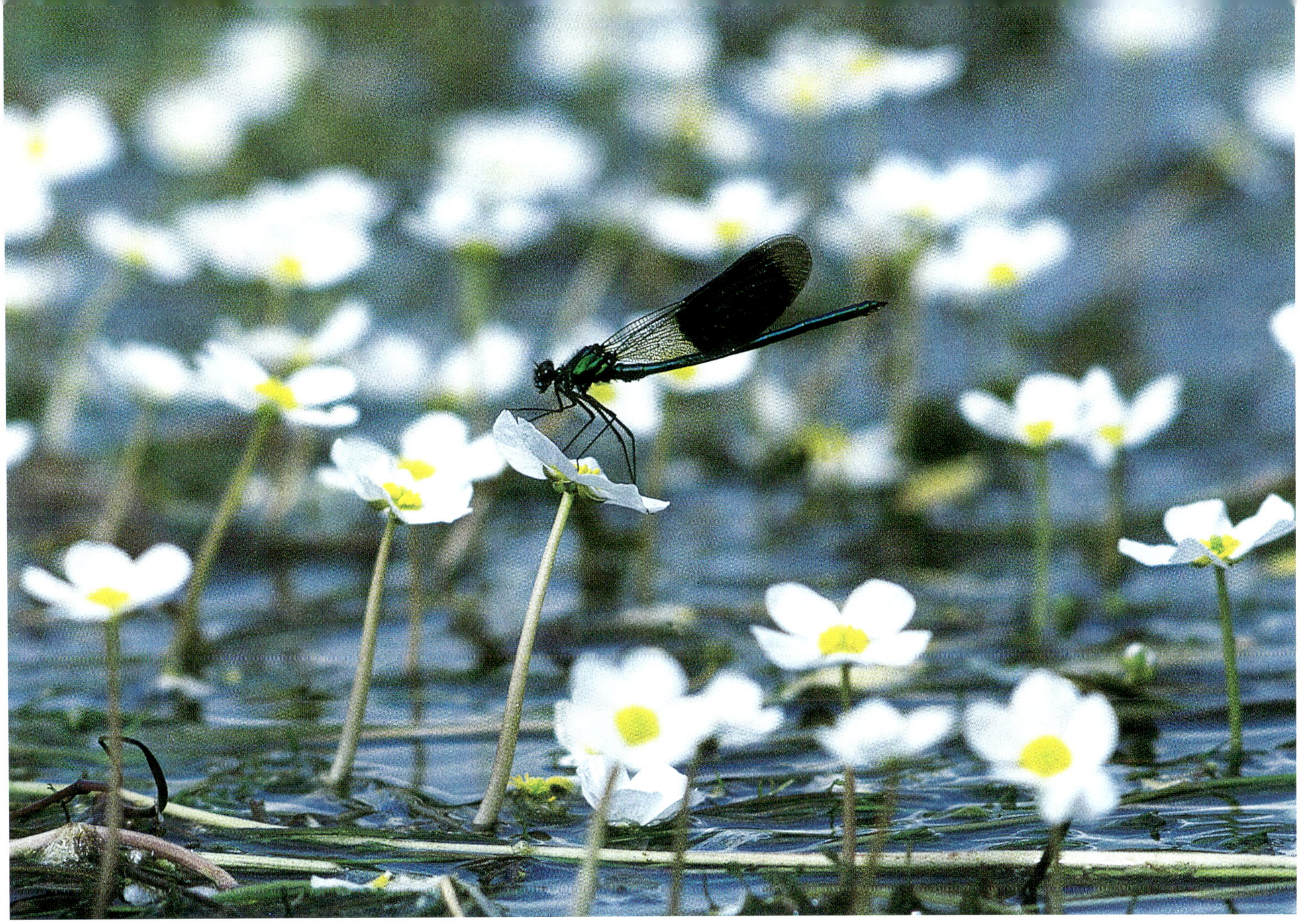

Gebänderte Prachtlibelle

Braunkehlchen

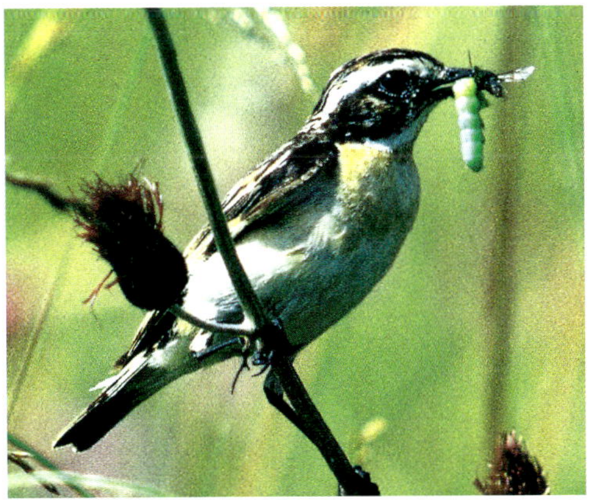

Schwalbenschwanz

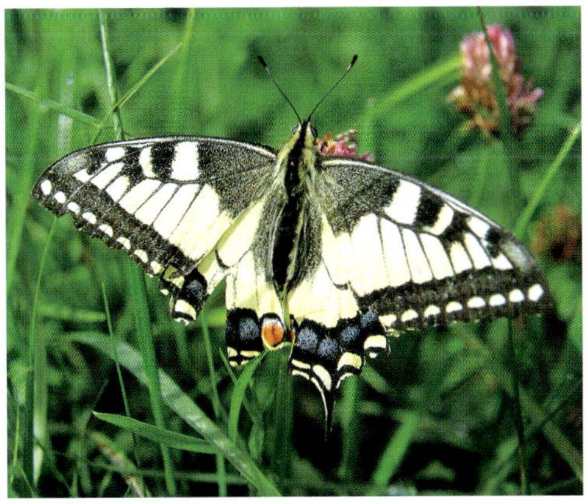

Grasfrosch

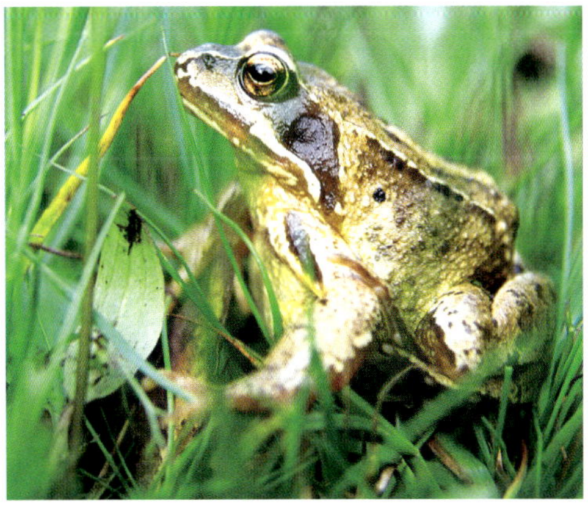

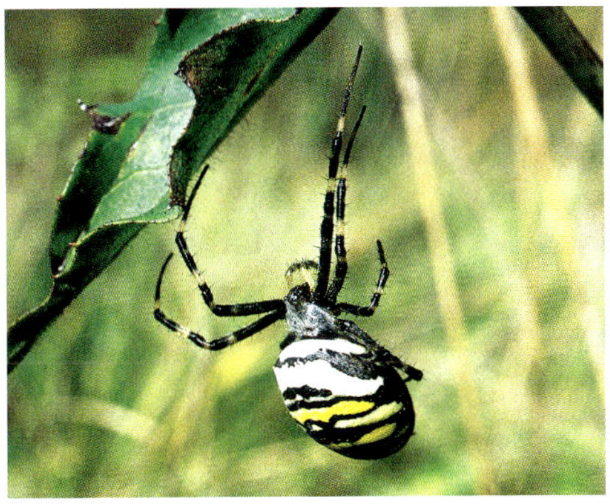

Zebraspinne

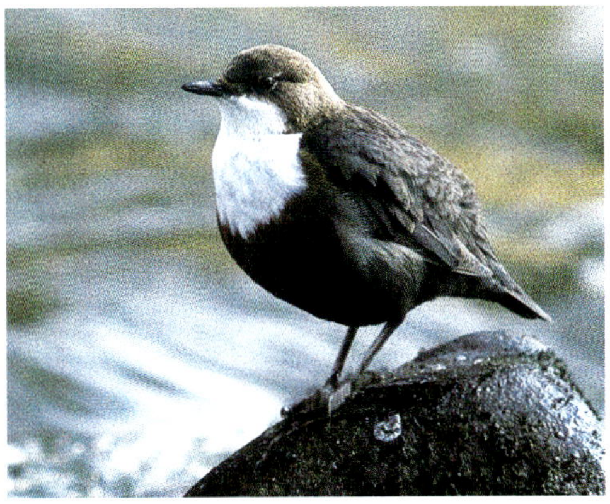

Wasseramsel

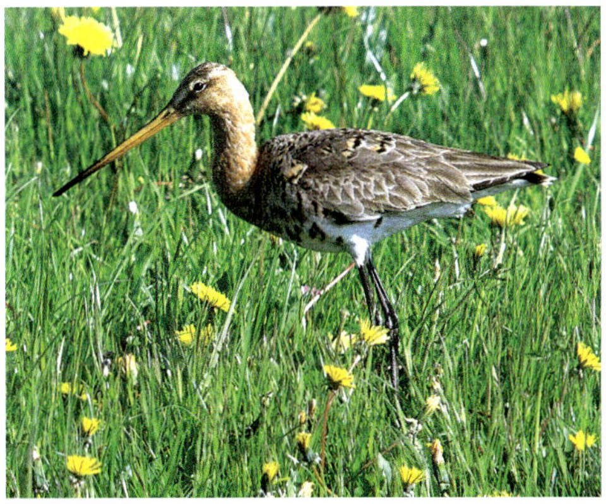

Uferschnepfe

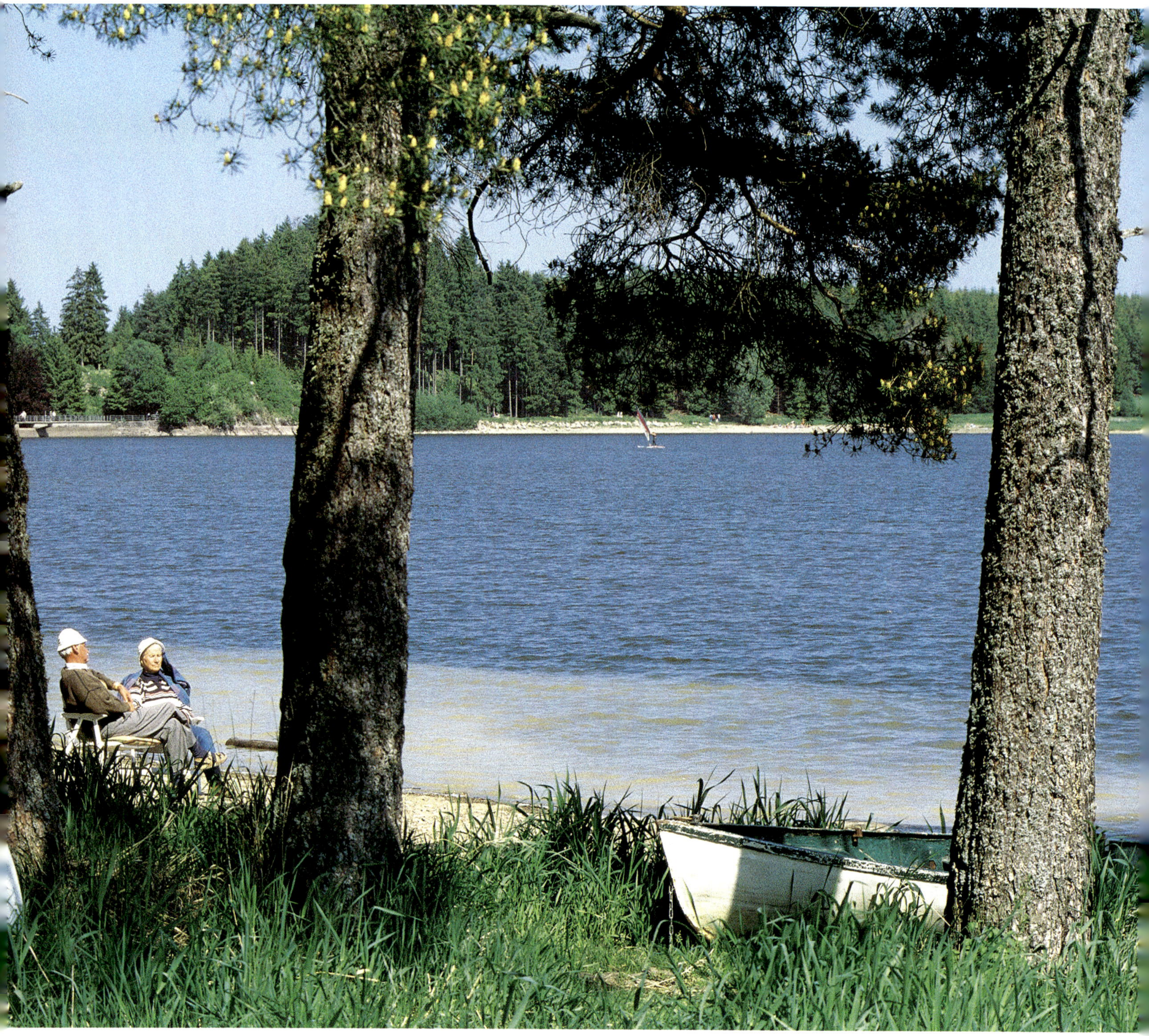

Am Kirnbergsee in Unterbränd bei Bräunlingen.

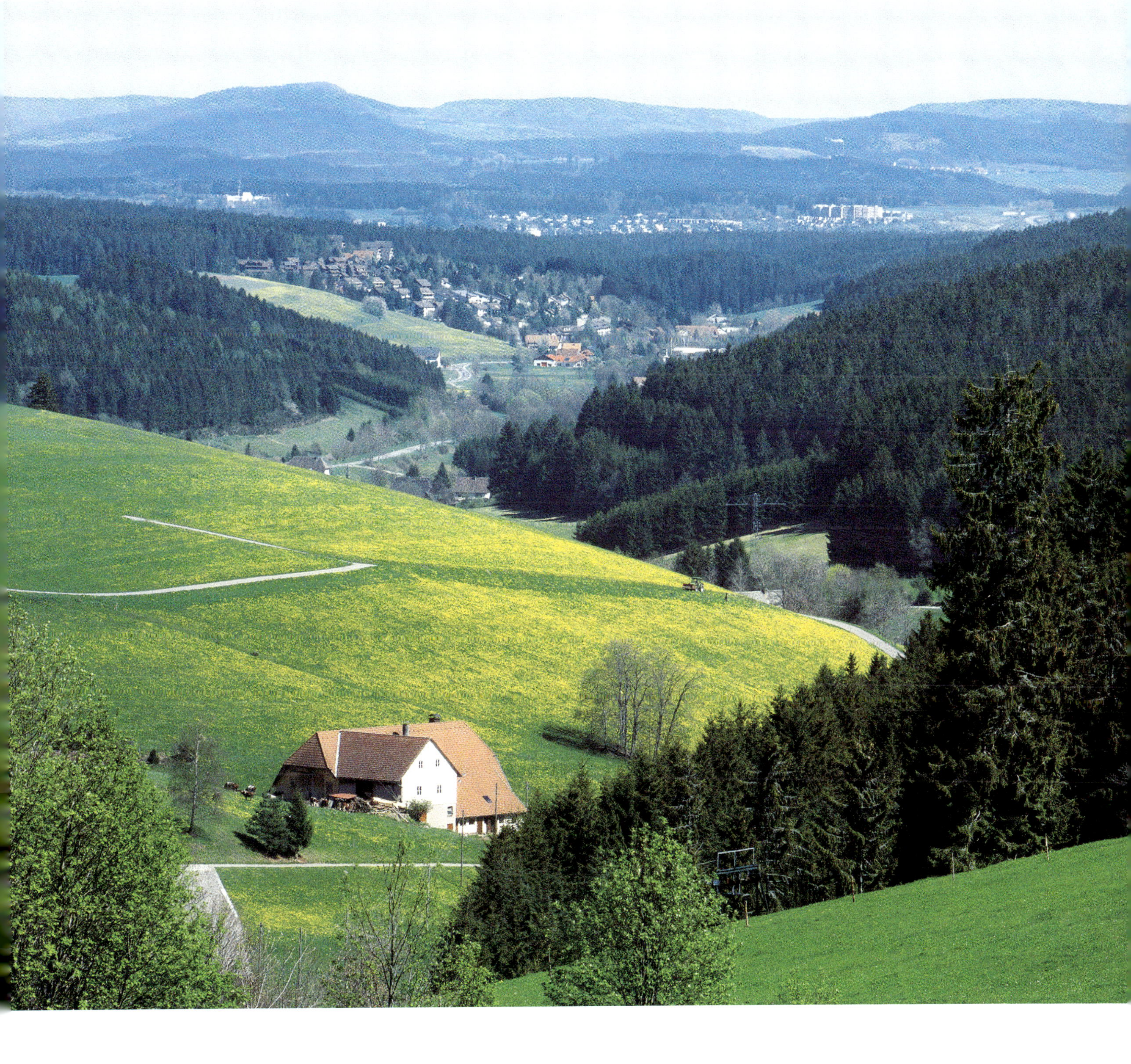

Blick vom Oberkirnacher Kesselberg aus „über den Schwarzwald-Baar-Kreis hinweg“.

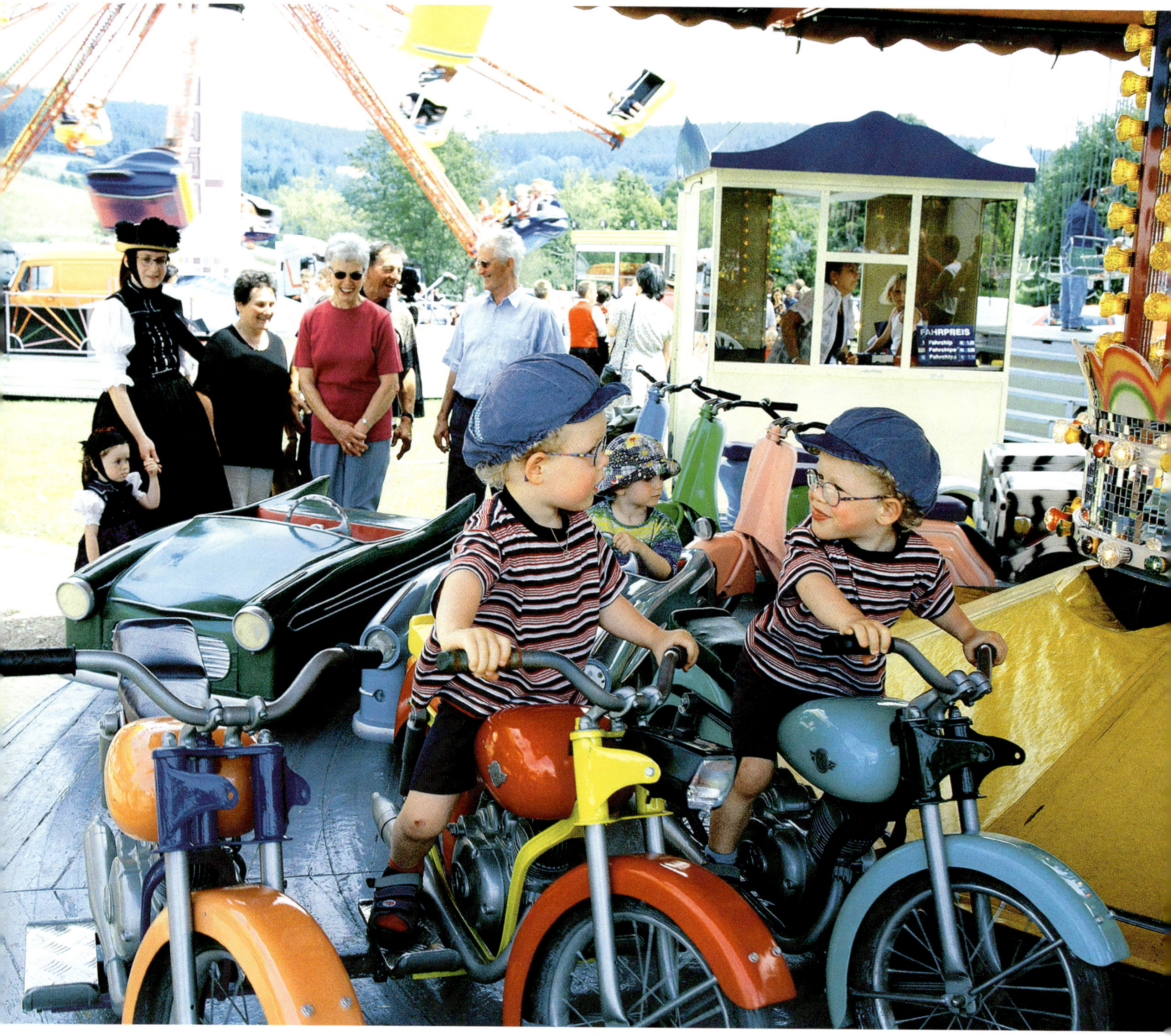

Auf dem Kinderkarussell – beim Musik- und Trachtenfest in Langenschiltach.

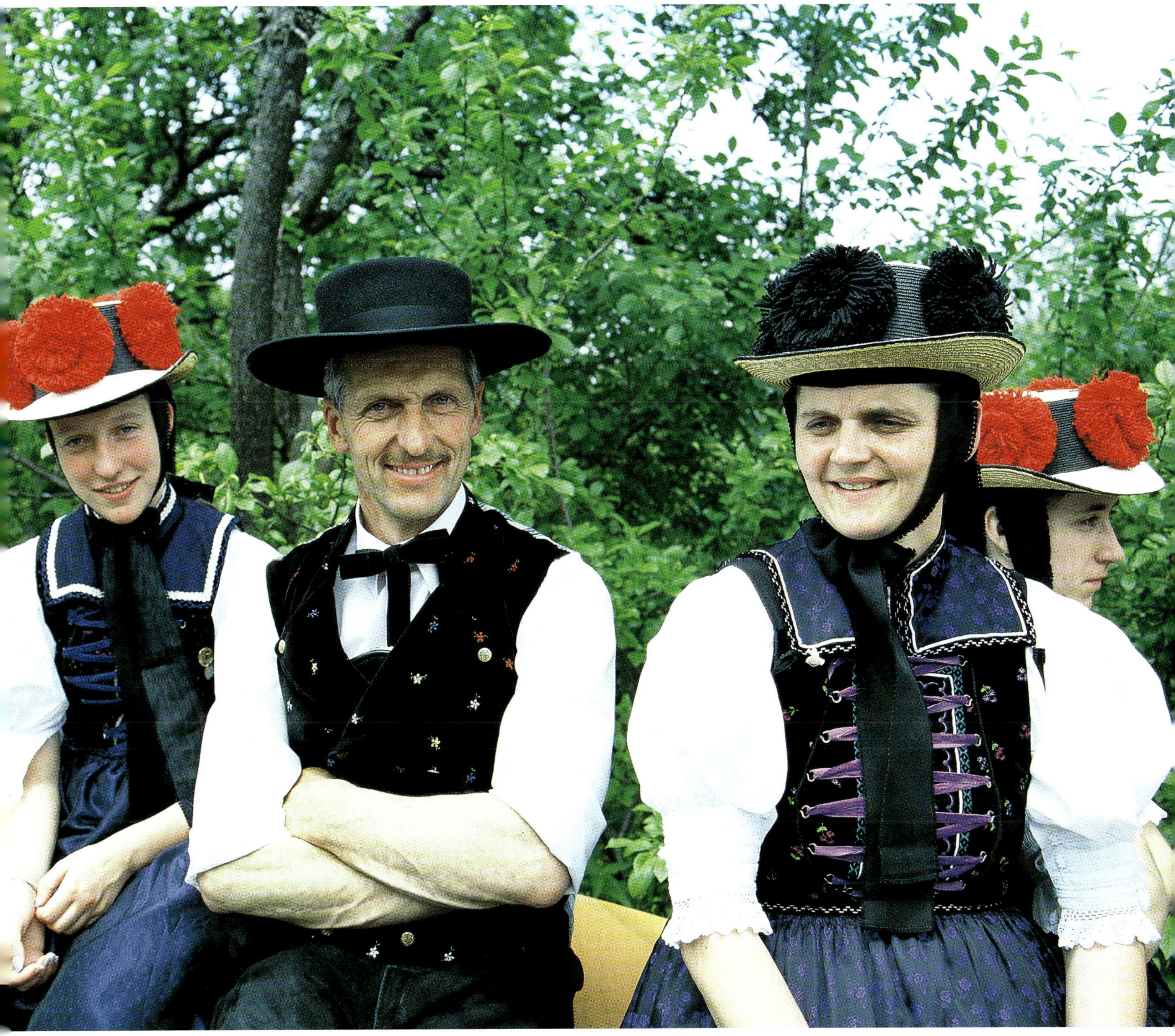

In der Tracht von St. Georgen.

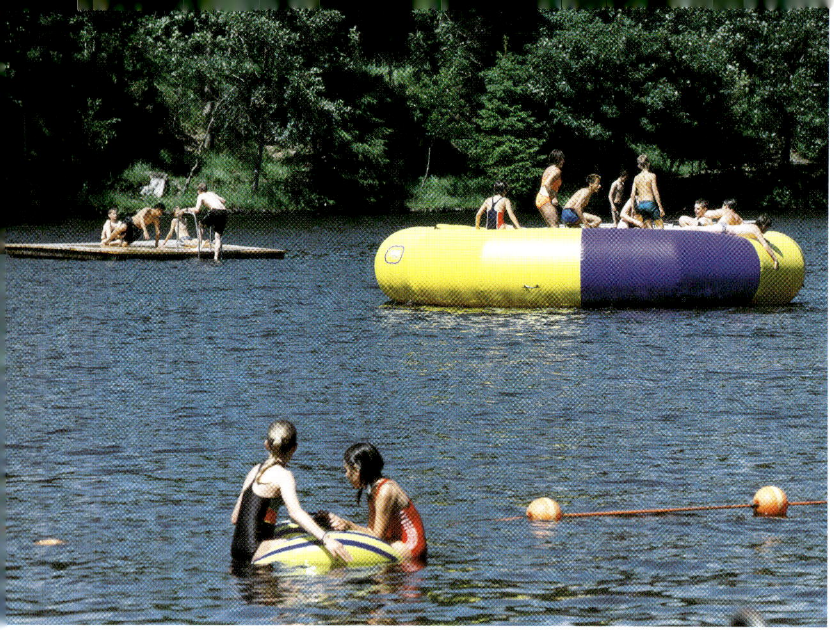

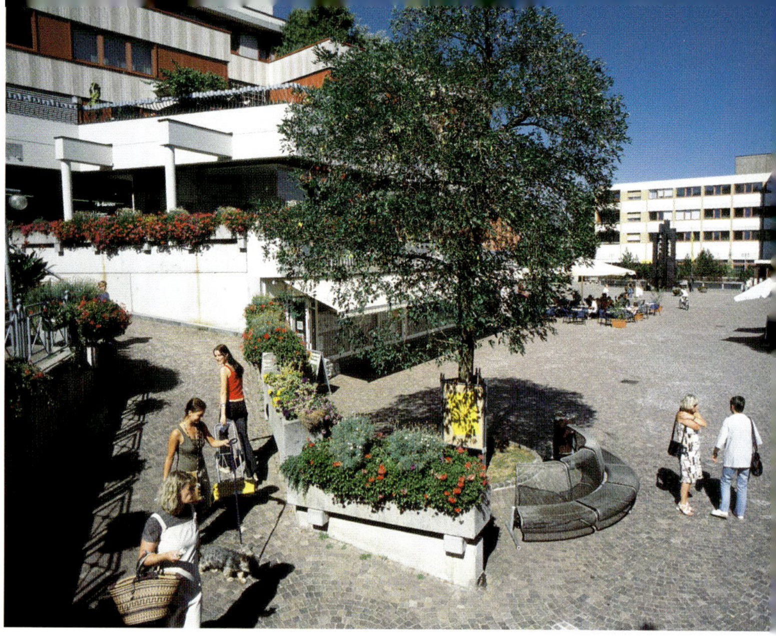

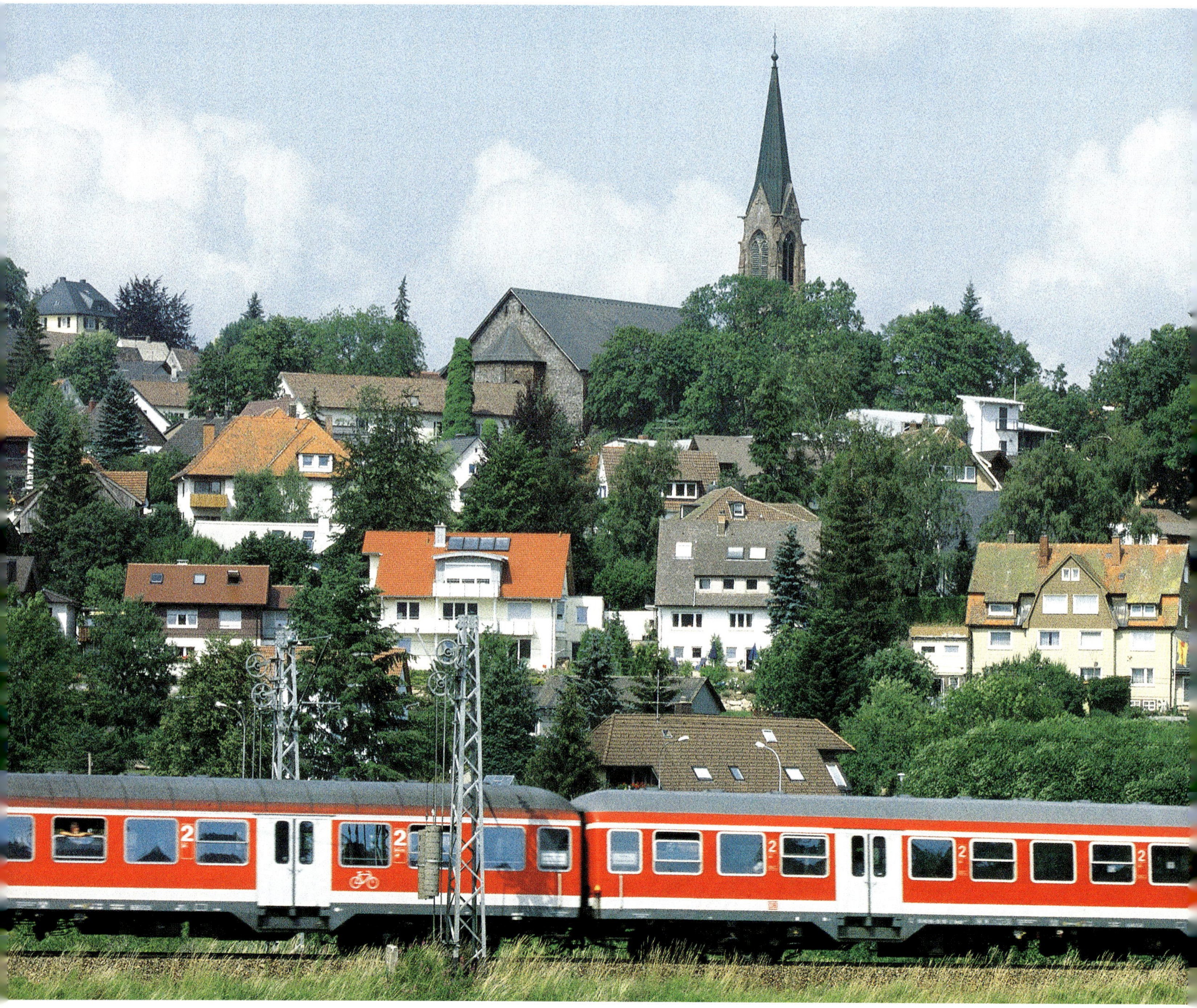

Die Schwarzwaldbahn erreicht St. Georgen – vom Eisenbahnanschluss hat die Stadt bei ihrer wirtschaftlichen Entwicklung enorm profitiert.

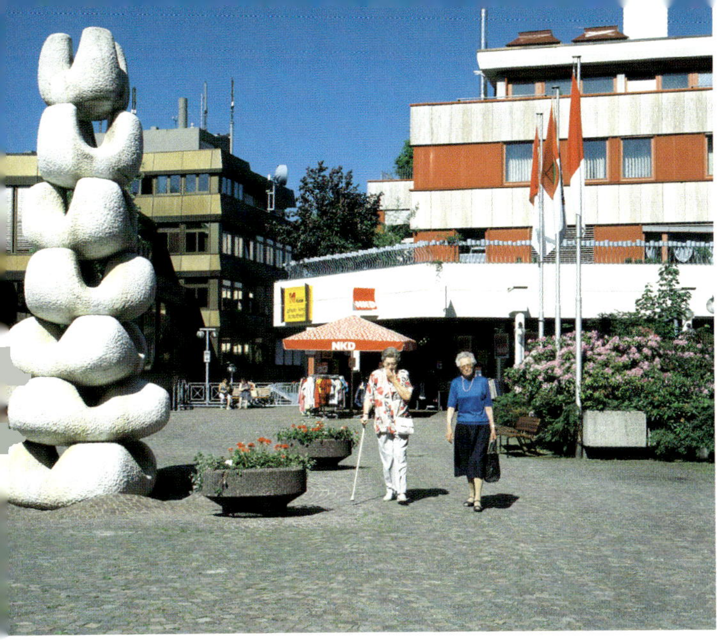

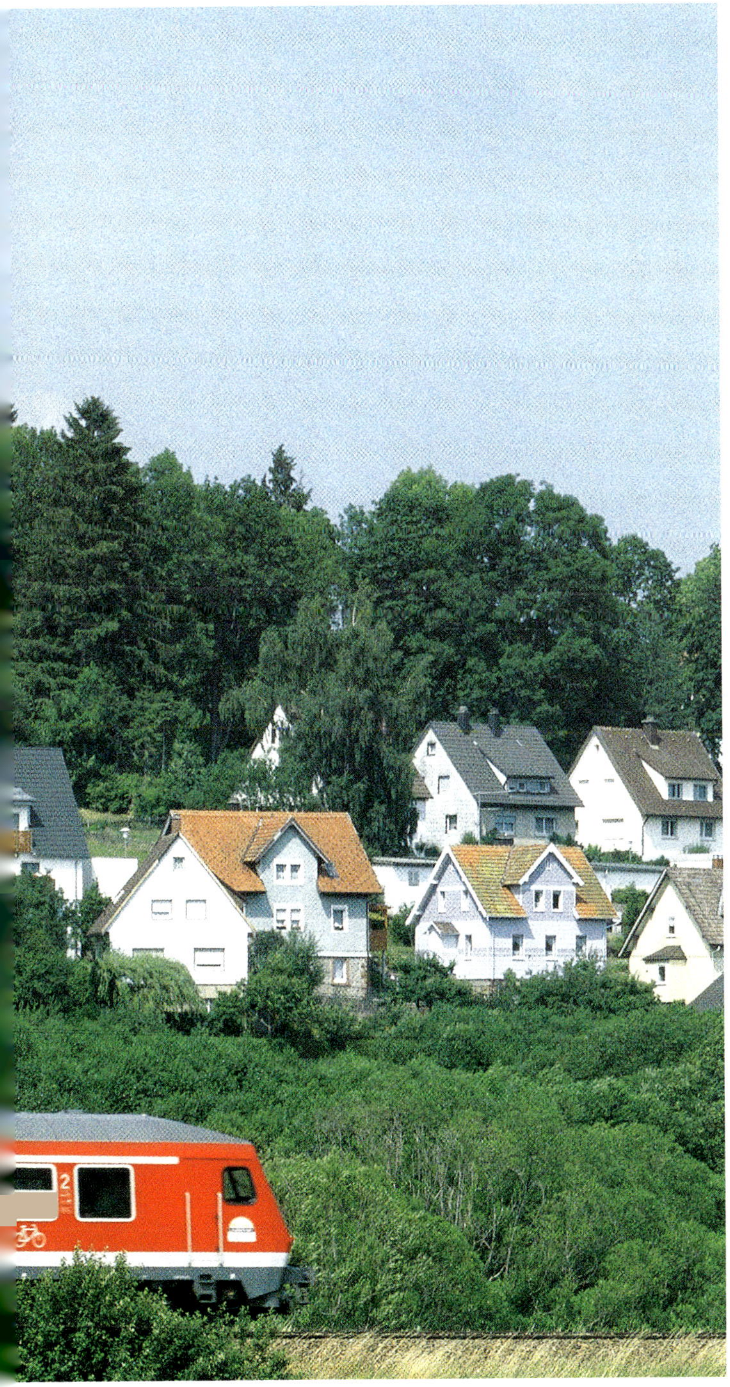

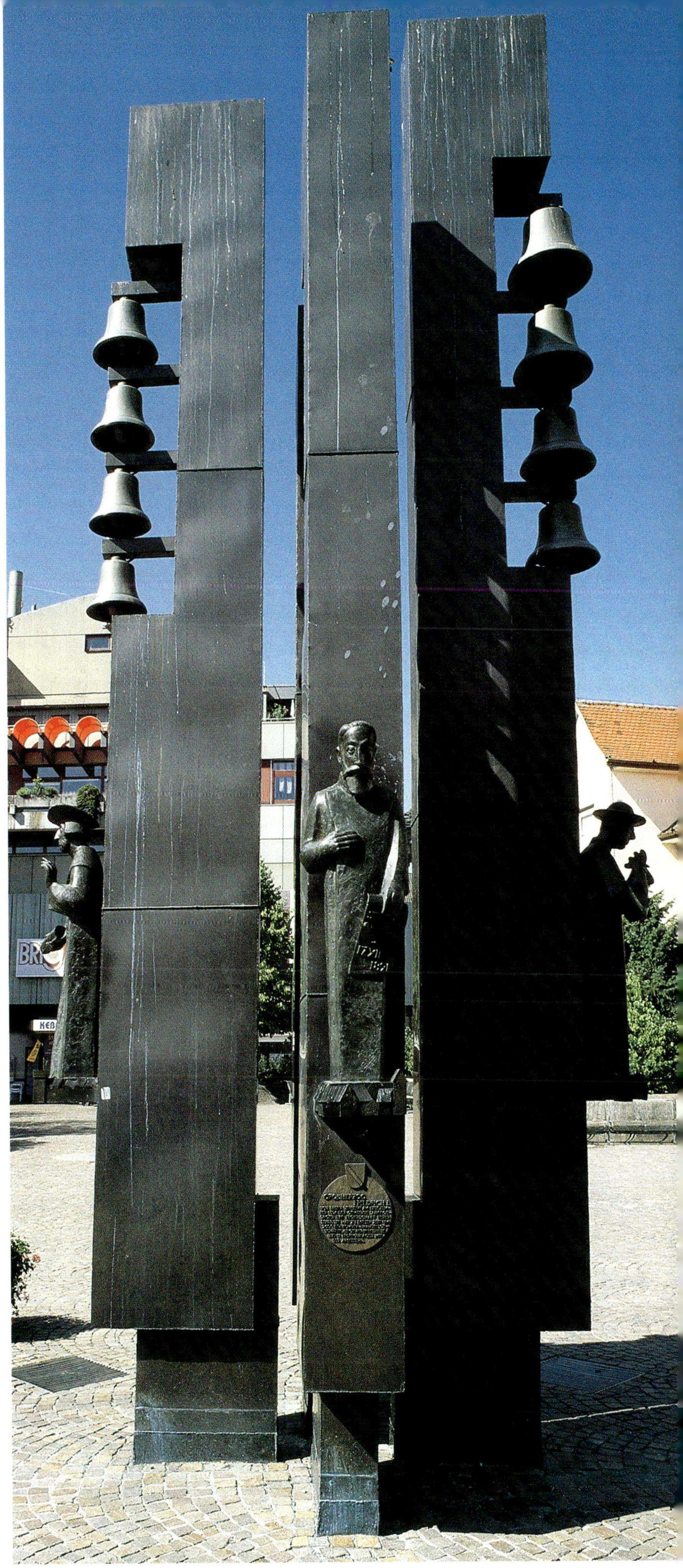

Bildleiste oben: Badevergnügen im Klosterweiher, Blick auf den Marktplatz und in die Innenstadt mit Brunnen beim Rathaus.
Rechts: Glockenspiel auf dem Marktplatz.

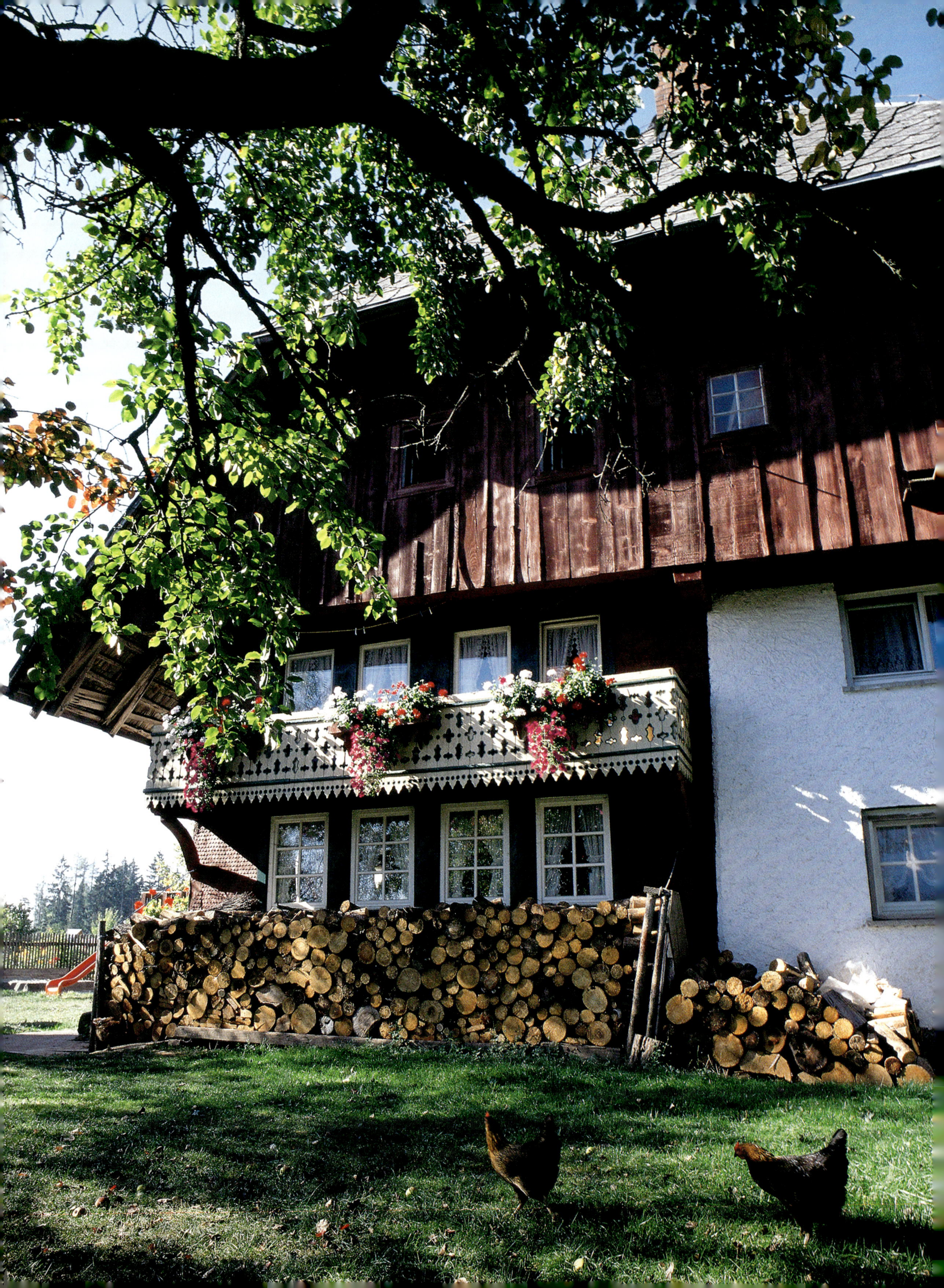

Linke Seite: Der Bregnitzhof bei Königsfeld, erbaut im Gutacher Stil.

Rechte Seite: Wandern und Flanieren, z.B. im Kurpark, wird in Königsfeld groß geschrieben. Hier leben auch viele ältere Menschen, die der Gesundheit wegen in den heilklimatischen Kurort und Kneippkurort kommen. Golfsport ist in Königsfeld gleichfalls möglich, die Anlage ist hervorragend in die Landschaft integriert.

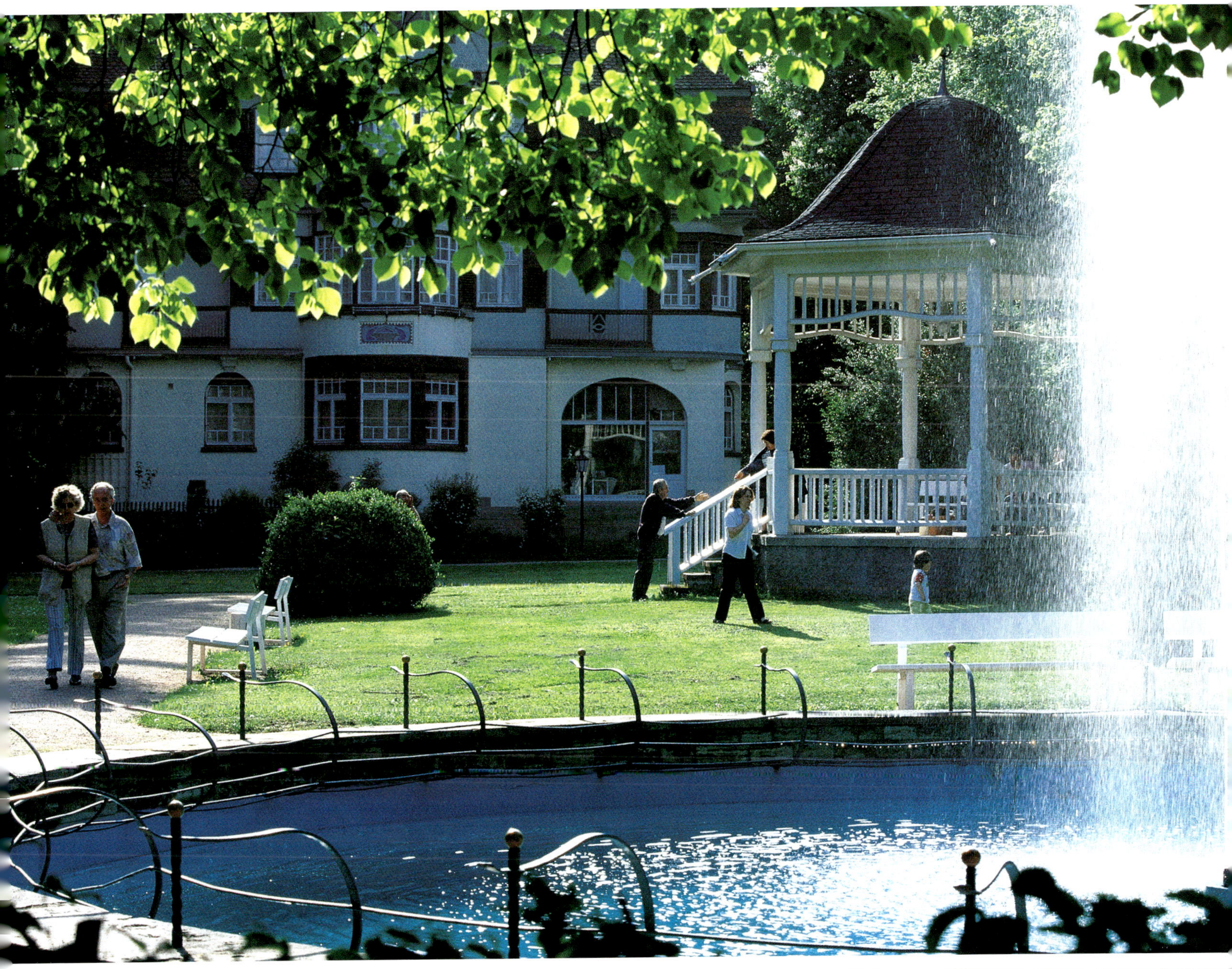

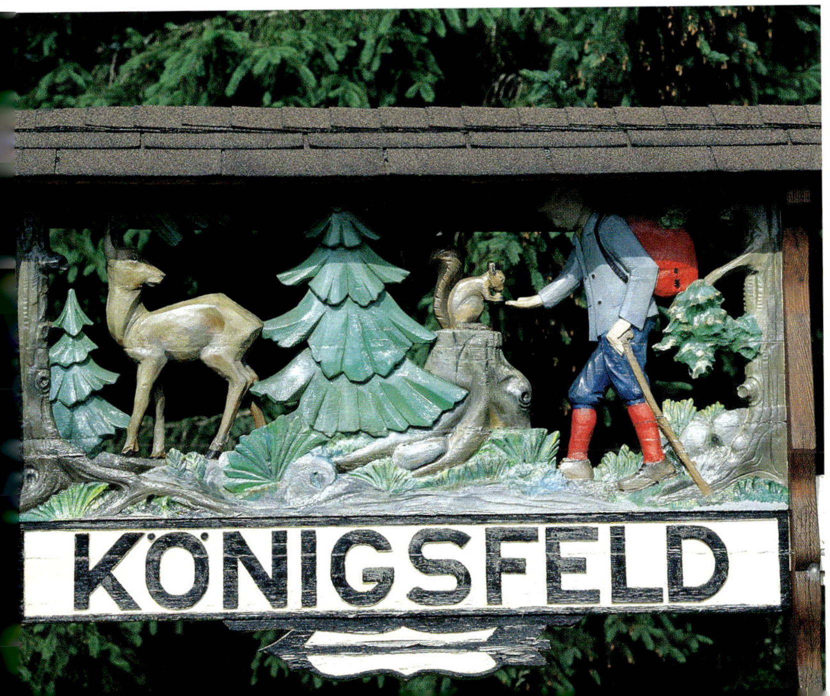

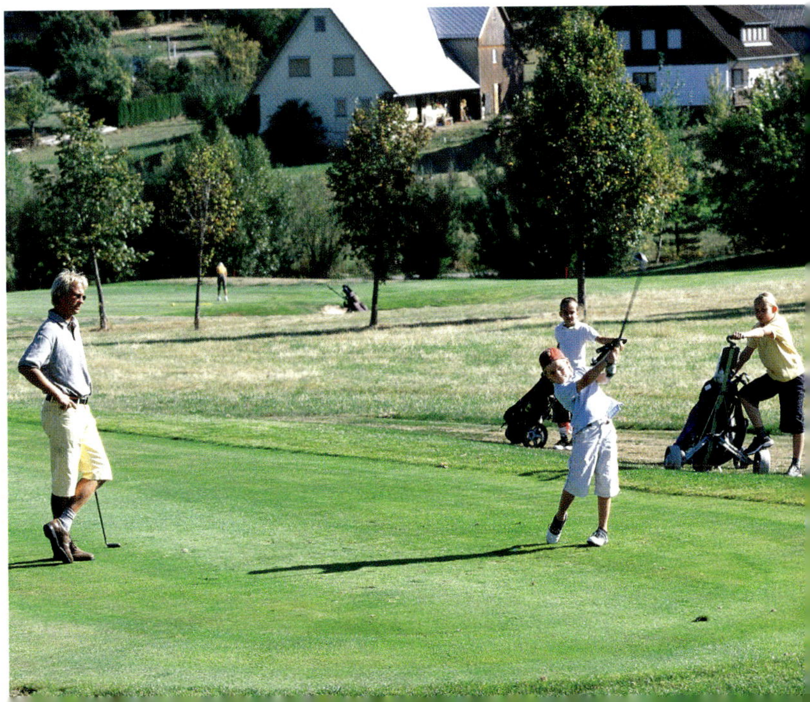

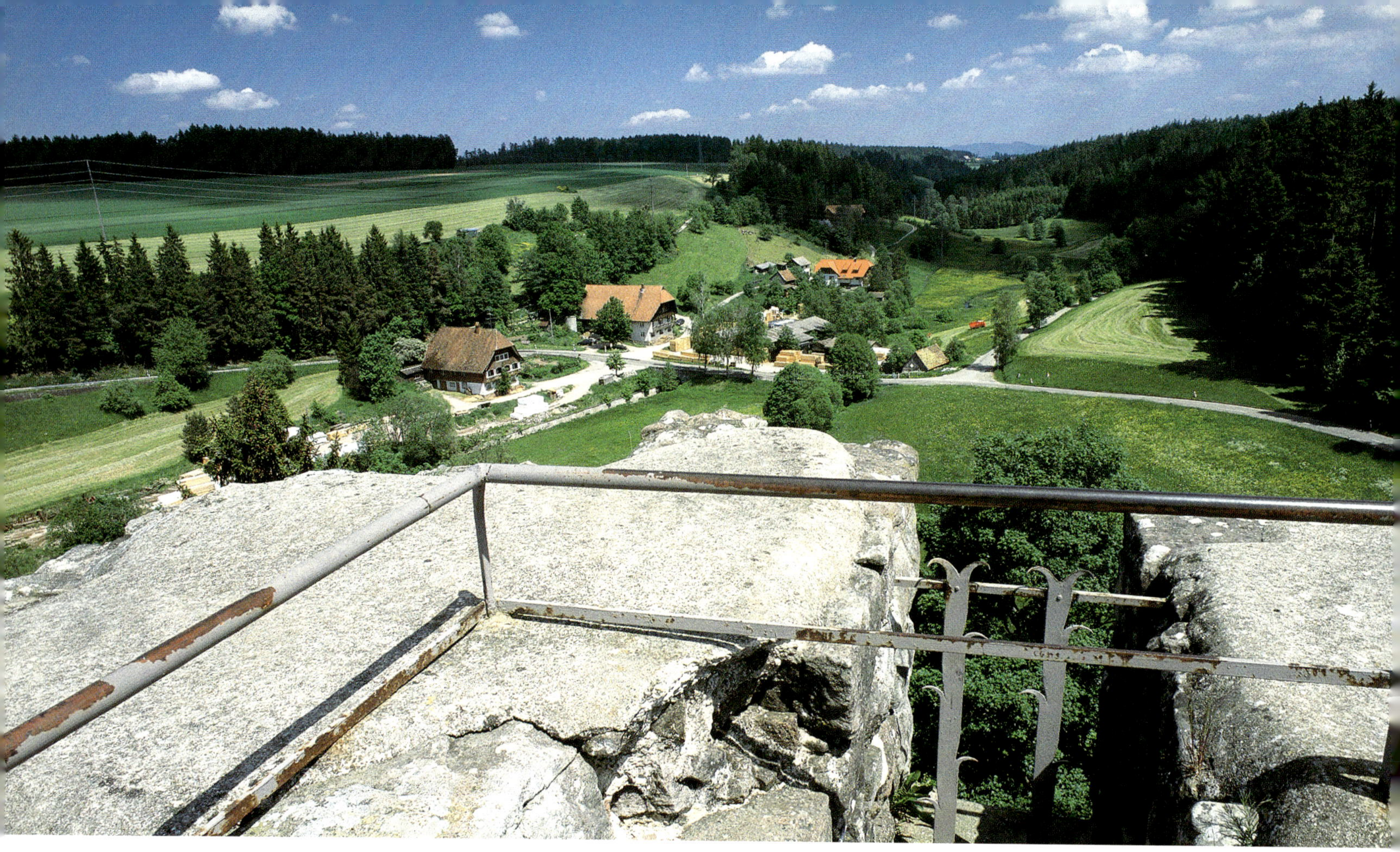

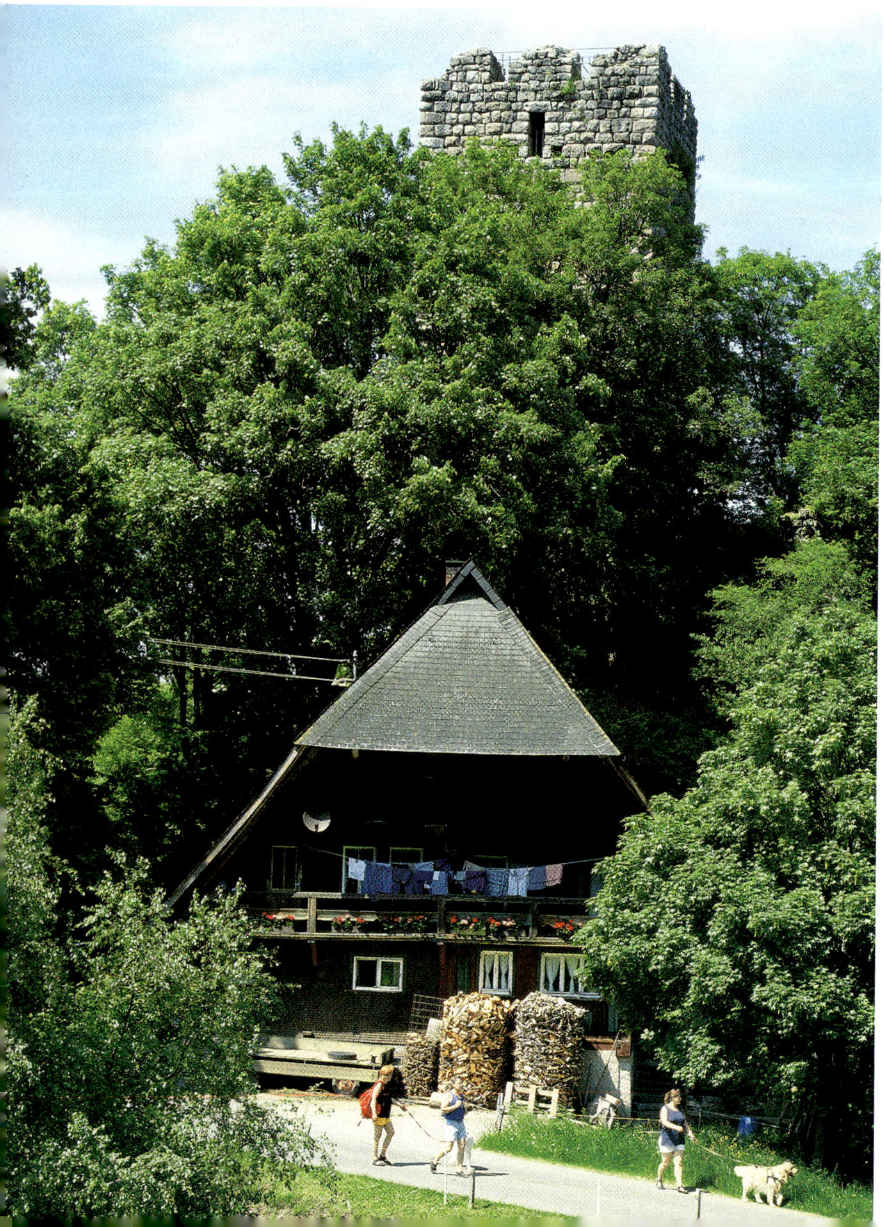

Die Ruine Waldau zählt zu den am besten erhaltenen Burgruinen des Mittleren Schwarzwaldes und bietet einen faszinierenden Rundblick über das Glasbachtal. Über die Entstehung der Burgruine ist wenig bekannt, dafür ranken sich um die Burg Sagen und Legenden. Eine malerische Einheit bildet die Burgruine mit dem Gutacher Bauernhaus davor, dessen Besitzer sich ganz auf den „Touristenrummel" eingestellt haben.

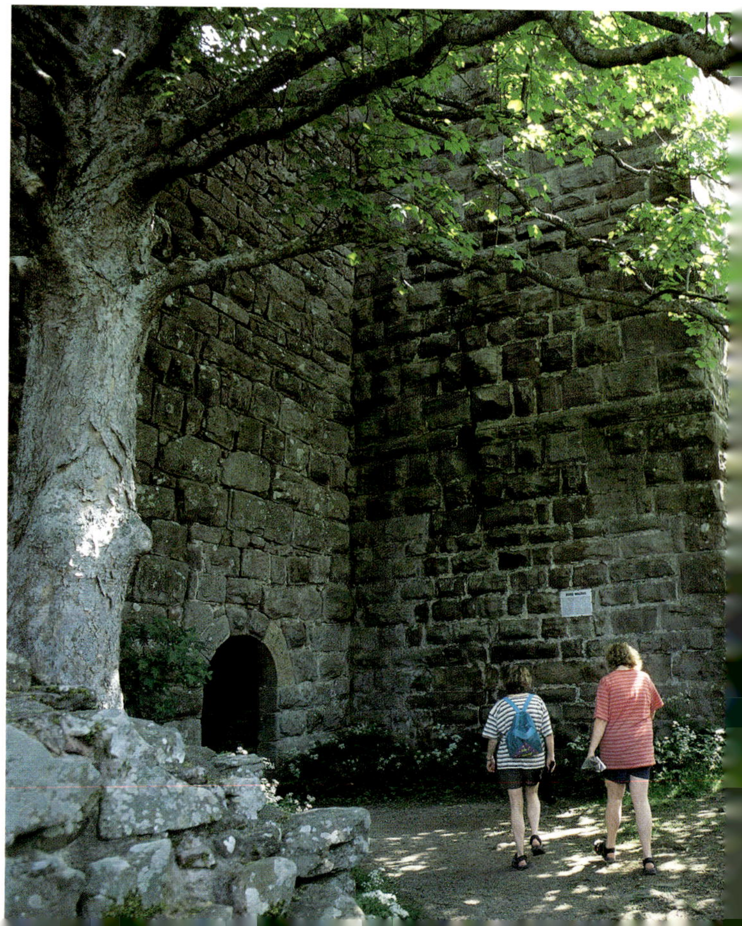

St. Nikolaus-Kirchlein in Buchenberg. Das 1000-jährige Kirchlein stammt aus dem 11. Jahrhundert und liegt umgeben von alten Bäumen nah beim Ortskern. Unten Mitte: Das Buchenberger Herrgöttle, romanisches Kruzifix. Unten rechts: Freskenmalerei an der Südwand, der linke Schächer aus einer Kreuzigungsgruppe.

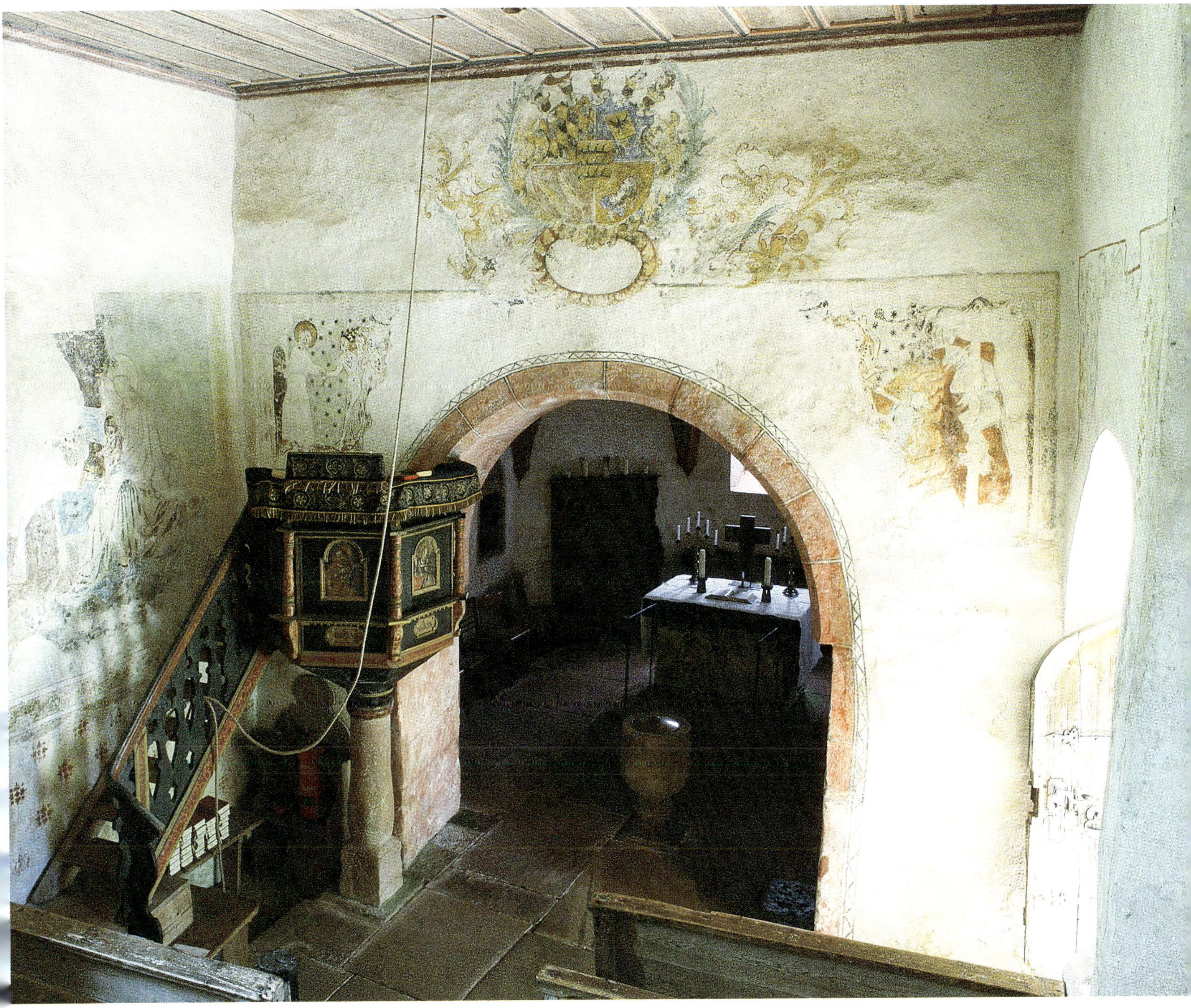

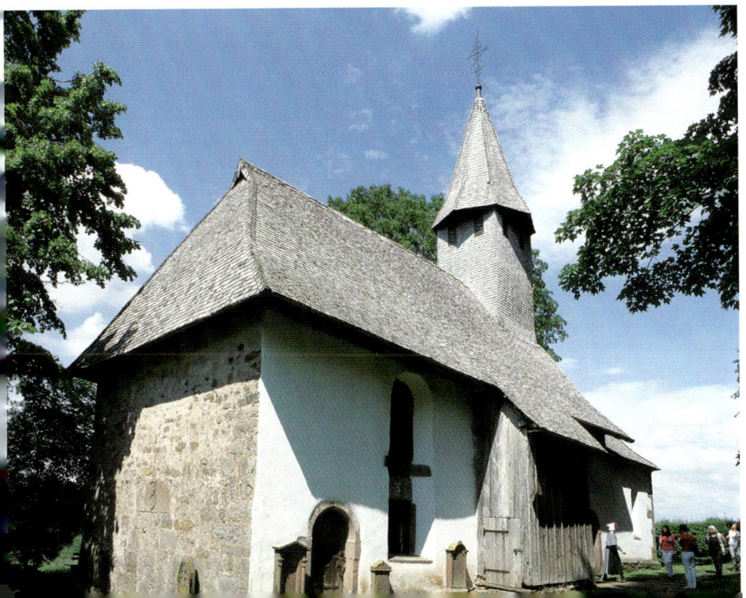

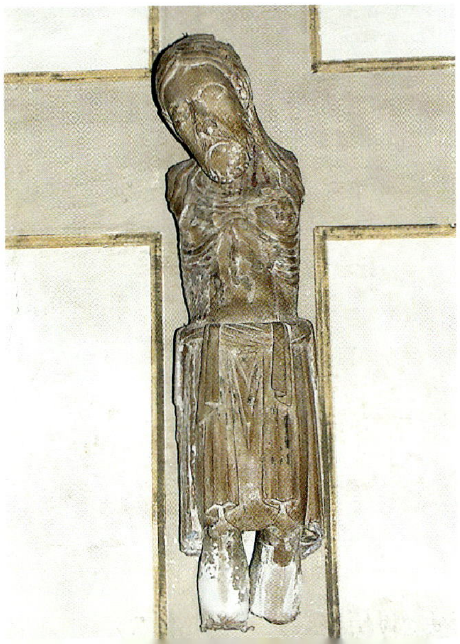

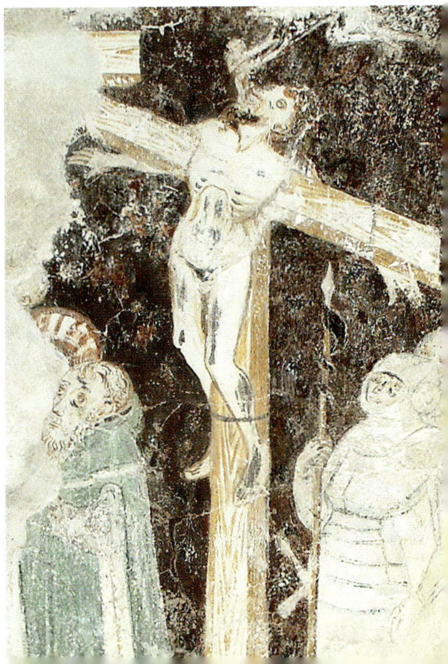

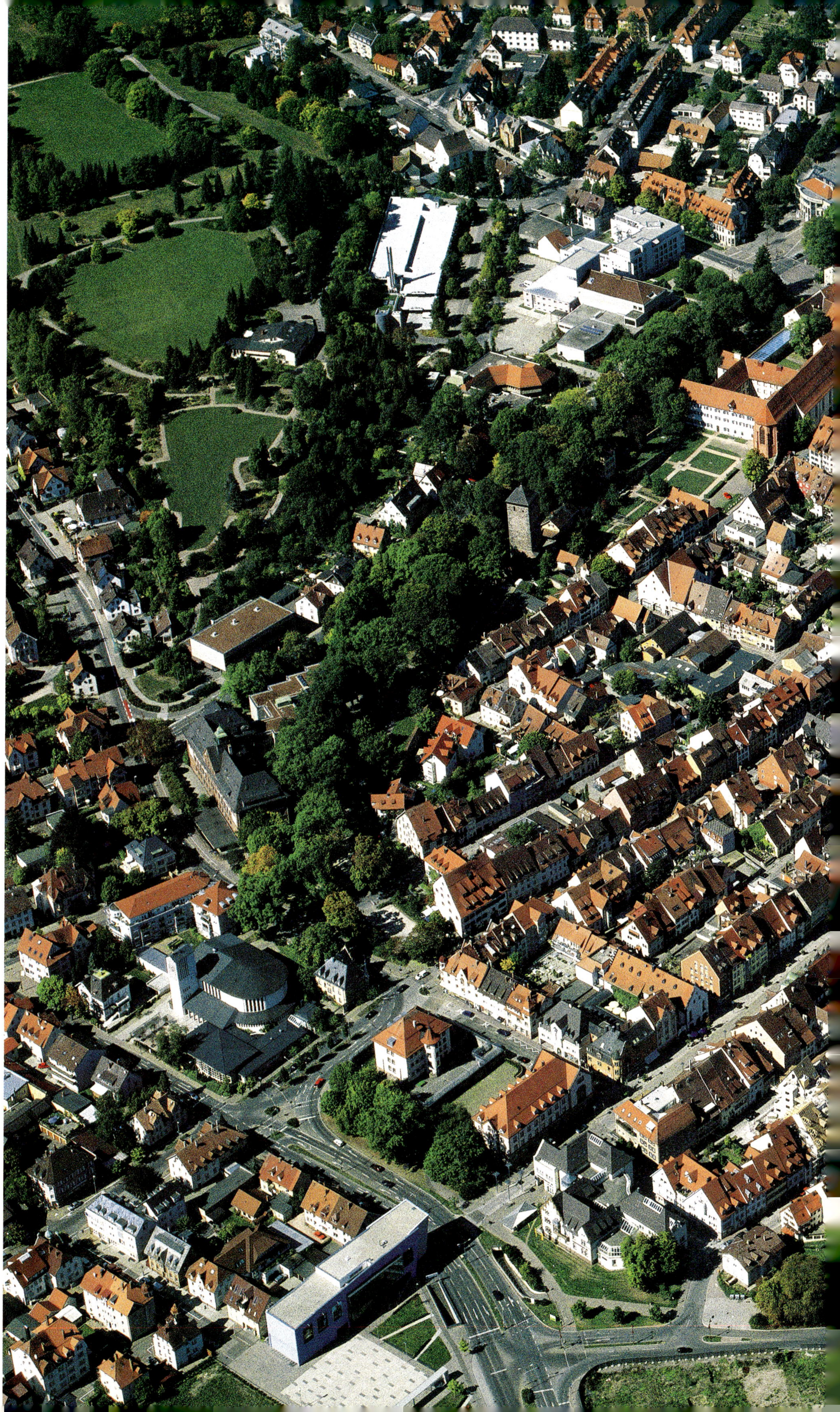

Villingen aus der Luft: Auch aus der Vogelperspektive bewahrt sich Villingen seinen Reiz. Das Achsenkreuz zweier gleichberechtigter Marktstraßen im Oval der Zähringer ist deutlich erkennbar. Mit drei Stadttoren ist der mittelalterliche Kern von Villingen fast vollständig erhalten, nur das „Niedere Tor“ fehlt, es wurde 1847 abgerissen.

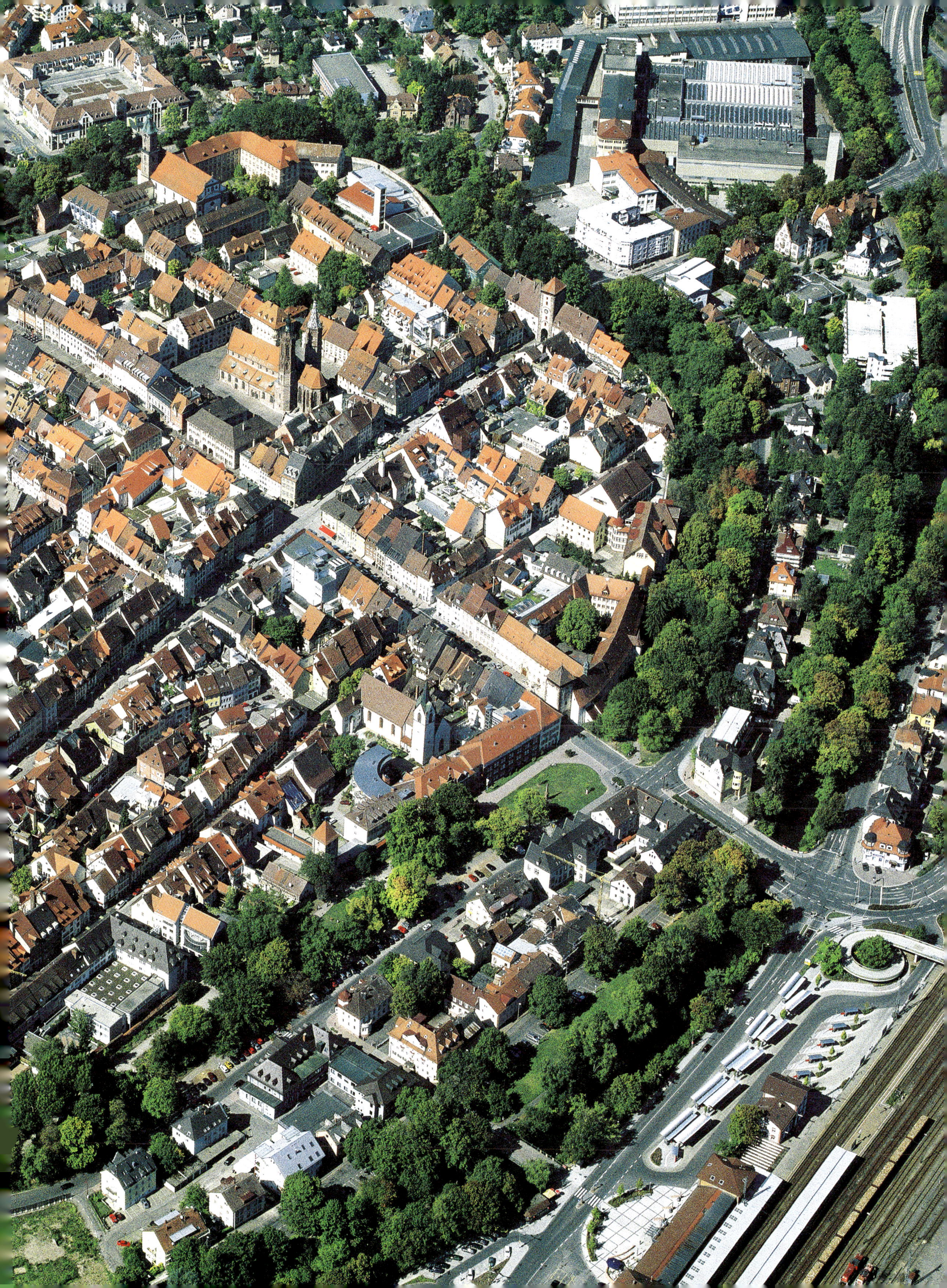

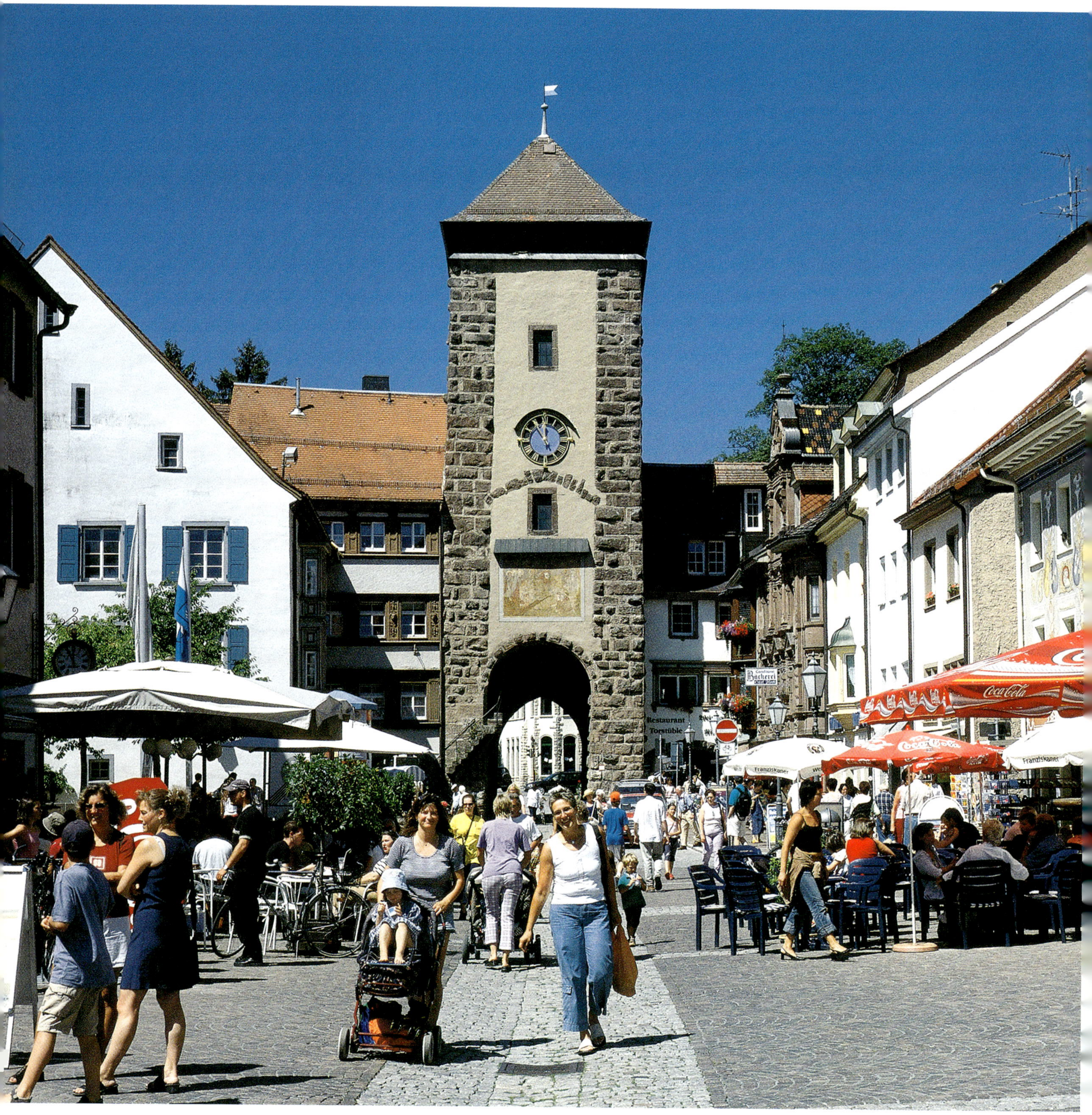

Samstagsbummel in Villingen – in einer Stadt mit mittelalterlichem Charme den Sommer genießen. Was die Münstertürme für die Villinger „Skyline“ sind, ist das Riettor für das Gesicht der Villinger Innenstadt: das Erkennungszeichen schlechthin. Die „Hauptstadt“ des Schwarzwald-Baar-Kreises darf sich zu den schönsten Städten in Süddeutschland zählen.

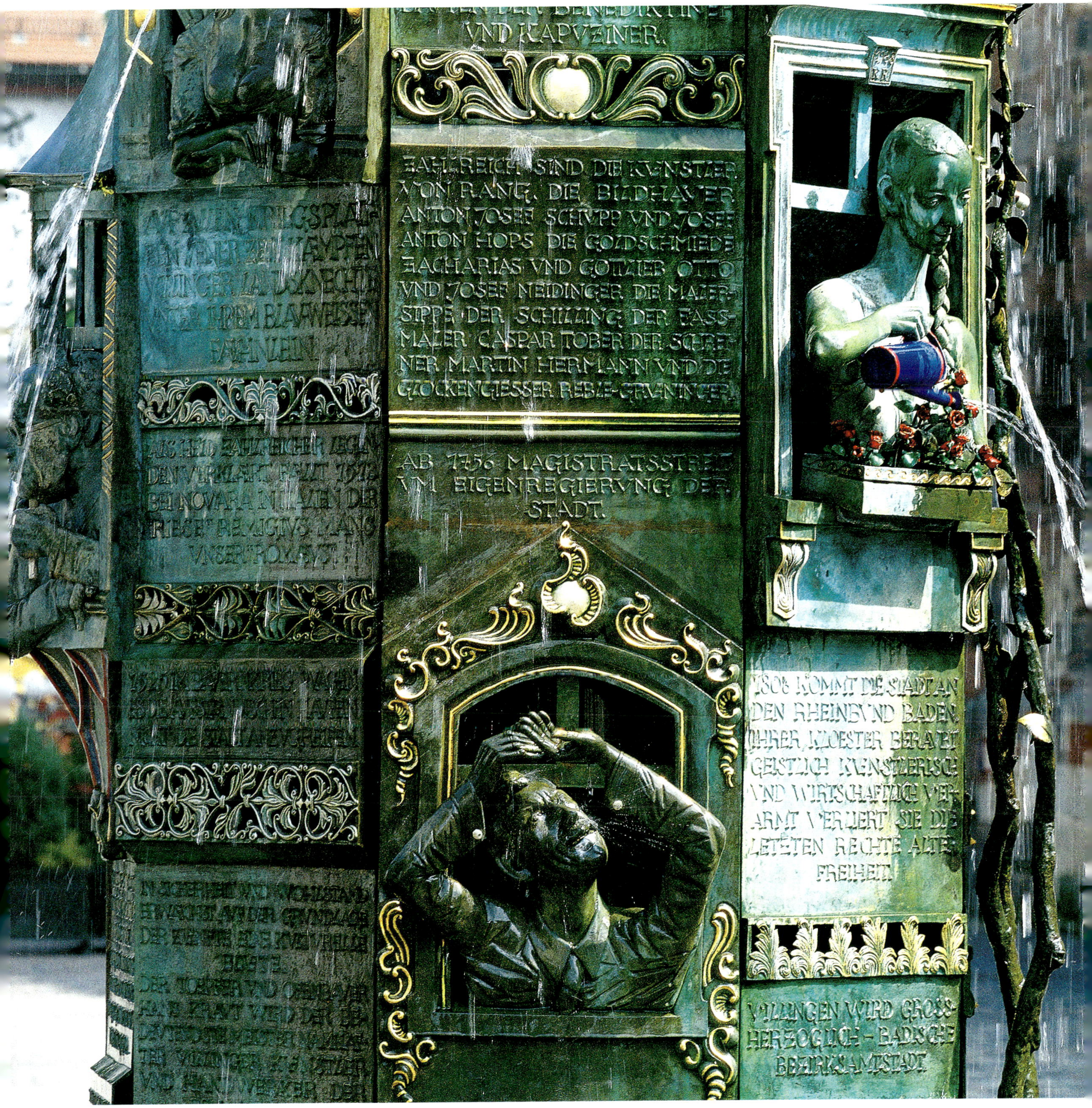

Der Münsterbrunnen erzählt auf heiter-besinnliche Weise die Geschichte der Stadt Villingen. Das Werk des Schonacher Bildhauers Klaus Ringwald auf dem Münsterplatz lässt einen Schmunzeln, zumal er hier wie bei seinen Münsterportalen zum Teil Villinger Persönlichkeiten und damit Personen der Zeitgeschichte in sein Schaffen integrierte.

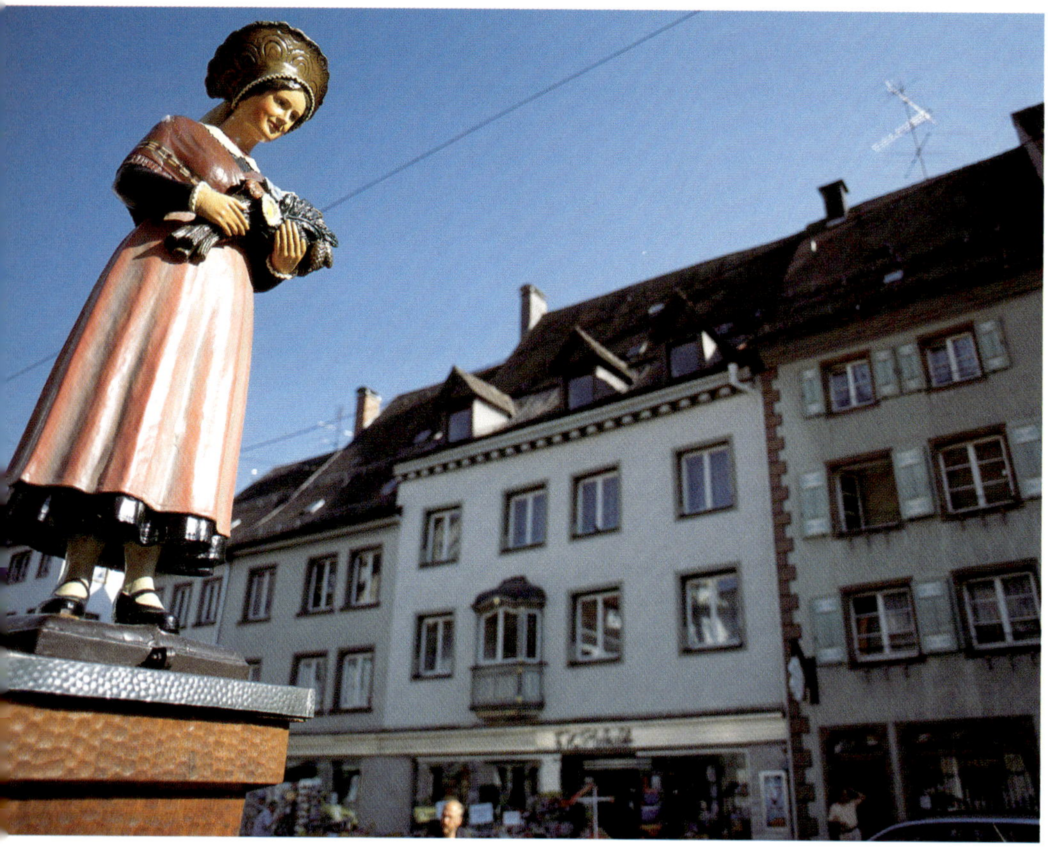

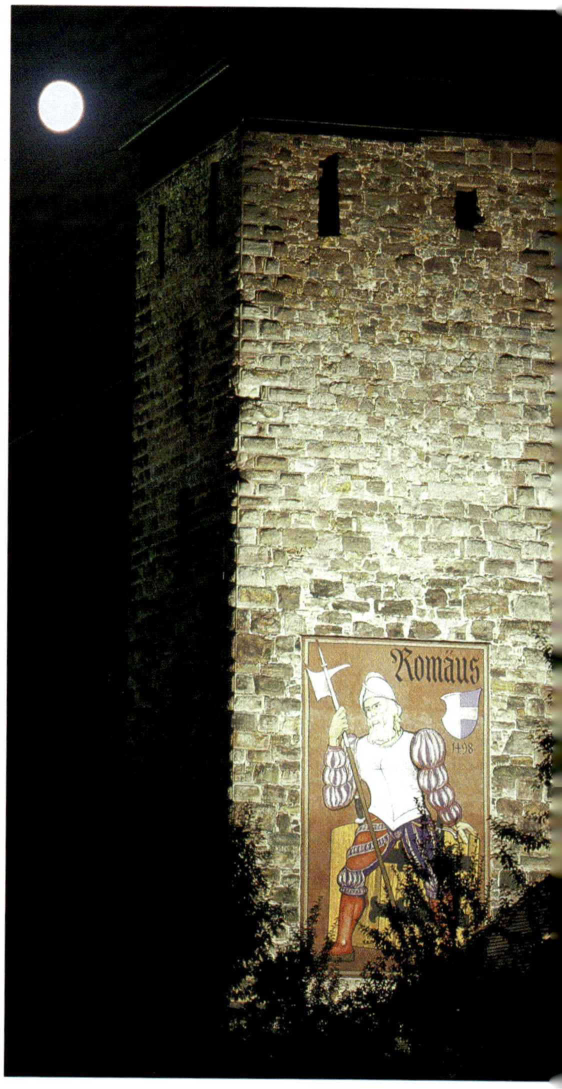

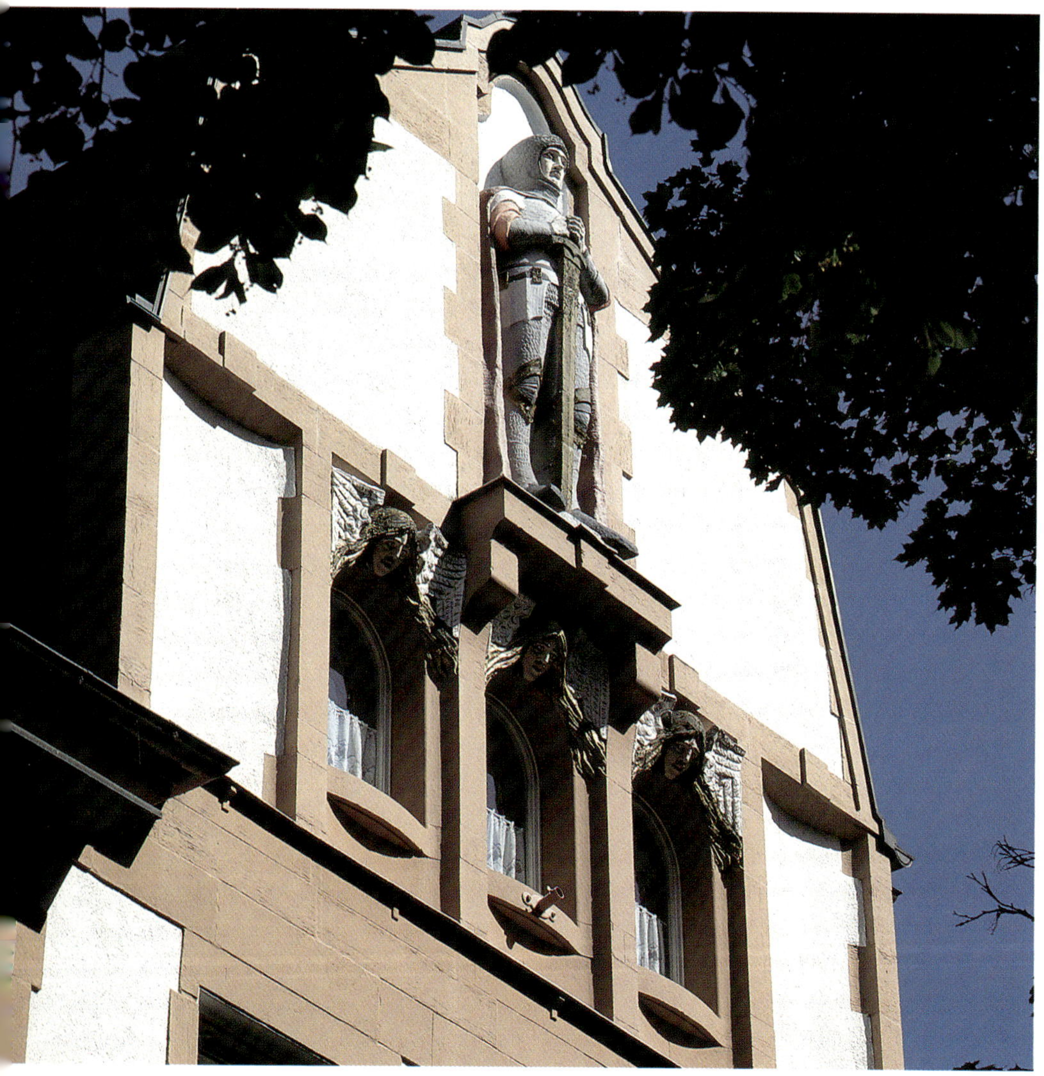

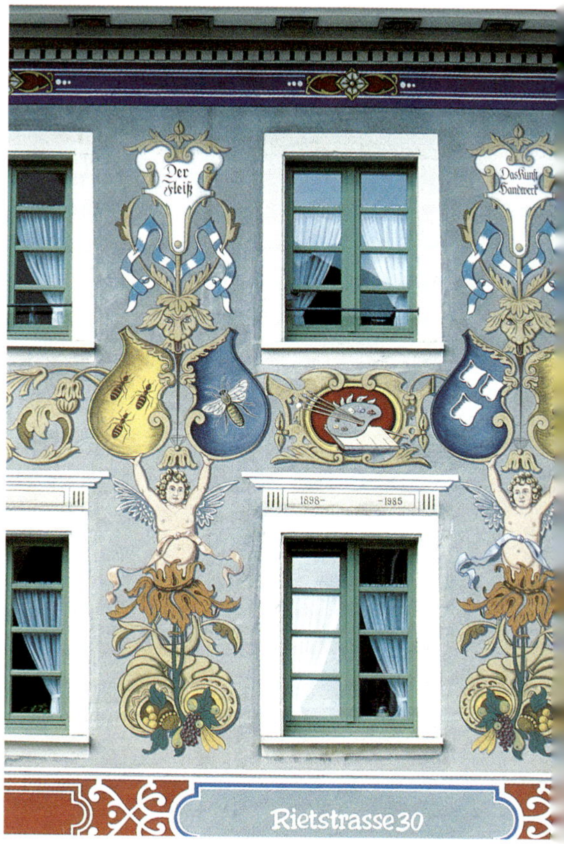

Ob Details wie der Brunnen mit der Alt-Villingerin in der Bickenstraße, der Romäusturm, die mit vielerlei Kunstwerken verzierten Hausfassaden oder die Faszination, die das nächtliche Villingen ausübt: Villingen ist eine liebenswerte, sympathische Stadt.

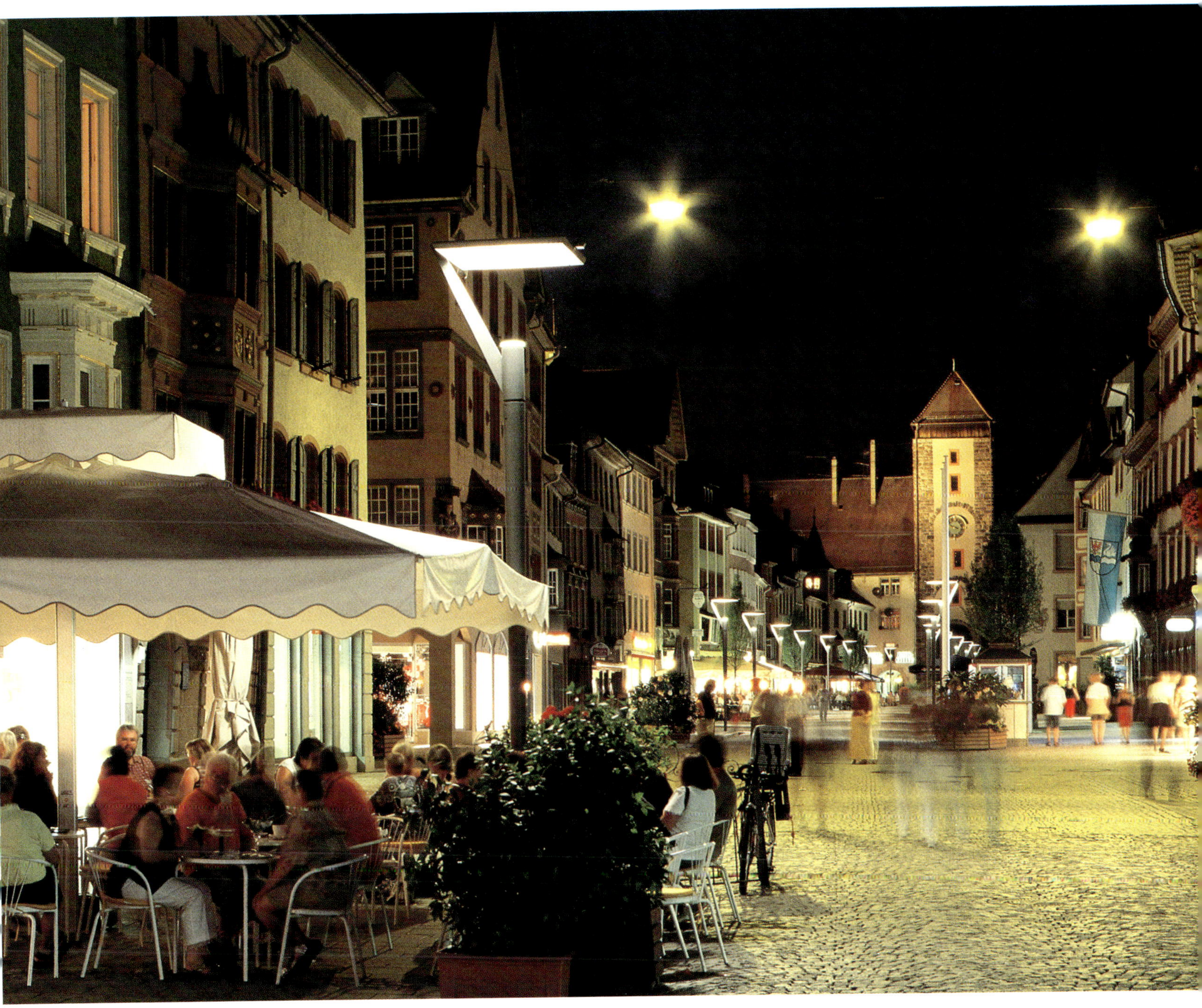

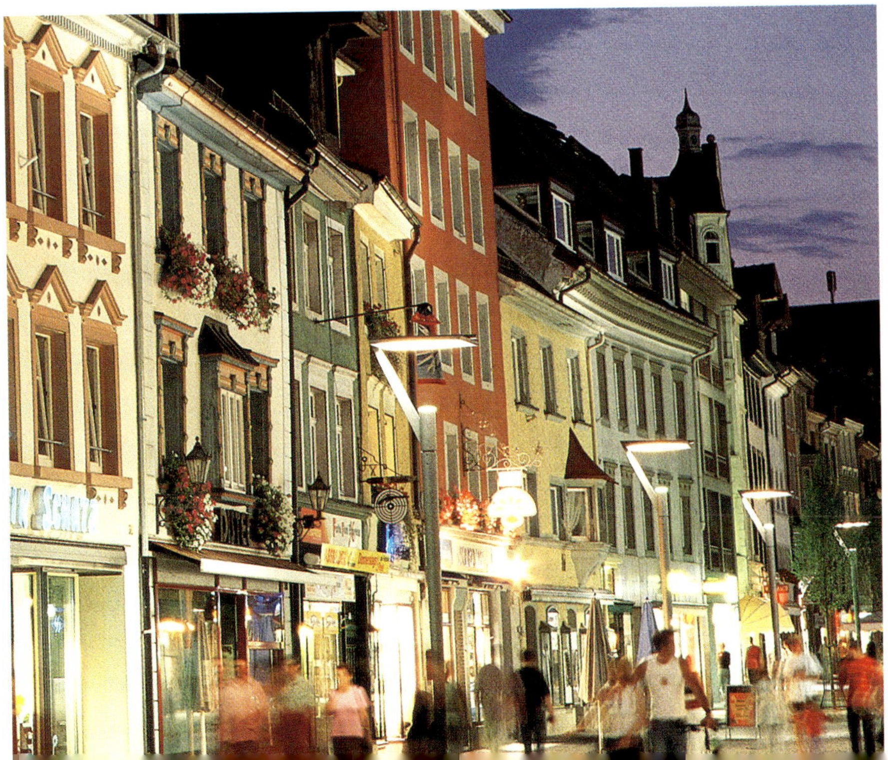

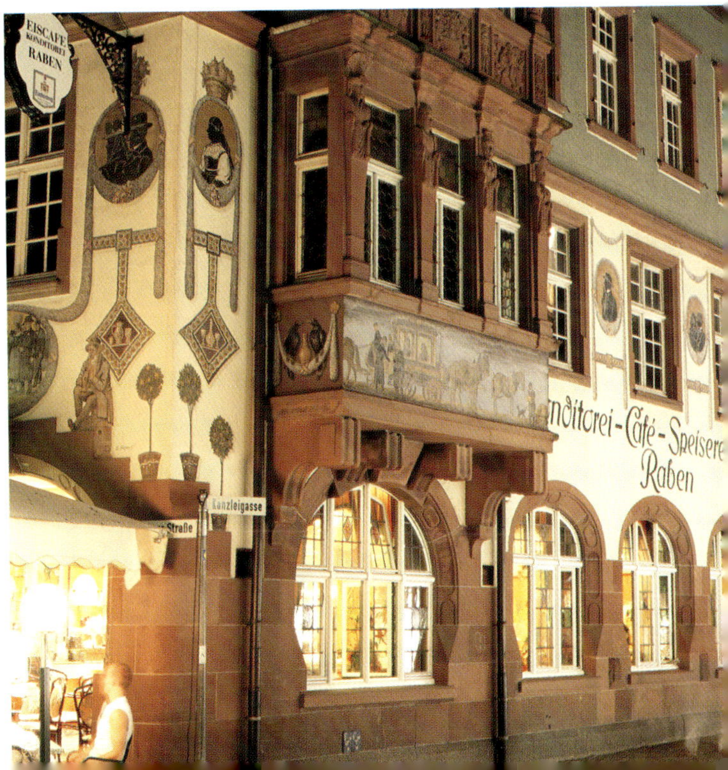
EISCAFE
RABEN
nditorei-Café-Speiserei
Raben
Kanzleigasse
Straße

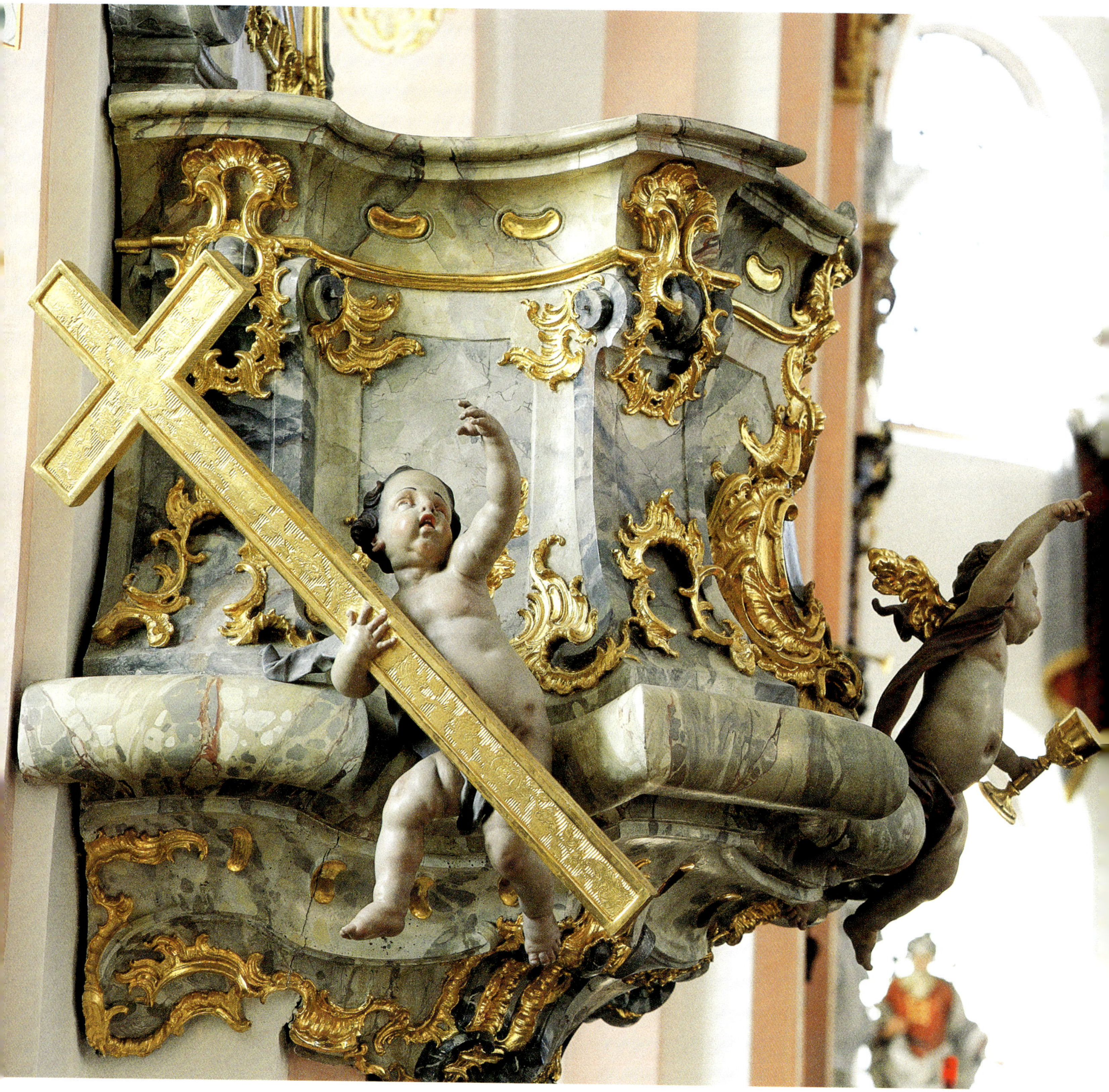

Eine der prachtvollsten Barockkirchen im süddeutschen Raum ist die Villinger Benediktinerkirche. Die Kanzel stammt von Johann Anton Hops. Baumeister der Benediktinerkirche war Michael Thumb, der ab dem Jahr 1687 ein lichtdurchflutetes Gotteshaus verwirklichte, in dem sich auch die rekonstruierte Silbermann-Orgel (Seite 24) befindet.

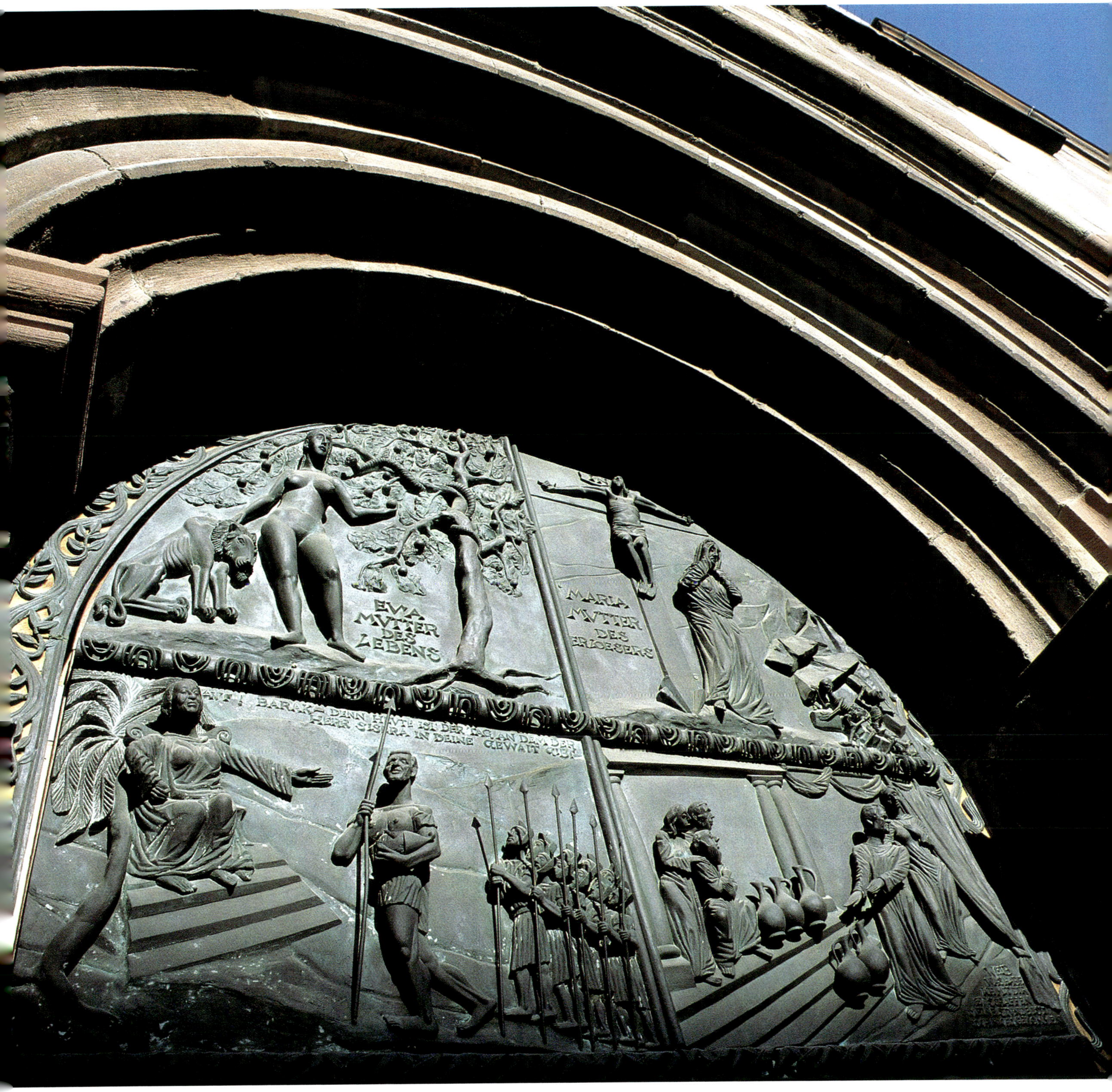

Bronze-Hauptportal am Villinger Münster mit den Motiven „Eva Mutter des Lebens“, „Maria Mutter des Erlösers“, „Debora Richterin in Israel“ und „Hochzeit zu Kana“. Die Portale sind wie der Münsterbrunnen (Seite 143) das Werk des Schonacher Bildhauers Klaus Ringwald.

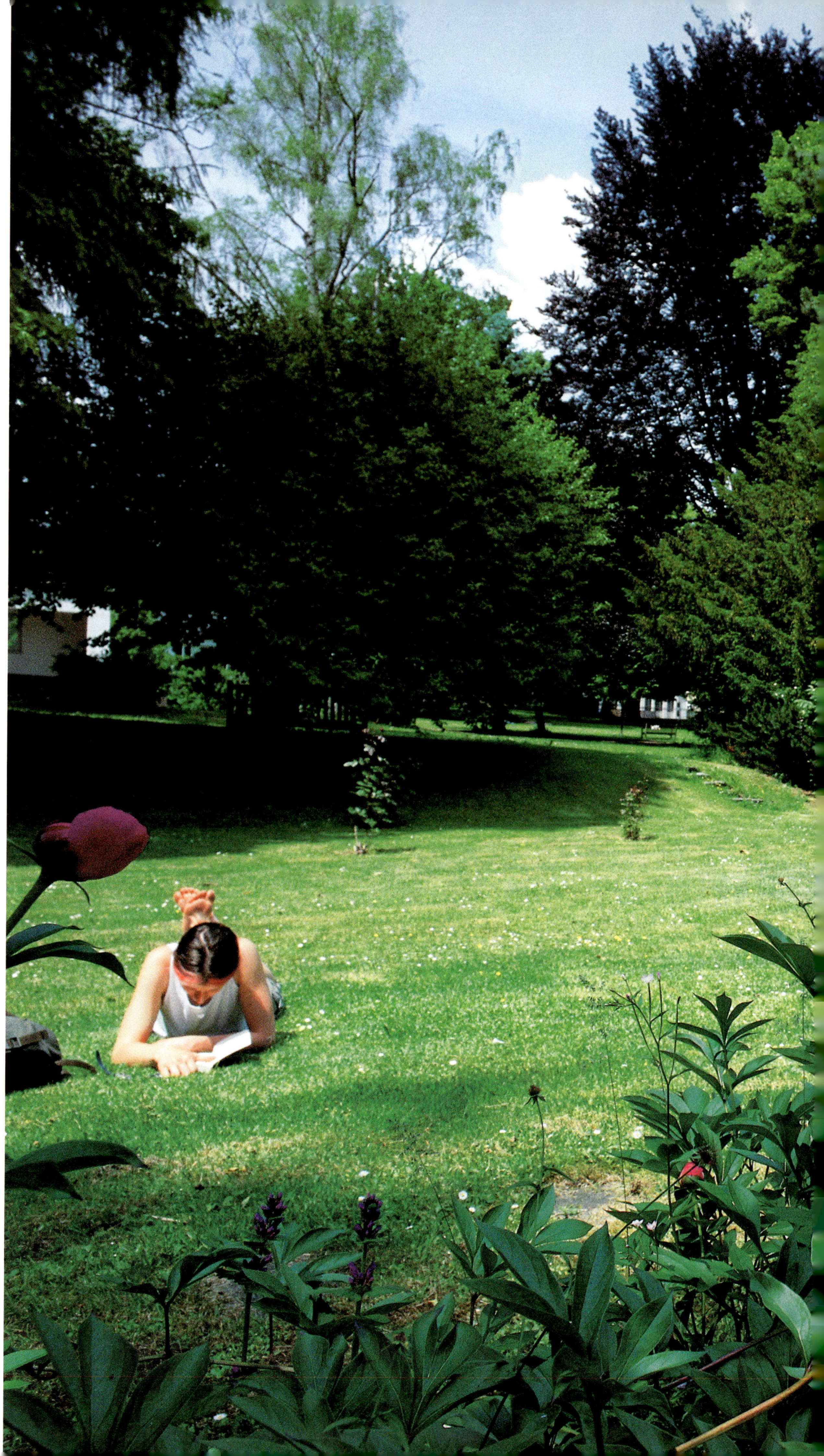

Wenn die Pfingstrosen blühen – Sommerlektüre im Garten der Villa Schreiber in Schwenningen. Auch das ist Schwenningen: Standort zahlreicher prächtiger Villen und Gärten. Der parkähnliche Garten der Villa Schreiber ist von einer neoklassizistischen Umfriedung umgeben und Treffpunkt vieler Menschen. Die Doppelvilla weist Elemente im Stil der Renaissance auf.

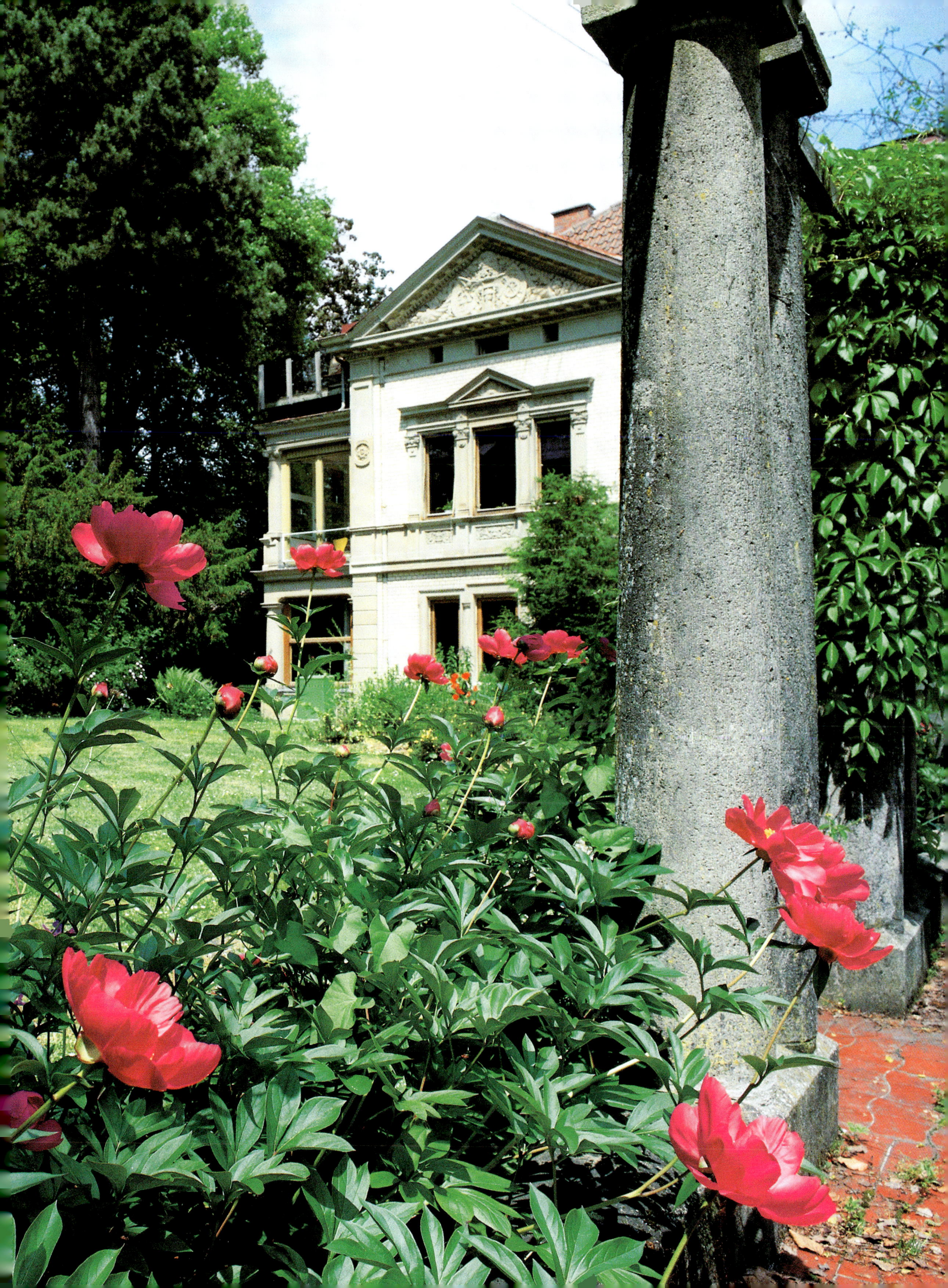

Das Kaufhaus Merkur in der Schwenninger Fußgängerzone.

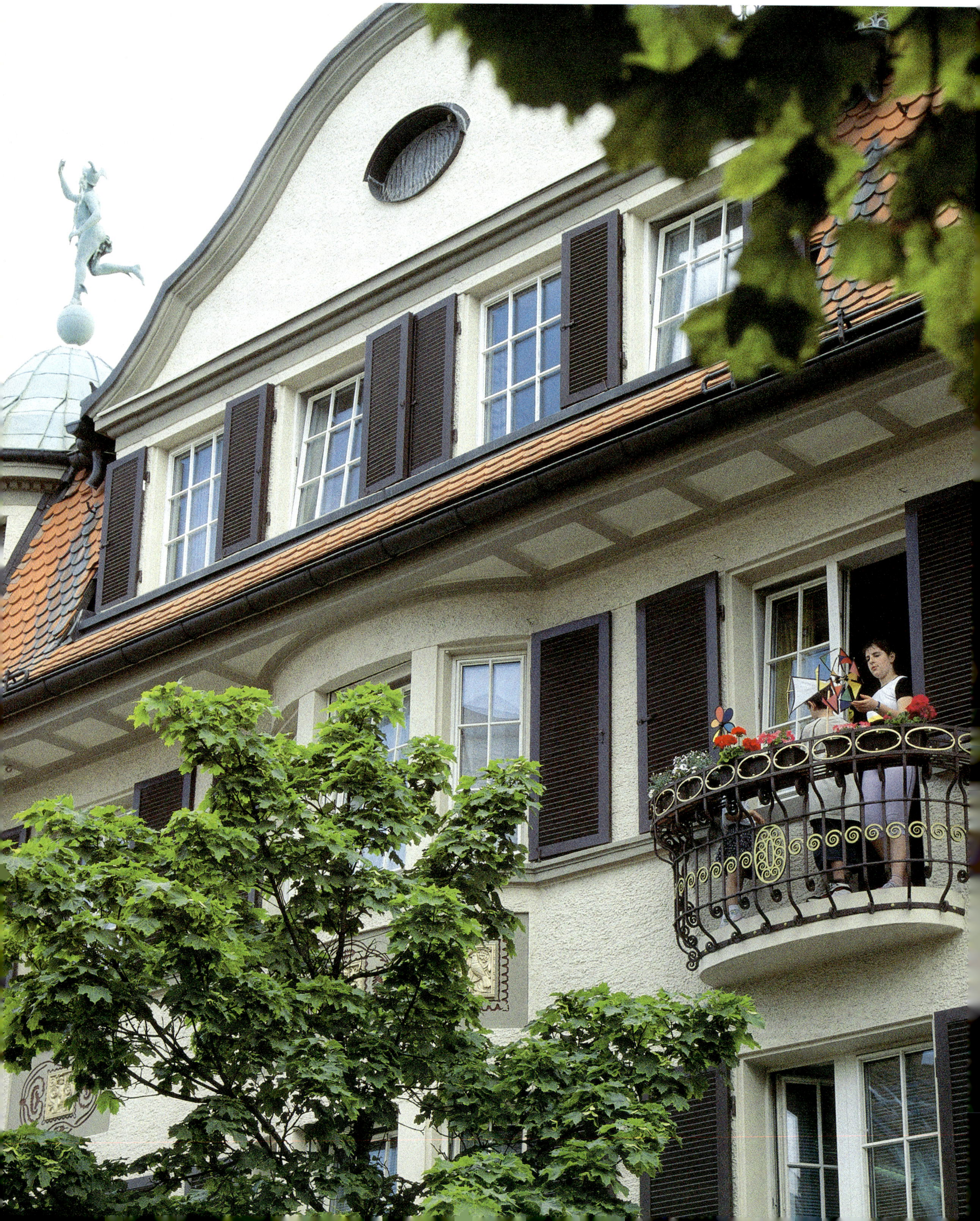

Sommerabend in Schwenningen: Gemütlich Sitzen in der Fußgängerzone und der „Kreisel“ beim Freizeit- und Kino-Center.

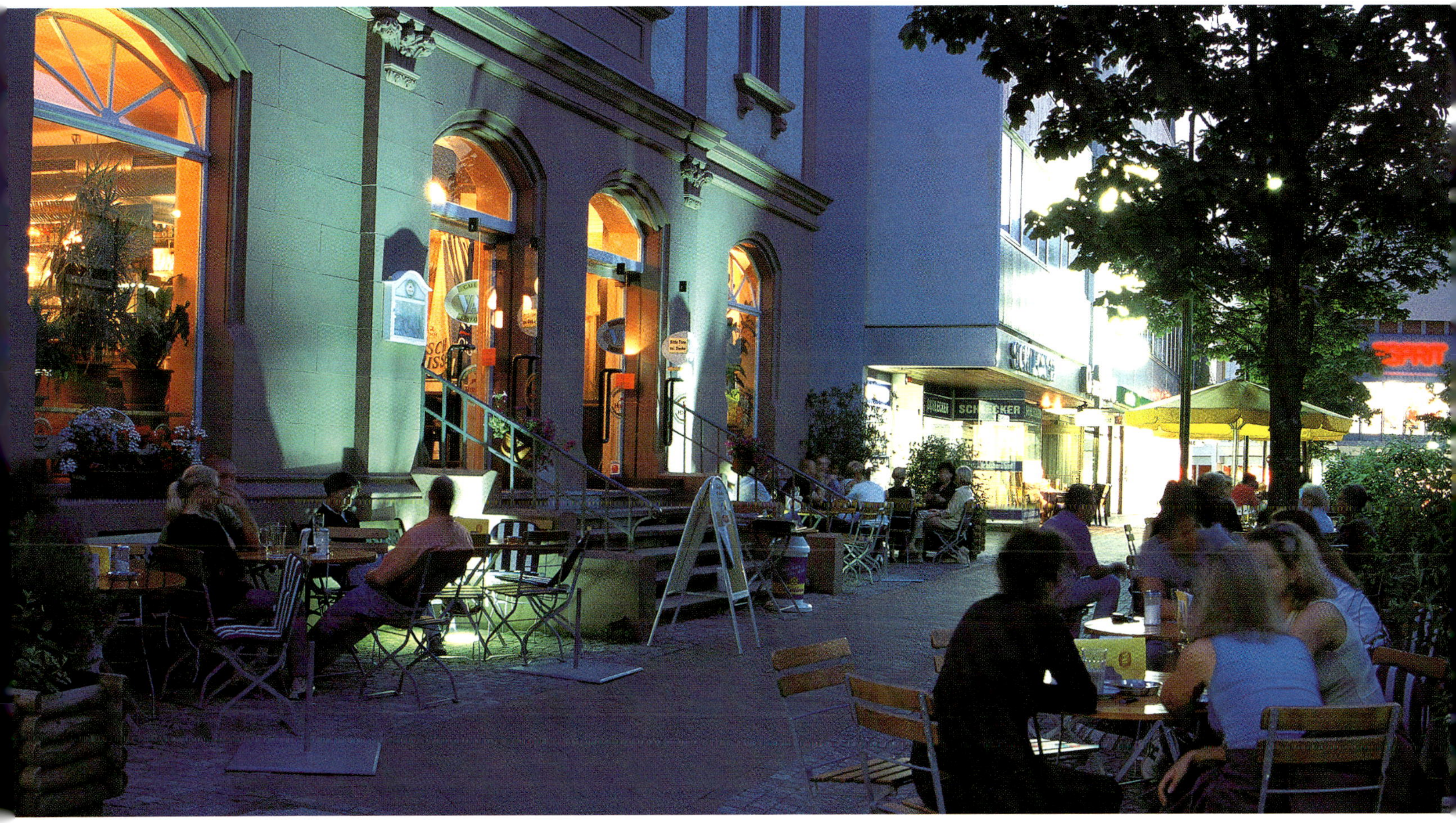

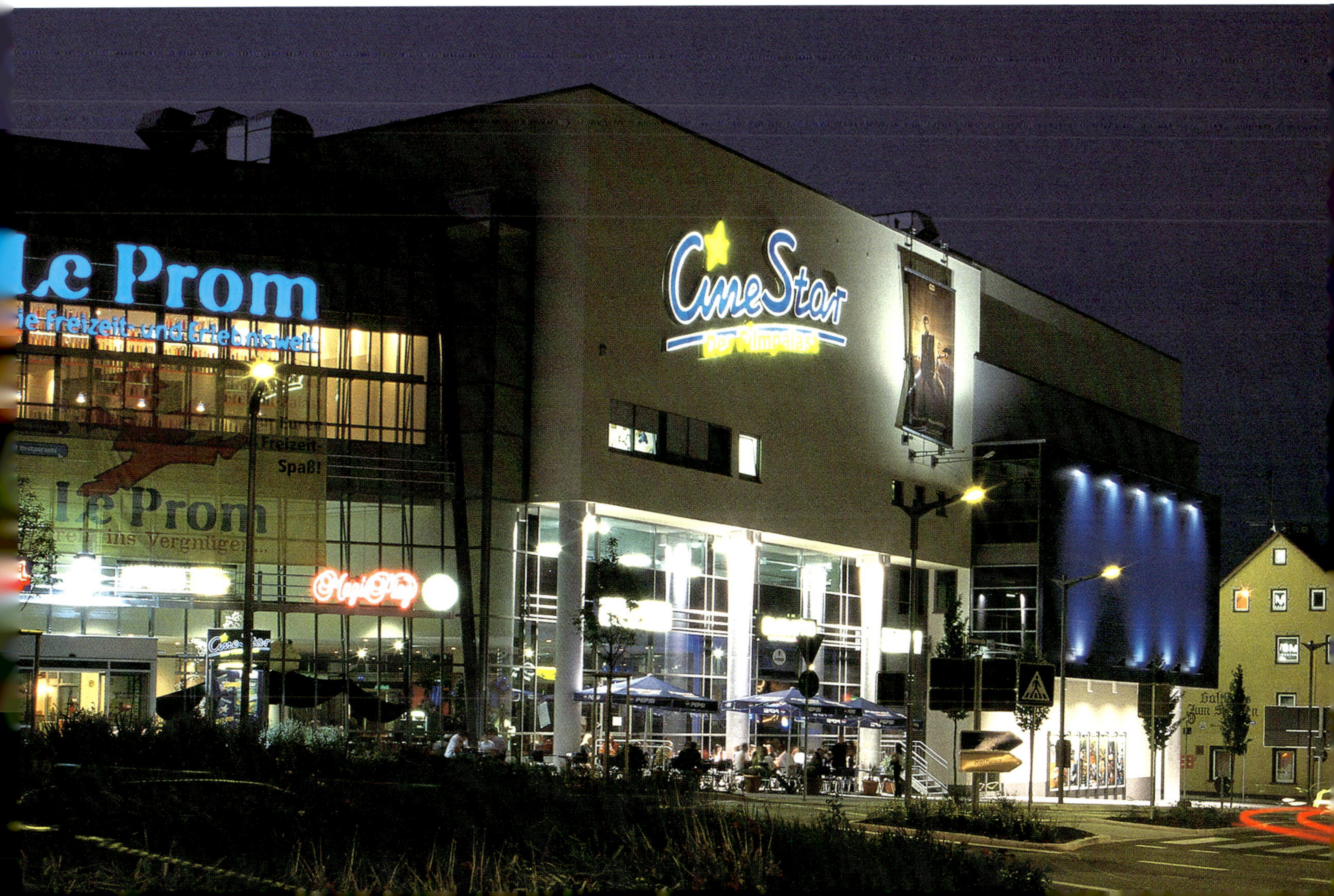

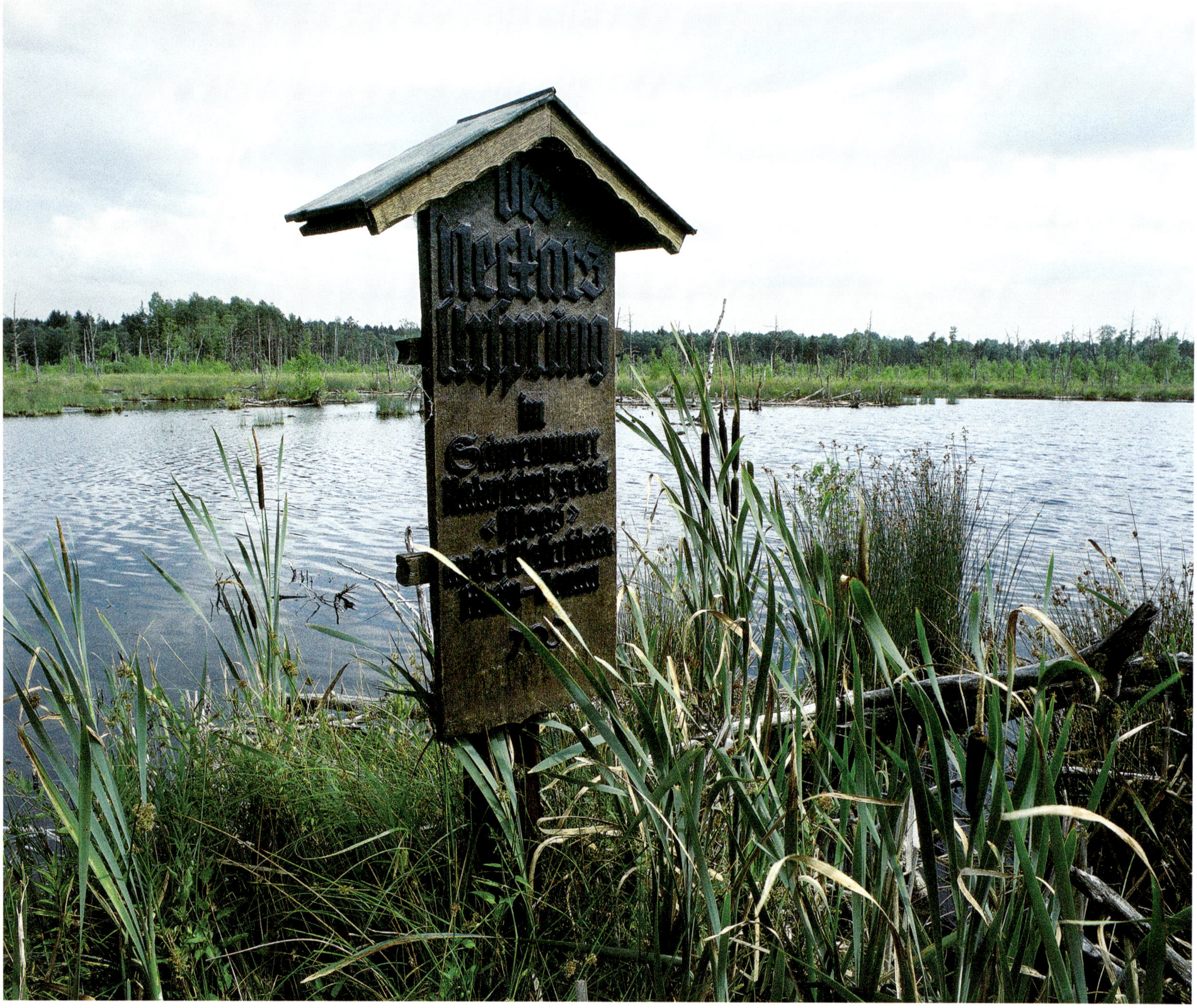

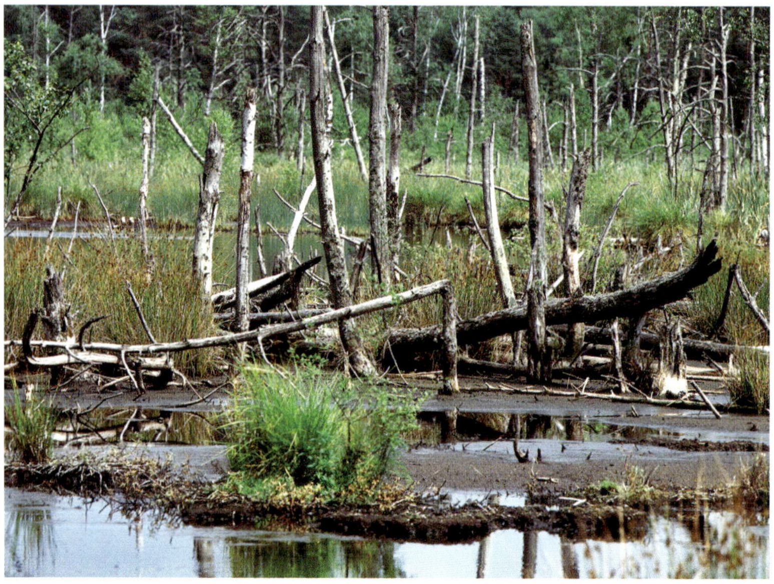

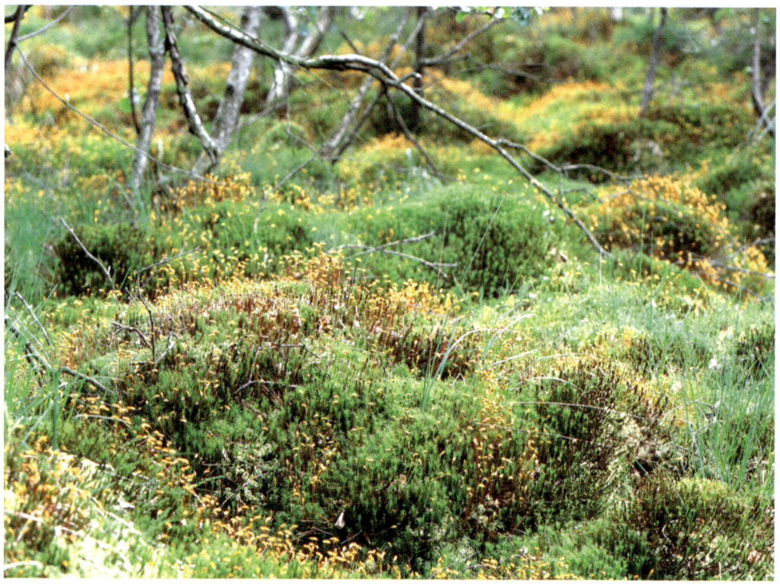

Im Schwenninger Moos, wo der Neckar entspringt. Das rund 100 Hektar große Naturschutzgebiet am Südrand der Stadt überrascht zu jeder Jahreszeit mit imposanten Eindrücken. Das Hochmoor liegt an der europäischen Wasserscheide und ist die Heimat seltener Pflanzen und Tiere. Das Moos wird viel besucht: Spazierengehen oder Lauftraining, die Schwenninger sind oft rund um „ihr" Moos unterwegs.

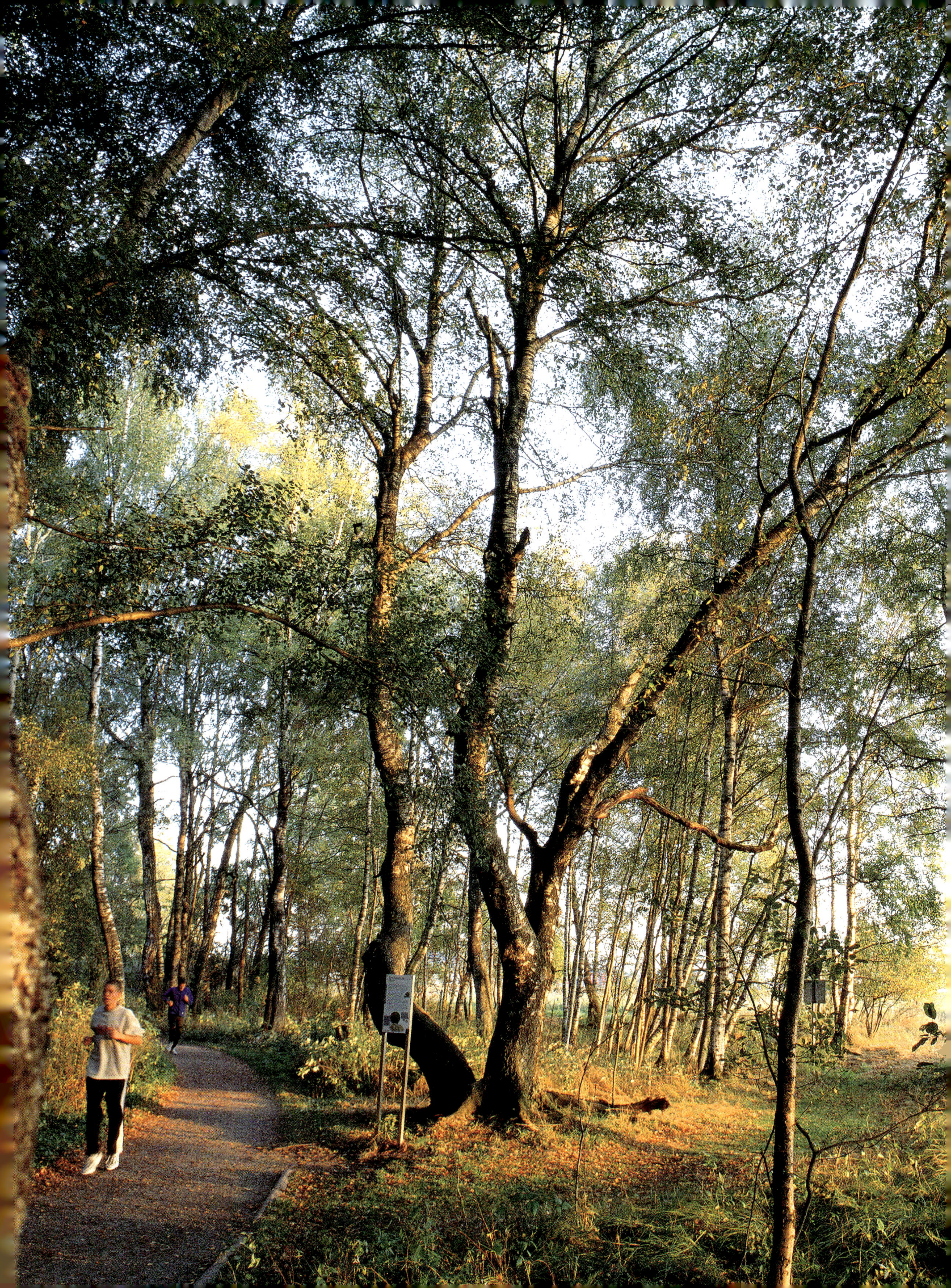

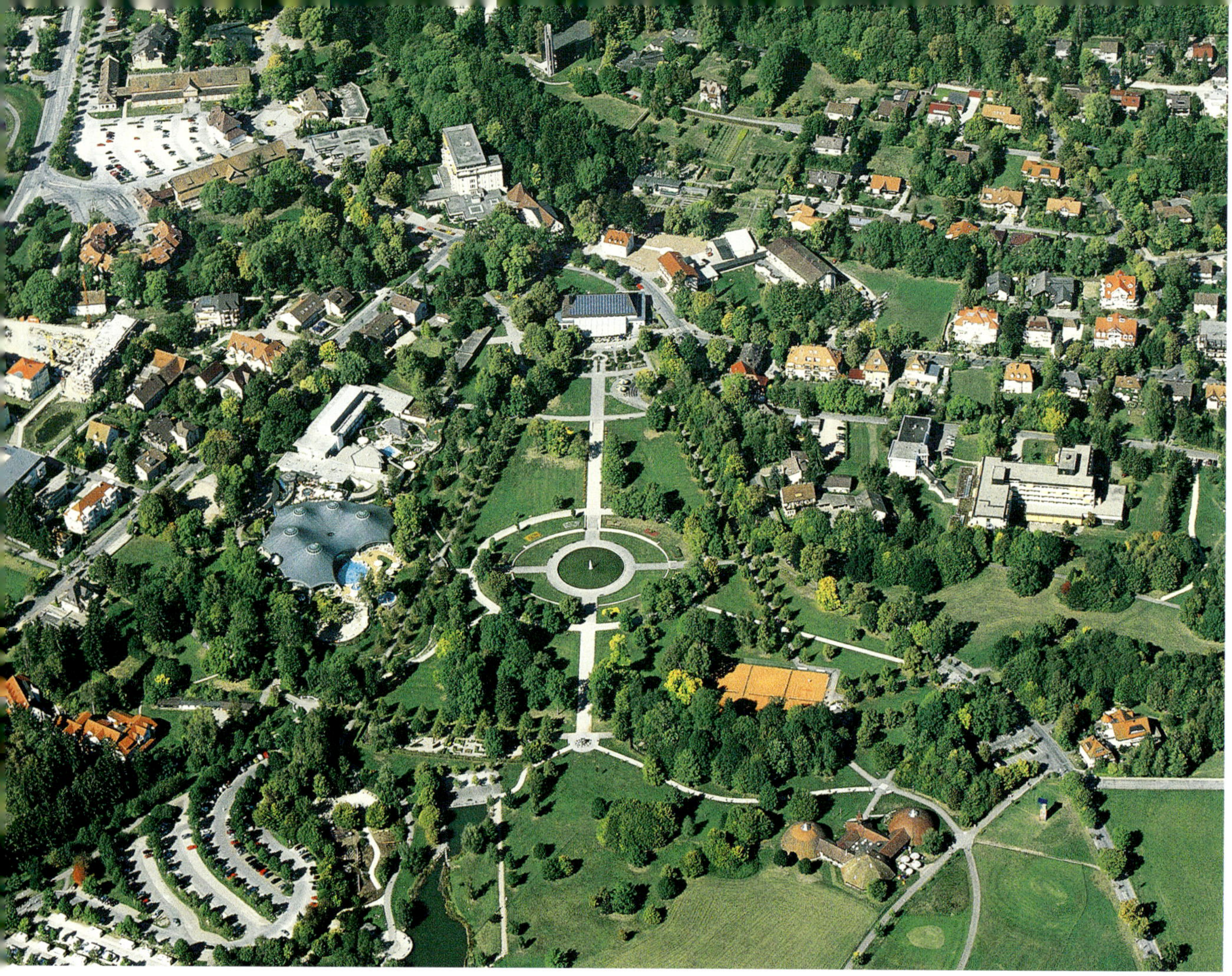

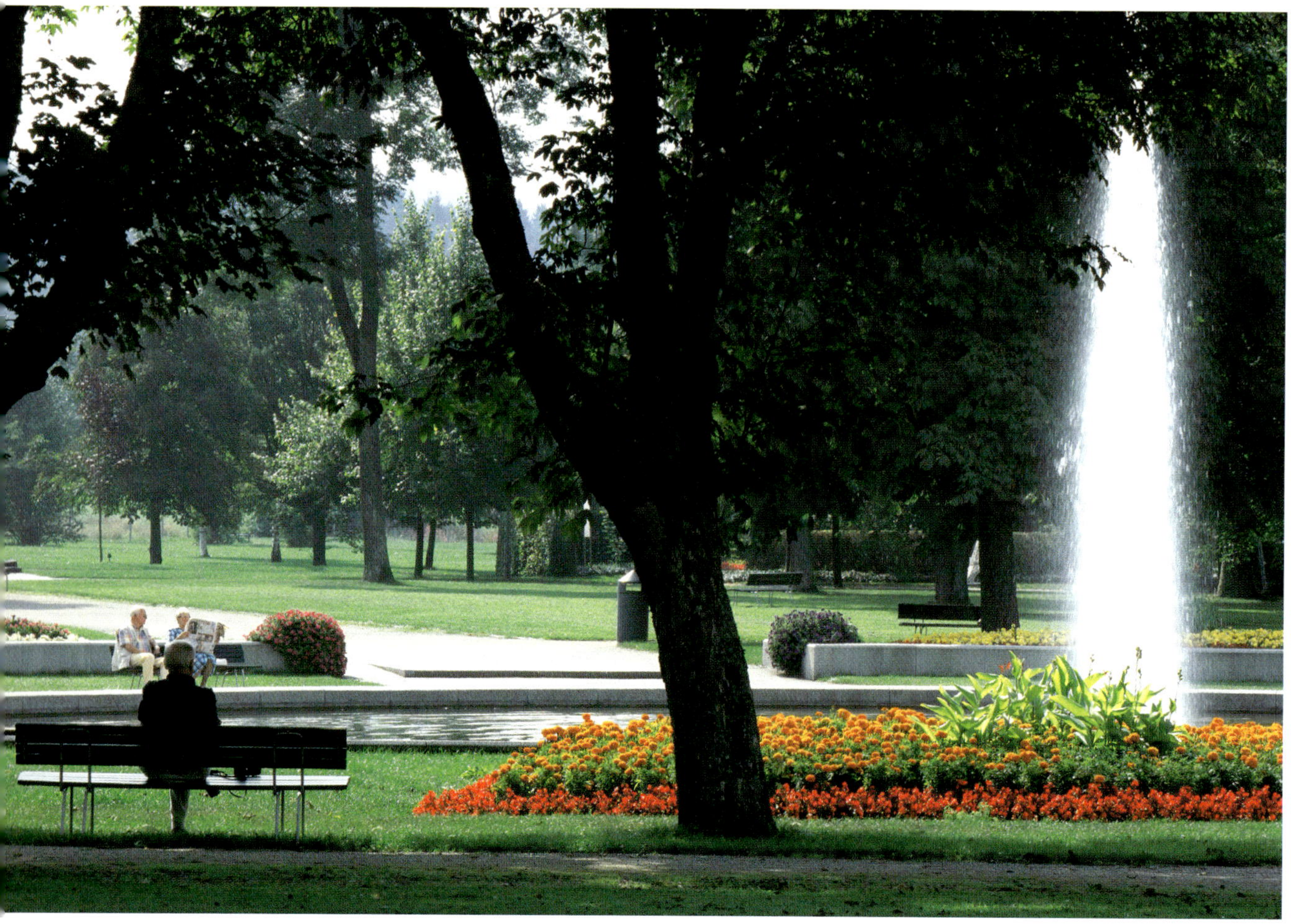

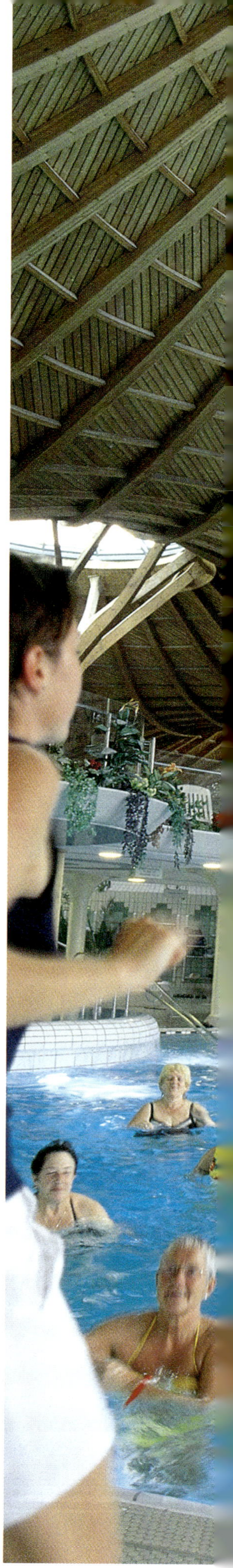

Der Kurpark von Bad Dürrheim ist auch aus der Luft eine imposante Erscheinung. Hier fand 1994 eine Landesgartenschau statt, die Fläche des Parks erstreckt sich seither auf 16000 Quadratmeter.

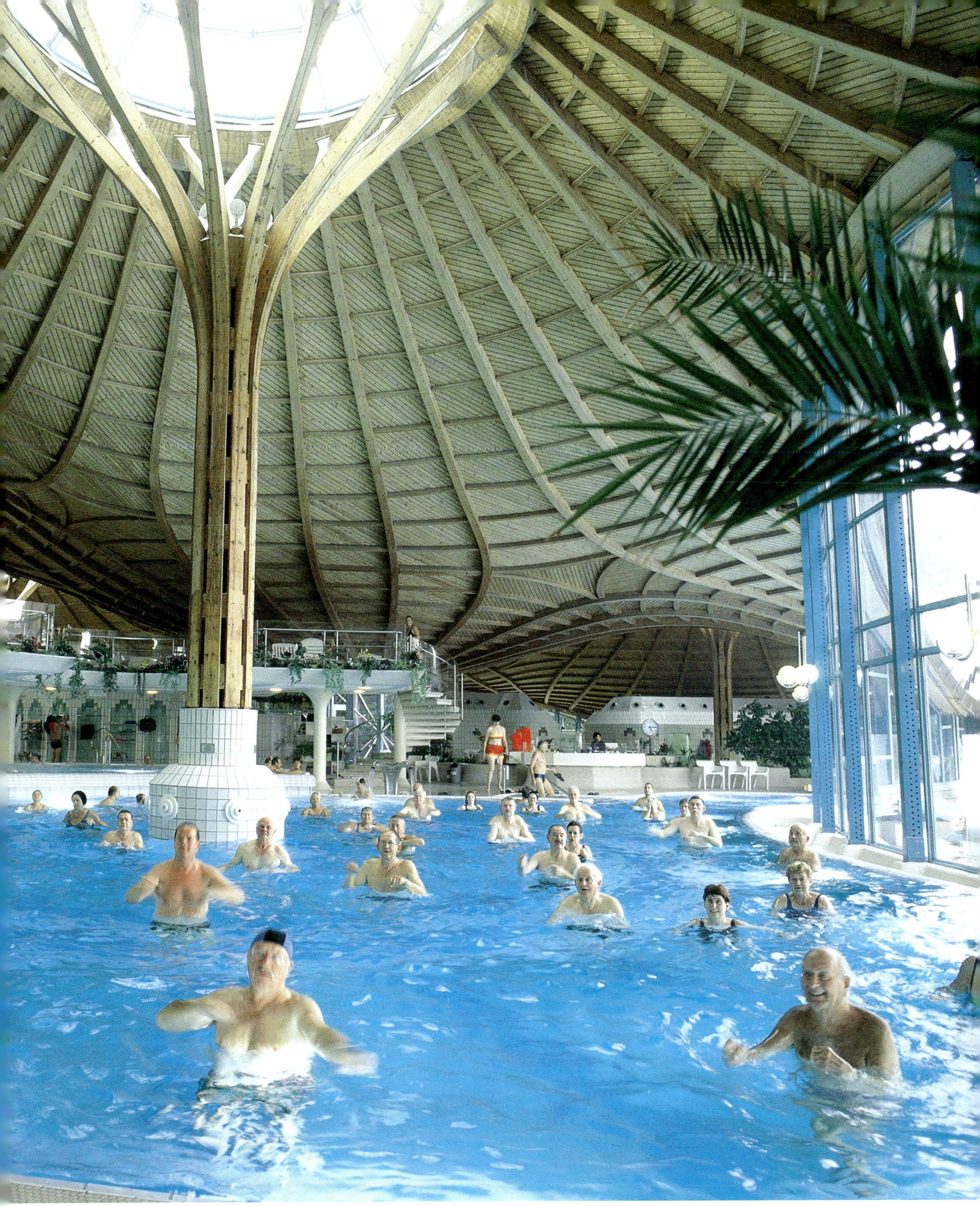

Baden im „Meer des Schwarzwaldes“ – bei der Wassergymnastik im Solemar Bad Dürrheim. Baden im Solemar ist ein faszinierendes Erlebnis: Die enorme Auftriebskraft der Sole hebt das Körpergewicht beinahe auf: man fühlt sich schwerelos.

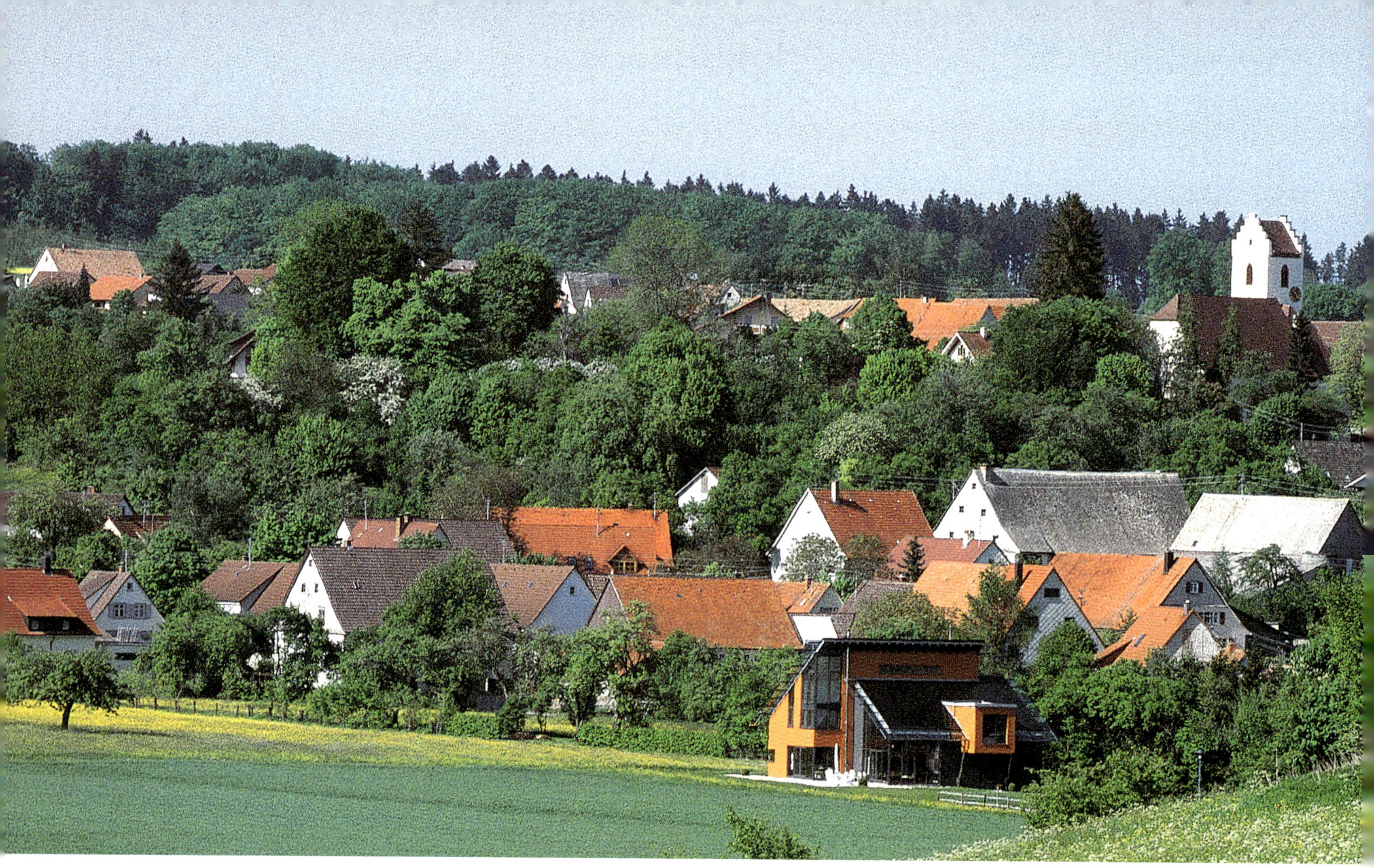

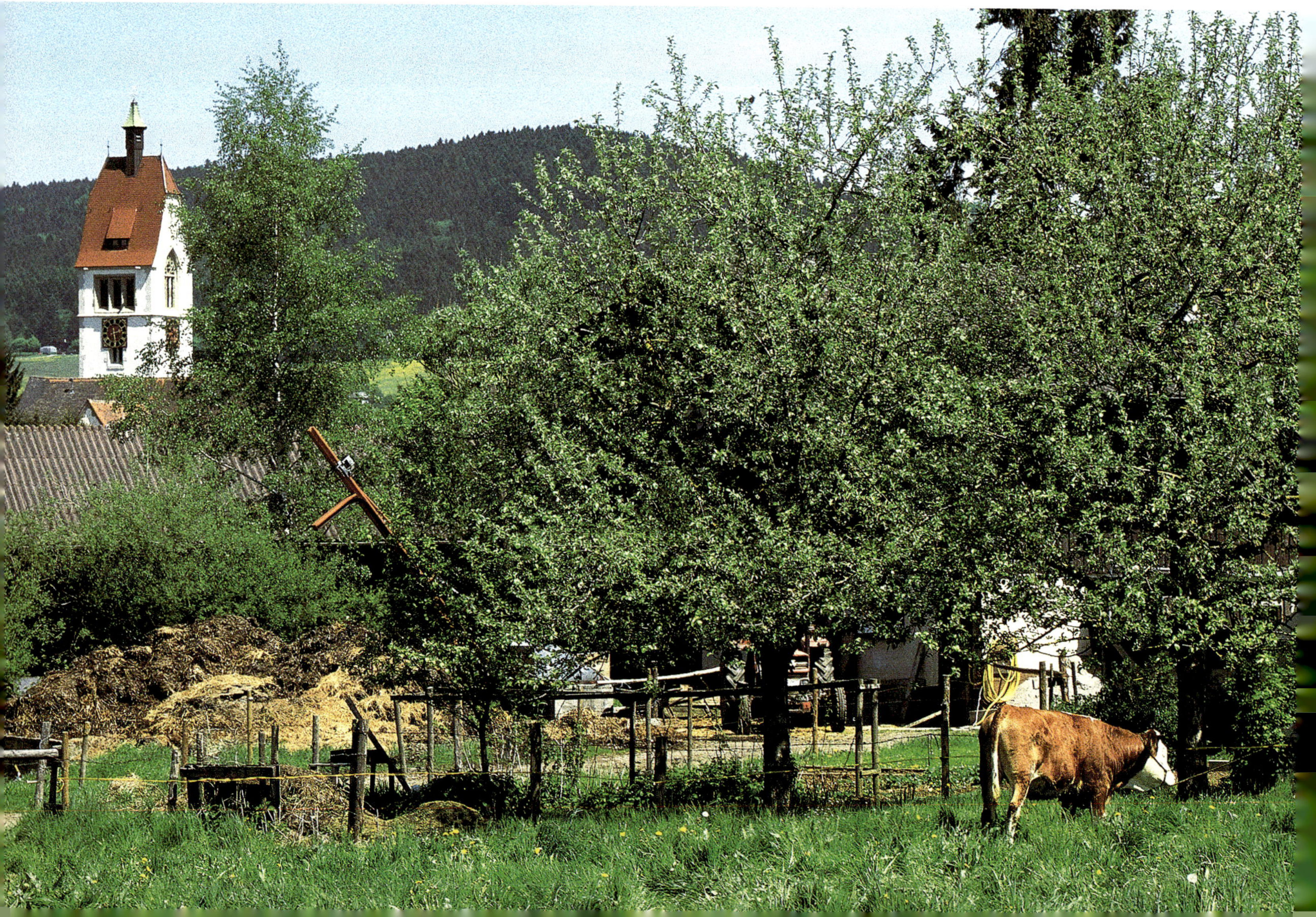

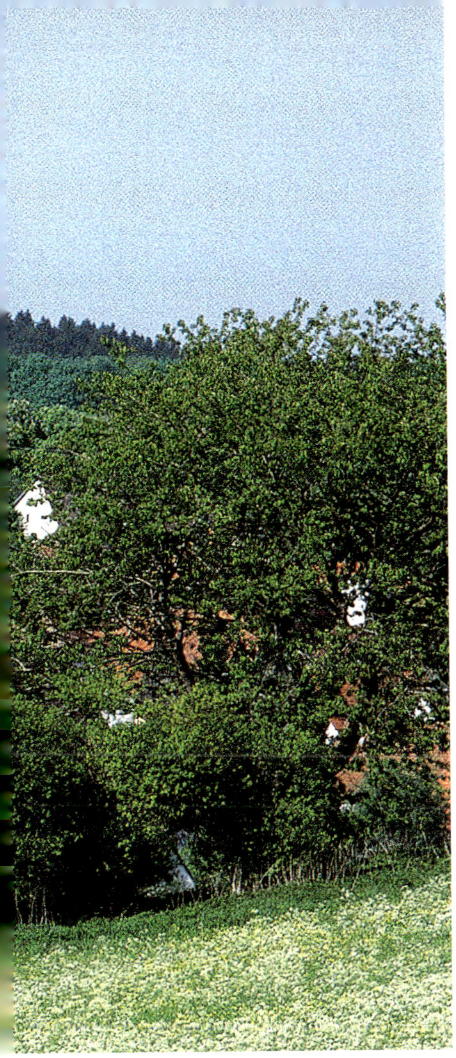

Blick auf Öfingen, das „Sonnendorf der Baar“, der Ort im Schwarzwald-Baar-Kreis, der die meisten Sonnenstunden vorzuweisen hat. Unten: Das ländlich geprägte Sunthausen mit seinem auffallenden Kirchturm. Rechts: Der Schnitterinnenbrunnen in Biesingen.

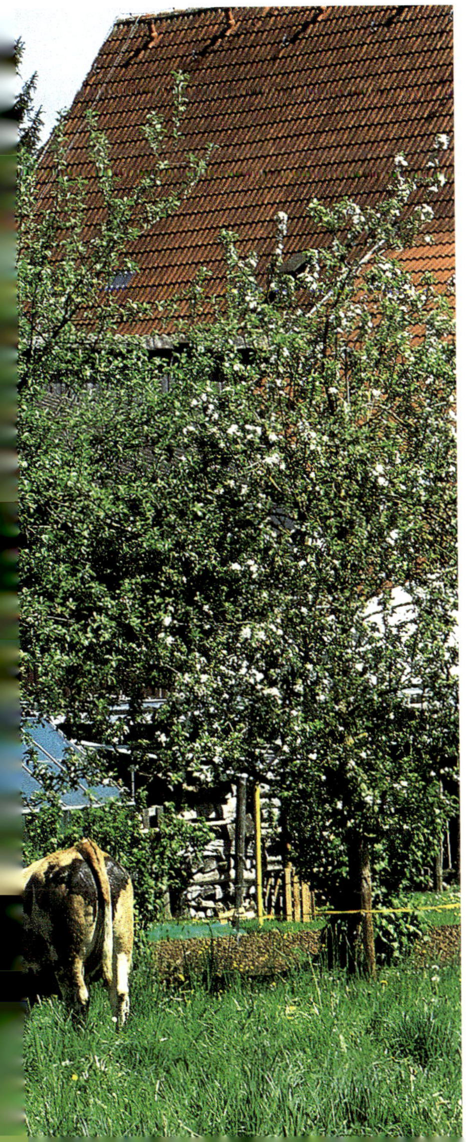

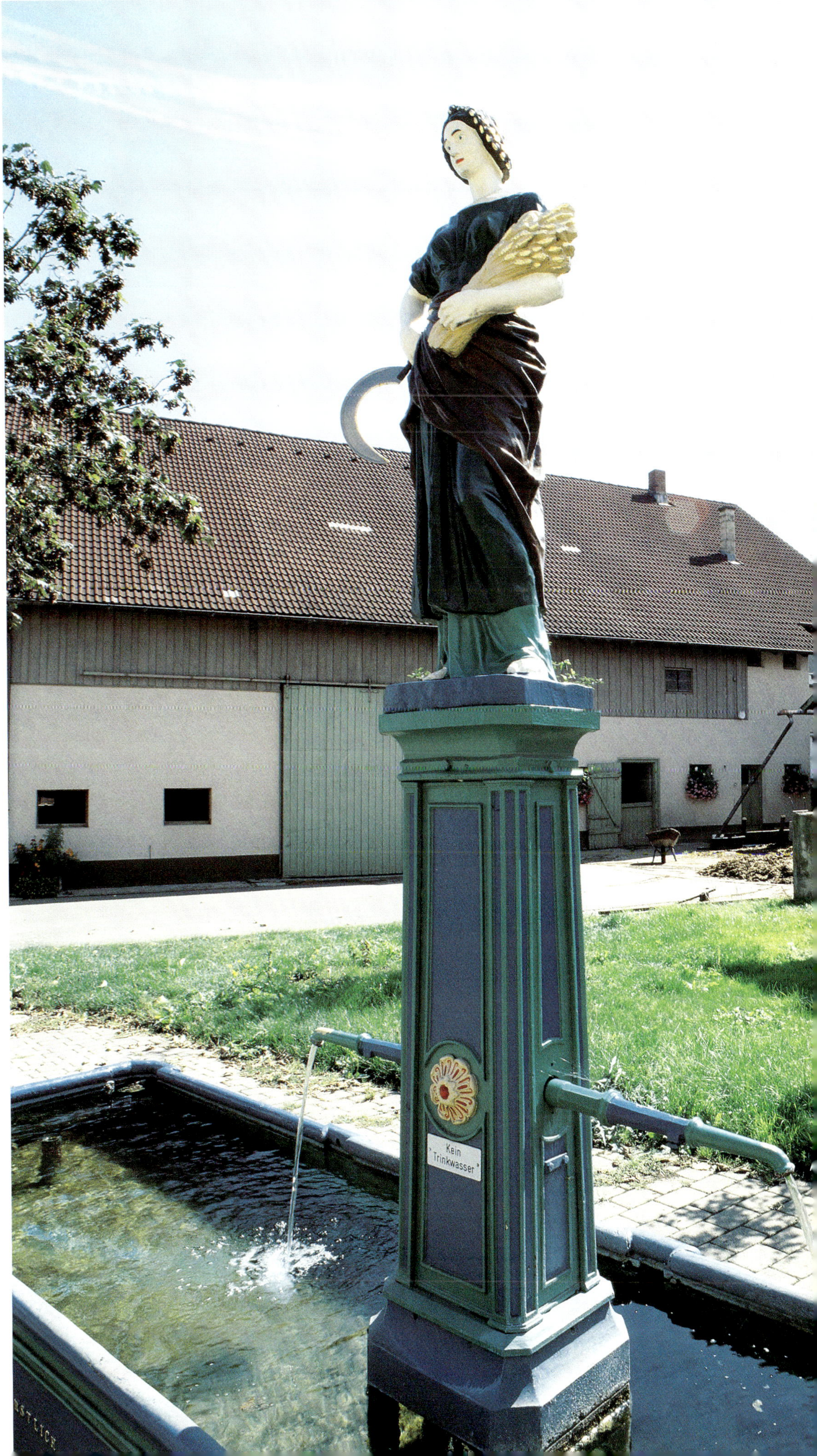

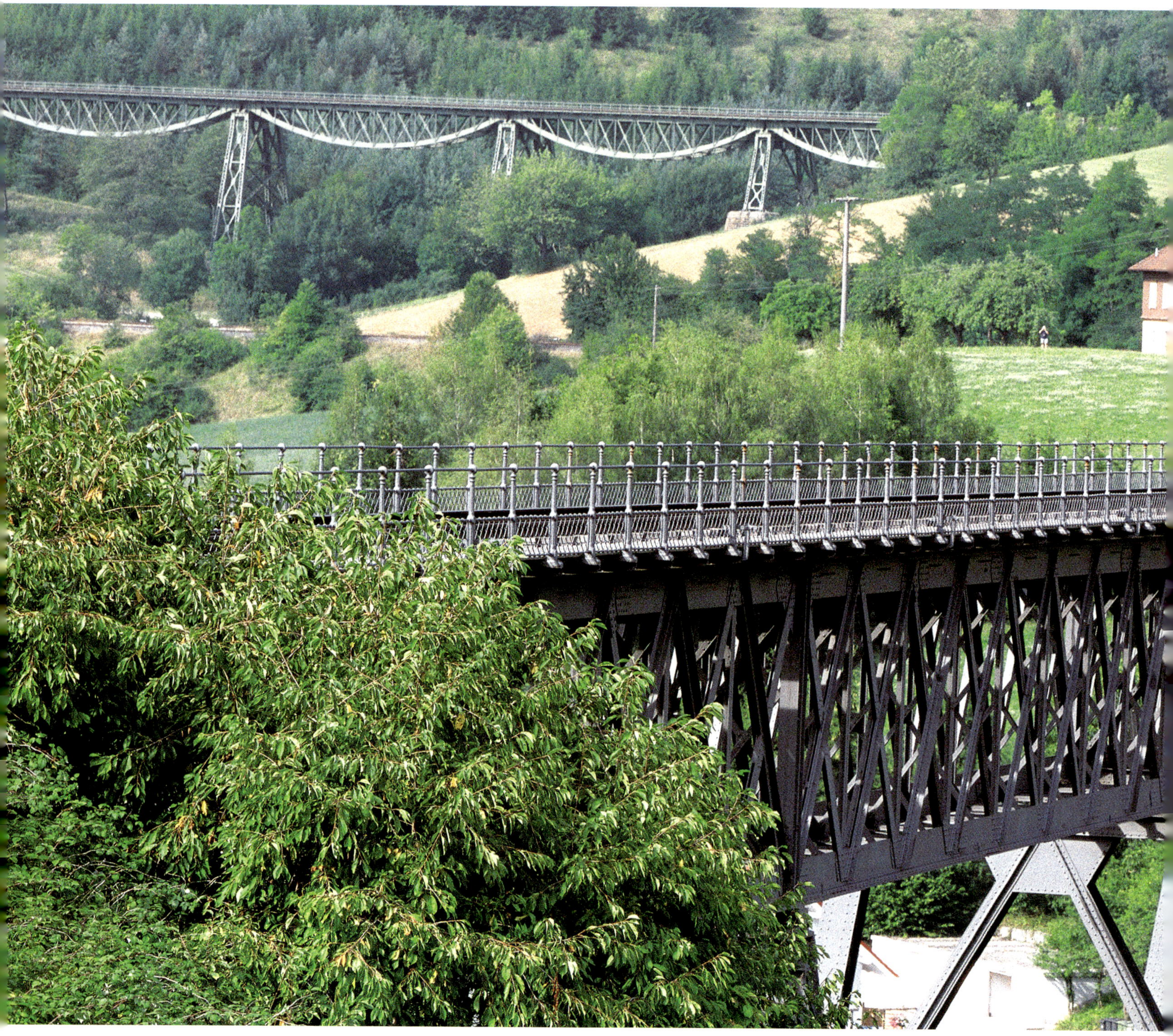

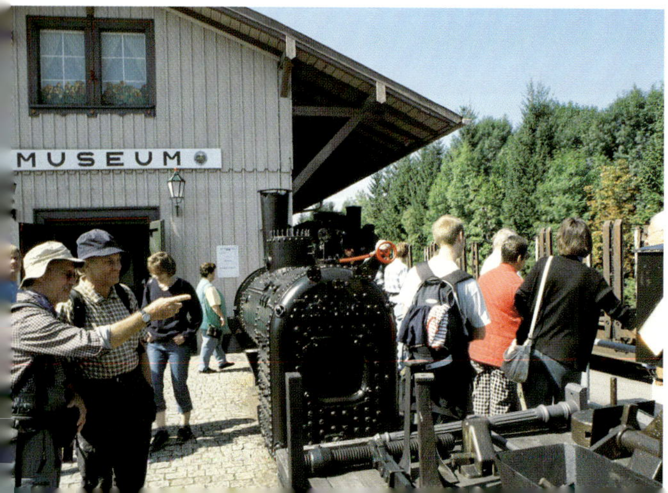
MUSEUM

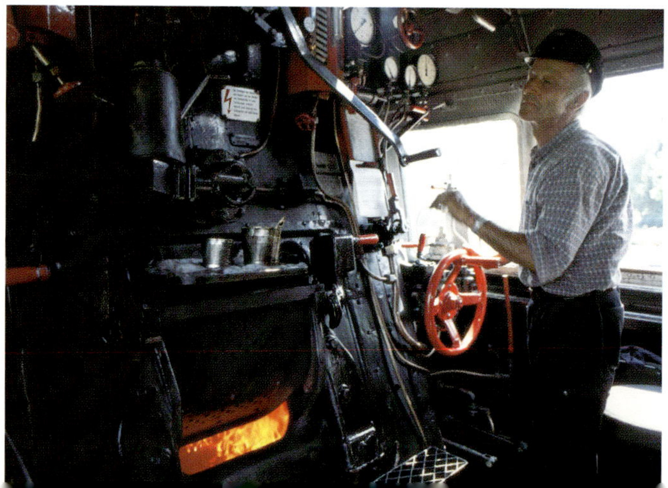

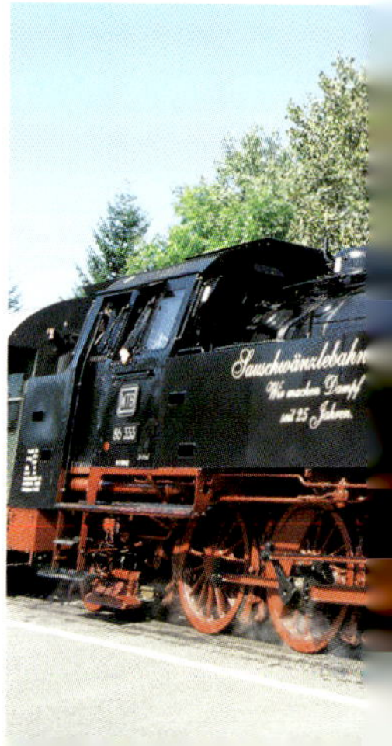
Sauschwänzlebahn
Wir machen Dampf
seit 25 Jahren.

Auf Eisenbahn-Nostalgiefahrt mit der Museumsbahn Blumberg. Die „Sauschwänzlebahn“ überquert das 264 Meter lange und 34 Meter hohe Viadukt bei Epfenhofen. Vor oder nach der zweistündigen Eisenbahnfahrt kann in Blumberg-Zollhaus das Eisenbahnmuseum im Bahnhof besichtigt und die Dampflok in Augenschein genommen werden. Rechts unten: auf dem 252 Meter langen Biesenbachviadukt.

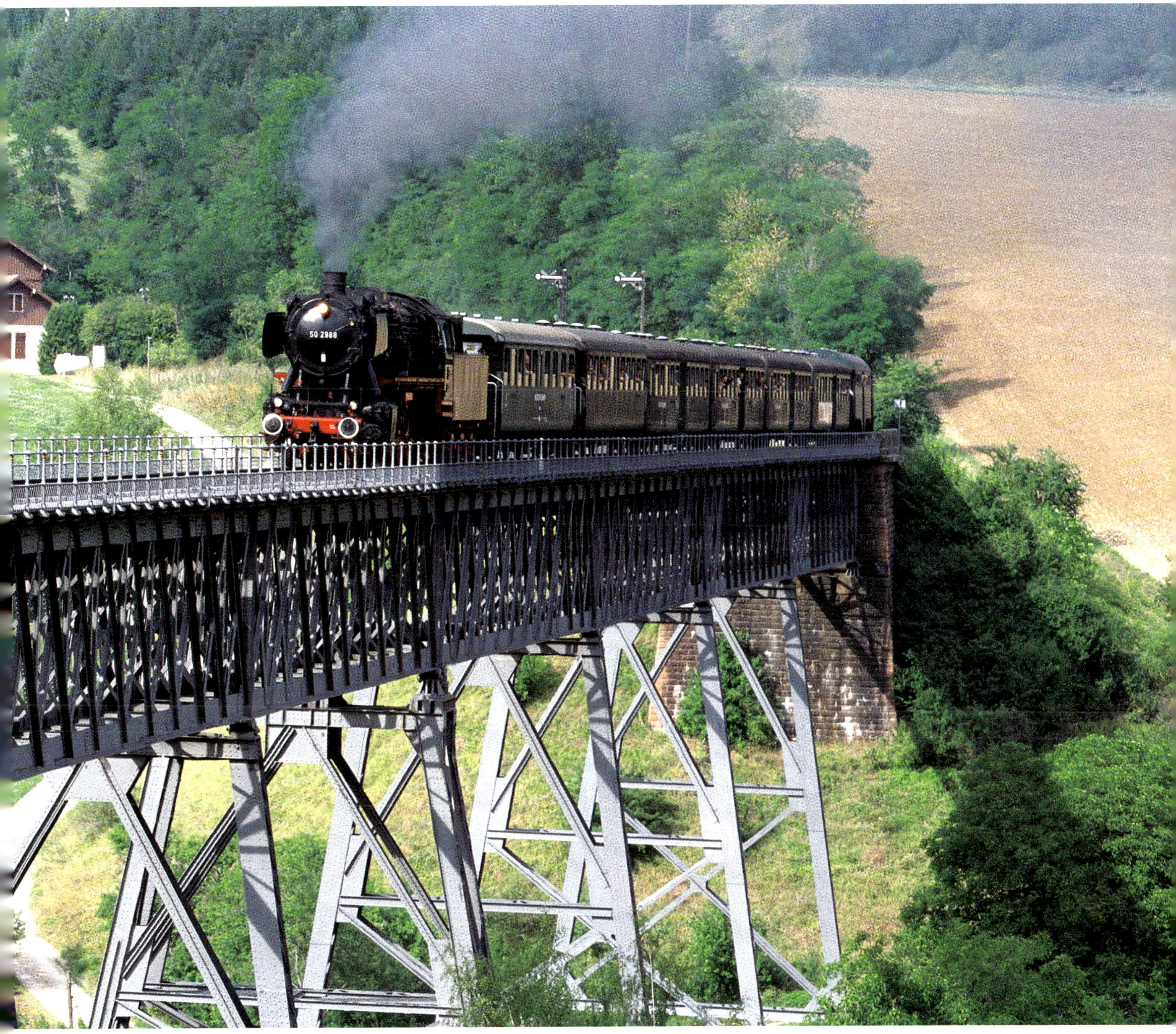

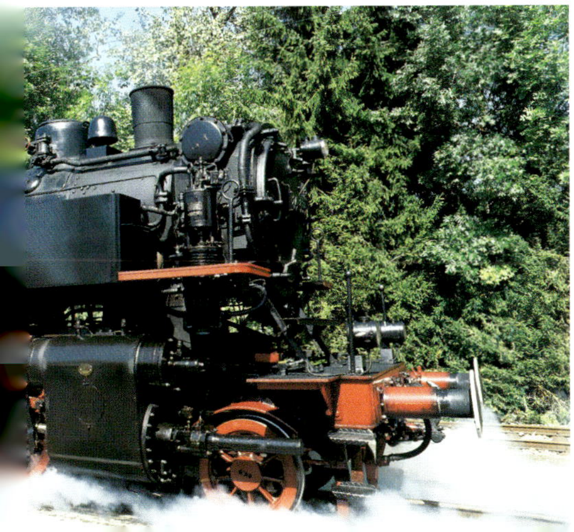

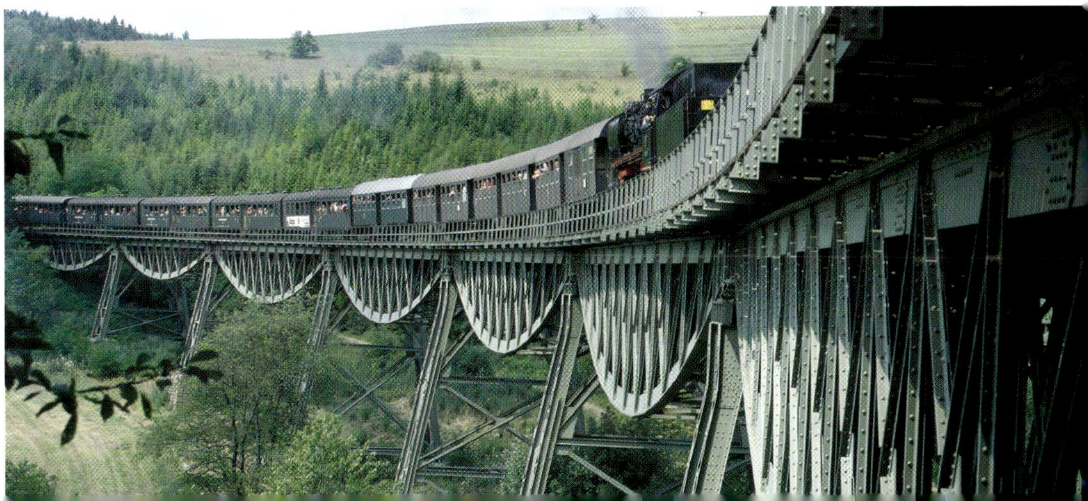

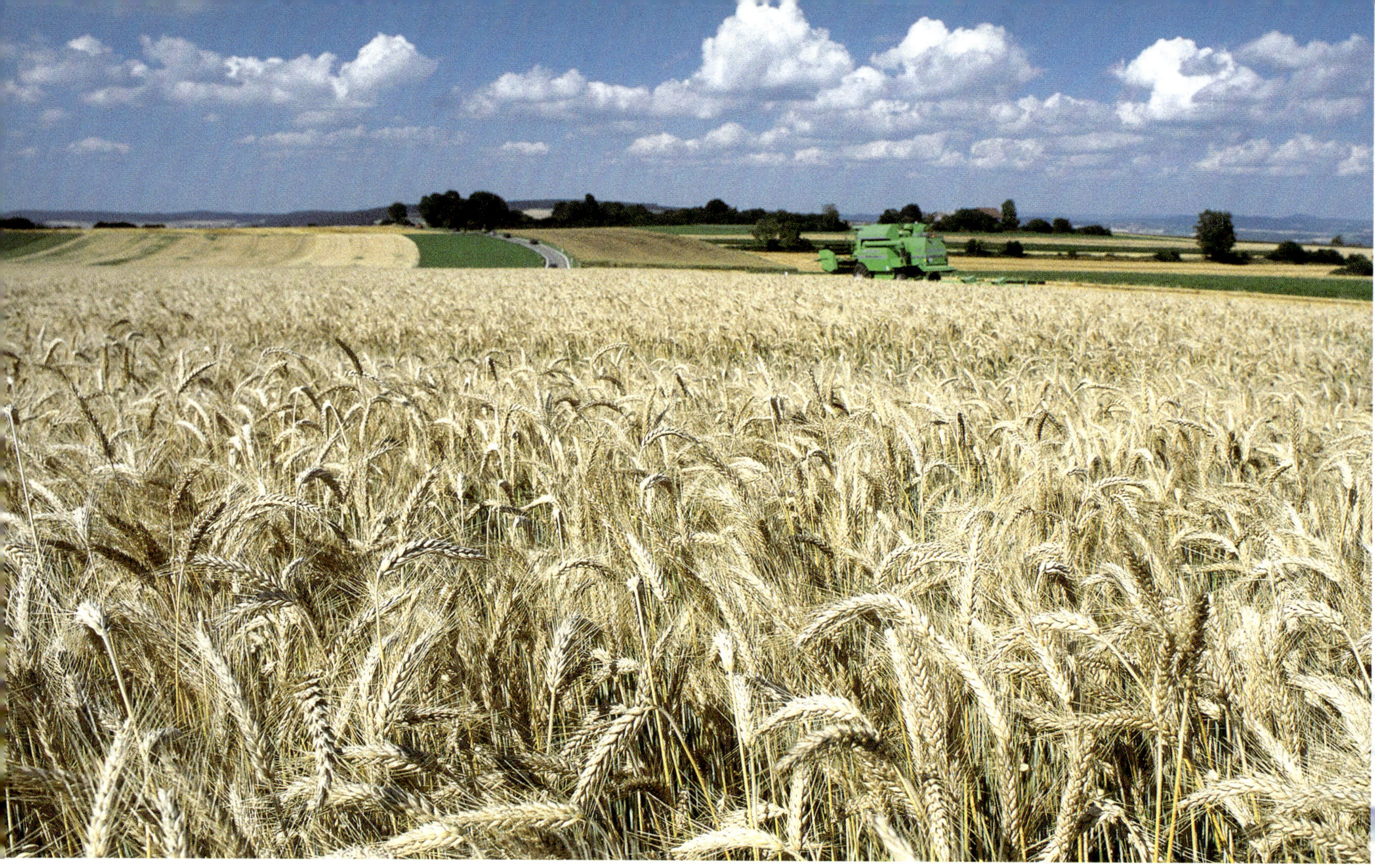

„Kornkammer Baar": Getreidefeld bei Döggingen und Ernte bei Sumpfohren (unten).

Rechte Seite: Apfelernte auf einer Streuobstwiese bei Riedböhringen.

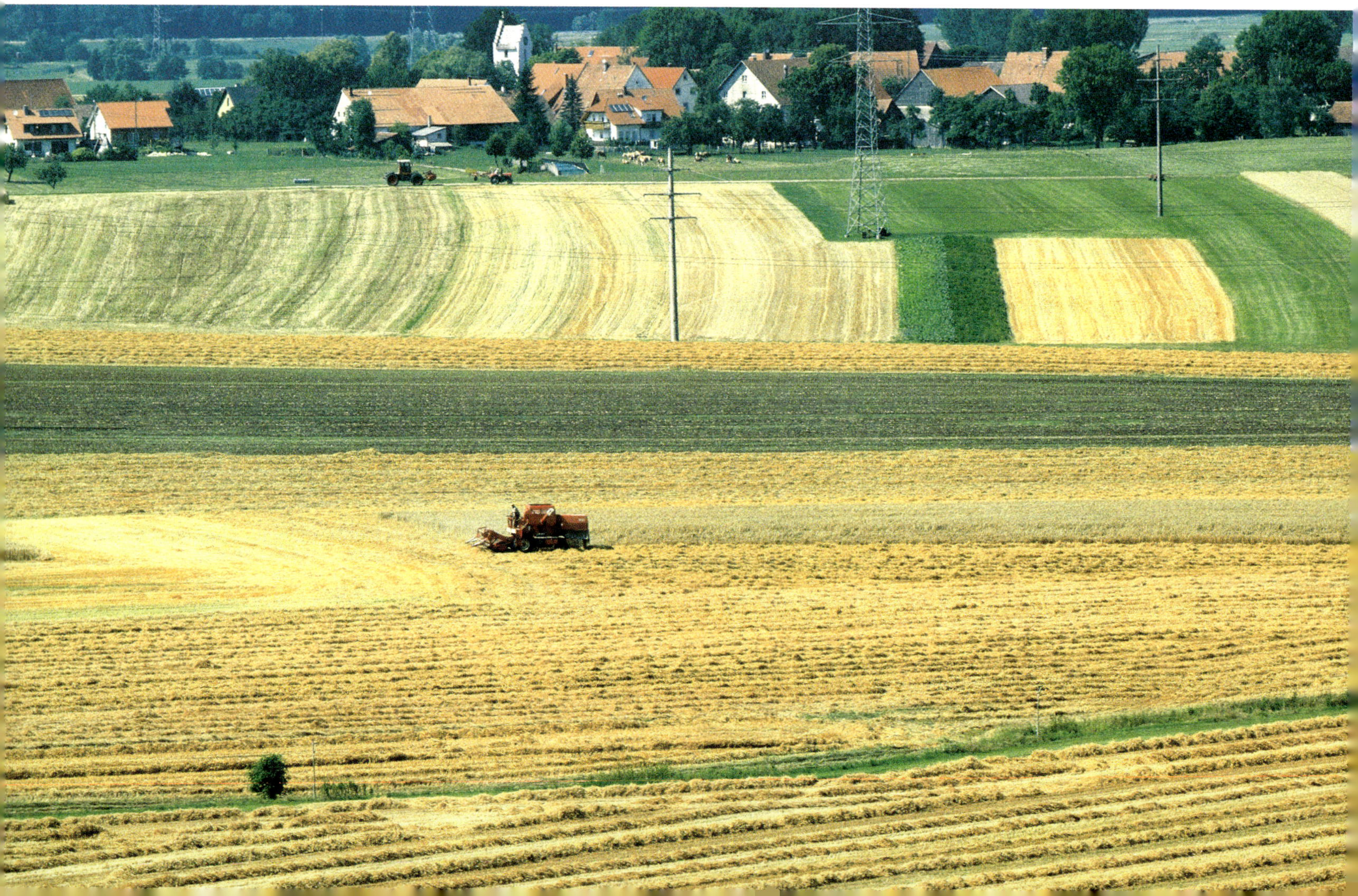

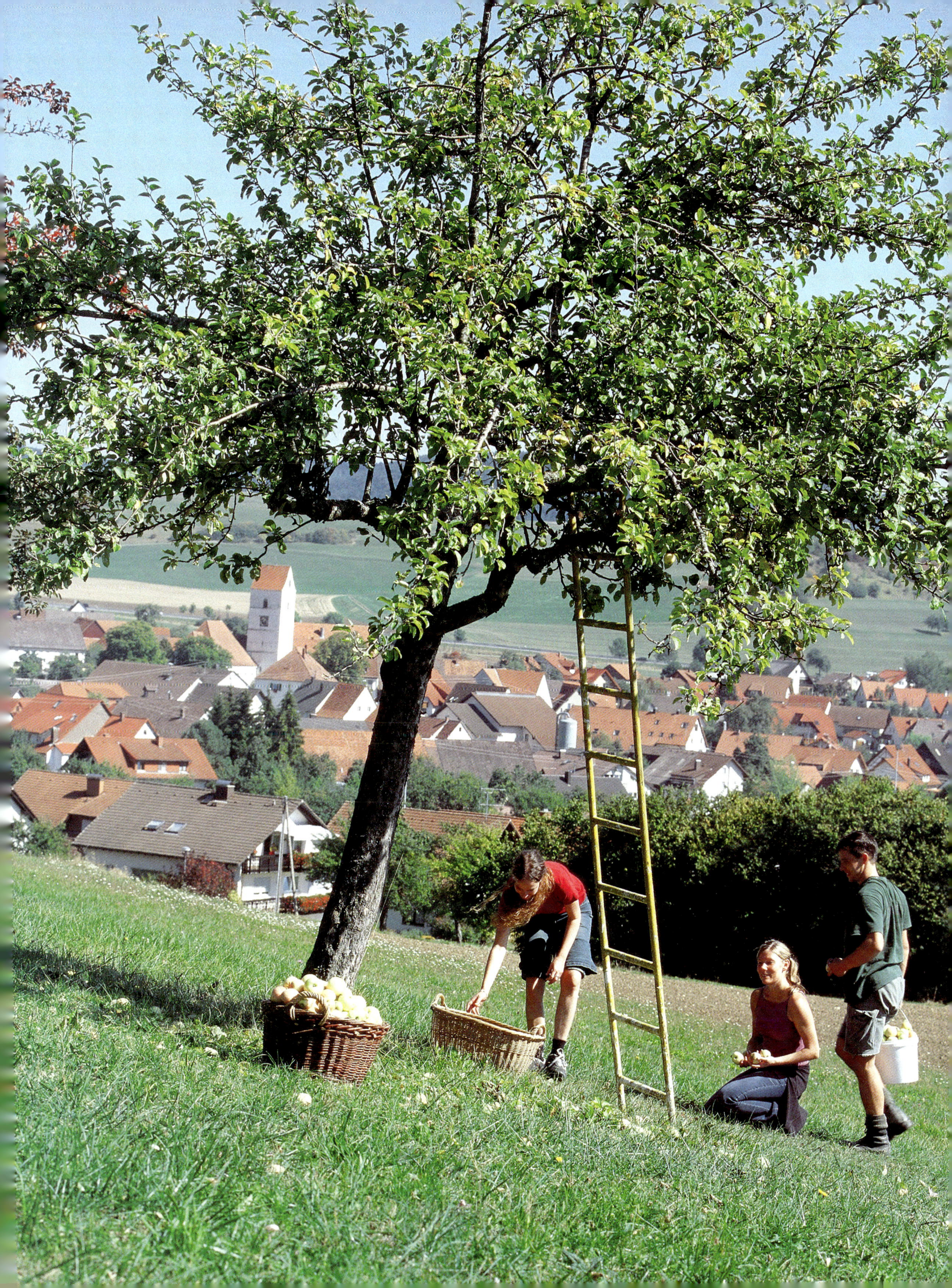

Herbstzeit, Erntezeit: Noch gibt es ihn – vor allem im Schwarzwald: den Kartoffelacker wie hier bei Unterkirnach, der teils sogar noch von Hand bewirtschaftet wird.

Unten: Beim Kreiserntedankfest in Dauchingen, die Landjugend Schonach mit Ernteerträgen aus der Heimat und der Wagen der Landjugend Bräunlingen.

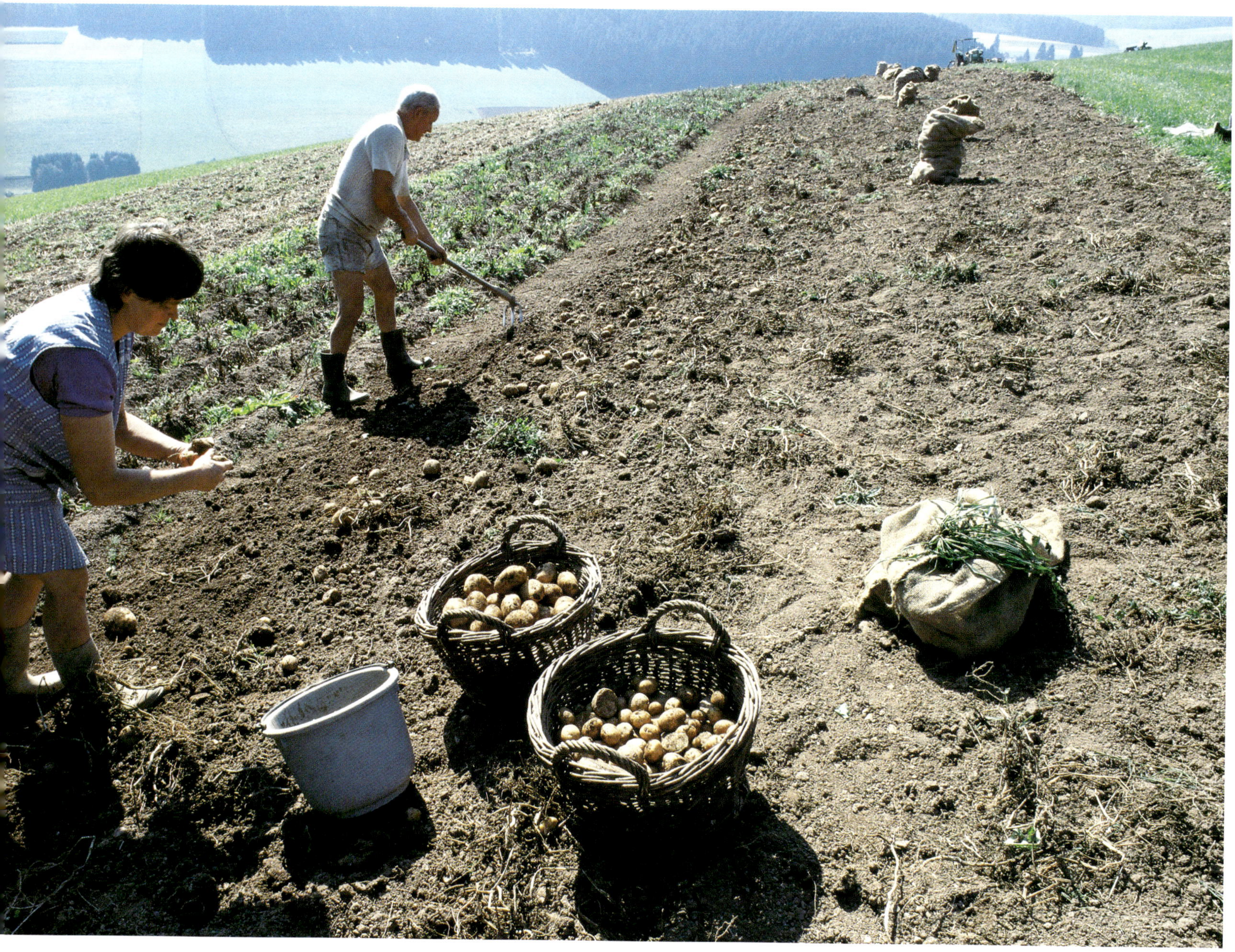

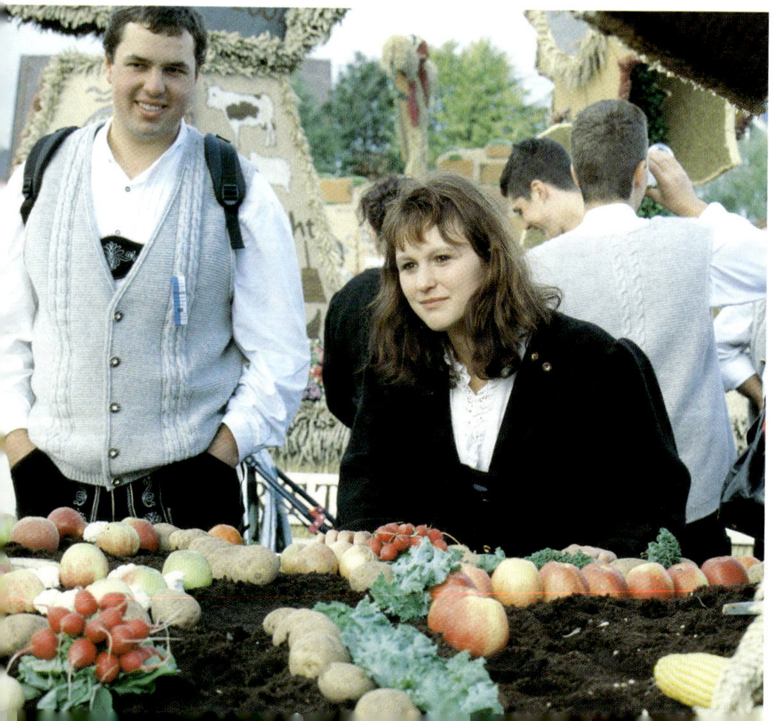

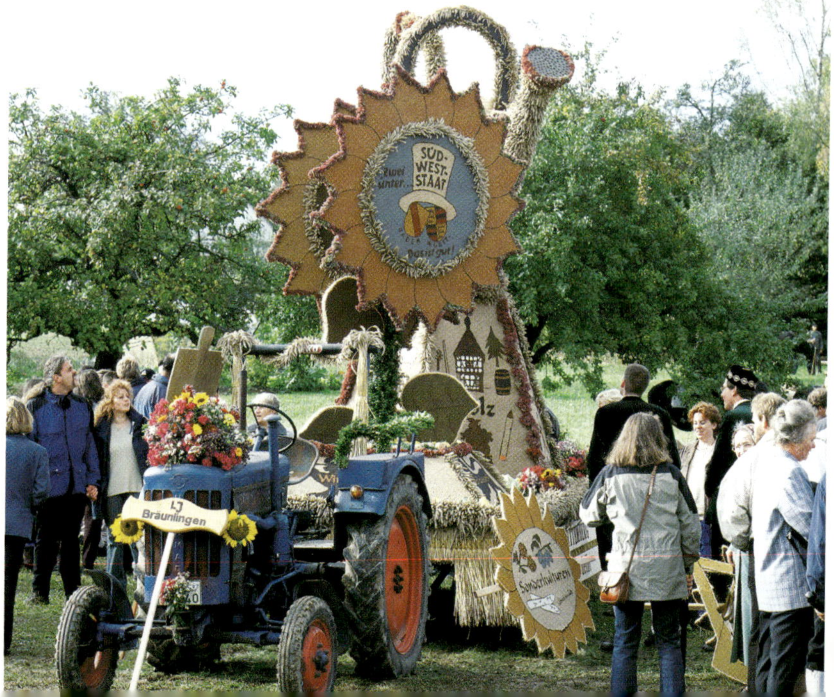

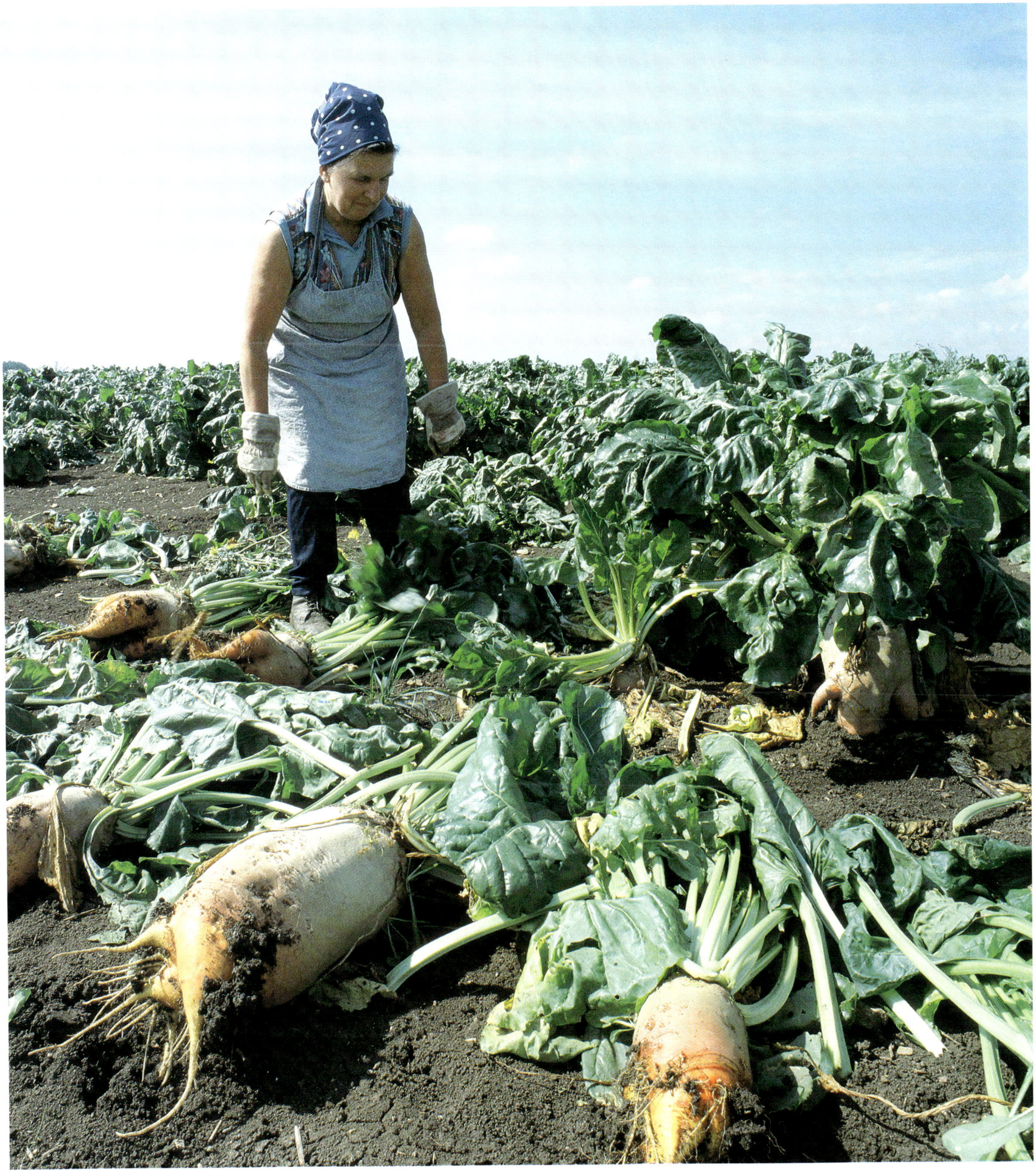

Rübenernte bei Mundelfingen.

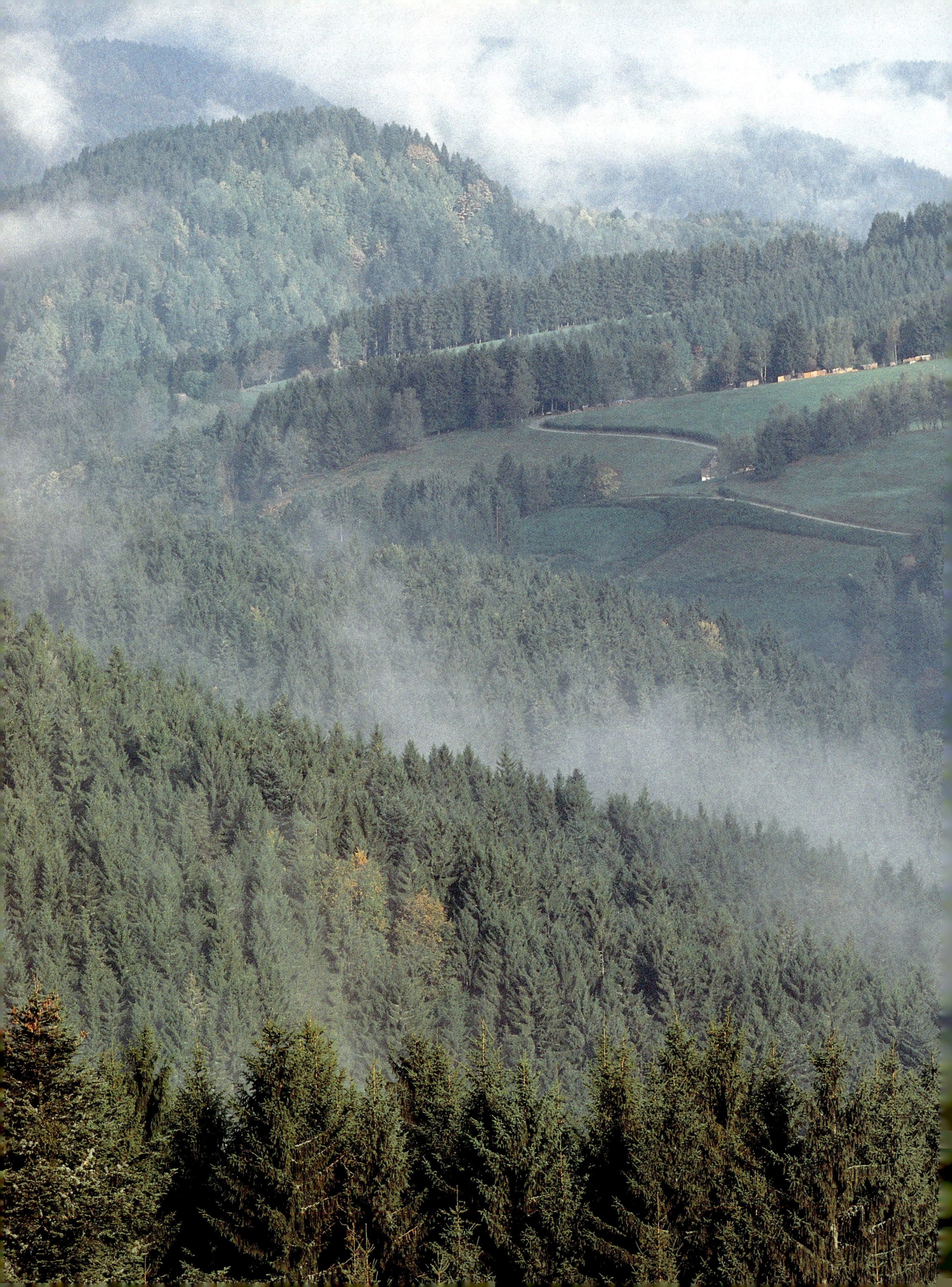

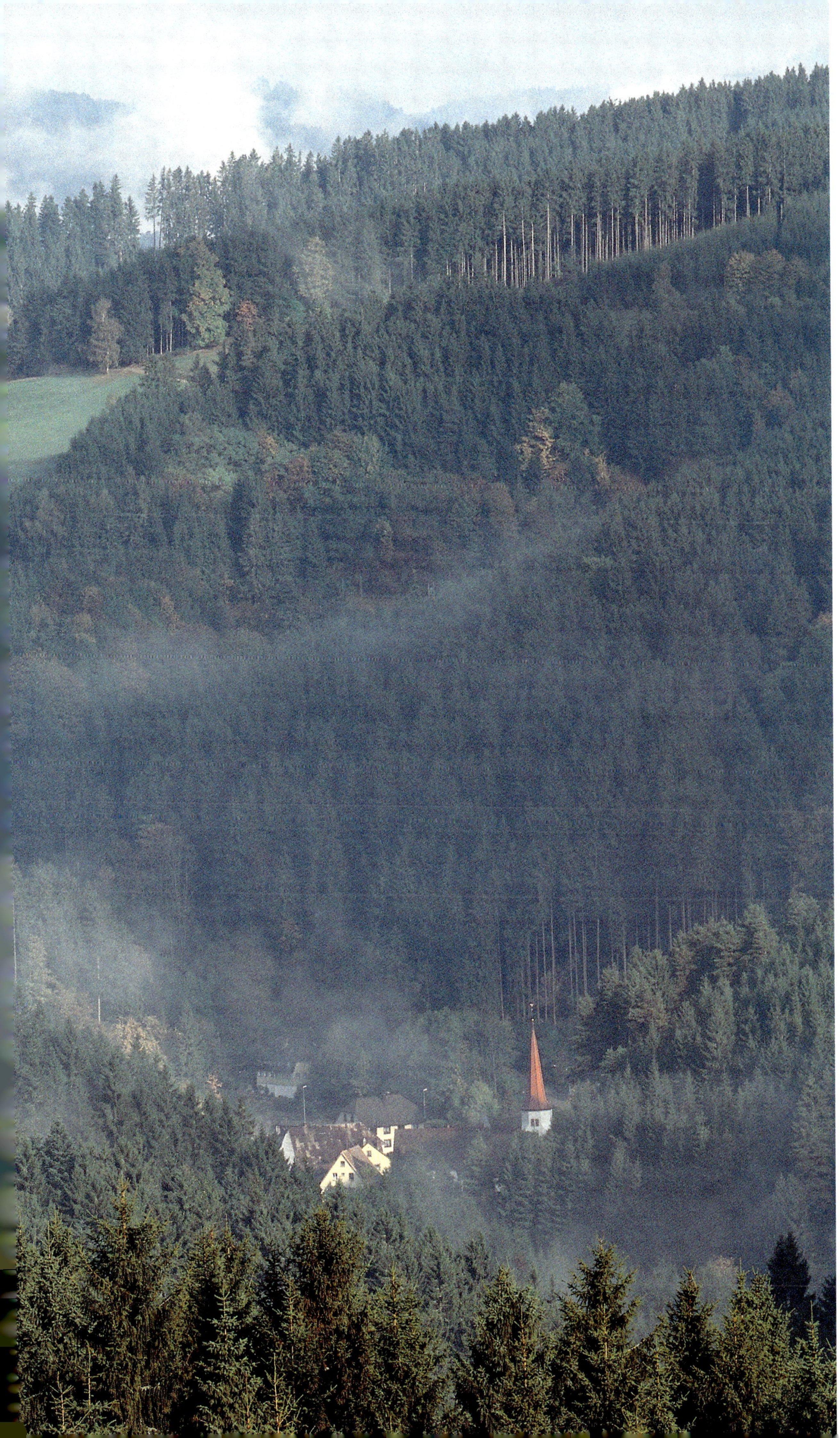

Herbstnebel im Schwarzwald bei Triberg, aus dem Fichtenmeer ragt der Kirchturm von Nußbach auf.

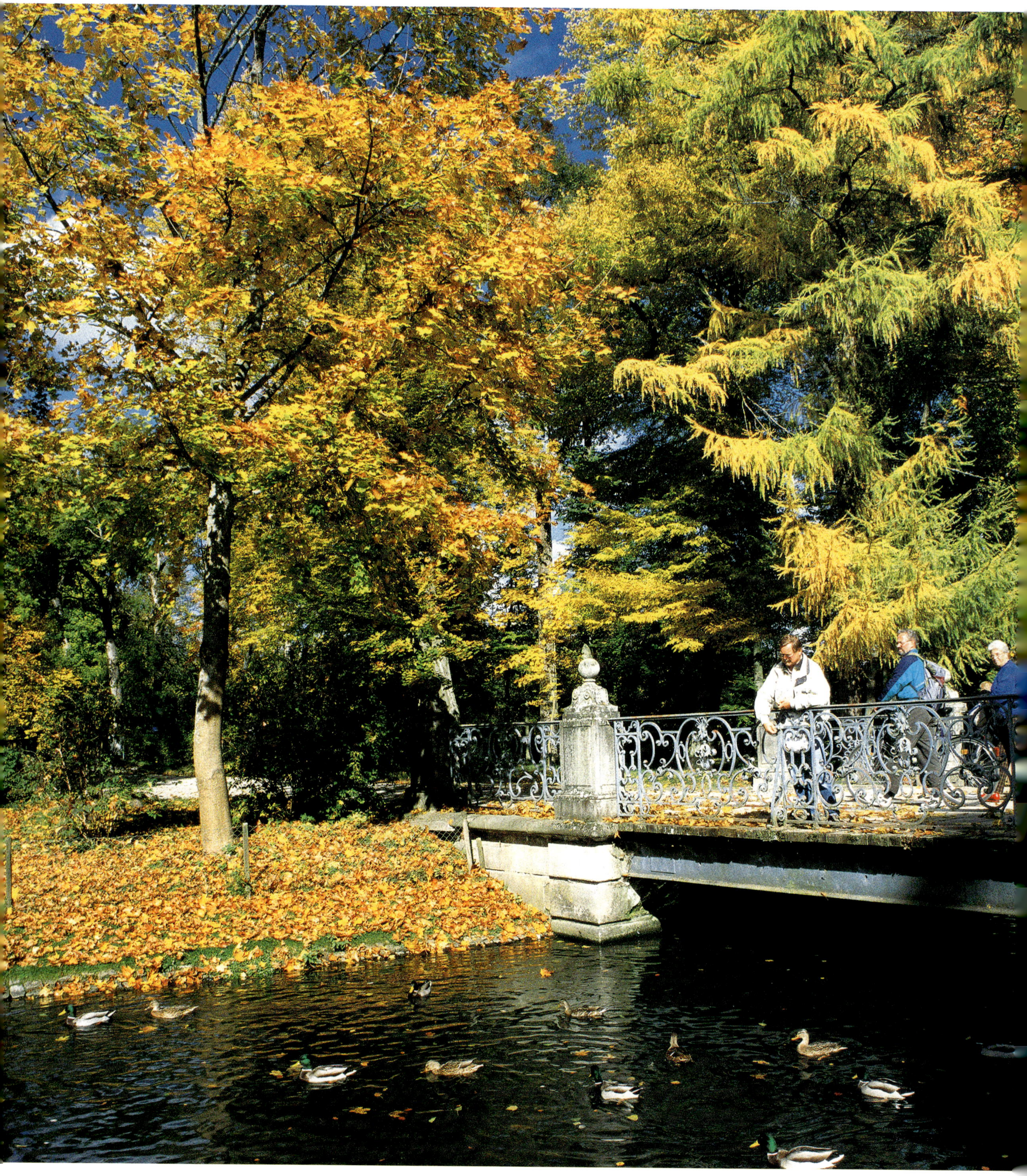

„Goldener Oktober“ im Schlosspark von Donaueschingen.

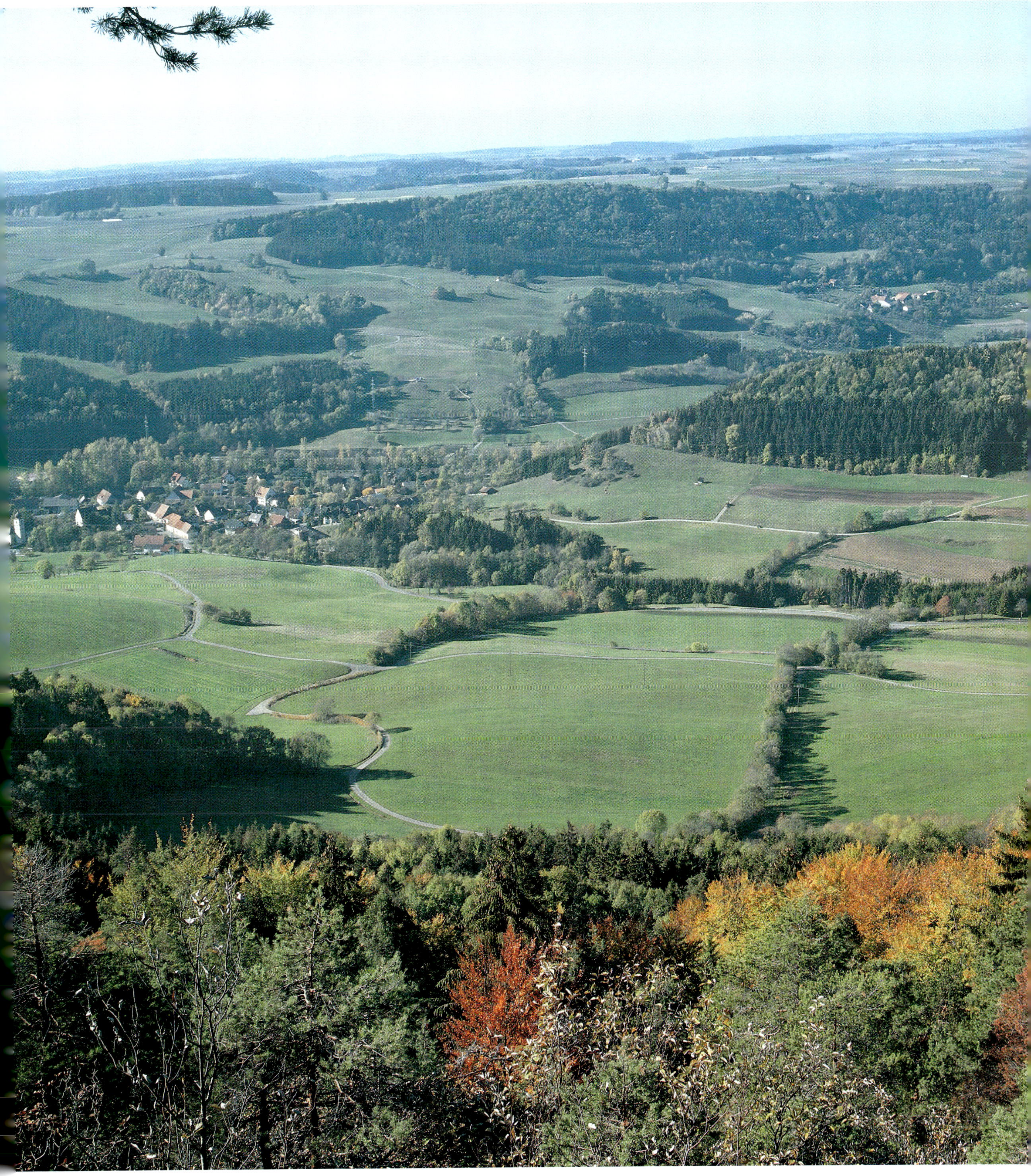

Blick vom Eichberg ins Achdorfer Tal bis hinüber in die nahe Schweiz.

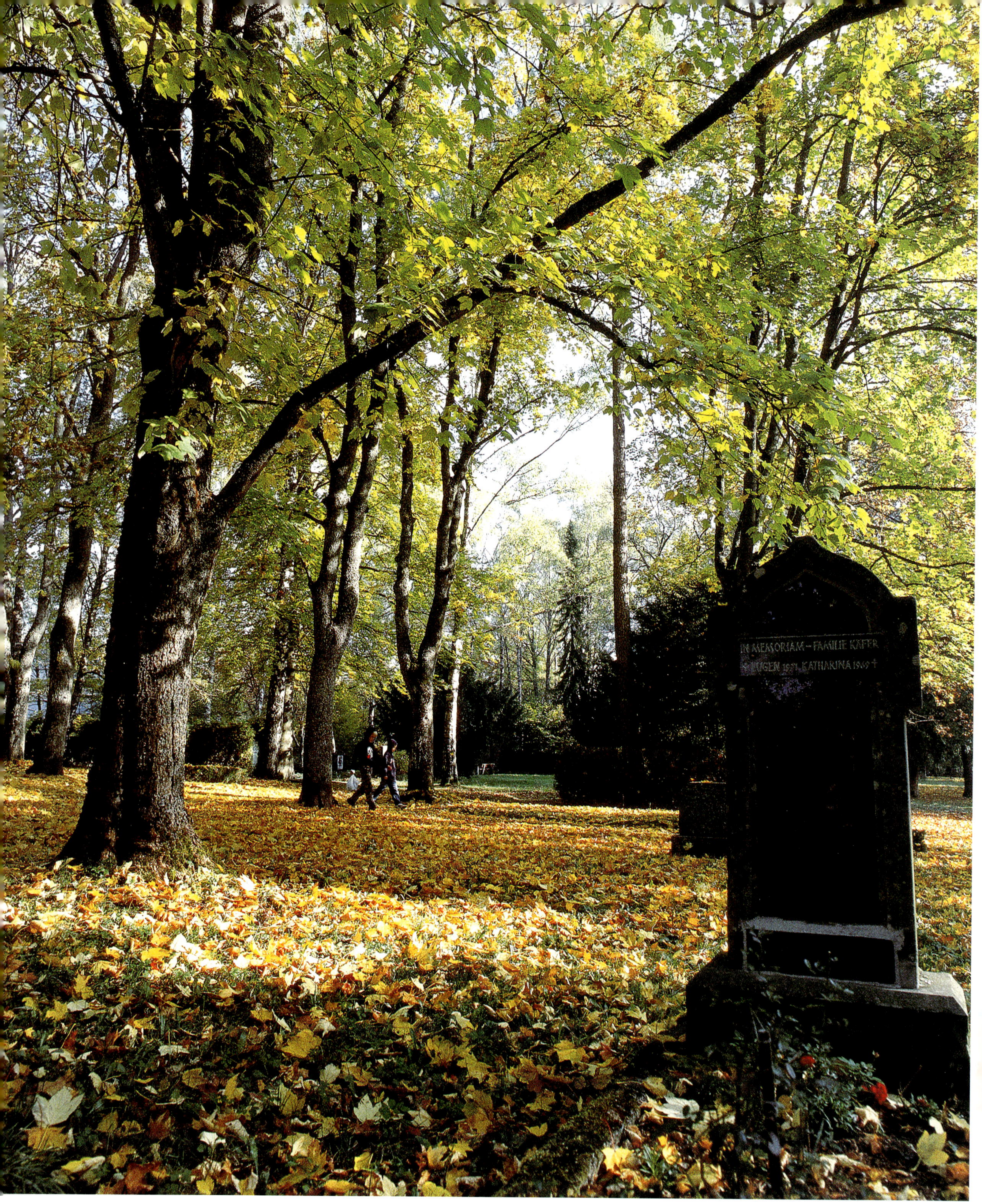

Blätter sammeln auf dem alten Friedhof in Schwenningen.

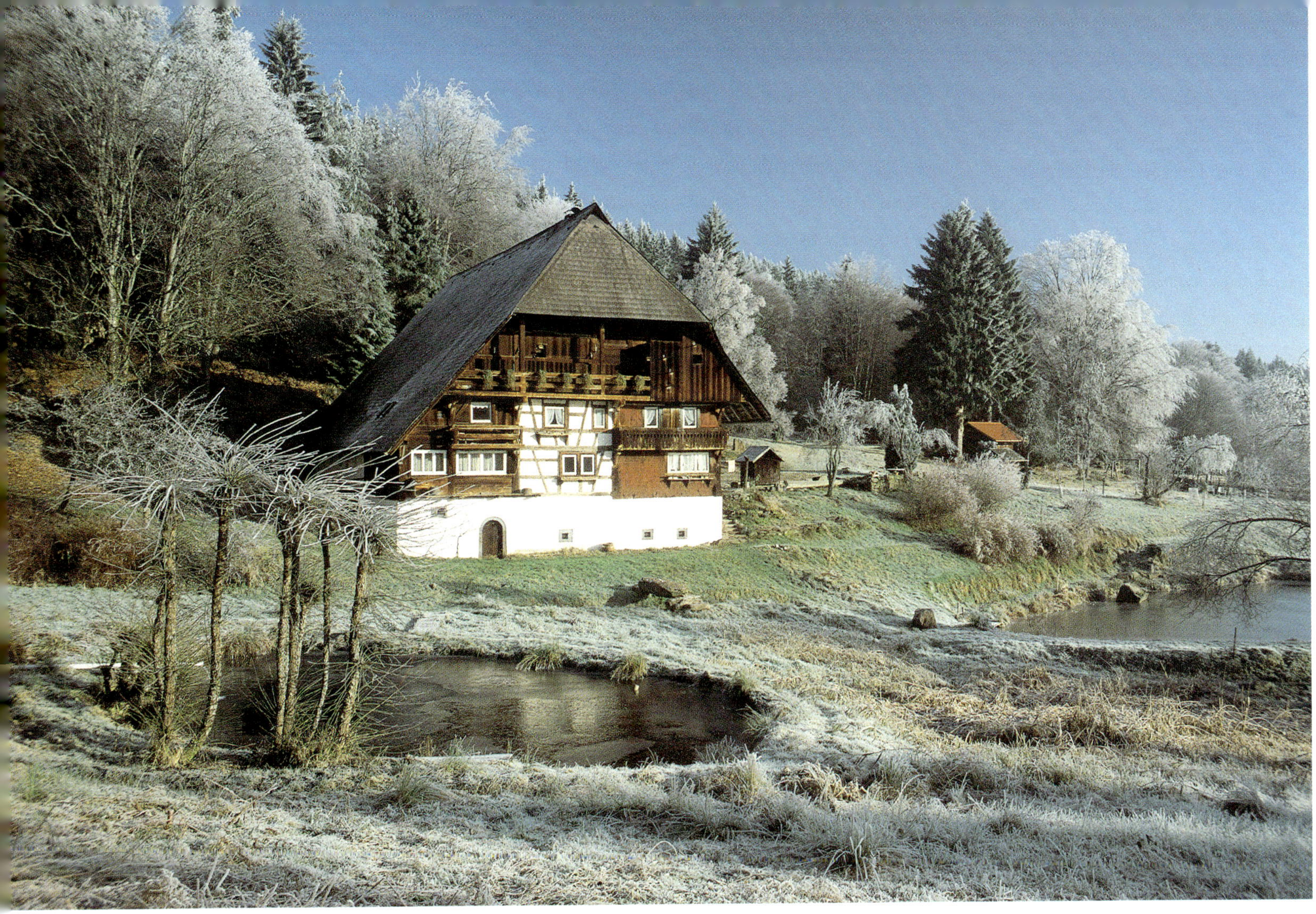

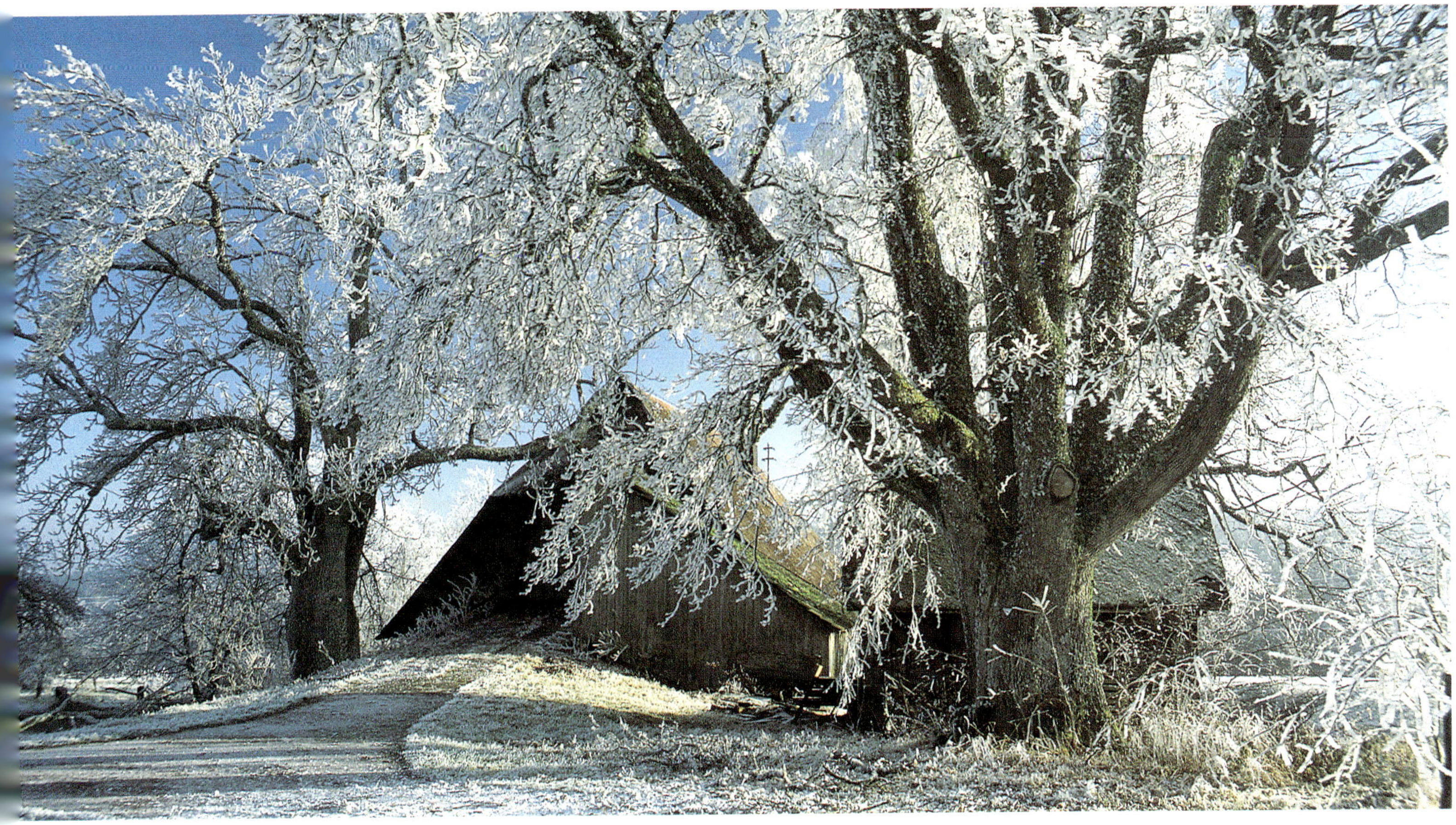

Raureiftage: Falkenhof bei Langenschiltach und bei Brogen (unten).

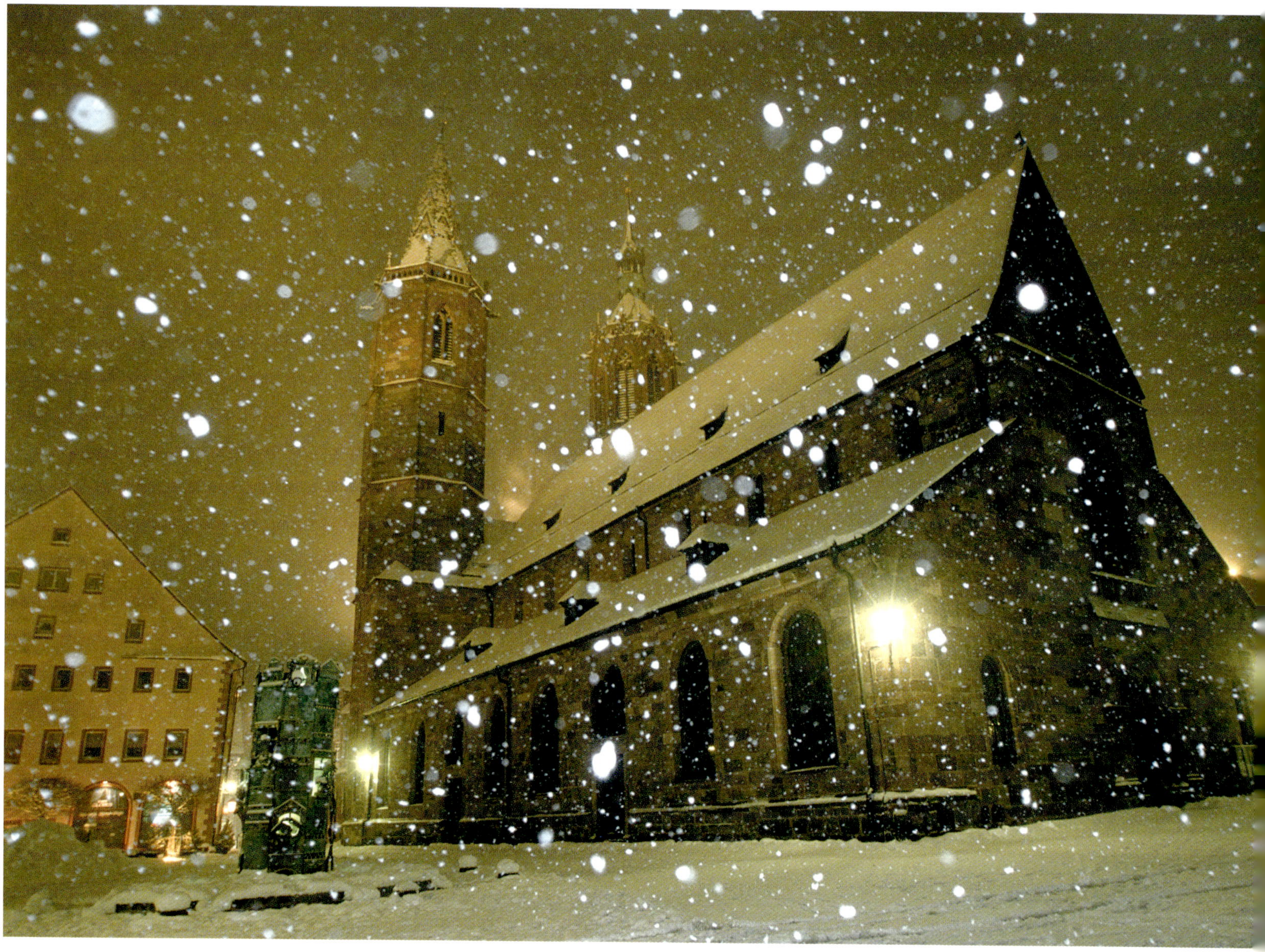

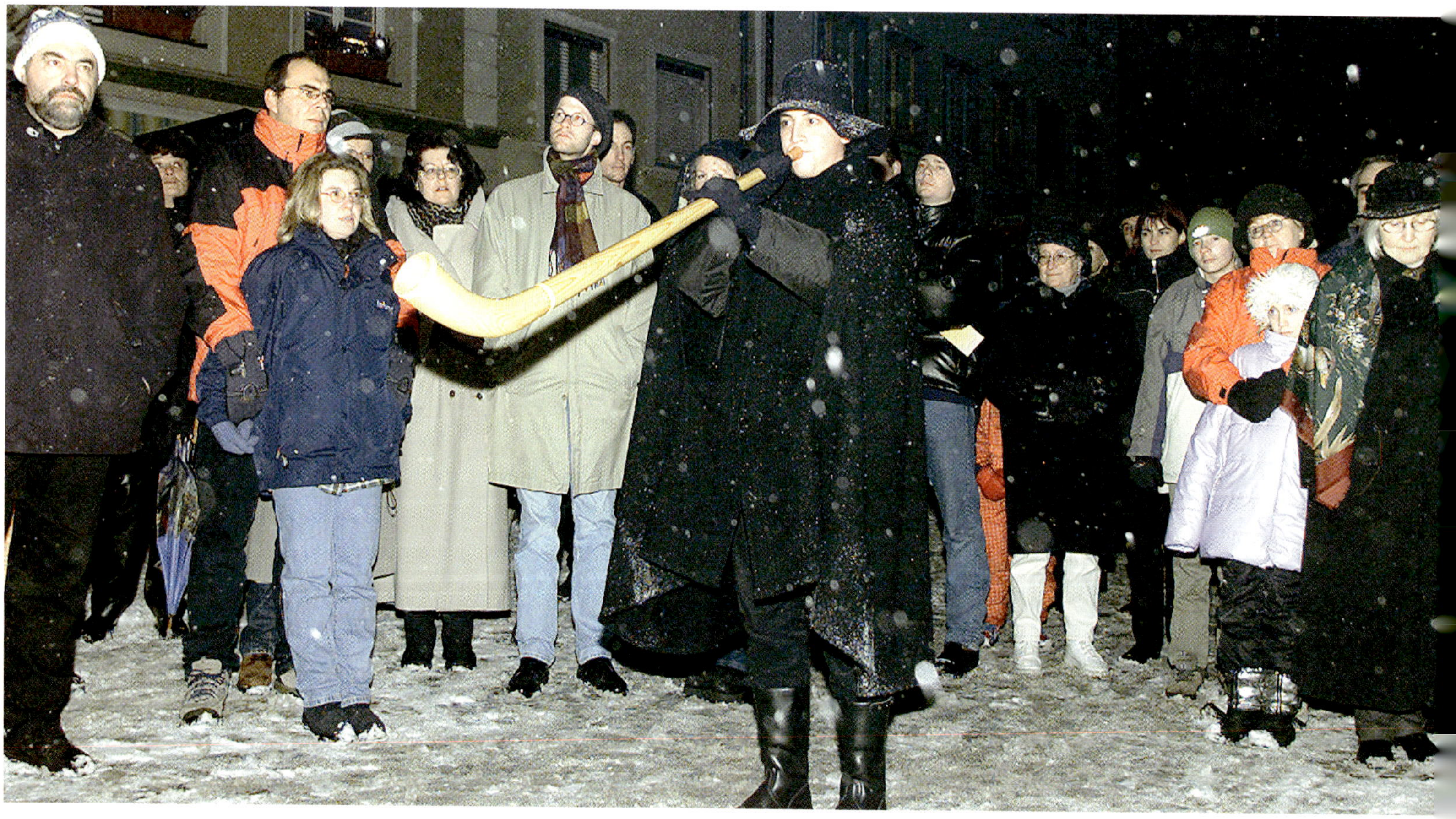

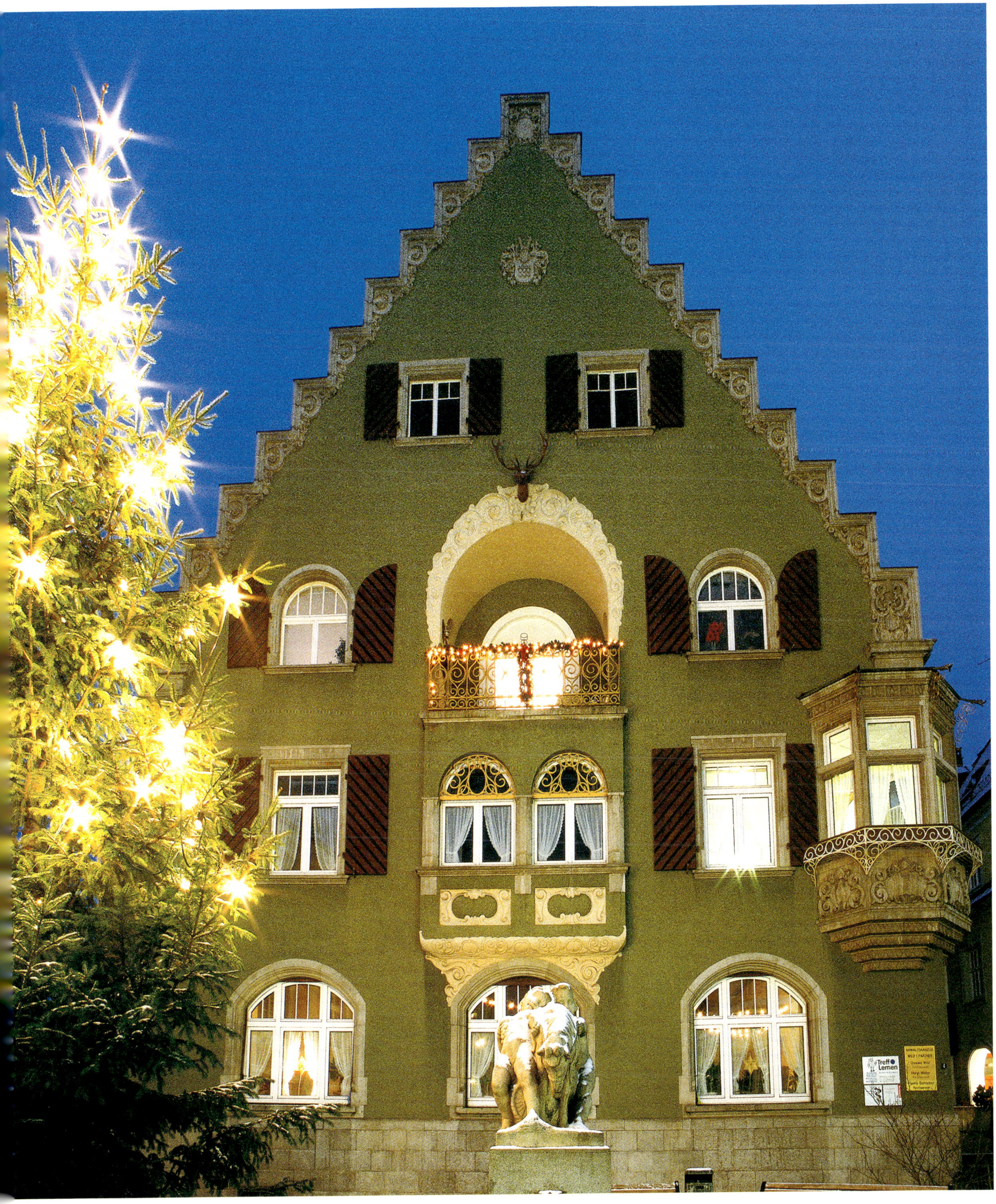

Weihnachtszauber: Die Villa Mall in der Karlstraße ist repräsentativer Vertreter des Donaueschinger Jugendstils.

Weihnachten in Villingen: Schneetreiben auf dem Münsterplatz und beim Kuhreihen am Heiligen Abend.

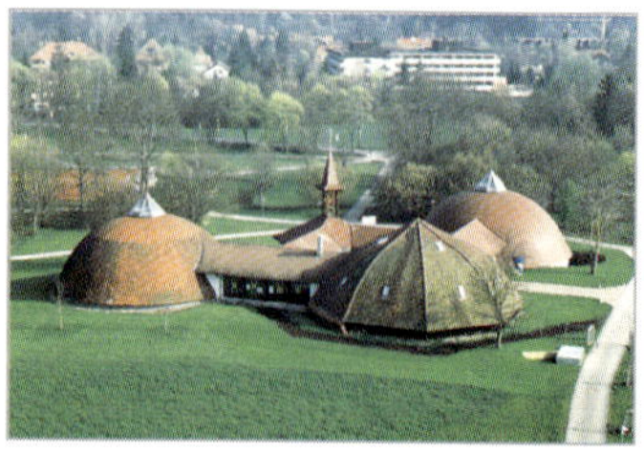

Narrenschopf
Bad Dürrheim

Im Süden des Bad Dürrheimer Kurparks lenken die drei großen, rotbraunen Runddächer des Narrenschopfs, des größten Fastnachtsmuseums in Deutschland, die Aufmerksamkeit auf sich. Das 1973 eröffnete Museum ist in einem ehemaligen Solebehälter aus dem 18. Jahrhundert untergebracht.

Im Narrenschopf präsentiert die „Vereinigung Schwäbisch-Alemannischer Narrenzünfte e.V." die Fastnacht in vielen Facetten. Die Ausstellungsstücke, darunter viele kostbare Masken und Häser (traditionelle Kleidungsstücke), repräsentieren ein Gebiet, das vom Allgäu bis zum Kaiserstuhl und von der Landschaft Neckar-Alb bis in die alemannische Schweiz reicht.

Das Museum ist als Gemeinschaftsleistung der Vereinigung Schwäbisch-Alemannischer Narrenzünfte sowie ihrer 68 Mitglieds- bzw. der 73 Ausstellungszünfte und der Stadt Bad Dürrheim entstanden.

www.narrenschopf.de

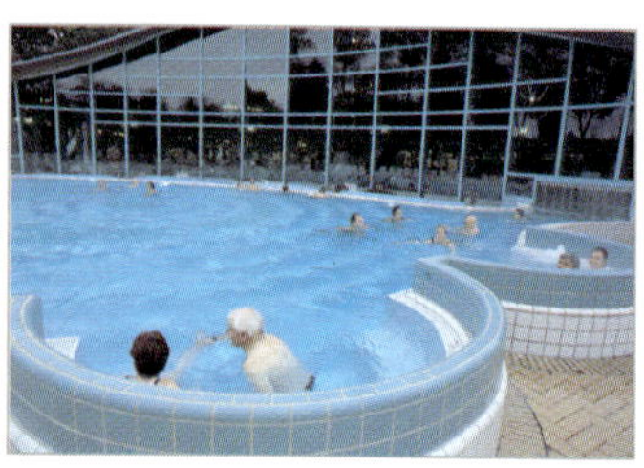

Solemar
Bad Dürrheim

Das internationale, preisgekrönte Gesundheitszentrum Solemar liegt direkt am Kurpark und wirbt mit dem Slogan „das schönste Meer des Schwarzwaldes" zu sein. Bei der Bad Dürrheimer Sole handelt es sich um warmes, salzhaltiges Quellwasser, das aus Jahrmillionen alten, 200 Meter tief liegenden Salzstöcken gewonnen wird. Sole wirkt stärkend, entlastend und befreiend. Sie hilft unter anderem bei Rheuma, Atemwegserkrankungen und Herz-Kreislaufbeschwerden. Ein Erholungsbad mit verschiedensten Schwimm- und Badebecken, eine große Saunalandschaft sowie ein therapeutisches Fitnesscenter bieten viele Möglichkeiten zur Entspannung.

Überaus ansprechend ist auch die Architektur des Solemars. Sein Kuppeldach ist eine Miniaturausgabe des Münchner Olympiastadions.

www.bad-duerrheim.de

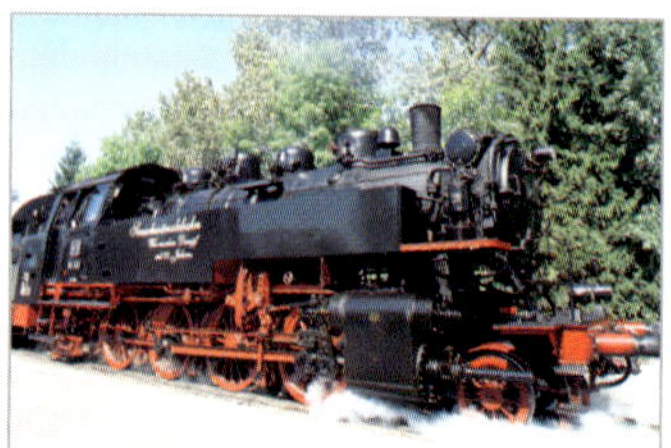

Sauschwänzlebahn
Blumberg

Der Bahnhof Blumberg-Zollhaus an der B27 zwischen Donaueschingen und Schaffhausen ist Dreh- und Angelpunkt der „Sauschwänzlebahn", wie die Museumsbahn Wutachtal vom Volksmund liebevoll genannt wird.

Von hier aus schlängelt sie sich auf 25,88 km von Blumberg nach Stühlingen-Weizen im Nachbarlandkreis Waldshut und zurück. Die Bahn hat zahlreiche technische Besonderheiten vorzuweisen, wie etwa den Stockhaldetunnel, einen deutschlandweit einzigartigen Kreiskehrtunnel.

Auf der 1700 m langen 360°-Schlaufe im Berginneren werden gut 15 m Höhenunterschied überwunden. Vier Eisenbahnviadukte und sechs Tunnels gehören zur Strecke.

In der Regel um 10 Uhr und 14 Uhr (Saison und Fahrplan siehe Internet), begibt sich die historische Eisenbahn auf ihre Fahrt. Zudem können das Eisenbahnmuseum und ein Reiterstellwerk besichtigt werden.

www.sauschwaenzlebahn.de

Straßenmusiksonntag
Bräunlingen

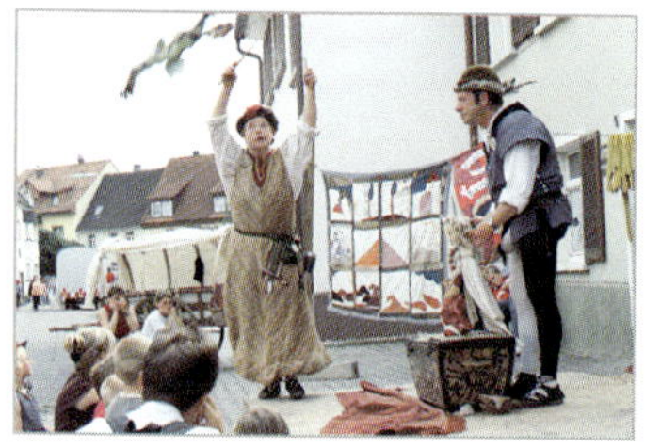

Auch als „Festival der Asphaltkunst" bekannt, zählt der Bräunlinger Straßenmusiksonntag zu den bekanntesten Veranstaltungen im Landkreis. Alle zwei Jahre, jeweils am letzten Wochenende im August, versammeln sich hier Gaukler, Spaßmacher, Geschichtenerzähler, Akrobaten und Musikanten. Im idyllischen Stadtkern ziehen tausende Besucher an nationalen und internationalen Kleinkünstlern vorbei, hören mittelalterliche Balladen, Zigeunerjazz, Volks-, Pop- oder Folkmusik. Rund 50 Gruppen mit über 200 Akteuren aus allen Bereichen der Kleinkunst treten an Plätzen in der Altstadt auf, die eine beeindruckende Kulisse bildet. Der Straßenmusiksonntag ist zugleich ein Stadtfest mit Bewirtung durch Bräunlinger Vereine.

www.braeunlingen.de

CHI-Reitturnier
Donaueschingen

Das Prinz Kari zu Fürstenberg-Gedächtnisturnier lockt alljährlich die internationale Reitsportelite und mehr als 35 000 Besucher in die Fürstlich Fürstenbergischen Parkanlagen nach Donaueschingen. Vier Tage im Spätsommer werden hier hochkarätige Wettkämpfe in Dressur, Springreiten und Gespannfahren ausgetragen.

Im Rahmen des Reitturniers fanden bereits verschiedene nationale und internationale Meisterschaften und Cup-Wertungen statt, ein weiterer Höhepunkt war die Europameisterschaft der Springreiter 2003.

Das Donaueschinger Reitturnier ist die Sportveranstaltung im Schwarzwald-Baar-Kreis mit der größten internationalen Bedeutung. Außer den Springwettbewerben im Reitstadion und den Dressurvorstellungen vor der prächtigen Kulisse des Schlosses ist vor allem das Hindernisfahren der Vierspänner ein Zuschauermagnet.

www.chi-donaueschingen.de

Historische Donauquelle
Donaueschingen

Die Donaueschinger Donauquelle im Fürstlich Fürstenbergischen Park liegt direkt neben dem Schloss. Ihre jetzige Gestalt erhielt die Donauquelle im ausgehenden 19. Jahrhundert. Die Marmorgruppe des Vöhrenbacher Künstlers Adolf Heer aus dem Jahr 1896 stellt die „Mutter Baar" dar, die ihrer „Tochter" – der Donau – den 2780 Kilometer weiten Weg (so die amtliche Donaulänge) zum Schwarzen Meer weist.

Alle Donau-Anliegerstaaten haben hier mit einer Hinweis- bzw. Gedenktafel der jungen Donau ihre Referenz erwiesen. Sogar ein japanischer Gedenkstein ist errichtet worden, weil der bekannte japanische Dichter Mokitchi Saito 1924 den Donau-Ursprung in Donaueschingen besucht hat.

www.donaueschingen.de

Fürstlich Fürstenbergisches Schloss
Donaueschingen

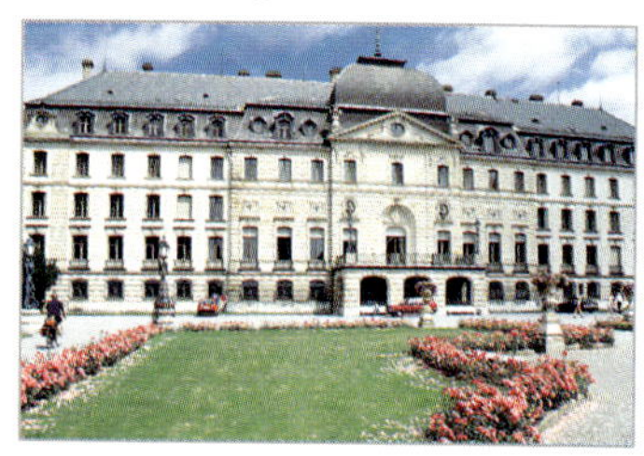

Das Schloss der Fürstenberger wurde um 1723 als Residenz errichtet und erhielt bei einem Umbau in den Jahren 1893 bis 1896 seine heutige Gestalt.

Das mit zahlreichen Kulturgütern ausgestattete Schloss kann seit 1952 besichtigt werden. Möbel und Kunstgewerbe der Renaissance und des Barock, aber auch Schauräume mit reicher Innenausstattung vermitteln einen Eindruck vom adeligen Leben. Sehenswert ist die weitläufige Park-

anlage mit altem Baumbestand, in der es weitere Kunstwerke und Denkmäler zu entdecken gilt.
www.fuerstenberg-kultur.de

Fürstlich Fürstenbergische Sammlungen
Donaueschingen

Die 1868 eröffneten Fürstlich Fürstenbergischen Sammlungen befinden sich am Karlsplatz in Donaueschingen in unmittelbarer Nähe zum Schloss. Zu besichtigen sind naturkundliche Raritäten (viele stammen aus dem Schwarzwald-Baar-Kreis) und Kunst der Gegenwart. Vitrinen und Schränke sind mit Fossilien, Mineralien und zoologischen Exponaten eng bestückt. Im Obergeschoss kann man moderne Kunst betrachten.

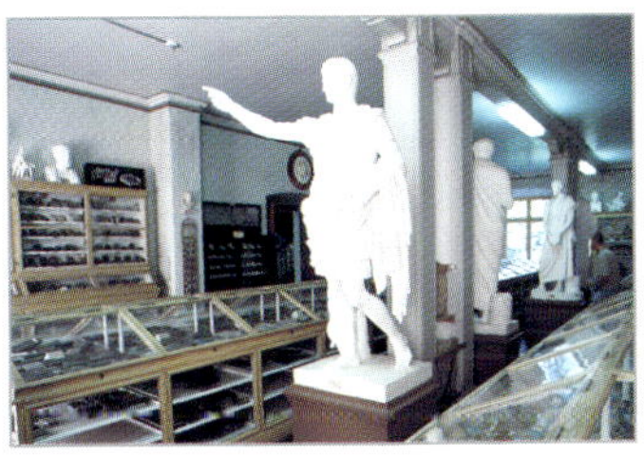

www.fuerstenberg-kultur.de

Donaueschinger Musiktage
Donaueschingen

Seit 1921 findet dieses älteste Festival der Gegenwartsmusik bereits statt. Seither sind Neue Musik und Donaueschingen untrennbar miteinander verbunden. 1950 gelang ein Neubeginn in Zusammenarbeit mit dem Südwestfunk, der sein Orchester zur Verfügung stellte und damit einen neuen Programmschwerpunkt einbrachte.

Die Donaueschinger Musiktage sind die weltweit bedeutsamste Experimentierstätte für zeitgenössische Tonkunst, ein Expertenforum für Uraufführungen von weltbekannten Komponisten und auch Plattform für neue Talente.

Das Großereignis im Oktober lockt jährlich rund 10 000 Besucher nach Donaueschingen.
www.swr.de/donaueschingen

Deutsches Uhrenmuseum
Furtwangen

Die Sammlung von Schwarzwalduhren befindet sich mitten in der Stadt am Robert-Gerwig-Platz bei der Fachhochschule und ist weltweit einmalig. Sie gibt an einem früheren Zentralort der Schwarzwälder Uhrmacherei Einblicke in die rund 300-jährige Geschichte dieses einstigen Haupterwerbszweiges der Bevölkerung.

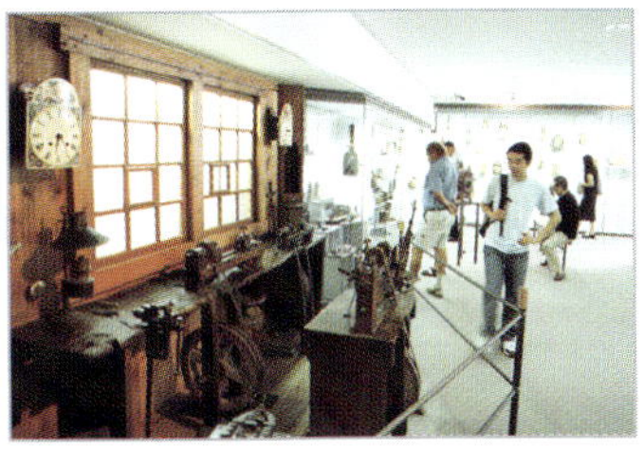

Grundthema der Internationalen Sammlung ist die Geschichte der Zeitbestimmung und der dazu verwendeten Instrumente. Mehr als 8000 Objekte werden gezeigt, darunter etwa 2500 Uhren und mechanische Musikinstrumente.

Ein Meilenstein der 150-jährigen Museumsgeschichte war der Ankauf der Uhrensammlung des Industriellen Hellmuth Kienzle durch das Land Baden-Württemberg.

Diese Ergänzung bei den Taschen- und Renaissanceuhren machte es 1978 möglich, die Historische Uhrensammlung in „Deutsches Uhrenmuseum Furtwangen“ umzubenennen.
www.deutsches-uhrenmuseum.de

Bregquelle
Furtwangen

Die Bregquelle entspringt beim Kolmenhof an der Martinskapelle auf 1078 Metern ü. d. M. Sie ist die westlichste und damit mündungsfernste Quelle der Donau, für die Furtwanger „die“ Donauquelle, woher die Auseinandersetzung mit Donaueschingen herrührt. Die mit schlichten Granitfindlingen gefasste Quelle liegt in der Nähe der europäischen Wasserscheide und hat sich ihre Ursprünglichkeit bis heute bewahrt.
www.donauquelle.de

Furtwanger Uhrenbörse
Furtwangen

Europas größte Antik-Uhrenmesse, neuerdings Uhrenbörse, findet alljährlich im August in der Fachhochschule gleich neben dem Deutschen Uhrenmuseum statt. Händler, Sammler und Interessenten aus dem europäischen Raum und aus Übersee treffen sich dort zum Fachsimpeln, Kaufen und Verkaufen wertvoller, alter Uhren nebst Werkzeug, Literatur und Zubehör.

Tausende wertvoller Uhren, von Taschen- und Armbanduhren bis zu den großen Uhrwerken der Turmuhren sind in Furtwangen zu sehen.

Mehrere tausend Besucher kommen alljährlich zur europaweit wichtigsten Verkaufsmesse für antike Uhren, die sich fest etabliert hat.
www.antik-uhrenmesse.de

Stöcklewaldturm
Furtwangen-Rohrbach

1894 wurde der 25 Meter hohe Stöcklewaldturm erbaut, ein bis heute beliebtes Ausflugs- und Rastziel.

Die 127 Stufen hinauf zur Aussichtsplattform werden mit dem Panoramablick auf Schwäbische Alb und Alpen belohnt.

Weit über die Region hinaus ist der Stöcklewaldturm übrigens bei den Amateurfunkern bekannt. Das 1100 Meter hoch gelegene Stöcklewaldrelais – das zweithöchste in Deutschland – fangt die Funksprüche der Amateurfunker auf und schickt diese mit stärkerer Leistung weiter.
www.triberg.de

Römerbad
Hüfingen

In Hüfingen gibt es eines der ältesten römischen Militärbäder nördlich der Alpen.

Um 70 nach Christus wurde die Anlage errichtet und diente als Badeeinrichtung für die in Hüfingen stationierten Soldaten. Als die Legionen um 101 n. Chr. schließlich abzogen, wurde die Badeanlage von der Zivilbevölkerung genutzt.

Karl Egon II. zu Fürstenberg veranlasste 1820, die entdeckte Badruine auszugraben. Die Ausgrabungen wurden daraufhin mit einem Schutzbau in Form einer Baaremer Scheune, die heute ebenfalls unter Denkmalschutz steht, versehen.
www.huefingen.de

Internationale Keramikwochen
Hüfingen

Jedes Jahr im September finden in Hüfingen die Internationalen Keramikwochen statt.

Höhepunkt ist der Töpfermarkt auf dem Sennhofplatz. Begleitet wird der Markt durch verschiedene Ausstellungen und Veranstaltungen zur Keramikkunst, die in Hüfingen eine überregional bedeutsame Drehscheibe gefunden hat.

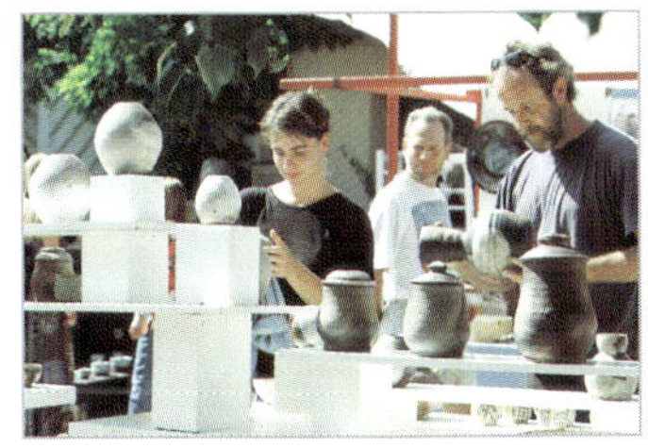

www.huefingen.de

Burgruine Waldau
Königsfeld-Buchenberg

Zwei Kilometer nördlich von Königsfeld an der alten Straße Richtung Schramberg liegt die im 12. Jahrhundert erbaute Burg Waldau.

Ihr gut erhaltener Turm und das direkt vor der Burg gelegene landwirtschaftliche Anwesen, der Schlosshof, bilden einen reizvollen baulichen Kontrast.

Der 20 Meter hohe Turm kann bestiegen werden. Besuchermagnet ist das sommerliche Burgspektakel mit kulturellen Veranstaltungen verschiedenster Art.
www.koenigsfeld.de

Albert-Schweitzer-Haus
Königsfeld

Das Albert-Schweitzer-Haus präsentiert eine Ausstellung zur Bedeutung des Lebens sowie des philosophischen und theologischen Werkes von Albert Schweitzer. Der Friedensnobelpreisträger und „Urwalddoktor“ zählt zu den bedeutendsten Persönlichkeiten des 20. Jahrhunderts. Er hat in seinem Haus in Königsfeld immer wieder Erholungspausen verbracht. Das Museum im ehemaligen Haus der Schweitzers erinnert auch an diese unbeschwerten Tage, die Albert Schweitzer in einem Brief wie folgt charakterisierte: „In Königsfeld konnte ich ruhig arbeiten, hatte eine Orgel, konnte im Wald gehen, hatte viele Freunde und diese Freunde denken an mich.“ Das Museum ist nahe der Ortsmitte zu finden. Modernste Technik ermöglicht den Zugang zu Albert Schweitzer, seiner Familie und seiner Arbeit. Im Schweitzer-Haus sind auch persönliche Gegenstände des Urwalddoktors ausgestellt, hier wird Weltgeschichte lebendig.

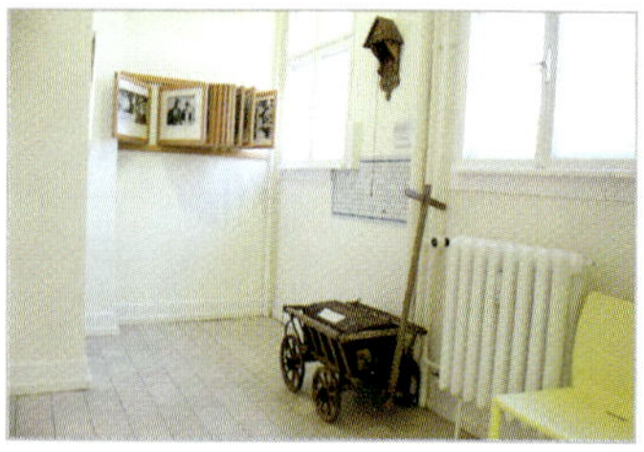

www.koenigsfeld.de

Hexenlochmühle
Neukirch

Die Hexenlochmühle wurde 1825 von vier Bauern als Holzsäge erbaut. Seit 1839 befindet sie sich in Familienbesitz.

200 Meter oberhalb der Mühle wird Wasser über einen Kanal zu den beiden Wasserrädern geführt. Holz wird heute nicht mehr gesägt, dafür produzieren die Wasserräder heute mehr Strom als die Hexenlochmühle benötigt.

www.hexenlochmuehle.de

Brigachquelle
St. Georgen

Die Quelle der Brigach findet sich auf 925 Meter ü. d. M. im Keller des mehr als 450 Jahre alten Hirzbauernhofes. Die Brigach dürfte der einzige Fluss der Welt sein, der im Keller eines Bauernhofes entspringt. Um die Jahrhundertwende wurde die Quelle vor das Hofgebäude verlegt und bildet dort zwei Teiche, von denen einer als Bade- und Abenteuerparadies für Kinder genutzt wird.

Adlerschanze
Schönwald

Das Skispringen hat in Schönwald eine lange Tradition. Bereits 1924 wurde ein erster Sprunghügel neben dem Adlerwald errichtet. Die Schanze wurde immer wieder umgebaut und den neuen An-

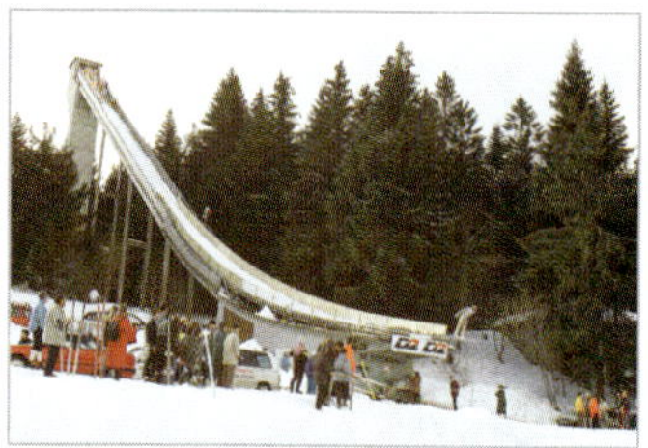

Bild: Erich Schwer

forderungen des Skispringens angepasst. Jedes Jahr finden mehrere Wettkämpfe auf der Adlerschanze statt, wie zum Beispiel der FIS Ladies Grand-Prix Ski-Jumping. Der Anlaufturm liegt 1104 Meter über dem Meer und kann auf Anfrage besichtigt werden.

www.schoenwald.net

Naturschutzgebiet Blindensee
Schönwald

Der Blindensee liegt in einem Hochmoor 1000 Meter über dem Meer zwischen Schönwald und Schonach. Seinen Namen verdankt er dem im 18. Jahrhundert erblindeten Bauer Gabriel Kern. Der Blindenhof in der Nähe des Blindensees wurde 1908 abgebrochen.

Der abflusslose See im Moor inspirierte lange die Fantasie der Schwarzwälder. Zahlreiche Sagen entstanden um den See. Heute kann das Naturschutzgebiet mit seinen seltenen Pflanzen über einen Holzsteg erkundet werden.

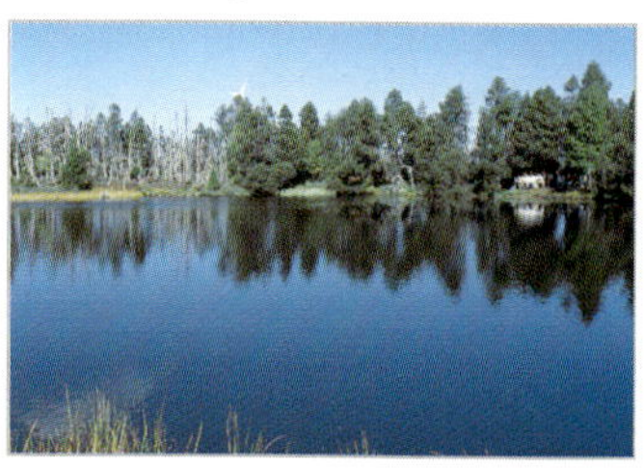

www.schoenwald.net

Brendturm
Furtwangen

Ein schönes Ausflugsziel stellt der Brendturm bei Furtwangen dar. Auf 1149 Meter hat man bei entsprechendem Wetter freie Sicht auf Alpen und Vogesen.

www.furtwangen.de

Reinertonishof
Schönwald

Der Reinertonishof in Schönwald wurde 1619 erbaut und ist bis heute, von notwendigen Renovierungsarbeiten abgesehen, in seinem einstigen Zustand belassen worden. Der rund 400 Jahre alte Schwarzwälder Bauernhof veranschaulicht das frühere Leben der Bauern und kann als Museumsbauernhof besichtigt werden.

www.schoenwald.net

Langenwaldschanze
Schonach

Die Langenwaldschanze in Schonach ist eine der Heimatschanzen Schwarzwälder Skispringer. Bereits 1924 wurde in Schonach eine erste Skisprunganlage erstellt. Der Anlaufturm der heutigen Schanze hat eine Höhe von 38 Meter.

Sportliche Höhepunkte sind Schwarzwaldpokal und FIS Weltcup Nordische Kombination, der seit 1967 jedes Jahr in Schonach ausgetragen wird.

Die Schanze mit dem Schanzenturm kann im Sommer jeden Mittwoch Nachmittag besichtigt werden.

www.schonach.de

Schwarzwaldmuseum
Triberg

Seit 1936 besteht das Schwarzwaldmuseum, das sich schwerpunktmäßig Handwerk, Gewerbe und Brauchtum im Schwarzwald widmet. Das Museum liegt gegenüber dem Eingang zum Wasserfall. Die Sammlung ist gerade wegen ihrer Vielfalt sehenswert. Außer vielen Trachten gibt es eine historische Uhrmacherwerkstatt, die Schwarzwaldbahn als Miniaturmodell, eine Sammlung von SABA-Radiogeräten und vieles mehr.

Die spielbereiten Orchestrien (mechanische Musikwerke) sind ein Höhepunkt beim Museumsrundgang. Das größte wurde 1885 eigens für das Schwarzwaldmuseum gebaut und hat mit seinen 500 Pfeifen die Klangfülle

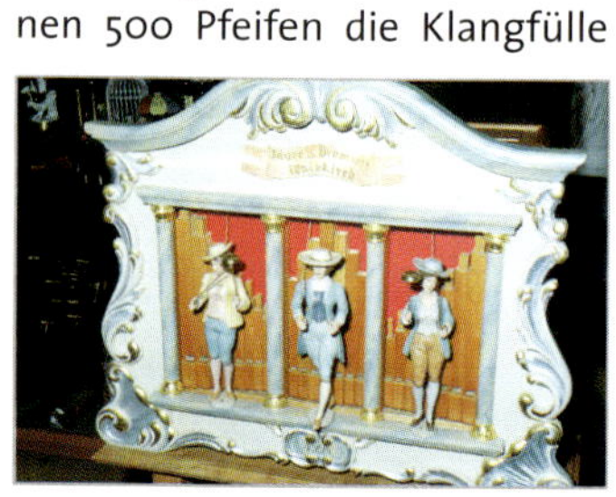

eines Orchesters von 50 Musikern. Zu bestaunen gibt es in Triberg ebenso eine in Europa einmalige Drehorgelsammlung, die von der kleinen Tisch- bis zur großen Jahrmarktsorgel reicht.

www.schwarzwaldmuseum.de

Triberger Wasserfälle
Triberg

Die Triberger Wasserfälle sind die höchsten Wasserfälle in Deutschland. Das Wasser der Gutach stürzt über sieben Fallstufen 163 Meter in die Tiefe. Besonders beeindruckend ist das Naturschauspiel, wenn die Gutach viel Wasser führt, etwa nach starken Regenfällen oder im Frühjahr während der Schneeschmelze.

www.triberg.de

Kirnbergsee
Unterbränd

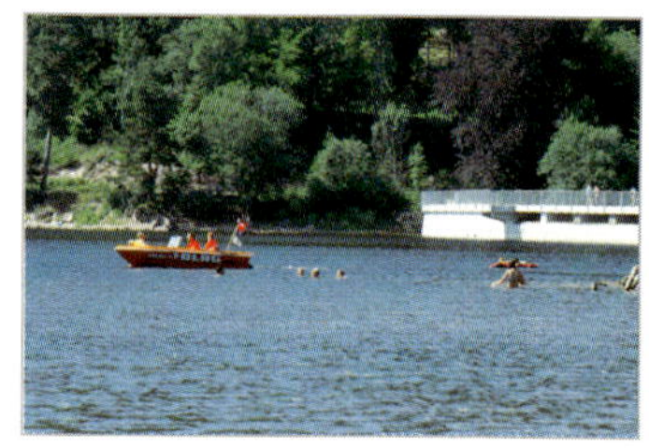

Ein schönes Ausflugsziel ist der Kirnbergsee in Unterbränd. Der 1923 zur Stromerzeugung der Stadt Bräunlingen aufgestaute See lädt im Sommer zum Baden und Surfen ein. Im Winter ist der zugefrorene See als Schlittschuhbahn bei Jung und Alt beliebt.

www.unterbraend.de

Schwenninger Moos
VS-Schwenningen

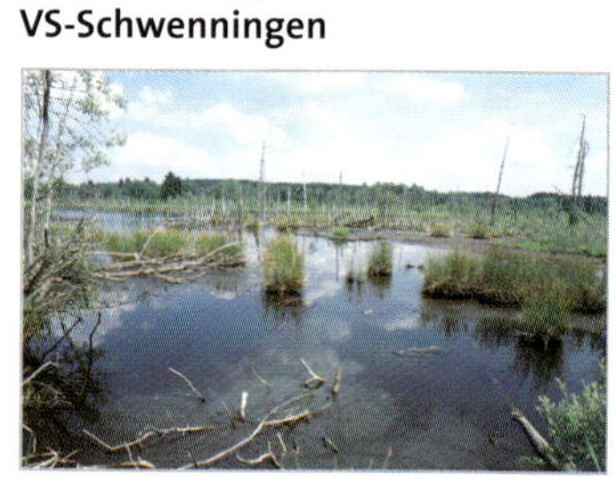

Das Naturschutzgebiet an der Wasserscheide zwischen Rhein und Donau ist zu jeder Jahreszeit einen Ausflug wert.

In dem uralten Hochmoor am Neckarursprung wurde ab dem 18. Jahrhundert Torf abgebaut. Die sensible Moorlandschaft wurde durch diese Eingriffe stark geschädigt, aber Mitte des 20. Jahr-

hunderts unter Naturschutz gestellt. Die gezielte Renaturierung ist in weiten Teilen bereits gelungen.
www.villingen-schwenningen.de

Südwestmesse
VS-Schwenningen

Die neuntägige Verbraucherausstellung ist eine der größten im südwestdeutschen Raum. Alljährlich eine Woche nach Pfingsten strömen mehr als 100 000 Besucher zum Teil von weit her auf das Messegelände, um sich umfassend über die Neuheiten zu informieren und das ein oder andere Schnäppchen zu machen. Mehr als 650 Aussteller bieten auf der Südwestmesse auf insgesamt 60 000 Quadratmetern Ausstellungsfläche alles rund um Haus, Freizeit, Gewerbe und Landwirtschaft. Ein unterhaltsames, spannendes und informatives Rahmenprogramm ist ebenfalls geboten.
www.suedwest-messe-vs.de

Uhrenindustriemuseum
VS-Schwenningen

Mitten in Schwenningen, in der Bürkstraße 39, liegt die „Württembergische Uhrenfabrik". Sie gilt als die älteste Uhrenfabrik in Württemberg.

Heute ist hier das lebendige Uhrenindustriemuseum eingerichtet, für das historische Fabrikationsmaschinen restauriert und in Betrieb genommen wurden. Besucher des Uhrenindustriemuseums bekommen von Anfang an Fabrikgefühle vermittelt, denn ihre Besuchszeit können sie per Stempelkarte festhalten.

Im Hauptraum des Museums wird Fabrikproduktion vorgeführt. Transmissionen setzen sich in Bewegung, es werden Zahnräder gefräst oder Zeiger gestanzt.

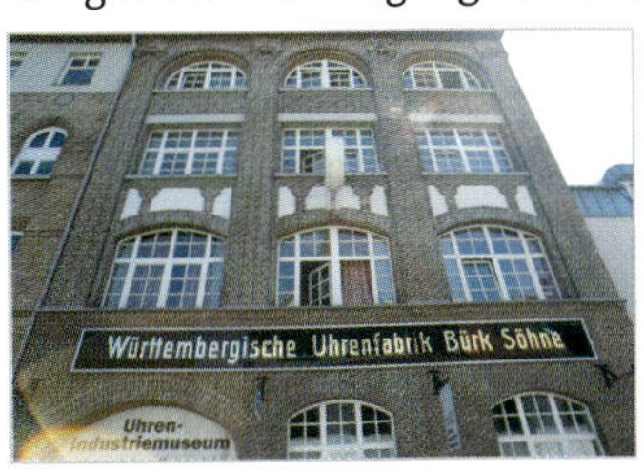

Historische Arbeitsplätze sind aufgebaut und mit Texten, Bildern und Anekdoten kommentiert. Hier entsteht leicht nachvollziehbar Schritt um Schritt ein Wecker.
www.uhrenindustriemuseum.de

Villinger Altstadt
VS-Villingen

Viel zu sehen gibt es im historischen Stadtkern der alten Zähringerstadt Villingen, der einst durch eine bis zu zehn Meter hohe Stadtmauer gesichert war, die fast vollständig erhalten ist. Drei von den ehemals vier Toren, die den Zugang in die ovale Stadtanlage erlaubten, existieren noch.

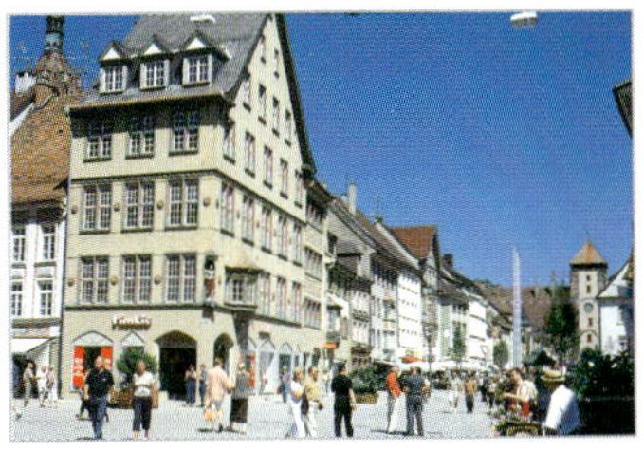

Das um 1120 erbaute Münster, mitten in der Altstadt gelegen, ist eines der bedeutendsten Bauwerke Villingens. Insgesamt fünf verschiedene Bauperioden lassen sich heute am Münster unterscheiden. Erwähnenswert sind die bronzenen Münsterportale des Schonacher Künstlers Klaus Ringwald. Zeitkritisch setzt er sich dort mit biblischen Erzählungen auseinander. Auch der heiter-besinnliche Münsterbrunnen stammt aus seinem Atelier.

Einige Schritte vom Brunnen und Münster entfernt befindet sich das alte Rathaus mit seiner historischen Fassade. An der Stadtmauer zwischen Riettor und Oberem Tor liegt das ehemalige Benediktinerkloster mit seiner über 300 Jahre alten Benediktinerkirche, einer der schönsten Barockkirchen im deutschen Südwesten.
www.villingen-schwenningen.de

Familienpark
VS-Villingen

Zehn Jahre besteht der Familienpark in VS-Villingen bereits, der sich in einem Punkt wesentlich von ähnlichen Einrichtungen unterscheidet: die nichtkommerziellen Aktivitäten stehen im Vordergrund, der Park will ein Treffpunkt für Menschen aller Nationalitäten sein. Für ein vergleichsweise geringes Eintrittsgeld wird zwischen Frühjahr und Herbst viel geboten: Rummelplatz, Kinderzirkus, Auto-Scooter, Berg- und Talbahn, Kinder-Theaterzelt, eine riesige Spielelandschaft, Super-Rollenrutsche, Vier-Mast-Zirkuszelt, Inline-Skating-Halle, eine Seilbahn oder das Kreativ-Bastelhaus sowie das Piratenschiff. Ponyreiten ist möglich, aber auch Schafe, Ziegen, Enten, Lamas, Pferde, Gänse oder Berber-Affen können bestaunt werden.

Für die Erwachsenen steht ein Festzelt mit 600 Plätzen bereit. Es gewährleistet, dass alle Konzert- und Kulturprogramme wetterunabhängig sind.
www.familienpark-vs.de

VS-swingt
VS-Villingen

Das fünftägige Internationale Jazzfestival „VS-swingt" fand im April 1977 zum ersten Mal im Villinger Theater am Ring statt.

Seither waren hier und im Konzerthaus Franziskaner Jazz-Legenden wie B.B. King, Lionel Hampton, Nina Simone und viele weitere zu erleben.
www.vs-swingt.de

Franziskanermuseum
VS-Villingen

Im ehemaligen Franziskanerkloster in der Villinger Altstadt beim Riettor wurde ein kulturgeschichtliches Museum eingerichtet, das zu den größten und ältesten Stadtmuseen in Baden-Württemberg zählt. Hier werden Einblicke in drei Jahrtausende gegeben. Das Franziskanermuseum gilt als das kulturelle Gedächtnis von Villingen und der Region, das ansprechend Kultur- und Stadtgeschichte präsentiert.

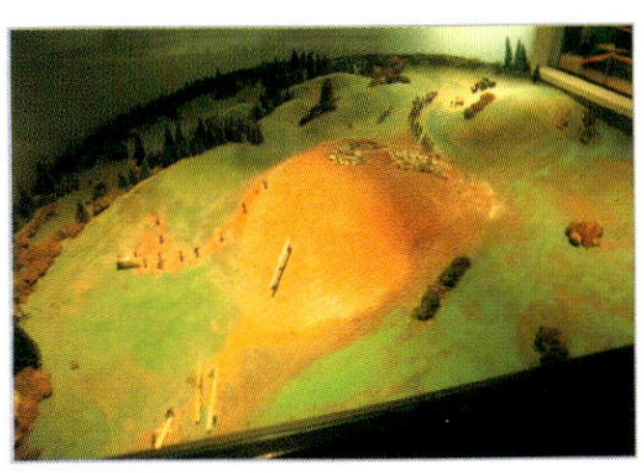

Zu den wertvollsten Ausstellungsstücken gehören die Funde aus der größten keltischen Grabanlage Westeuropas, des Fürstengrabes auf dem Villinger Magdalenenberg. Zu sehen ist unter anderem die hallstattzeitliche Grabkammer.

Bereits 1876 gründete Ferdinand Förderer die Städtische Altertümersammlung. Aus ihr ging die stadtgeschichtliche Abteilung hervor, die als Bestandteil der Dauerausstellung „Kulturgeschichte Villingens vom Mittelalter bis zum Ende des 18. Jahrhunderts" präsentiert wird. 1929 erwarb die Stadt die Sammlung Oskar Spiegelhalders mit volkskundlichen Gegenständen aus dem Schwarzwald.
www.villingen-schwenningen.de

Linachtalsperre
Vöhrenbach

Von 1922 bis 1925 wurde die Linachtalsperre in Vöhrenbach erbaut. Die 25 Meter hohe und 143 Meter breite Staumauer war die erste Eisenbetonstaumauer in aufgelöster Bauweise in Deutschland und ist einzigartig in Europa.

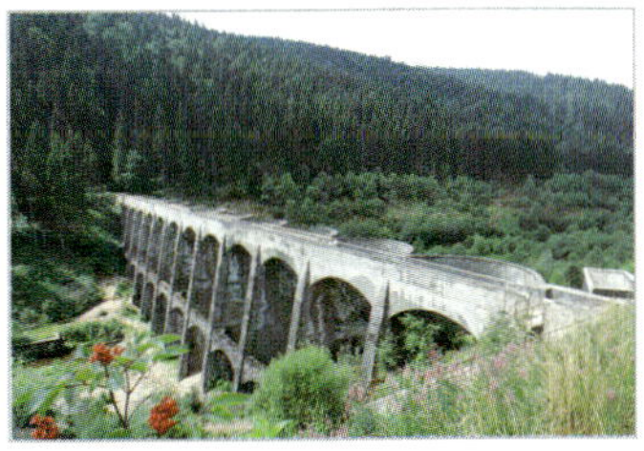

Die Staumauer ist über einen Weg auf der Mauerkrone begehbar. Das dazugehörige im Jugendstil erbaute Kraftwerksgebäude wurde 1998 saniert und wieder in Betrieb genommen.
www.voehrenbach.de

Deutsche Uhrenstraße
Schwarzwald

Aufschlussreiche Einblicke in die Uhrmacherei und ihre Geschichte im Schwarzwald bietet die Deutsche Uhrenstraße.

Uhrenfabriken, Uhrmacherwerkstätten und Ateliers von Schildermalern, aber auch Städte und Gemeinden mit interessanten Museen, historischen Kleinoden und Sehenswürdigkeiten, Schwarzwälder Bauernhöfe, alte Klöster sowie heimische Gastronomie und auch eine abwechslungsreiche Landschaft können entlang der Deutschen Uhrenstraße entdeckt werden.
www.deutscheuhrenstrasse.de

Register

Bildnachweis, Nachtrag: Helmut Gehring, Seite 89

Inline-Skating bei Bad Dürrheim.

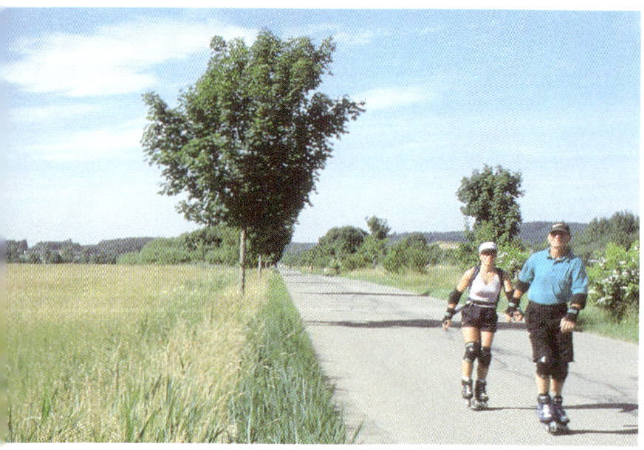

Speckvesper im Herrgottswinkel, Schwanenbach bei Vöhrenbach.

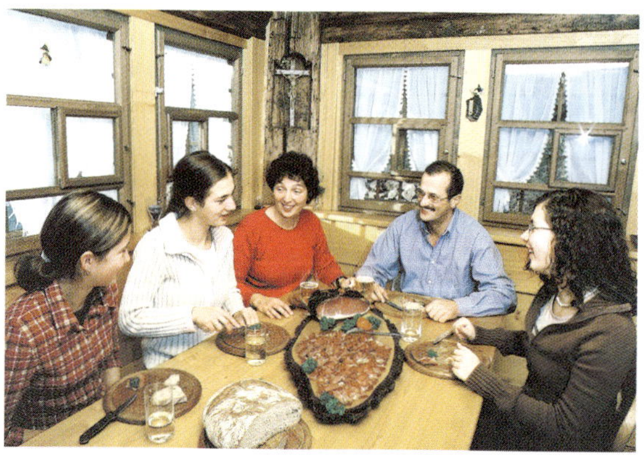

Baden im Riedsee bei Hüfingen.

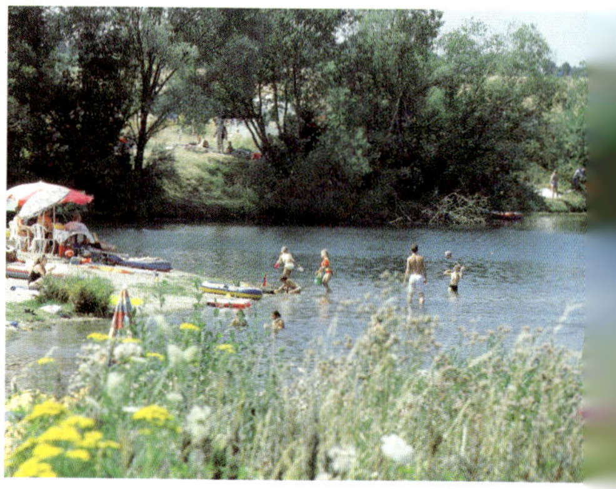

Modern, gastfreundlich, attraktiv: der Schwarzwald-Baar-Kreis.

Der Schwarzwald-Baar-Kreis – seine Städte und Gemeinden

Schwarzwald-Baar-Kreis: Zusammenschluß von 20 Städten und Gemeinden im Zuge des Kreisreformgesetzes vom 26. Juli 1971. Der neue Landkreis entstand zum 1. Januar 1973. Der Schwarzwald-Baar-Kreis umfaßt die ehemaligen Landkreise Donaueschingen, Villingen und kleine Teile der Landkreise Rottweil, Tuttlingen, Konstanz und Hochschwarzwald. Er ist einer von 35 Landkreisen in Baden-Württemberg.
www.schwarzwald-baar-kreis.de

Landkreis
Fläche: 1025,24 km²
Höchster Punkt: Rohrhardsberg 1163 m
Niedrigster Punkt: an der B 33 zwischen Triberg und Hornberg an der „Himmelreich-Kurve“ 472 m
Größte Nord-Süd-Ausdehnung: von Schonach bis Blumberg, Ortsteil Nordhalden 54 km
Größte West-Ost-Ausdehnung: von Gütenbach bis Bad Dürrheim, Ortsteil Öfingen 42 km
Länge der Kreisgrenze: 227 km
Geographische Lage: 47° 46' bis 48° 11' nördliche Breite
8° 07' bis 08° 40' östliche Länge
Wohnbevölkerung am 31. Dezember 2002: 211 922, davon männlich 48,76 %, weiblich 51,24 %
Bevölkerungsdichte je km²: 206,7 Einwohner

Bad Dürrheim
Einwohner: 12 479
Ortsteile: Biesingen, Hochemmingen, Oberbaldingen, Öfingen, Sunthausen, Unterbaldingen
www.bad-duerrheim.de

Blumberg
Einwohner: 10 697
Ortsteile: Achdorf, Epfenhofen, Fützen, Hondingen, Kommingen, Nordhalden, Riedböhringen, Riedöschingen
www.stadt-blumberg.de

Bräunlingen
Einwohner: 6 212
Ortsteile: Döggingen, Mistelbrunn, Unterbränd, Waldhausen
www.braeunlingen.de

Brigachtal
Einwohner: 5 313
Ortsteile: Kirchdorf, Klengen, Überauchen
www.brigachtal.de

Dauchingen
Einwohner: 3 601
www.dauchingen.de

Donaueschingen
Einwohner: 21 408
Ortsteile: Aasen, Grüningen, Heidenhofen, Hubertshofen, Neudingen, Pfohren, Wolterdingen
www.donaueschingen.de

Furtwangen im Schwarzwald
Einwohner: 9 808
Ortsteile: Linach, Neukirch, Rohrbach, Schönenbach
www.furtwangen.de

Gütenbach
Einwohner: 1 369
www.guetenbach.de

Hüfingen
Einwohner: 7 742
Ortsteile: Behla, Fürstenberg, Hausen vor Wald, Mundelfingen, Sumpfohren
www.huefingen.de

Königsfeld im Schwarzwald
Einwohner: 6 017
Ortsteile: Buchenberg, Burgberg, Erdmannsweiler, Neuhausen, Weiler
www.koenigsfeld.de

Mönchweiler
Einwohner: 3 149
www.moenchweiler.de

Niedereschach
Einwohner: 5 959
Ortsteile: Fischbach, Kappel, Schabenhausen
www.niedereschach.de

St. Georgen im Schwarzwald
Einwohner: 13 888
Ortsteile: Brigach, Langenschiltach, Oberkirnach, Peterzell, Stockburg
www.st-georgen.de

Schönwald im Schwarzwald
Einwohner: 2 516
www.schoenwald.net

Schonach im Schwarzwald
Einwohner: 4 383
Ortsteil: Rohrhardsberg
www.schonach.de

Triberg im Schwarzwald
Einwohner: 5 518
Ortsteile: Gremmelsbach, Nußbach
www.triberg.de

Tuningen
Einwohner: 2 822
www.tuningen.de

Unterkirnach
Einwohner: 2 985
www.unterkirnach.de

Villingen-Schwenningen
Einwohner: 81 880
Ortsteile: Herzogenweiler, Marbach, Mühlhausen, Obereschach, Pfaffenweiler, Rietheim, Schwenningen, Tannheim, Villingen, Weigheim, Weilersbach
www.villingen-schwenningen.de

Vöhrenbach
Einwohner: 4 176
Ortsteile: Hammereisenbach-Bregenbach, Langenbach, Urach
www.voehrenbach.de